Michelle Perrot
HISTÓRIA DOS QUARTOS

Tradução

Alcida Brant

Copyright © Édition du Seuil, 2009.
Collection La Librarie du XXIe siècle, sous la direction de Maurice Olender.

Direitos de edição da obra em língua portuguesa no Brasil adquiridos pela EDITORA PAZ E TERRA. Todos os direitos reservados. Nenhuma parte desta obra pode ser apropriada e estocada em sistema de banco de dados ou processo similar, em qualquer forma ou meio, seja eletrônico, de fotocópia, gravação etc., sem a permissão do detentor do copirraite.

EDITORA PAZ E TERRA LTDA
Rua do Triunfo, 177 — Sta Ifigênia — São Paulo
Tel: (011) 3337-8399 — Fax: (011) 3223-6290
http://www.pazeterra.com.br

Texto revisto pelo novo Acordo Ortográfico da Língua Portuguesa.

CIP-BRASIL. CATALOGAÇÃO NA FONTE
SINDICATO NACIONAL DOS EDITORES DE LIVROS, RJ.

Perrot, Michelle
História dos quartos / Michelle Perrot ; tradução Alcida Brant. – São Paulo:
Paz e Terra, 2011.

Título original : L' Historie des chambres.
Bibliografia.
ISBN 978.85.7753-178-3

1. Quartos de dormir – História 2. Espaço pessoal – História I. Título.

11-06943   CDD – 643.5309

Índices para catálogo sistemático :
1. Quartos de dormir : História 643.5309

para Anne,
Sarah e Vincent

Sumário

	AGRADECIMENTOS	13
1	MÚSICAS DE CÂMARA	15
	Por que se escreve um livro?	15
2	O QUARTO DO REI	29
	A balaustrada do rei	30
	Os camareiros do quarto do rei	33
	O quarto panóptico	35
	As "pequenas preferências"	36
	A *privance* do rei	39
	Doença e morte do rei	42
3	QUARTOS DE DORMIR	47
	Quartos comuns	47
	Apartamentos comunitários	52
	Quartos conjugais	54
	"Fechado para qualquer espectador"	54
	A idade de ouro do quarto conjugal	58
	Cores e decoração	59
	Apoteose do leito	62
	O meio da cama	65

4	O QUARTO INDIVIDUAL	71
	O direito ao segredo	72
	Dormir só	73
	Dormir	75
	Amar	80
	Rezar	83
	Ler	87
	Escrever	90
	Quartos de escritores	96
	Estetas e colecionadores	97
	O quarto, olho do mundo	101
	Oblomov ou o homem deitado	103
5	O QUARTO DE CRIANÇA	107
	O berço e a cama	108
	O quarto dos Filhos da França	111
	Genealogias	112
	O quarto invadido	115
	Papéis de parede. A linguagem das paredes	117
	O quarto da jovem	120
	O quarto de Lucia	123
	O quarto do filho	124
	Experiências infantis	126
6	O QUARTO DAS MULHERES	131
	A feminilidade feita quarto	131
	Quartos destinados	134
	O convento e a cela	139
	O quarto habitual	140
	Quarto azul e *ruelle* das Preciosas	144
	Parte de serviço: o quarto dos criados	146

Operárias em domicílio	150
Os quartos fechados do sexo	155
Cortesãs e mulheres sustentadas	157
Ter o próprio quarto	159
Os quartos de Simone de Beauvoir	163
Sair do quarto	165

7 QUARTOS DE HOTEL 167
    Os "buracos miseráveis" de Arthur Young 169
    Stendhal: quarto com vista 170
    O "quarto higiênico" 172
    Palaces 174
    O amor e a morte 179
    Experiências singulares 182
        Barnabooth: o quarto do dândi 182
        Marcel Proust: a angústia de um novo quarto 184
        Jean-Paul Sartre: "o homem no café" 185
        Jean Genet: vida e morte no hotel 188
    Experiências femininas 190
    Os quartos de Freud 191
    Romance dos quartos de hotel 192
    Kafka no hotel 195

8 QUARTOS OPERÁRIOS 197
    A vida em desordem 198
    Práticas operárias 204
    Chambrées — quartos dormitórios 205
    Hotéis e quartos mobiliados 208
    Instalar-se com os próprios móveis 213
    Interiores operários 216
    A vida, "modo de usar" operário 220

	Alojar os operários	225
	O hábitat precário	228

9	LEITO DE MORTE E QUARTO DE DOENTE	235
	A morte de George Sand	235
	O leito de morte	239
	Leito de hospital	247
	Quarto do doente ou quarto vigiado	249
	As acompanhantes	252
	Quartos particulares no hospital	254
	No sanatório	258
	A doença criadora: o quarto de Joë Bousquet	260
	Crônica de uma morte anunciada: o diário de Alice James	263
	O quarto do luto	264

10	*Huis clos* — A PORTAS FECHADAS	271
	Huis clos amorosos	274
	A prisioneira	277
	Sequestros	281
	Tratamento por isolamento	284
	Reclusas	285
	Teresa d'Ávila, ou o castelo da alma	288
	O centro da alma	289
	"Vá para o seu quarto!": as crianças castigadas	294
	Celas de prisão	298
	Experiências celulares	303
	Esconder, esconder-se	311

11	Quartos fugitivos	315
	Vestígios tênues	315
	Hoje: "quartos em suspenso"	321
12	Sair…	327
	Índice	331

Agradecimentos

As FONTES DESTE LIVRO SÃO por demais diversas para constituírem uma bibliografia. Além dos volumes de *História da vida privada*, dos dicionários, catálogos de exposições, diferentes tratados, obras de etnólogos e de sociólogos e de inumeráveis obras literárias, cada capítulo tem suas próprias fontes, cujas referências poderão ser encontradas nas notas de pé de página e no índice.

Tive o benefício da sábia solicitude de numerosos amigos do primeiro círculo. Muito obrigada a Aliette Armel, Philippe Artières, Fabienne Bock, Marie Chaix, Jacques Espagnon, Lydia Flem, Pierrette Fleuriaux, Jacqueline Lalouette, Jean Leymarie, Anne Martin-Fugier, Stéphane Michaud, Mona Ozouf, Françoise Prunier-Dreyfus, Martine Reid, Elisabeth Roudinesco, Claude Schkolnyk, Leïla Sebbar, Michel Vernes.

Exprimo minha gratidão especial a Maurice Olender.

1
Músicas de câmara

Por que se escreve um livro?

Por que este livro sobre quartos, assunto estranho que surpreendeu mais de um de meus interlocutores, ligeiramente inquietos por me verem perdida nesses lugares suspeitos? Razões pessoais, obscuras para mim mesma, talvez expliquem a resposta bastante espontânea à "pergunta" de Maurice Olender, que se indagava sobre o livro que eu poderia escrever. Um certo gosto da interioridade, oriundo da mística dos conventos de moças, mística que descobri mais tarde, quando estava impregnada de classicismo, o imaginário dos contos e de suas maravilhosas camas de baldaquim, a doença vivida durante a guerra na angustiante solidão de uma casa tchekhoviana, a sombra fresca da sesta nos tórridos verões de um Poitou quase espanhol, a perturbação sentida ao penetrar num quarto com o ser amado, o prazer de fechar a porta de um hotel do interior ou em outro país, depois de um dia ruidoso e saturado de palavras inúteis ou inaudíveis: são tantos os motivos, profundos ou fúteis, para a escolha de um lugar abundante em intrigas e lembranças. Minhas experiências de quartos irrigam esta narração. Cada um de nós tem as suas, e este livro é um convite a reencontrá-las.

Muitos caminhos levam ao quarto: o repouso, o sono, o nascimento, o desejo, o amor, a meditação, a leitura, a escrita, a procura de si mesmo, Deus, a reclusão procurada ou imposta, a doença, a morte. Do parto à agonia, o quarto é o palco da existência, ou pelo menos seus bastidores, onde, tirada a máscara, o corpo despido se abandona às emoções, às tristezas, à volúpia. Aí passamos quase a metade da vida, a mais carnal, a mais entorpecida, a mais noturna, a da insônia, dos pensamentos errantes, do sonho, janela sobre o inconsciente ou sobre o além: e esse claro-escuro reforça seu encanto.

Essas diagonais confirmavam vários de meus centros de interesse: a vida privada, que neles se aninha de modo diferente de acordo com a idade; a história social da habitação, os operários desesperados à procura de "um quarto na cidade"; as mulheres em busca de um "quarto para si"; a história carcerária concentrada na cela; a história estética dos gostos e das cores, traduzindo, pela acumulação dos objetos e das imagens, pelas mudanças na decoração, a passagem do tempo, que lhes é consubstancial. Não é o tempo que passa, dizia Kant, são as coisas. O quarto cristaliza as relações entre o espaço e o tempo.

O microcosmo do quarto também me atraía por sua dimensão propriamente política, sobre a qual insistia Michel Foucault: "Dever-se-ia escrever uma história dos espaços — que seria ao mesmo tempo uma história dos poderes, desde as grandes estratégias da geopolítica até as pequenas táticas do hábitat, da arquitetura institucional, da sala de aula ou da organização hospitalar. [...] A fixação espacial é uma forma econômico-política que se faz necessário estudar detalhadamente."[1] Na esteira de Philippe Ariès, ele assinalava o exemplo da especialização dos cômodos como sinal de emergência de novos problemas. Nessas "pequenas táticas do hábitat", a malha urbana, a organização da cidade, da casa, do pavilhão, do imóvel, do apartamento, o que representa o quarto? O que ele significa na longa história do público e do privado, do doméstico e do político, da família e do indivíduo? Qual é a economia "política" do quarto? Átomo, célula, o quarto remete ao todo do qual faz parte e do qual é a partícula elementar, semelhante àquele ácaro minúsculo do minúsculo que fascinava Pascal, pensador do quarto, para ele sinônimo do retiro necessário à quietude (se não à felicidade). "Toda a infelicidade dos homens provém de uma só coisa, que é não saberem ficar em repouso num quarto."[2] Há uma filosofia, uma mística, uma ética do quarto e de sua legitimidade. O que é o direito ao isolamento? Pode-se ser feliz sozinho?

O quarto é uma caixa, real ou imaginária. Quatro paredes, teto, chão, porta e janela estruturam sua materialidade. Suas dimensões, sua forma, sua decoração variam segundo as épocas e as classes sociais. Seu fechamento, como um sacramento, protege a intimidade do grupo, do casal ou da pessoa. Daí a grande importância da porta e da chave, esse talismã, e das cortinas, esses véus do templo. O quarto protege: você, seus pensamentos, suas cartas, seus móveis, seus objetos. Muralha, ele afasta o intruso. Refúgio, ele acolhe. Depósito, ele acumula. Todo quarto é, mais ou menos, uma "câmara de maravilhas", como aquelas que, no século XVII, eram criadas pelos príncipes ávidos de coleções. As dos quartos comuns são mais modestas. Álbuns, fotografias, reproduções, lembranças de viagens dão-lhes às

---

[1] Michel Foucault, *Ditos e escritos*. Rio de Janeiro: Forense Universitária, 2010.
[2] Blaise Pascal, *Pensamentos*. São Paulo: Martin Claret, 2003.

vezes um aspecto um tanto *kitsch* — museus do século XIX saturados de imagens.[3] Com um olhar, pode-se abarcar tudo nesses modelos reduzidos do mundo. Xavier de Maistre, em sua *Viagem em volta do meu quarto*,[4] torna-se o mestre do universo, que organiza, já que não pode percorrê-lo. Edmond de Goncourt descreve seu quarto como uma caixa envolvida em suas tapeçarias; entre os objetos, um cofre que pertencera a sua avó, que nele encerrava suas lãs mais delicadas e onde ele guarda lembranças pessoais.[5] "A forma imaginária de qualquer habitação é a vida, não em uma casa, mas sim em uma caixa com diferentes compartimentos. Essa caixa guarda a marca daquele que a ocupa."[6]

Metáfora da interioridade, do cérebro, da memória (fala-se de "quarto de registro"), figura triunfante do imaginário romântico e mais ainda do simbolista, o quarto, estrutura narrativa romanesca e poética, é uma representação que torna às vezes difícil a apreensão das experiências, que ele midiatiza. Essas estão, entretanto, no coração deste livro, cujos capítulos se articulam a sua volta. Fugitivos, estrangeiros, viajantes, operários em busca de um cantinho, estudantes desejando um sótão e um coração, crianças curiosas e brincalhonas, aqueles que gostam de cabanas, casais seguros ou vacilantes, mulheres ávidas de liberdade ou acuadas na solidão, religiosos e reclusos famintos de absoluto, sábios que encontram no silêncio a solução de um problema, leitores bulímicos, escritores inspirados pela calma vespertina são, tanto quanto o rei, os atores desta epopeia do quarto. O quarto é a testemunha, a toca, o refúgio, o invólucro dos corpos adormecidos, amorosos, reclusos, paralisados, doentes, agonizantes. As estações lhe imprimem sua marca, mais ou menos evidente ou silenciosa. Assim como as horas do dia que o colorem tão diversamente. Porém, a parte noturna é talvez a mais importante. Este livro é uma contribuição à história da noite,[7] uma noite vivida no interior (ou uma noite interior), com rumores surdos dos suspiros de amor, do volver das páginas do livro de cabeceira, do deslizar das penas no papel, do som oco do teclado do computador, do sussurrar

---

[3] Philippe Hamon, *Imagerie. Littérature et image au XIXᵉ siècle* [2001]. Paris: José Corti, 2007.
[4] Xavier de Maistre, *Viagem em volta do meu quarto*. São Paulo: Hedra, 2009.
[5] Cf. Edmond de Goncourt, *La Maison de l'Artiste* [1881]. Dijon: L'Échelle de Jacob, 2003.
[6] Walter Benjamin, "Paris, capital do século XIX", in *Passagens*. Belo Horizonte: Editora UFMG/ Imprensa Oficial, 2006.
[7] "*La nuit*" (sobretudo no espaço da cidade), *Société et représentations*, n° 4, maio de 1997; Simone Delattre, *Les Douze heures noires. La nuit à Paris aux XIXᵉ siècle*. Prefácio de Alain Corbin. Paris: Albin Michel, 2000; Alain Cabantous, *Histoire de la Nuit, XVII-XVIIᵉ siècle*. Paris: Fayard, 2009.

dos sonhadores, do miado dos gatos, dos choros das crianças, dos gritos das mulheres espancadas, das vítimas reais ou imaginárias, dos crimes da meia-noite, dos gemidos e da tosse dos doentes, do arfar dos moribundos. Os rumores do quarto compõem uma estranha sinfonia.

Mas o quarto é, antes de tudo, uma palavra e uma excursão nos principais dicionários — da *Enciclopédia* ao *Trésor de la Langue Française* —, que descrevem seu uso em longas colunas, reservando-nos inúmeras surpresas, principalmente quanto a suas antigas origens. A *kamara* grega designa um espaço de repouso compartilhado com "camaradas" a quem teríamos atribuído uma postura mais marcial: um dormitório, em suma. Mas há algo mais complexo. A *camera* latina, termo de arquitetura, é "a palavra pela qual os antigos designavam a abóbada de algumas construções neste formato". Abóbada vem da Babilônia. Os gregos a usavam pouco, salvo nos túmulos: havia na Macedônia "câmaras funerárias guarnecidas de leitos de mármores sobre os quais os mortos eram deitados e abandonados à decomposição":[8] em suma, sepultados. Os romanos adotaram a abóbada dos etruscos; com ela faziam caramanchões (*cameraria*) para beber alegremente e, com materiais leves, até mesmo caniços, cobriam as galerias de suas casas, que, aliás, ignoravam o "quarto", inclusive o matrimonial. Para designar o lugar de retiro, para o repouso ou o amor, os latinos falavam de *cubiculum*: um reduto estreito para o "leito", raiz da palavra, um não lugar, diz Florence Dupont,[9] uma peça recuada, pequena, quadrada, azulejada, diurna ou noturna, que pode ser fechada à chave, sexual e portanto secreta, por causa da vergonha ligada não ao ato sexual em si, mas à sua publicidade reprovada. O sentimento do pudor não é apenas cristão. A *camera* de pedra foi utilizada pelos romanos para quartos fechados nas duas extremidades, frequentemente com fins funerários — ainda jazigos.

Por extensão, segundo Heródoto, chamavam-se *camera* as carroças cobertas, "levando uma espécie de tenda ou de quarto fechado, veículos misteriosos, nos quais as ricas mulheres da Babilônia se dirigiam ao templo da deusa Mylitta". Deviam ser arcos recobertos de tecido, "disposição encontrada [...] em muitos de nossos veículos rurais e de transporte de mercadorias", acrescenta Léon Heuzey, colaborador do *Dictionnaire des antiquités*, naquele

---

[8] Léon Heuzey, in: Charles Daremberg e Edmund Saglio (org.), *Dictionnaire des antiquités grecques et romaines*, 1887, t. 1, segunda parte, sobre "*camara* ou, mais comumente, *camera*".
[9] Florence Dupont, "Des chambres avant la chambre", in *Rêves d'alcôves. La chambre au cours des siècles*, catálogo da exposição do Museu de Artes Decorativas. Paris: Réunion de Musées Nationaux, 1995, p. 13-25.

fim de um século XIX agrícola; e podemos pensar também nas carroças dos migrantes do Oeste americano. Carroças parecidas cobertas transportavam as moças de Esparta a caminho das festas em honra de Jacinto, em Amicleia. Em sentido análogo, a palavra latina *camera* se aplicava "às cabines arredondadas erigidas na popa de alguns navios antigos, principalmente daqueles destinados a transportar pessoas importantes",[10] como podemos ver no alto da coluna de Trajano. Existe, assim, um parentesco muito antigo entre a cabine do navio e o quarto, que se prolonga através "do quarto do capitão", o do segundo, "o quarto dos mapas" e o das máquinas. Nesse apogeu do luxo que é no século XIX um cruzeiro marítimo, a cabine cristaliza o sonho do conforto e da intimidade. Frédéric Moreau se imagina com Mme Arnoux: "Viajavam juntos, no dorso dos dromedários, sob a tenda dos elefantes, no camarote de um iate entre arquipélagos azuis."[11] Um espaço minúsculo, protegido, embalador, propício aos abraços.

Dessa forma, vemos tudo o que acontece em torno do quarto, seja ele de lona ou de pedra, abóbada, berço, caramanchão ou jazigo: seus laços com o repouso, o sono noturno ou eterno, o transporte, a morte. Em todos esses casos se destaca a ideia de limites, de cerca, de segurança, até mesmo de segredo, quer se trate de proteger moças, mulheres, pessoas importantes ou desaparecidos.

As coisas se complicam na Idade Média, que mereceria uma excursão semântica mais apurada, e na época moderna, pela irrupção do político no doméstico. "Há poucos termos na língua que tenham tantos sentidos figurados como a palavra *chambre*", lemos na *Encyclopédie* de Diderot e de d'Alembert, particularmente eloquente a esse respeito. Diderot e o arquiteto Jean-François Blondel dividiram o trabalho, o segundo tratando o espaço material e o primeiro, suas imagens. Blondel descreve os diversos tipos de *chambres* — do trono do dossel, do conselho, da comunidade —, de onde emerge o "quarto de dormir". "Em geral, a palavra *chambre* exprime a peça de um apartamento destinada ao sono, e é então designada segundo a dignidade das pessoas que a habitam e a decoração que as reveste." A esse quarto, que ele ajudou a construir naqueles tempos de desenvolvimento da habitação, Blondel consagra longas explicações; ele será um de nossos guias.

---

[10] Léon Heuzey, in Charles d'Aremberg e Edmond Saglio, *Dictionnaire des antiquités Grecques et Romaines*, op. cit.
[11] Gustave Flaubert, *A educação sentimental* [1896]. São Paulo: W.M. Jackson, 1963, p. 71-2.

Diderot se dedica às configurações políticas e jurídicas da *chambre*, muito atento aos seus diversos sentidos.[12] "Transferimos essa palavra dos ambientes chamados *chambres*, onde pessoas se reuniam para tratar de diferentes assuntos, incluindo as próprias pessoas reunidas, e do espaço fechado por paredes e dotado de uma porta e janelas, que forma simplesmente a '*chambre*' [o quarto], e a aplicamos a qualquer espaço que tenha nas artes qualquer analogia, seja com o uso dessa parte do apartamento, seja com sua imagem." Segue-se uma lista impressionante de definições relativas a justiça, polícia, finanças (*chambre des aides*, *chambre des comptes*, tribunais para as finanças),[13] comunidades,[14] política (*chambre du conseil*), cujos nomes derivam de suas funções. Sem esquecer artes e técnicas (*chambre obscure* da ótica, *chambre de l'oeil*, *chambre d'artillerie*). Inúmeras *chambres* levam o nome dos lugares que ocupam e até mesmo de sua decoração: a *grande chambre* do Parlamento de Paris, muito vasta, também chamada a "grande abóbada" por ser arqueada em cima e embaixo, ou ainda *chambre dorée*, embora não tenha conservado a cor dourada do tempo de Luís XII. Um teto semeado de estrelas deu o nome ao cômodo epônimo. Na *chambre ardente*, forrada de negro e iluminada por tochas, julgavam-se os criminosos de Estado pertencentes a famílias ilustres. Existe também um sentido moral ou hierárquico: *chambre haute*, para os pares ingleses, e *basse* para os eleitos pelas comunas.

O vocabulário exprime as relações complexas entre o doméstico e o político e seus espaços, de início confundidos. Os senhores administravam a justiça em seu quarto, e mesmo no leito; o quarto do leito tornou-se o *lit de justice*. Mais tarde, distinguiu-se a *chambre de retrait* para o repouso e a *chambre de parement ou de parade*, para as audiências públicas e os acontecimentos solenes. Carlos V, doente, descansa em sua *chambre de gîte*. Agonizante, transferem-no para a *chambre de parade*, para que possa morrer com toda a dignidade real.[15] Entretanto, os Bourbons tinham tendência a reafirmar seu poder absoluto e a preeminência de sua pessoa recebendo os cortesãos em

---
[12] Igualmente nos dicionários das instituições do século XIX, nos quais as definições são as mais numerosas, o *Dictionnaire général de biographies et d'histoire*, de Louis Charles Dezobry e Théodore Bachelet, fala essencialmente das assembleias; a *Grande Encyclopédie: Inventaire raisonné des sciences, des lettres et des arts*, de Henri Lamirault et al. (31 vol., 1886-1902, t. 10, p. 320-94), é mais compreensiva.
[13] Chamada *chambre d'Anjou* porque tinha grandes armários etiquetados com os nomes das províncias onde estavam guardados os registros: Anjou, Normandia etc.
[14] *Chambre de communauté*: "Uma sala em que os representantes de cada profissão se reúnem para receber os mestres dos artesãos que fazem obra-prima", de onde vai derivar a câmara sindical.
[15] Cf. Henry Havard, *Dictionnaire de l'ameublement et de la décoration depuis le XIIIe siècle jusqu'à nos jours*. Paris: Maison Quantin, s/d, t. 1, p. 666-714 (rico e sutil).

seu quarto, aí reunindo o Conselho e reclinando-se nas Assembleias. Até o fim do século XVIII, o rei podia assistir deitado às sessões plenárias do Parlamento de Paris, instalado sob um dossel. O quarto tem, portanto, um papel público. Ele é a sede do poder. Ou pelo menos seu símbolo, como o atesta Versalhes.

Assim foi moldada a democracia: os Comuns se alojam nas *Houses of Parliement*, na França reúne-se na Câmara dos Deputados, hoje chamada "Assembleia Nacional". Passa-se assim do continente (a câmara) ao conteúdo (a assembleia), como assinalava Diderot. A representação parlamentar se organiza em um espaço onde os dispositivos arquitetônicos foram escolhidos não apenas por razões práticas, mas também por motivos morais e ideológicos. Ao círculo, muito tempo julgado satisfatório por seu suposto igualitarismo, os revolucionários preferiram o semicírculo, adotado em 1795, e que permanece até hoje. Não sem debates recorrentes, muito esclarecedores sobre as concepções da vida política.[16] O semicírculo privilegia a tribuna, que convinha à eloquência das assembleias revolucionárias. Estas haviam repudiado o vocabulário derivado da *chambre*, demasiadamente marcado pelo Antigo Regime. O rei reunia suas câmaras. Os cidadãos se reúnem. Não é de surpreender que a Restauração retorne às *Chambres* e se interrogue sobre o lugar que convém à tribuna. O deputado Desmousseaux de Givré, em uma intervenção na Câmara em 1828 (e novamente em 1839, sob a Monarquia de Julho), esclarece esse ponto: "O segundo inconveniente que eu assinalava, agora, toco com as mãos: esta tribuna nesta câmara. E vos peço, senhores, que aproximem essas duas expressões: uma tribuna e uma câmara. Mirabeau vos diria que são duas palavras que gritariam ao se verem juntas."[17] A tribuna transformou a Assembleia em sala de espetáculos. Introduzindo a praça pública nas deliberações, favoreceram-se as emoções. Ora, "não se deve falar diante de uma câmara como se falaria diante de um povo".[18] É realmente difícil imaginar Mirabeau trovejando em uma câmara. O sistema representativo "é justamente a substituição do debate popular pelo debate

---

[16] Disso nos fala Jean-Philippe Heurtin, *L'espace public parlementaire. Essai sur la raison du législateur*. Paris: PUF, 1999; ele trata essencialmente do semicírculo da Assembleia Nacional, esperando outros trabalhos sobre os arredores. Cf. também Jean Starobinski, "La chaire, la tribune, le barreau", in Pierre Nora (org.), *Les Lieux de mémoire: La nation. 3: Les mots*, t. 3. Paris: Gallimard, 1986, p. 425-87. Ambos tratam do problema de que falamos aqui: a *chambre*.
[17] Sessão da Câmara dos Deputados, 22 de janeiro de 1839. Apud Jean Philippe Heurtin, *L'Espace public parlementaire*, op. cit., p. 129 sq.
[18] Cormenin Timon, *Livre des orateurs*. Paris: Librairie Pagnerre, 1869, p.33.

público; e o objetivo de um regulamento parlamentar é a moderação desse debate em uma câmara e não em uma praça pública." Desmousseaux de Givré recusa a teatralidade da tribuna: os deputados deveriam poder falar de seus lugares, como fazem os membros da Câmara dos Comuns na Inglaterra; empregar uma eloquência puramente "privada", segundo a arte da conversação. Esta é troca, mais discussão que afrontamento, entre pessoas educadas, e não entre adversários.[19] O debate nada tem de fútil: ele ilustra duas concepções da vida parlamentar que diferenciam a França da Inglaterra. A câmara se opõe ao fórum; ela conserva uma conotação dupla de Antigo Regime e de espaço privado, daí a alergia que provoca nos republicanos. "Câmara" não recobre "Assembleia". A "Câmara dos Deputados" não é idêntica à Assembleia Nacional, ainda que, esquecidos tais conflitos, empreguemos facilmente uma expressão pela outra.

Desse deslize semântico do doméstico, pelo menos do privado, para o político, as *chambrées*, reuniões, provençais dão um exemplo que se tornou clássico. A "casa dos homens", espaço de socialização masculina característica do mundo mediterrâneo, instalada numa *chambro* ou *chambrette*, torna-se lugar de conciliábulos, de deliberação secreta e de oposição republicana meridional.[20] Intitula-se "círculo" no espaço público, conservando essa referência — e reverência — no decurso das conversações.

O *Trésor de la Langue Française* ilustra, apoiando-se em citações, esses múltiplos sentidos. Ele distingue o lugar de deliberação das assembleias e as assembleias em si; os espaços organizados especialmente para as pessoas ou para abarcar coisas, sem esquecer a *chambre* do cervo na floresta ou a cavidade do cérebro. A *chambre* pode ser alta, baixa, bela (e frequentemente reservada aos amigos), boa ou má, fria, forte, escura, clara, negra, mobiliada, *étoffée*.[21] A literatura a enfeita com todas as cores: azul, branco, vermelho, amarelo.[22] O *chambrelan*, operário sem oficina, nela trabalha, o doente nela fica "confinado", nela o tolo se deixa enganar, lá os vinhos são apurados. Des-

---

[19] Cf. Marc Fumaroli, *L'Âge de l'éloquence*. Genebra: Droz, 1980; "La Conversation", in Pierre Nora (org.), *Les Lieux de mémoire*, t. 3; *La France*, t. 2, *Traditions*. Paris: Gallimard, 1992, p. 679-743.
[20] Ver adiante capítulo "Quartos de operários", menção aos trabalhos de Lucienne Roubin e de Maurice Agulhon.
[21] *Chambre étoffée*: termo que servia para designar os móveis atribuídos à mulher depois da morte de seu marido.
[22] Alguns títulos entre outros: Prosper Mérimée, *La Chambre bleue*, 1872; Georges Simenon, *O quarto azul*. Rio de Janeiro: Nova Fronteira, 1985; August Strindberg, *La Chambre rouge*, 1879; Gaston Leroux, *O mistério do quarto amarelo*. São Paulo: Editora Ática, 2004; Nicolas Bouvier, *La Chambre rouge*. Genebra: 1998; Christine Jordis, *La Chambre blanche*. Paris: 2002; etc.

confiamos dos pretensos estrategistas (*stratèges en chambre*) como das jovens sustentadas (*mises en chambre*) por seus amantes. O serviço de quarto é essencialmente feminino: *chambrillon, chambrière, femme de chambre* (criada de quarto, camareira) representam uma hierarquia que culmina na camarista, fidalga a serviço de rainhas ou princesas. Masculino, ele é muito mais distinto, necessariamente aristocrático no sistema da corte: camareiro e *chambellan* (camareiro-mor). São tanto funções como títulos, como o *chambrier du couvent*, procurador das rendas de um convento, ou o *camérier* e o *camerlingue* (camerlengo) a serviço do papa.

O quarto que nos interessa é o quarto privado, em todas as suas acepções: quarto de dormir, mas não apenas isso, e então quarto comum, conjugal, particular; em todas as formas e funções, inclusive escriturárias, místicas, hoteleiras, médicas, claustrais, punitivas e repressivas. Espaço em expansão cada vez mais especializado, objeto construído pela cortesia, pelo sentido do íntimo, pela evolução da vida familiar, da vida do indivíduo, o quarto adquiriu, nas habitações modernas, assim como na literatura e no imaginário, um lugar considerável. Trata-se menos de retraçar uma etnologia,[23] uma história dos quartos, já amplamente esboçada por outros,[24] do que de encontrar as múltiplas genealogias, linhas melódicas em que se misturam a religião e o poder, a saúde e a doença, o corpo e o espírito, o sexo e o amor. De desenhar, sem outra pretensão a não ser o prazer, alguns retratos tirados sobretudo na idade clássica do quarto, a grande época que vai da Renascença até os nossos dias. Histórias com dominante ocidental, mas que seria apaixonante prolongar em outros lugares. Entrevê-se o legado do Oriente, a atração de "coletâneas de poemas", das mil e uma noites acalentadas pela voz de Scheherazade. Mas pouco sei a respeito do que pode representar o quarto para a África ou para o Extremo Oriente.

Quarto ocidental, portanto, e sobretudo francês, não muito alemão, italiano pelo matrimonial, espanhol pela mística, inglês com precaução, a palavra *room* tendo um duplo sentido, intraduzível.[25] Quarto hexagonal, dir-se-á lastimando, examinado atentamente pelos sociólogos do hábitat,[26]

---

[23] Pascal Dibie, *O quarto de dormir: um estudo etnológico*. São Paulo: Editora Globo, 1987.
[24] Philippe Ariès e Georges Duby (org.), *História da vida privada*. São Paulo: Companhia das Letras, 5 vols., 1990.
[25] "A palavra inglesa *room* significa ao mesmo tempo quarto e o lugar que se ocupa física e mentalmente, o que ocupamos na mente do outro. Em outras palavras, o título inglês tem um duplo sentido, intraduzível." Pierre Nordon, prefácio para *La Chambre de Jacob*, de Virginia Woolf, in *Romans et Nouvelles*. Paris: LGE, 1993, col. La Pochothèque, p. 22.
[26] Principalmente Monique Eleb e Anne Debarre, às quais nos referimos constantemente.

objeto de exposição,[27] de livros que o atravessam sem nunca se deter, porém pouco frequentado pelos arquivos. Mundo transitório, escondido, minúsculo, o quarto aí deixou pouco rastro. Geralmente, a administração, a polícia não penetram nesse santuário do privado, cuja inviolabilidade noturna foi preservada até pela Revolução, que proibiu investigações entre o pôr e o nascer do sol. Duas exceções, entretanto: o tabelião para inventários após o falecimento, os únicos a oferecer descrições precisas do mobiliário, organizadas pelos oficiais de justiça, bem especificados;[28] e o juiz de instrução e seus peritos, em busca dos indícios do crime, desvendando o "mistério do quarto", amarelo ou não.[29] Local eventualmente criminal, o quarto nada perdeu de seu interesse para os investigadores; mas aí se procede menos por observações visuais, cuja acuidade foi, no entanto, decuplicada pelas técnicas modernas, do que pelo levantamento dos humores (sangue, esperma, saliva, suor) analisados em laboratório.[30]

O impresso revela-se muito mais rico. O quarto povoa os livros. Tratados de arquitetura ou de artes decorativas, revistas de decoração, manuais de *savoir-vivre*, de higiene, pesquisas médicas e sociais sobre o hábitat, diários de viagem, literatura pessoal (correspondências, diários, autobiografias), à qual ele está intimamente ligado em sua própria produção, falam de suas formas e de seus usos. As bibliotecas entregam quartos em abundância, porém dispersos, semeados como as pedrinhas do Pequeno Polegar nos caminhos da floresta. Encontrá-los no labirinto e no encadeamento dos textos foi o maior prazer dessa pesquisa. O quarto foi meu fio de Ariadne e minha caverna de Ali Babá, saltando de um livro e de um autor a outro ao sabor também das conversas. Passado o primeiro espanto: *Quelle chambre? La Chambre des Députés?* (Que câmara? A Câmara dos Deputados?), meus interlocutores forneciam pistas: "Você pensou em...?" Comunicavam-me suas experiências e, às vezes, me autorizavam a citá-las, de modo que este livro traz sua marca e, de certa maneira, lhes pertence.

---

[27] Cf. *Rêves d'alcôves*, op. cit.
[28] Base dos trabalhos de Daniel Roche e Annick Pardailhé-Galabrun, *La Naissance de l'intime, 3000 foyers parisiens, XVIIe, XVIIIe siècles*. Paris: PUF, 1988.
[29] Virginie Berger, *Sociétés et représentations*, n° 18, outubro de 2004. A autora estuda os levantamentos feitos por esses investigadores em uma série de casos criminais ocorridos em Deux-Sèvres no século XIX. Os croquis mostram a disposição dos móveis. Ela nota a frequência de duas camas em um quarto comum.
[30] "A análise do sangue encontrado no quarto da criança poderia reorientar as investigações"; passadas por raios ultravioleta, as paredes do quarto da pequena Maddie McCann revelaram, em uma grande parte, vestígios de hemoglobina. *Le Monde*, 13 de agosto de 2007.

A poesia de uma "janela iluminada" por Baudelaire. E o romance é uma fonte inesgotável. No século XIX, ele concede ao espaço privado, palco das intrigas mundanas e familiares, um lugar considerável. Balzac, Flaubert, Zola, Maupassant, os Goncourt descrevem-no em extensas páginas.[31] Não somente por gosto do pitoresco, mas também, de um modo mais refinado, como expressão do caráter, dos costumes, dos destinos de seus personagens. *A comédia humana*, as desgraças dos *Miseráveis*, os tormentos de Madame Bovary, os dramas dos Rougon-Macquart se leem nos interiores, dos quais seus autores fazem uma leitura metafórica, ideológica, social e psicológica. Revelam o status, o caráter, as vicissitudes, as ambições dos moradores, como a fisionomia retrata o temperamento. Há uma fisiognomonia[32] do interior como do rosto, uma arqueologia das "relíquias domésticas" equivalente à do patrimônio.[33]

O vício e a virtude impõem suas marcas, assim como o sucesso social. Para Balzac, mudar de situação é necessariamente mudar de moradia ou modificá-la. *César Birotteau*, de Balzac, está repleto de anotações a esse respeito. Feliz inventor da "Pomada das Sultanas", o perfumista revoluciona sua casa para aí dar um baile, sem esquecer de modificar o espaço de suas mulheres: "Vou renovar seu quarto", diz ele à esposa, "vou instalar um *boudoir* para você e dar um lindo quarto a Césarine" (a filha). O quarto imundo de Claparon, o falso banqueiro, com as cortinas puxadas apressadamente, dois lugares à mesa, "e os guardanapos manchados pela ceia da véspera" fala de sua depravação. Inversamente, "a vida pura e simples do [tio] Pillerault era revelada pelo arranjo interior de seu apartamento, composto de uma antecâmara, de uma sala e de um quarto. Quase tão pequeno quanto a cela de um monge cisterciense, simples como a de um religioso ou de um velho soldado."[34] Úrsula Mirouët emprega

---

[31] Michelle Perrot, "Espaces privés", in Franco Moretti (org.), *Il Romanzo*. Milão: Einaudi, v. 4, 2003.

[32] Esse termo fora de uso designava, no século XIX, a ciência do rosto. Cf. Jean-Jacques Courtine e Claudine Haroche, *Histoire du visage. Exprimer et taire ses émotions du XVIᵉ au début du XIXᵉsiècle*. Paris: Payot-Rivages, 1988.

[33] "A maior parte dos observadores pode reconstruir as nações ou os indivíduos em toda a verdade de seus hábitos, segundo os restos de seus monumentos públicos ou pelo exame de suas relíquias domésticas. A arqueologia está para a natureza social assim como a anatomia comparada está para a natureza organizada." (Honoré de Balzac, "A procura do absoluto" [1834], in *A comédia humana*. São Paulo: Editora Globo, 1954.)

[34] *Ascensão e queda de César Birotteau* [1837]. Ibid., Porto Alegre: L&PM, 2009. Pillerault era um republicano generoso e idealista que ajudou o perfumista em todas as suas tribulações.

um simbolismo do espaço do qual os quartos são os eixos: quarto tabernáculo do falecido senhor de Portenduère, "no estado em que estava no dia de sua morte"; quarto da jovem Úrsula, "onde se respira o perfume do céu".[35]

Zola construiu *Roupa suja* em torno das escadas e da hierarquia dos andares. Em *A taberna*, a ascensão seguida da decadência do casal Gervaise e Coupeau são lidas nas mudanças de sua moradia, na renúncia à intimidade e no retorno à promiscuidade. O quarto de Renée em *O rega-bofe* fala de sua sexualidade depravada, e a decadência de Naná termina em sua morte no hotel. Flaubert utiliza sutilmente esse espaço: os quartos de Felicidade e de Emma Bovary cristalizam suas vidas e seus sonhos. Em suas notas, ele esboça o projeto de uma casa metafórica: "No térreo (estágio inferior) a sala, móveis simples e confortáveis: é, para o público, a amabilidade, a abordagem fácil. A cozinha dá para o pátio exterior: os pobres. A sala de jantar? Hospitalidade, via pública. O coração seria o quarto de dormir; por trás, os lugares onde se lançariam ódios, rancores, cóleras, todas as sujeiras."[36] Poder-se-iam multiplicar os exemplos. Certamente nos dizem o que é o quarto, porém ainda mais o que ele representa como motor da intriga e estrutura significante. Esse quarto imaginário, produtor e saturado de imagens, nos concerne enquanto matriz dos outros.

A iconografia pertence, de maneira ainda mais complexa, a esse duplo registro, a ele acrescentando um horizonte suplementar, o do simbólico. A isso deveria ser dedicado um livro especial, e não apenas pela decoração. O que significa o quarto perturbador de Van Gogh? O que o pintor quis dizer? Na pintura medieval, particularmente codificada, a Virgem Maria é associada ao quarto: nascimento, Anunciação e Assunção oferecem cenas de quartos nas quais a cama está sempre presente. Cama larga de parturiente de Elisabeth, rodeada de matronas, enquanto a pequena Maria repousa em seu bercinho; cama estreita da jovem visitada pelo anjo Gabriel; leito, no qual a Virgem, pálpebras cerradas, apenas encostada (não está doente), é levada em seu sono pelos anjos; eles a levam para o céu, onde encontrará seu filho, sob os olhos dos apóstolos estupefatos. Apesar da materialidade de algum detalhe tirado dos objetos banais do cotidiano

---

[35] *Úrsula Mirouët* [1841]. Ibid. São Paulo: Editora Globo, 1954. O romance é construído sobre uma simbologia dos lugares, cujo funcionamento foi analisado por Madeleine Ambrière.
[36] Pierre-Marc de Biasi, *Les Carnets de travail de Gustave Flaubert*. Paris: Balland, 1988, p. 238. (Escrito durante o período preparatório à redação de *Bouvard et Pécuchet*.)

— um berço de criança, um travesseiro, um jarro d'água, chinelos —, não há realismo nessas pinturas, preocupadas em sugerir a virgindade de Maria, sua ligação com um isolamento feminino identificado com o quarto. A representação iconográfica do harém, tema importante na pintura orientalista do século XIX, obedece a um procedimento similar.[37] Os corpos amontoados, a abundância das carnes expostas sobre almofadas e drapejadas nas pregas de tecidos suntuosos e a odalisca lânguida na umidade do quarto proibido convidam ao devaneio erótico associado ao serralho.

A pintura holandesa, a gravura do século XVII (Abraham Bosse), os intimistas dos séculos XVIII e XIX (Chardin, Greuze, Pater, Boilly, Laurience etc.), os impressionistas e os pós-impressionistas (Bonnard, por exemplo) dão a maior atenção às cenas de interior. Mario Praz nelas se inspirou bastante para a sua *Histoire de la décoration d'intérieur*.[38] Ele utiliza a aquarela de interiores, especialidade de artistas como P.F. Peters, Wilhelm Dünckel, Fernand Pelez; louva seu poder de sugestão. "Este quarto ficará mais vivo em nossa memória do que muitos que percorremos com nossos pés",[39] diz-nos em uma obra que fixa minuciosamente a decoração de um quarto de dormir dos anos 1880. Mario Praz colecionava essas aquarelas, assim como as casas de bonecas que miniaturizavam esses interiores com uma preocupação maníaca do detalhe. Ele apreciava as imitações.

A fotografia não constitui mais uma reportagem, apesar de seu peso de realidade e desse sentimento de contato tão bem mostrado por Roland Barthes.[40] Pausa e pose, ela nos revela primeiramente o olhar do fotógrafo sobre seu objeto. Assim, entre seus temas favoritos, Atget escolheu os interiores;[41] em 1905, ele sonhara fazer um inventário fotográfico e tipológico das habitações de Paris: as das modistas, as daquele que vive de pequenas rendas, as do empregado... Com ele, talvez entremos menos no

---

[37] Altan Gokalp, *Mythe et réalité*. Rennes: Ouest-France, 2009.
[38] Mario Praz, *Histoire de la décoration d'intérieur. La philosophie de l'ameublement*. Paris: Tisné, 1990.
[39] Id., *La Maison de la vie* [1979], prefácio de Pietro Citadi. Paris: Gallimard, L'arpenteur, 1993, p. 379. "Essas aquarelas representam tão bem o gosto de sua época que as portas e janelas nelas representadas parecem que não foram abertas desde então e que nós respiramos a alma nelas aprisionada."
[40] Roland Barthes, *A câmara clara*. Rio de Janeiro: Nova Fronteira, 1984. Para melhor compreensão, cf. Arlette Farge, *La Chambre à deux lits et le cordonnier de Tel-Aviv*. Paris: Seuil, 2000 (no caso, fotos de Sophie Ristelhueber).
[41] Eugène Atget, *Intérieurs Parisiens*, catálogo da exposição do Museu Carnavalet, prefácio de Bernard de Montgolfier,1982; Arger, *Une retrospective*, catálogo da exposição da BNF Richelieu. Paris: BNF-Hazan, 2007.

quarto do operário e do escritor, quartos vazios, do que no estereótipo que ele deseja captar e fixar. Entretanto, esses clichês são infinitamente precisos. Estão repletos de coisas que escaparam ao fotógrafo e, apesar dele (e por causa dele), inscrevem uma temporalidade. São o equivalente visual das monografias de família de Le Play, tão ricas para os interiores dos operários.

Alguns escritores fizeram do quarto, e mais ainda do espaço fechado, o objeto de sua obra, o centro de sua reflexão e de sua rememoração. Camareiros-mor, Marcel Proust, Franz Kafka, Georges Perec são alguns deles. O quarto é o *leitmotiv* da *Busca*.[42] Ele fica obcecado com o misterioso animal da "toca" kafkiana, que tanto procura a proteção da solidão quanto a receia.[43] Ele abriga o palco dantesco da "metamorfose", pesadelo em que aquele que dorme se transforma no inseto que é morto. O quarto é a "mônada" de *Espèces d'espaces*.[44] "Eu me lembro", diz Perec evocando os quartos onde dormiu, sabendo que jamais encontraria a câmara de gás em que morreu sua mãe.

Nesses quartos múltiplos, percorridos, delimitados e dissolvidos pela história, já é hora de penetrar.

---

[42] Claude Dauphiné, "Les Chambres du narrateur dans *La Recherche*". *Bulletin des amis de Marcel Proust*, 1981, n° 31, p. 339-56.
[43] Franz Kafka, *A metamorfose* [1915]. São Paulo: Companhia das Letras, 2000; *Le Terrier* [1931], in Claude David (org.), *Oeuvres complètes*, t. 2, *Récits et fragments narratifs*. Paris: Gallimard, 1980, col. Bibliothèque de La Pléiade.
[44] Georges Perec, *Espèces d'espaces* [1974]. Paris: Galilée, 2000.

2
O QUARTO DO REI

ENTREMOS MAJESTOSAMENTE em nossa história pelo quarto do rei, tal como Luís XIV o regulamentou em 1701: no centro da *Cour de Marbre*, "face ao sol nascente, em uma centralidade imperiosa",[1] afastando para o norte a vizinhança da capela, construída posteriormente para as necessidades do rei — ao contrário do Escurial, que a situa em seu centro. O espaço revela o absolutismo monárquico e sua sacralização: o rei substituindo Deus no interior do quarto.

Nessa residência cósmica que é Versalhes, "resumo do universo", o simbolismo solar rege as disposições de conjunto e de detalhe. A dos grandes apartamentos, instalados em 1671 e 1681, e sua decoração, imaginada por Le Brun: a cada um dos sete cômodos enfileirados é atribuído um planeta, segundo um preceito existente nas mansões principescas da Itália e que a tsarina Elisabeth retomará em São Petersburgo. O palácio do príncipe está imerso em uma cultura da alegoria e da representação, amplamente compartilhada e percebida pelos contemporâneos, que viam Versalhes como um livro aberto, como André Félibien em sua *Descrição*, de 1674.[2]

As avenidas partem do castelo e até mesmo do leito do rei. Segundo Julien Green, o quarto é colocado de tal maneira que "para ir de um ponto a outro de seu quarto a um outro cômodo, o rei fazia um número de passos correspondente à distância do Sol a um outro planeta", de acordo com os princípios astrológicos que se encontrariam para a pirâmide egípcia de Gizé.[3]

Esse voluntarismo cósmico, que foi sem dúvida exagerado, em um delírio interpretativo cujos excessos foram assinalados por Hélène Himelfarb,[4] dimi-

---
[1] Joël Cornette (org.), *Versailles: Le pouvoir de la pierre*. Paris: Tallandier, 2006, p. 14.
[2] André Félibien, *Description sommaire du chateau de Versailles*. Paris: Desprez, 1674. Cf. também Louis Marin, *Le Portrait du roi*. Paris: Minuit, 1981, principalmente p. 221-35, "Le palais du Prince".
[3] Julien Green, 12 de dezembro de 1935, "Journal", in *Oeuvres complètes*. Paris: Gallimard, 1977, col. Bibliothèque de La Pléiade, t. 5, p. 394. Ele relata as palavras de um amigo, Rolland de Reneville, que sustenta essa tese.
[4] Hélène Himelfarb, "Versailles: Fonctions et légendes", in Pierre Nora (org.), *Les Lieux de mémoire*, t. 2, op. cit., 2, p. 235-92.

nuiu depois de algum tempo, cedendo lugar à história, à celebração pictórica das façanhas do rei. E, sobretudo, às necessidades do cotidiano que faziam do quarto do rei um centro de poder ainda mais eficaz.

Não importa. Nesse castelo em perpétua evolução, sempre em obras, onde as remoções dos membros da família real e dos cortesãos por conta de mortes, de mudanças de função ou de favores criam uma confusão que provoca vertigem,[5] o quarto do rei permanece. Coração pulsante de Versalhes, de que é o ponto fixo, ele é hoje o ancoradouro mítico da memória.[6]

A balaustrada do rei

O quarto do rei é, ao mesmo tempo, espaço e serviço.[7] Um espaço material moldado pelo simbólico, tanto em seu interior como em seus acessos. Portas, antecâmaras, comunicações e escadas (o degrau do rei) constituem tantos filtros sabiamente hierarquizados e controlados por porteiros e camareiros, engrenagens escrupulosas da "mecânica do rei", analisada magistralmente por Saint-Simon.

O espaço material do quarto, no entanto, nos escapa e foge. Conhecemo-lo mal, tantas vezes foram modificados sua decoração e seu mobiliário, sem cessar substituído e dispersado, em uma época em que não se dava valor a "antiguidades". A morte de um cortesão era frequentemente acompanhada da doação de seus móveis a familiares e criados. Assim fez Mme de Maintenon quando trocou Versalhes por Saint-Cyr. Onde foram parar os móveis do rei? O que via o rei? O que visitamos hoje resulta de uma recomposição histórica, em parte imaginária. Sabemos apenas que o quarto era revestido de veludo carmesim, realçado com ouro, um ouro avaliado em sessenta quilos, quando foi retirado em 1785.[8]

O quarto é um teatro, um palco sumariamente esboçado. No centro, uma balaustrada, chamada "balaústre", desenha um santuário, um templo. "Sacralizar é proteger. Colocar sob tensão uma determinada extensão.

---

[5] William R. Newton, *L'Espace du roi: La cour de France au château de Versailles. 1682-1789*. Paris: Fayard, 2000; id., *La Petite Cour: Services et serviteurs à la cour de Versailles au XVIIIe siècle*. Paris: Fayard, 2006; Emmanuel Le Roy Ladurie, *Saint-Simon ou le système de la Cour*. Paris: Fayard, 1997.

[6] Edouard Pommier, "Versailles, image du souverain", in Pierre Nora (org.), *Les Lieux de mémoire*, t. 2, op. cit., p. 193-234.

[7] Cf. Lucien Bely, *La Société des Princes, XVI et XVIIe siècles*. Paris: Fayard, 2000; Monique Chatenet, *La Cour de France au XVIe siècle: Vie sociale et architecture*. Paris: Picard, 2002, sobretudo "La Chambre du roi et ses usages publics et privés au XVIe siècle", p. 147-50.

[8] Cf. William Newton, *L'Espace du roi*, op. cit., p. 124.

Cercar com uma barreira, uma grade, uma balaustrada."⁹ Só a ultrapassam os primeiros camareiros e aqueles a quem o rei concede audiência, como os embaixadores estrangeiros. Ainda assim, há um limite fixado pela borda do tapete que eles não devem ultrapassar. Quando, em 1699, recebeu o embaixador Abdallah Bin Aycha, o monarca havia ordenado ao barão de Breteuil que intimasse o emissário do soberano do Marrocos a "parar na borda do tapete, abaixo e de encontro ao degrau do estrado". Sentado em uma poltrona, o rei "tirou o chapéu, que logo recolocou".¹⁰ Um exemplo entre centenas de outros, dos códigos que regulam nos mínimos detalhes o acesso ao rei e ao seu quarto.

Penetrar além da balaustrada é excepcional. Esse privilégio foi concedido ao duque de Portland, enviado do rei da Inglaterra a Versalhes. O rei, que acabara de tomar um remédio, acolheu-o, "o que era uma grande distinção, e ainda o fez entrar no balaústre de sua cama, onde jamais estrangeiro algum havia penetrado, com exceção da audiência do cerimonial dos embaixadores".¹¹

Apoiar-se na balaustrada é quase um sacrilégio, impensável sob o reinado de Luís XIV, os *huissiers* (oficiais porteiros) vigiavam. Mais tarde, a disciplina se relaxa, as atitudes se afrouxam, não sem reclamações. No tempo de Luís XVI, quando o marquês de Créqui toma essa liberdade, o *huissier* o repreende: "*Monsieur*, o senhor está *profanando* o quarto do rei", o que provocou essa réplica: "Senhor, eu *elogiarei* vossa precisão." A corte ri de uma anedota inconcebível sobre o Grande Rei. Quando o rito torna-se ridículo, pode-se recear tudo.

A balaustrada delimita um tabernáculo, como na igreja a grade do coro separa os fiéis do altar. Ela isola o leito do rei. Esse leito ricamente adamascado e dotado de pesadas cortinas é constantemente vigiado, dia e noite, pelos camareiros. O camareiro-mor dorme ao pé da cama, dali não saindo enquanto o rei está deitado. Ele o vigia; ele também guarda as chaves do armário onde estão as roupas e as camisas do rei.

"Morada do rei na morada do poder, o lugar em que seu corpo físico renasce cada dia para a vida, para realizar a missão de seu corpo místico",¹² o quarto do rei é o lugar privilegiado da etiqueta, "imagem

---

[9] Régis Débray, *Le Moment fraternité*. Paris: Gallimard, 2009, p. 42.
[10] Joël Cornette, "La Réception des ambassadeurs", in id. (org.), *Versailles*, op. cit., p. 199.
[11] Saint-Simon, *Louis XIV et sa Cour* [1994]. Paris: Complexe, 2005, p. 69. (Antologia de textos extraídos de *Mémoires*.)
[12] Edouard Pommier, *Versailles, L'Image du souverain*, op. cit., p. 225.

hierática do poder absoluto". Uma etiqueta que repousa sobre o uso minucioso do tempo e do espaço, inspirado pelo "gosto do rei por todos os pequenos detalhes".[13]

O leito do rei é o altar onde se opera a transubstanciação do corpo físico em corpo místico, onde se celebram dois grandes rituais de uma liturgia imutável que ritma a vida da corte como deveria ritmar a do país: o despertar e o deitar do rei, ritual extremamente codificado, em seus menores momentos, gestos e atores.[14] Na hora de despertar, o camareiro-mor segura a manga direita da vestimenta do rei, enquanto o camareiro-mor do guarda-roupa segura a manga esquerda. À noite, o privilégio do castiçal permite ao rei distinguir um ou outro cortesão. O duque de Portland é decididamente paparicado: "Uma noite, na hora de dormir, o rei lhe deu o castiçal, favor que só se concede a pessoas notáveis que o rei quer distinguir. Raramente os embaixadores se tornam tão familiares a ponto de fazer a corte a essas horas, e se vêm, não acontece nunca que recebam esta distinção."[15] As "entradas" marcam os diversos atos do espetáculo.

Nessa relojoaria de precisão, camareiros e porteiros desempenham um papel importante, já que guardam as portas, controlam os acessos, transmitem ao rei os *placets* (petições para pedir justiça ou a concessão de um favor), permitem a um ou outro que abram caminho até o soberano, e até que se dirijam a ele, o que se faz aliás fora do quarto, no exterior, durante os curtos trajetos que levam à capela ou à carruagem real, por ocasião das saídas, nos interstícios e nas intermitências, brevemente, e *sous la perruque*, isto é, ao pé do ouvido.

Realizados esses rituais, começa o dia do rei fora do quarto. Os *garçons bleus*, assim chamados por usarem uma libré azul, arrumam a cama do rei com a ajuda dos tapeceiros. Um dos camareiros permanece o dia inteiro no quarto, "ficando no estrado além da balaustrada da alcova". O quarto é então aberto ao público, salvo se o rei estiver em seu gabinete. O visitante se inclina diante do leito do rei, como o fiel faz a genuflexão diante do santo sacramento exposto no altar. O camareiro está vigilante.

---

[13] Saint-Simon, op. cit., p. 337. Exemplo de utilização dos "detalhes", no caso, os assentos; cf. Emmanuel Le Roy Ladurie, "Saint-Simon: Mémoires d'un petit duc", in Joël Cornette (org.), *Versailles*, op. cit., p. 185.
[14] Beatrix Saule, *La journée de Louis XIV: 16 novembre 1700*. Arles: Actes Sud, 2003.
[15] Saint-Simon, op. cit., p. 69.

Os camareiros do quarto do rei

Espaço público, a *chambre* — termo polissêmico — é também um dos "serviços" mais importantes da corte e do reino. William R. Newton, que pesquisou nos arquivos suas engrenagens e seu funcionamento, descreve-o em toda sua complexidade.[16] Complexidade que muito mais tarde inspirará outros palácios, interessados em um protocolo de que Versalhes elaborou um modelo inacessível e inextinguível.

O primeiro gentil-homem da corte perdeu prestígio em benefício do "primeiro gentil-homem do quarto do rei", função assegurada em quartos por quatro titulares. Ele controla as entradas à presença do rei. Tem a seu encargo o serviço íntimo exercido pelos camareiros, os "primeiros" (quatro servem por quartos) e os comuns (32 no total, servindo em quartos de oito). Os primeiros camareiros gozam de reais poderes e de notáveis vantagens materiais (salários, gratificações, alojamento, velas) ou relacionais, que lhes abrem as perspectivas de uma promoção social. Trampolim ou coroamento de sua carreira, a passagem pelo quarto do rei é sempre benéfica e muito procurada. É por isso que os primeiros camareiros transmitem o cargo de pai para filho. Os demais camareiros gozam de benefícios mais modestos. Ocupam pequenos quartos contíguos, para os quais reivindicam pelo menos uma lareira. São auxiliados pelos seis "oficiais ordinários do quarto do rei", às vezes chamados *garçons bleus*, por causa de sua libré azul. Depois vêm os *huissiers ordinaires*, espécie de porteiros que selecionam os visitantes nos postos avançados dos apartamentos, e os *huissiers* do quarto do rei (dezesseis por quartos de quatro), que vigiam a balaustrada e controlam os acessos, o que supõe um conhecimento aprofundado da corte, seus direitos e seus privilégios.

Entre os outros oficiais do quarto temos o cortejo de barbeiros, porta-casacos para o guarda-roupa ambulante, os *porte-chausse d'affaires*, que se ocupam da *chaise percée*, a privada portátil do rei, que Luís XV não suportará mais, instituindo os *cabinets à l'anglaise*, gesto essencial no processo civilizatório;[17] uma sucessão de criados especializados: relojoeiros, tapeceiros, capitães das mulas ou dos cachorros etc. O "guarda-roupa" constitui um serviço complementar. Seu "grão-mestre" cuida das roupas do rei no

---

[16] William R. Newton, "La chambre du roi", in *La Petite cour*, op. cit., p. 33 sq.
[17] Norbert Elias, *O processo civilizador II: uma história dos costumes* [1939]. Rio de Janeiro: Jorge Zahar Ed., 2011.

despertar e no deitar. Cada peça é prevista de véspera, das mangas das camisas ao lenço da noite. Todo esse pessoal tem uma grande proximidade física com o rei.

Luís XIV é sensível a isso. Aprecia o pessoal de seu quarto. "Ele tratava bem os camareiros, sobretudo os do quarto. Era entre eles que se sentia mais à vontade e que se comunicava com mais familiaridade, sobretudo com os principais. Sua amizade ou sua aversão sempre tiveram grande influência", escreve Saint-Simon, que desaprovava o poder oculto desses subalternos cuja importância foi assinalada por Mathieu da Vinha.[18] Entre eles, Marie Dubois, testemunha da morte de Luís XIII, Alexandre Bontemps, testemunha do casamento noturno do rei com Mme de Maintenon, Louis Blouin, testemunha de sua agonia e de sua morte, são personagens às vezes confidentes, até memorialistas, controladores, espiões de um soberano que faz deles seus "grandes ouvidos". Seu poder deriva de sua posição às portas do quarto. De Bontemps, Saint-Simon escreve: "Era por ele que passavam todas as ordens e mensagens secretas, as audiências ignoradas que ele introduzia junto ao rei, as cartas escondidas do rei e para o rei e tudo o que era mistério." O poder dos camareiros reside no seu conhecimento excepcional da situação das pessoas e dos lugares, por exemplo, a situação dos alojamentos, mercadoria rara em Versalhes. Eles assinalam ao rei todo espaço disponível, permitindo-lhe assim atribuí-lo a este ou aquele segundo seu bel-prazer. Ser alojado no palácio é considerado um privilégio insigne. Até por volta de 1700, a atribuição dos alojamentos não é nem um pouco administrativa. A política do espaço é uma política do favor e da gratificação. Mestres do quarto, os camareiros participam do poder que ele encarna e fabrica.

Os camareiros servem aos dois corpos do rei, na fronteira indecisa entre o público e o privado. Os "camareiros do interior" têm as chaves dos cofres. Aqueles que dormem ao pé de seu leito são testemunhas de seu sono, talvez de seus sonhos, de suas necessidades e de seus males noturnos, cúmplices de seus amores legítimos e adúlteros. O camareiro de quarto acompanha o rei aos aposentos da rainha, à qual consagra suas noites até a morte. Ele aí conduz o rei e o apanha de manhãzinha para a cerimônia do despertar, o que sublinha o caráter oficial e público do quarto. Não é nele que se faz amor. O leito de exibição não se presta a tais gestos. Sobre o ato da carne continua a pesar uma maldição cristã, uma vergonha que fazia com que santo Agostinho desejasse um quarto diferente e fechado para o ato conjugal.

---

[18] Mathieu da Vinha, *Les Valets de chambre de Louis XIV*. Paris: Perrin, 2004.

O quarto panóptico

O quarto está no centro de um sistema de poder, panóptico em seu desejo — o rei quer tudo ver e tudo saber —, se não na sua realidade. Ele repousa sobre o duplo circuito do olhar e da palavra. O rei tem o olhar vivo: "Reparava em todo mundo, ninguém lhe escapava, até mesmo aqueles que não esperavam ser vistos", escreve Saint-Simon. A célebre tirada espirituosa é conhecida: "Eu não o conheço [...]. É um homem que não vejo nunca." O rei exige a presença de seus cortesãos na posição e no momento que lhes são destinados. O balé das "entradas" ritma despertar, cear, deitar: as "grandes", as "primeiras" também chamadas "segundas" porque vêm logo depois das "grandes", por fim as "simples" entradas. As entradas "familiares" veem o rei na cama e se ocupam de suas necessidades corporais; as "grandes" entram quando o rei já está de pé. Quando veste seu robe chegam as "primeiras". Quando está à mesa de toalete são autorizadas as "simples". Para o deitar, a hierarquia se inverte e as diversas "entradas" acompanham as etapas do despir do rei e do seu deitar. A distância ao corpo do rei regula essa gradação. A proximidade exige a honra ou a confere. Assim, o cargo de leitor, medíocre em si mesmo — o rei não gosta de leitura —, é apreciado pela vizinhança que pressupõe. Racine o exerceu.

Mas o olhar tem limites. Ora, o rei quer tudo saber, inclusive "o que se passa nas casas particulares, nas relações mundanas, nos segredos de família e nas ligações". É preciso "descobrir entre nossos súditos o que eles nos escondem com o maior cuidado",[19] aconselha ele a seu filho, o delfim. Para esse fim, serve-se de todos os meios: abertura de cartas, interceptadas e copiadas pelos seus serviços para serem citadas se preciso for: não há segredo de correspondência; o servilismo dos cortesãos "que lhe falavam às vezes secretamente nos gabinetes dos fundos":[20] esses famosos "fundos" que formam os bastidores da realeza; o recurso aos suíços, empregados para a espionagem pública e galante; e, mais que tudo, a conivência dos camareiros, intermediários de *placets*, de pedidos de audiência, sempre à escuta de boatos, rumores e fofocas, aos quais o rei presta uma atenção complacente. Bontemps era excelente nesse serviço: "Estava tão acostumado com o segredo que fazia mistério das coisas mais simples, e a gente ria."[21]

---

[19] Citado por Joël Cornette, in id. (org.), *Versailles*, op. cit., p. 22.
[20] Saint-Simon, op. cit., p. 346.
[21] Id., citado por Mathieu da Vinha, op. cit., p. 233.

A impressão de estar sendo observado, e mesmo espiado, provoca o desejo de se esconder. Para escapar do olhar, dissimula-se usando escadas secretas. Para fugir da escuta, baixa-se o tom de voz. Murmura-se. Saint-Simon queria submeter suas memórias à leitura de M. de Rancé, abade dos trapistas, para saber sua opinião. Marca um encontro com ele no castelo, mas com que prudência: "Creio ser inútil pedir-vos precaução sobre o segredo e o tom de voz com que vão ser lidos esses papéis para que nada possa ser ouvido fora de vosso quarto." Insiste sobre a necessidade "de se falar ao pé do ouvido", de se encontrar em apartamentos desocupados ou em cantos afastados do palácio: "naquele salãozinho no fundo do corredor contíguo ao apartamento da rainha, onde ninguém passava, pois esse apartamento estava fechado desde a morte de Mme La Dauphin"; ou "até mesmo em uma passagem escura entre a tribuna e a galeria da ala nova, no fundo da qual ficava seu quarto".[22] O despotismo engendra estranhos jogos de esconde-esconde. O duque é obcecado por soleiras que não devem ser transpostas, passagens proibidas, cortinas cerradas, portas abertas ou fechadas, desconfiando sempre de alguma segunda intenção. Encontra por acaso a porta fechada ao se dirigir aos aposentos de Mme de Beauvilliers? Surpreende-se ao ver neles entrar a duquesa de Sully, "embora a porta estivesse interditada" e fareja um complô. Suas Memórias estão cheias de murmúrios e de esquivas. Como construir suas relações, prosseguir em suas trocas, levar avante sua própria intriga no espaço ao mesmo tempo público e secreto que é a corte, arabesco de olhares furtivos e de sussurros?

As "pequenas preferências"

O próprio rei modula soberanamente essas distinções que se inscrevem no espaço. Ele acredita, ou finge acreditar, que está ao alcance de todos, o que, em certo sentido, é verdade. A princesa palatina opõe a inacessibilidade do quarto do imperador em Viena, reservado aos íntimos da família imperial, e a publicidade de Versalhes, onde o povo pode visitar o quarto na ausência do rei e tentar falar com ele. Durante a agonia de Luís XIV, "uma espécie de campônio provençal, muito rude", tendo sabido da doença do rei, veio propor um remédio que, dizia ele, curava a gangrena. O rei estava tão mal que "os médicos consentiram sem dificuldade na sua presença"[23] à cabeceira do doente real. A doença mistura as fronteiras e dissipa as hierarquias.

---

[22] Id., *Versailles*, 29 de março de 1699, carta citada por Saint-Simon, op. cit., p. 33.
[23] Ibid., p. 262.

Nos dias comuns, quantos obstáculos! É preciso abrir caminho na multidão, aproveitar os deslocamentos do rei quando vai ou volta da missa ou quando vai tomar sua carruagem, "os mais importantes e até mesmo alguns outros, [indo até] a porta de seu gabinete, mas sem ousar segui-lo mais. É a isso que se limita a facilidade de seu acesso", escreve Saint-Simon que não se deixa enganar. "Assim, só era possível dirigir-lhe duas ou três palavras, de maneira bastante incômoda"; ou "se o rei o conhecesse, *dans sa perruque*, ao pé do ouvido, o que não era muito vantajoso".[24]

É tão complicado conseguir uma audiência no gabinete quanto chegar ao quarto, que é contíguo, pela antecâmara. É o verdadeiro escritório do rei, seu local de trabalho. Aí recebe ministros, secretários, e dá audiências. As entradas aí são mais funcionais, mas também são filtradas. O grande privilégio de Louvois, diz Saint-Simon, era entrar diretamente, sem avisar, ou ao menos sem ter marcado hora. Mas os camareiros montam guarda e, se são afastados, deixam as portas abertas, para poder ver e ouvir nos espelhos, que são "o grande perigo dos gabinetes", indício de seu poder de controle e de obstrução.

"Passar pelos fundos", isto é, pelos gabinetes de trás ou aposentos privados de Sua Majestade, era um favor supremo, reservado aos íntimos, aos serviçais, às audiências secretas ou imprevistas, aos encontros particulares, muitas vezes arranjados pelos camareiros. Era aliás uma prática corrente, ou pelo menos principesca, essa de um direito e de um avesso do ambiente, de bastidores atrás do palco. Saint-Simon a evoca constantemente, sobretudo em suas relações pessoais com o delfim, "esse príncipe admirável" com o qual tem frequentes *tête-à-tête*. "Eu era o único que tinha esses 'fundos' livres e frequentes, seja de sua parte ou da minha. Lá, ele descobria sua alma." Ele guarda a nostalgia dessas reuniões "improvisadas", em que o duque de Borgonha lhe falava de suas ideias sobre a nobreza, cuja decadência lamentava, deplorando sua ociosidade "mortal e nociva".[25] Uma palavra mais livre, sem preconceitos, corria nesses "fundos", esboço tímido de uma opinião pública.

A gestão do espaço era um modo essencial de exercício do poder. A atribuição dos apartamentos certamente obedecia a certas regras; os príncipes da Casa de França têm direito prioritário. Mas o rei altera a ordem dinástica nela incluindo, em igualdade com os "príncipes de sangue", os bastardos legitimados, nascidos das uniões com suas favoritas, principalmente os filhos

---

[24] Ibid., p. 300.
[25] Ibid., p. 201-5.

de Mme de Montespan, pelos quais ele tinha uma predileção declarada. O duque do Maine, querido de Mme de Maintenon, e o conde de Toulouse, habitam os mais belos apartamentos do primeiro andar. Os *Enfants de France*, com suas "embaladoras" e governantas, ocupam um vasto segmento, verdadeira *nursery* dando para os jardins, e que deve ser protegido da curiosidade do público, cercando-o com grades. Ironia do destino: Maria Antonieta se mostrará especialmente preocupada com a segurança do delfim.

A partir de arquivos e de correspondências muito precisas, William R. Newton encontrou essas mudanças ao mesmo tempo que a expressão das reclamações e dos desejos desses mal-alojados que eram os cortesãos: contribuição apaixonante à história do hábitat como à das sensibilidades. Percebe-se a estranheza dos lugares em que o luxo coteja o sórdido. Os beneficiados, preocupados antes de mais nada com a proximidade do rei, manifestam uma grande capacidade de adaptação, mas também a necessidade cada vez mais afirmada de comodidades cujos critérios variam e se afinam ao longo do tempo. Entretanto, a documentação é desigual. Prolixa sobretudo para o século XVIII, é muito mais reduzida para o século XVII, a ponto de persistirem muitas incertezas quanto ao hábitat principesco, e mesmo real, dessa época. O quarto do rei guarda seus mistérios. O olho do panóptico estaria vazio?

As favoritas desfrutavam de apartamentos espaçosos, no corpo central do castelo, perto do rei, que exibia sem complexo sua bigamia e mesmo sua poligamia,[26] pelo menos até o casamento com Mme de Maintenon, que pôs fim ao "harém real". Durante muito tempo Mme de Montespan beneficiou-se junto ao rei de um contato único, de que se aproveitava para lhe passar bilhetes ou lhe falar. Não sem precauções especiais: "Era sempre em horas públicas, mas no gabinete privado do rei, [...] os dois sentados no fundo, mas com as portas laterais completamente abertas, o que só se fazia quando ela estava com o rei e o cômodo público contíguo a este gabinete, cheio de cortesãos."[27] Tratando-se apenas de uma palavrinha, "era de pé, à porta, fora do gabinete e diante de todo mundo". Será que o rei queria mostrar a todos a afirmação de seu amor? Ou, ao contrário, queria prevenir as críticas, evitar a confusão de gêneros? O que significava essa vontade da porta aberta? O declínio de Mme de Montespan marcou-se pelo seu afastamento e sua mudança do primeiro andar para o térreo, sem comunicação com o rei, até seu afastamento definitivo.

---

[26] Guy Chaussinand-Nogaret, *Les Familles du roi*, in Joël Cornette (org.), op. cit., p. 107-15. O autor fala do "harém de Versalhes", que prevalece ao menos até o casamento com Mme de Maintenon.
[27] Saint-Simon, op. cit., p. 366-7 sq.

Inversamente, "o favor de Mme de Maintenon se manifestou pelos apartamentos que lhe foram dados em Versalhes, no alto da grande escadaria, de frente para os apartamentos do rei e no mesmo plano que estes".[28] Ela ocupava no andar de honra quatro cômodos pouco confortáveis, com um quarto estreito no fim da fileira clássica. Quando a rainha morreu, em 30 de julho de 1683, o rei veio habitar em frente a sua nova esposa, que pouco a pouco cessou as funções que exercia junto à delfina. O rei recuperou o quarto da rainha, do qual nada fez, e o de Mme de Montespan, no qual instalou suas coleções. Hélène Himelfarb vê nisso "uma transferência subconsciente da coleção de mulheres à coleção de quadros e bronzes".[29] O apartamento de Mme Maintenon foi remodelado para acolher o rei e seu quarto, aumentado. Ela recusou obstinadamente maiores modificações, principalmente mudar-se. Obteve assim, em Versalhes e em outros lugares, uma estabilidade quase real.

A *PRIVANCE*[30] DO REI

Lugar de espetáculo, palco, centro e instrumento do poder, o quarto do rei não tem na verdade nenhum papel íntimo. Nele o rei se levanta e se deita, mas pouco dorme. Logo que está oficialmente deitado, seu camareiro-mor o conduz quase toda noite aos aposentos da rainha, com sua espada e seu urinol, que depois coloca na saleta, sobre uma poltrona. O rei respeita "o dever conjugal" como o fará Luís XV nos primeiros anos de seu casamento com Maria Leszczynska, com quem terá nove filhos. De manhãzinha, o camareiro-mor vai buscá-lo com o propósito de o levar ao seu quarto para a cerimônia do despertar.

Essa falta de intimidade existe para todos os cortesãos, o que a princesa palatina, tão chocada com a diferença de culturas, deplora em Versalhes e mais ainda em Marly: "Não temos apartamento, a não ser para dormir e nos vestir; mas no momento que isso está feito, tudo é para o público." Ela aspira encontrar os seus à moda alemã: "Eu me fecharia com a senhora e meu tio em um quarto, onde quero ser apenas sua Liselotte de antigamente", escreve madame a sua tia, a duquesa de Osnabrück.[31]

---
[28] Ibid., p. 377.
[29] Hélène Himelfarb, "Les Logements versaillais de Mme de Maintenon. Essai d'interprétation", in *Saint-Simon, Versailles. Les arts de la Cour*. Paris: Perrin, 2006, p. 208.
[30] *Privance* significa familiaridade. Esse termo medieval desapareceu depois do século XVII, segundo Alain Rey. Saint-Simon o emprega habitualmente, referindo-se ao rei.
[31] Elisabeth Charlotte d'Orléans, *Lettres de la Princesse Palatine*. Paris: Mercure de France, 1999, p. 111 e 52. Cf. Arlette Lebigre, *La Palatine, une Allemande à Versailles*, in Joël Cornette (org.), op. cit., p. 223-32.

"A única coisa que falta a um rei são as doçuras de uma vida privada", observava La Bruyère. Luís XIV desejava isso. Fez duplicar seus grandes apartamentos com gabinetes e gabinetes "de fundos", espaços das circulações familiares, dos segredos e dos encontros confidenciais e de suas coleções. Ele multiplicara suas residências: "Fiz Versalhes para minha corte, Marly para meus amigos e Trianon para mim", dizia ele. Sobretudo, frequentava suas mulheres, cujos apartamentos nunca eram muito longe dos seus. Em Versalhes, o quarto reformado de Mme de Maintenon acolhia as sessões de trabalho dos dois esposos, tantas vezes descritas, principalmente por Saint-Simon: "Ele, em uma poltrona, diante do ministro sentado em um tamborete; ela, em outra poltrona, ou no seu célebre 'nicho' que ocupava a metade oeste do quarto, uma alcova que abrigava uma cama 'com dossel'." O leque de Mme de Maintenon, leque perdido que apenas conhecemos pela descrição de La Baumelle, mostrava "ao natural" este quarto que servia tanto à vida conjugal quanto à social. "O rei nele trabalha em sua escrivaninha, Mme de Maintenon fia, a duquesa de Bourgogne brinca, Mlle. d'Aubigné lancha." Possuindo uma estabilidade que talvez a tranquilizasse, Mme de Maintenon não procurava nem o luxo nem a suntuosidade do ambiente. Preferia os cômodos isolados aos apartamentos enfileirados, que detestava. Gostava dos tecidos macios, dos móveis portáteis, dos objetos amontoados, e já dos capitonês e das acumulações das burguesas do século XIX. Apenas a cama, com os quatro buquês de plumas e as egretes, exibe uma condição real. Mme de Maintenon sempre sentia frio; apreciava as cortinas, que protegem das correntes de ar, esses *vents coulis* que a virilidade do rei tanto apreciava, cortinas que podiam ser cerradas e escondiam a alcova enquanto o rei trabalhava. Nesses quartos principescos geralmente gelados, as cortinas oferecem proteção, privacidade e discrição. De Mme de Montespan, Saint-Simon diz que ela "protegeu seus favores sob cortinas de gaze, que permaneceram cortinas mas não foram nem um pouco impenetráveis".

O quarto de Mme de Maintenon foi o quarto do rei de 1683 a 1715, durante os longos anos do reinado dessa "fada inacreditável". Saint-Simon descreve com precisão "a mecânica contínua dos dias e dos tempos". Ele lhe atribui uma influência considerável, exercida com discrição. Ela escutava sem intervir, mas encontrava os ministros antes das entrevistas com o rei, sempre atenta à atribuição dos empregos e favores. Uma esfera porém continuava opaca para ela, a das relações exteriores, a mais escondida, subtraída às mulheres. Torcy, como Louvois, as preservava, tratando delas sempre fora do quarto de Mme de Maintenon.

O rei não deixava de fazer-lhe visitas cotidianas, fora e em função do conselho, mais ou menos longas segundo o lugar, uma hora e meia a mais em Fontainebleau, muito mais curtas em Marly e no Trianon. "As visitas eram sempre *tête-à-tête*, sem prejuízo das visitas após o jantar", mais concorridas. Essas terminavam por volta das 21h30, Mme de Maintenon ceava e se deitava, "tudo isso em presença do rei e dos ministros", até as dez horas, "o rei ia cear, e, ao mesmo tempo, cerravam-se as cortinas de Mme de Maintenon". Quando viajavam, ela acompanhava o rei em sua carruagem, quarto ambulante. Em compensação, "não ia jamais aos aposentos do rei, a não ser que ele estivesse doente ou nas manhãs em que ele tomara remédios."[32] Ela compartilhava os males do corpo íntimo, selo da conjugalidade.

Sua influência é acompanhada por uma extrema dependência. Ela deve sempre estar pronta a responder aos desejos do rei. "Em qualquer estado em que estivesse, o rei ia vê-la na hora de costume e aí fazia o que havia planejado; mesmo que ela estivesse na cama, muitas vezes suando de febre." O rei que "temia o calor nos quartos", mandava abrir as janelas. "Assim o rei levava sua vida, sem nunca lhe perguntar se a estava incomodando." Mme de Maintenon reina na submissão à vontade do rei.

Ela não pode sempre manter cerradas suas cortinas.

Mulher caseira, Mme de Maintenon vive em seus aposentos e impõe a todos o seu estilo, impedindo suas subordinadas de receber quem quer que seja. Entre elas, a famosa Nanon Balbien, vinda da paróquia de Saint-Eustache, do tempo de Scarron, "devota como ela, e velha [...], razoavelmente tola", imitando e servindo sua patroa em tudo. O trono de Mme de Maintenon é sua poltrona no seu quarto, essa poltrona que a "falsa sultana" não deixa nem para a rainha da Inglaterra. Esse retiro ainda não lhe basta. "Embora seu quarto fosse um santuário onde só entravam mulheres muito íntimas, ela precisava ter, em todo lugar aonde fosse, um retiro inteiramente acessível."[33]

Envelhecendo, Luís XIV compartilha o gosto por esses retiros, nos quais tenta fugir de uma corte que ele próprio criou e que aos poucos o oprime. A necessidade de intimidade não nasceu com Luís XV, mas com a *privance* de seu bisavô.

---

[32] Saint-Simon, op. cit., p. 399.
[33] Ibid., p. 122.

"No fim, o rei, cansado do belo e da multidão, persuadiu-se de que queria às vezes o pequeno e a solidão."[34]

Doença e morte do rei

O segredo envolve o sexo do rei, seu sono, seus sonhos, mas também seu corpo doente, do qual somente os médicos e os camareiros são testemunhas e cúmplices. O quarto é o lugar de toda sorte de cuidados — de higiene e de medicina. Luís XIV, bastante limpo, contrariamente ao que as vezes se insinuou, aprecia as lavagens, os "banhos de quarto" nos quais fica às vezes por muito tempo, em virtude de algumas prescrições. Faz bochechos, em uma boca completamente desdentada desde 1685. Fazem-lhe a barba e penteiam seus cabelos, muito belos na juventude. Escolhe sua peruca e muda várias durante o dia. O espelho, muito usado em Versalhes, devolve-lhe a imagem. Como se via?

Os cuidados médicos estão a cargo dos *archiatres*, ou médicos do rei. São personagens importantes, privilegiados, bem-pagos e bem-alojados. Sua influência é crescente. Dois, sobretudo, dominaram: Daquin e Fagon. O primeiro, ligado à escola de Montpellier, foi repentinamente despedido, sem dúvida por ser ele um "judeu" excessivamente querelante, o que deixa perceber um antissemitismo difundido[35] e compartilhado por Mme de Maintenon, que não gostava dele. Ela aproveitara para promover Fagon, seu favorito, que representava a escola de Paris, mais voltada para a medicina inglesa de observação experimental.

Os médicos têm por missão proteger a saúde do rei, garantia da saúde do reino. Circulam livremente pelos apartamentos, penetram noite e dia em seu quarto, ficam eventualmente a sós com ele: supremo privilégio. Fagon conta como um fato importante a primeira vez em que esteve diante de Sua Majestade. Por causa de uma persistente enxaqueca real, fazendo com que se retirasse Daquin, permanecera sentado em uma poltrona na antecâmara, onde um camareiro veio chamá-lo: esse devotamento foi o início de sua fortuna. Os médicos observam atentamente o corpo do rei e dele fazem a crônica. Stanis Perez, que renovou a abordagem da bio-história do Rei Sol, publicou o *Journal de la Santé de Louis*

---

[34] Ibid., p. 359.
[35] Sobre esse assunto, cf. Pierre Birnbaum, *Un récit de meurtre rituel au Grand Siècle: L'affaire Raphaël Lévy, 1669*. Paris: Fayard, 2008. O autor insiste no papel protetor do poder real nesse caso.

XIV.[36] Trata-se das doenças do rei, em termos médicos, que objetivam o corpo físico de um soberano devolvido a sua humanidade cotidiana. Esse glutão sofria de gases, cefaleias, vertigens, indigestões, vômitos e fezes malcheirosas, além de recorrentes crises de gota. Tais males eram combatidos por lavagens, sangrias, enfaixes que provocavam suadouros — de manhãzinha, era preciso trocar toda a roupa de cama. Contra os maus cheiros, que o rei detestava, usavam-se "incensórios" e almofadas perfumadas, sobretudo com flores de laranjeira, as únicas que o rei suportava. Podemos imaginar o quarto entulhado de potes, vasos, utensílios, roupas, calafetado por janelas fechadas à noite, empesteado, cercado de camareiros de olhos e ouvidos bem aguçados. O sono do rei "era perturbado por sonhos, gritos, agitação [...], às vezes o rei falava e até se levantava da cama". Durante uma doença, "ele gritava, falava, se atormentava mais no sono do que habitualmente". O sono observado pelos médicos, surpreendido pelos camareiros, revela um rei vítima de pesadelos, ansioso, atormentado, meio sonâmbulo, de humor melancólico. O quarto noturno, o avesso do cenário, está imerso nas águas turvas do íntimo, abre as portas de um subconsciente que nos escapa.

A doença do rei é um segredo de Estado, e disso há vestígios na tradição da república monárquica francesa. Fragilizando o corpo do rei, ela fragiliza seu poder. Os médicos filtram e dosam as notícias, orquestram as emoções em função de estratégias estudadas.[37] Assim, nunca se representa o rei deitado, postura muito pouco viril que só convém às mulheres, às rainhas que deram à luz. Há, entretanto, uma exceção: as imagens destinadas a celebrar o quase milagre que o teria salvado por ocasião de sua doença em Calais, em 1658. O rei convalescente, reclinado em uma cama de baldaquino, sua mãe, Ana de Áustria, a seu lado. É a França ressuscitada.[38] O apetite do rei, o bom funcionamento de seu intestino, sua robustez, sua resistência ao cansaço, seu estoicismo diante da dor (sobretudo por ocasião da operação de sua fístula anal), sua indiferença face às intempéries, sua insensibilidade ao frio garantem a segurança do reino. Suas indisposições tão frequentes, suas enxaquecas incessantes, seus humores instáveis devem escapar aos

---

[36] Antoine Vallot, Antoine Daquin, Guy-Crescent Fagon, *Journal de Santé de Louis XIV*, Stanis Perez (org.). Grenoble: Jérôme Millon, 2004; Stanis Perez, *La Santé de Louis XIV: Une biohistoire du Roi Soleil*. Seyssel: Champ Vallon, 2007.
[37] Ibid., p. 239, cap. 7, "Les Nouvelles de la santé du roi en tant qu'informations stratégiques".
[38] Ibid., p. 308.

observadores, aos inimigos que disso se aproveitariam para conspirar contra ele, o que pôde ser visto no verão de 1715, seu último verão.

A agonia do rei perturba o quarto e confunde as fronteiras tão bem-marcadas do dentro e do fora. Saint-Simon, que dá a crônica cotidiana da doença e que seguimos aqui, mostra como funciona a "mecânica dos apartamentos do rei agora que deles não saía mais", seu recolhimento progressivo, embora ele tenha se esforçado o maior tempo possível para preservar o curso habitual das coisas. Doente, o rei, preocupado com os negócios do Estado, reunia o Conselho em seu quarto, tornado gabinete, correndo o risco de ficar um pouco sonolento. Aliás, ele conservava "uma aparência de grandeza e de majestade mesmo usando robe". No dia 17 de agosto, reuniu em torno de seu leito o Conselho de Finanças. No dia 20, desistiu de ir aos aposentos de Mme de Maintenon e mandou que a buscassem. "Ceou de robe, na sua poltrona. Não mais saiu do quarto e não se vestiu." Ainda se levanta para jantar (o que fez no dia 23) e continua a receber muitas visitas. A hierarquia das entradas está relativamente preservada. Mme de Maintenon e as mulheres da família entram sempre pelas antecâmaras, assim como os cortesãos admitidos para jantar e cear. O duque do Maine mantém seus hábitos, "entrando e saindo como sempre, pelo pequeno degrau dos fundos dos gabinetes, de sorte que nunca o viam entrar nem sair". Ao contrário do duque de Orléans, que se adivinhando indesejável, "se limitava a só entrar no quarto uma ou duas vezes por dia", e sempre pela porta.

Pois há aqueles que o rei chama e aqueles que ele não chama; os que não se aventuram muito além da soleira ou se abstêm de vir. Madame e a duquesa de Berry pertencem a essa última categoria; "elas quase nunca viam o rei durante essa doença". No dia 24 de agosto o rei janta de pé, em *robe de chambre*, pela última vez; não consegue terminar a refeição e é posto na cama. Tenta, no entanto, conservar os rituais, como o da música matinal, com tambores e oboés, ou o das refeições. No dia 26, apesar de ter passado uma noite ruim, janta na cama, "em presença daqueles que tinham permissão".

Os médicos invadem o quarto, com o qual já estão há muito tempo habituados. Principalmente Fagon, que nele dorme desde o dia 17, mas também Mareschal e outros quatro. A autoridade do favorito de Mme de Maintenon, cujo reinado sobre o corpo do rei fora tão longo, está limitada pela dos camareiros, sobretudo pelo primeiro deles, Blouin, que obtém não sem dificuldade a consulta dos "mais hábeis médicos da faculdade de Paris". Os camareiros permanecem no quarto, exceto quando o rei está sozinho com o duque do Maine, o bem-amado. Sob a pressão de Mme de Maintenon foi realizado um codicilo ao testamento, confiando ao duque o Controle das Casas Civil e Militar, juntamente com o marechal de Villeroy, "de tal forma que o regente não tinha mais a sombra da mais leve autoridade":[39] última maldade daquela que a palatina chamava de *velha ripopée*.[40]

Pouco depois o padre Tellier ouve a confissão do rei e lhe dá a extrema-unção. O rei recebe o duque de Orléans, a quem nada diz do codicilo, depois o duque do Maine, o conde de Toulouse e, enfim, os príncipes de sangue, "que ele havia notado à porta do gabinete". Faz com que entrem em seu quarto e "lhes diz poucas coisas a todos juntos, nada em particular nem baixo". Depois do curativo de sua perna tomada pela gangrena, chama as princesas, "lhes diz duas palavras bem alto e, aproveitando que estão em lágrimas, manda-as sair porque desejava descansar". No dia 26, dá suas mensagens em particular a uns e outros. No dia seguinte, ajudado por Mme de Maintenon e pelo chanceler, queima papéis: que segredos as chamas devoraram? Mme de Maintenon fica com ele o dia inteiro. Na manhã do dia 28, "o rei lhe fez uma delicadeza que não lhe agradou nem um pouco e à qual ela não respondeu nem uma palavra". Ele lhe dizia lamentar ter de deixá-la e que esperava vê-la em breve. Essa perspectiva não sorria "à velha fada que se acreditava imortal". Naquela tarde, ela partiu para Saint-Cyr em companhia de suas damas, com a intenção de não mais voltar. Triste por sua ausência, o rei mandou buscá-la. Ela voltou na tarde do dia 29. Mas no dia 30, depois de ter distribuído "o que tinha de móveis em seu apartamento [...], voltou para Saint-Cyr para de lá não sair nunca mais". Saint-Simon reprova essa deserção, que, a seus olhos, é um abandono. O memorialista assinala também a partida do duque do Maine, uma vez assinado o codicilo; e a indiferença do padre Tellier, que foge "das proximidades da cama" que, como confessor do rei, não deveria abandonar, "de tal modo que todo o interior do quarto do rei e os próprios gabinetes estavam escandalizados com essas ausências".

O afastamento e a frieza dos próximos contrasta com a emoção dos subalternos, que o rei consola. "Ele viu no espelho da lareira dois criados de seu quarto sentados ao pé da cama, chorando. Ele lhes disse: 'Por que estão chorando? Por acaso pensavam que eu era imortal?'" A morte submerge o quarto e torna o rei um homem comum.

---

[39] Saint-Simon, op. cit., p. 245-70, assim como as citações seguintes.
[40] Zombaria empregada pela princesa palatina, que significa "fundo de garrafa, mistura de vinhos velhos, melaço".

Por outro lado, a retirada de Mme de Maintenon e do duque do Maine libera o acesso ao quarto, onde mesmo os grandes oficiais habitualmente excluídos podem penetrar. Não por muito tempo. A noite e o dia 31 de agosto são "detestáveis", a gangrena tomara o joelho e a coxa. Às onze horas, rezam a oração dos agonizantes, à qual o rei se associa. Mergulha depois em um estado de coma "que termina no domingo, 1º de setembro, às 8h15 da manhã, três dias antes que o rei fizesse 77 anos e no 72º ano de seu reinado".

Segue-se a "abertura do corpo", a visita do interior do rei. "Encontraram todos os órgãos tão inteiros, tão sãos e tudo tão em ordem que pensaram que ele teria vivido mais de um século sem os erros de que já falamos, que lhe puseram a gangrena no sangue." Devemos pensar que, sem a mesa e o sexo, o velho rei teria vivido um século? Segundo Saint-Simon, o interior do rei, seu quarto mais secreto, revela qual foi seu destino. Tese contestada: os médicos tinham pouco a pouco imposto ao rei um regime ao qual esse soberano escrupuloso e frágil, se submetera finalmente, garantia de uma longevidade respeitável. A medicalização do quarto do rei humaniza sua pessoa e dessacraliza seu poder. Ela é um teatro da modernidade.

Alguns dias antes de morrer, Luís XIV tinha mandado chamar o delfim, seu bisneto. Fez a criança subir em sua cama. Tinha recomendado que o afastassem, de preferência em Vincennes. Era necessário limpar tudo antes que ele voltasse: que se mudasse o ar do castelo, se purificasse o quarto, o que pode ser entendido de muitas maneiras, física e moral, higiênica e espiritual.

Luís XV jamais ocupou esse quarto como seu bisavô. Não gostava daquele cômodo onde ele também sentiu tanto frio. Não parou de fugir dele, aproveitando qualquer doença para deixá-lo. No início, veio para respeitar a cerimônia do despertar. Depois deixou de vir e o ritual caiu em desuso. Lugar de exibição, o quarto do rei tornou-se um cenário sem substância. Alguns ministros, como Fleury, acreditavam manter o sistema organizando para eles próprios uma cerimônia do despertar.

Mas todo mundo ria.

# 3

QUARTOS DE DORMIR

Os GREGOS CHAMAVAM KAMARA qualquer espaço destinado ao repouso, e foi preciso muito tempo para que ele fosse destinado somente ao sono, sobretudo individualizado, em um emaranhado de palavras e de coisas cuja prioridade nem sempre é fácil detectar. Segundo Beaumarchais: "Quando digo cama, trata-se de quarto." Será tão evidente assim? "Quarto de dormir" aparece nos dicionários somente na metade do século XVIII, tal expressão sendo certamente muito mais antiga.[1] Porém ter "um quarto para si", onde escrever, sonhar, amar ou simplesmente dormir — desejo ardente de Virginia Woolf concernente às mulheres — é uma invenção relativamente recente, e eu gostaria de seguir seus caminhos no Ocidente. Pois esse desejo, ou pelo menos essa prática, da qual hoje fazemos uma marca imprescindível de individualização, é menos universal do que parece. Os japoneses a ignoram. E mesmo em Budapeste, no fim do século XIX, à noite, os bancos da sala se transformavam em camas,[2] precedendo, evidentemente, os quartos. Nas margens orientais da Europa, persistiram durante muito tempo os encantos virtuais e os pesadelos reais do hábitat comunitário.

QUARTOS COMUNS

No final do século XVIII, Louis Lépecq de La Clôture, médico, visita o interior da Baixa Normandia para observar as "constituições epidêmicas".[3] Ele fica estupefato diante das condições habitacionais das populações. Perto de charcos estagnados ou de estrumeiras gotejantes, alguns dormem em uma espécie de cabana coberta de colmo, sem lençol, sobre a palha parcimoniosamente renovada. Outros se amontoam, entre animais e aves, em uma sala

---

[1] Pascal Dibie, op. cit; *Rêves d'alcôves*, op. cit.
[2] Aurélien Sauvageot, *Découverte de la Hongrie*. Paris: Alcan, 1937.
[3] Louis Lépecq de La Clôture, *Collection d'observations sur les maladies et constitutions épidémiques, Années 1763 à 1770 et 1771 à 1773*. Rouen: Imprimerie privilégiée, 1778.

comum onde ele nota, entretanto, alguns leitos fechados. Os tosquiadores de tecido de Louviers não estão mais bem-servidos; porém dispõem de um "cômodo" sem animais, algumas vezes substituídos por um tear.

Antes do quarto, houve a sala. Antes desta, quase nada. Rudimentar, a sala melhora à medida que o campo enriquece no século XIX. Ela se organiza e se guarnece de móveis em madeira proveniente de árvores frutíferas, segundo os estilos regionais que farão, um século mais tarde, a fortuna dos antiquários e a glória dos museus de artes e tradições populares, remanescentes de uma vida rural idealizada, após ter sido considerada selvagem. Os etnólogos tentaram compreender seu funcionamento cotidiano. Por meio dos dossiês dos arquivos judiciários, os historiadores se interessaram pelos conflitos familiares, revelados pelos processos. Adultérios, parricídios, infanticídios, incêndios criminosos desenham as miragens de uma solidariedade familiar e de uma choupana exemplares. Sugerem, talvez de maneira exagerada, as tensões da habitação rural, agravadas pelas mudanças do direito e a ascensão de um individualismo que suporta mal as pressões do grupo.

A sala comum, que abriga várias gerações e tem diversas funções, formava, no entanto, o horizonte majoritário das populações rurais. Em 1870, 70% das moradias rurais na Touraine consistia apenas em um "cômodo principal com lareira", onde tudo e todos se reuniam em 30 ou 40m². A lareira era realmente o elemento essencial nessas moradias de primeiro andar, nas quais o frio subia do solo e vinha das correntes de ar. "Na França, as portas não fecham direito",[4] notava Mérimée. Em 1875, o geógrafo Élisée Reclus descreve uma casa alpestre espremida contra o gelo: "À noite, fecham-se todas as saídas, para impedir que o frio do exterior penetre nos quartos: velhos, pai, mãe, filhos, todos dormem numa espécie de armário com andares, cujas cortinas ficam fechadas de dia e onde se acumula, durante o sono das noites, um ar ainda mais impuro do que o do resto da cabana."[5] Em outros lugares, os camponeses dormem vestidos, mais de dois na mesma cama, "compartilhando as pulgas e os piolhos dos colchões de palha e dos infectados acolchoados de penas".[6] O mefitismo do ar preocupa esse sanitarista convicto, que considera um hábito nefasto o leito fechado, tão amplamente difundido. Jules Renard, cujo *Diário* é uma mina de

---
[4] Prosper Mérimée, op. cit. Novela escrita para a imperatriz Eugênia.
[5] Artigo de *La Science Illustrée*, 18 de outubro de 1875, citado por Jacques Léonard, *Archives du corps, la santé au XIXᵉ siècle*. Rennes: Ouest-France, 1986, que dá também outros exemplos.
[6] Ibid.

observações rurais na Borgonha, fala de "lençóis frios, úmidos. Deita-se com suéter, ceroulas, pantufas, penhoar e treme-se de frio a noite inteira", apesar do uso do gorro de algodão e da quantidade de cobertores. "Ponho em minha cama tudo o que tenho na casa", diz uma camponesa. Esquenta-se a cama, dorme-se sob uma montanha de cobertas. As camas, cujos lençóis são raramente trocados, parecem montes dentro dos quais as pessoas se enfiam. "Os camponeses dormem quarenta anos sobre o mesmo acolchoado, sem trocá-lo e sem nem ao menos arejar as penas. Mudam raramente os lençóis. Os mais miseráveis nem usam lençol." Os trabalhadores agrícolas "dormem na palha".[7]

A velhice, a doença e a morte agravam essas situações. O jovem Tiennon, meeiro do Bourbonnais, porta-voz de Émile Guillaumin,[8] sofre ao ver, por volta de 1840, sua avó, que perdeu a fala depois de ter tido um ataque, tornar-se pouco a pouco indesejável. "Era necessário quase sempre ficar alguém ao lado dela, para agradá-la um pouco, dar-lhe de comer ou de beber quando ela tivesse vontade, e assim por diante." Cansadas, as mulheres desejavam que aquilo acabasse. Ele mesmo não aguenta comer em presença da doente, e leva seu pão para fora. "Acho que uma das grandes vantagens dos afortunados é ter apartamentos com muitos cômodos, aquele onde se come separado daquele onde se dorme, cada casal tendo seu próprio quarto e, por conseguinte, sua intimidade particular. Pelo menos eles podem adoecer tranquilamente. Enquanto que, no único cômodo das casas pobres, misturam-se todos os espetáculos, a miséria de cada um se expondo aos olhos de todos, sem que nada possa ser feito. É assim que, ao lado de minha avó agonizante, meus sobrinhos clamavam a alegria de estar vivos e a agrediam com suas brincadeiras barulhentas, seus gritos. A vida continuava, indiferente à agonia da velha senhora paralisada." Ela morre, enfim, ao chegar o inverno e cumprem-se todos os ritos habituais — parar o relógio, jogar fora a água da "bacia" — sem que se modifique o curso do cotidiano. Apenas fecham-se as cortinas do leito na hora de comer. Na cabeceira da cama, uma vela acesa e um ramo de buxo velam o cadáver, cuja rigidez surpreende a criança. Sob o Segundo Império, tornando-se meeiro e administrador de fazenda, Tiennon se esforça para modificar essa situação. Os trabalhadores dormem em um quarto separado, dotado de um armário e leitos novos. Na sala comum, apenas dois leitos: o do casal, "no canto,

---

[7] Jules Renard, *Journal*, ano 1905, citado por Jacques Léonard, *Médecins, malades et société dans la France du XIX^{e}siècle*. Paris: Sciences en situation, 1992.
[8] Émile Guillaumin, *La Vie d'un simple: Mémoires d'un métayer*. Paris: Stock, 1979, p. 98.

próximo do fogo, como é de uso", e, do outro lado, a cama onde dormem a pequena Clementina, sua filha, e a criada. Espaçamento das camas e utilização dos cantos sugerem a busca de intimidade.

Françoise Zonabend percebe os progressos na sala da aldeia borgonhesa de Minot, que ela descreve por volta de 1980, com a precisão de um etnólogo, atenta aos símbolos dissimulados na organização dos objetos.[9] As poltronas indicam a posição dos donos da casa: a do dono, de vime, com almofadas para o descanso, perto do fogão; a outra, de proporções mais modestas, diante da janela que dá para o pátio, e, embaixo dela, a máquina de costura com pedal. "Costurando ou tricotando, ela vigia o que se passa lá fora, discretamente, por trás da leve folhagem das plantas perenes." A sala serve também de quarto. A cama fica às vezes numa alcova ou está simplesmente encostada na parede. Amplas cortinas de algodão estampado que pendem de um dossel permitem maior intimidade. As crianças pequenas dormem na sala. Os meninos mais velhos se reúnem com os empregados no celeiro, onde estão instalados leitos fechados de madeira. As meninas permanecem com os pais, ou, se há um quarto, sobem para o andar superior, um outro estando eventualmente reservado para os recém-casados. As criadas jovens dormem no vão da escada, como sempre. Fabricados pelo marceneiro da aldeia, os leitos de madeira são guarnecidos de materiais encontrados na fazenda. No fundo, um colchão de palha de centeio; por cima, dois ou três colchões recheados de penas de galinha ou de pato secas no forno de pão; por cima, um cobertor de pluma. "Quanto mais alto, mais belo era o leito."

Vida em comum na sala comum. "Separadas por cortinas de algodão estampado, as gerações dormiam lado a lado; retirados na alcova, na grande cama de madeira, os pais se amam, a mulher dá à luz, os velhos morrem. Na hora do nascimento ou da morte, afastam-se as crianças; os outros membros da família permanecem." A tênue separação entre vivos e mortos, entre doentes e pessoas saudáveis, é equilibrada por regras disciplinares estritas: "Recupera-se no tempo o que não se dispõe no espaço." A densidade interna é acompanhada por uma intensa preocupação com a defesa externa do grupo. Mal se areja a sala, para conservar o calor. Apaga-se qualquer vestígio de intimidade. É impudico deixar ver a cama desfeita. As mulheres se esmeram em alisá-la, comprimindo as cobertas com um longo bastão, *le*

---

[9] Françoise Zonabend, *De mémoire longue, temps et histoire au village*. Paris: PUF, 1980, p. 27 sq., "Manières d'habiter".

bâton du lit, encontrado também na Bretanha, onde a dona da casa fecha, à noite, todas as janelas para protegê-lo.

Pierre Jakez Hélias fez sobre o leito fechado bretão uma descrição bem-informada e calorosa. Com seus painéis ilustrados que representam o inferno, a terra e o paraíso, ele é a peça mais importante do quarto, onde pode haver outros mais. Cita uma fazenda na qual se alinhavam três desses leitos: um para os donos da casa, outro para sua filha e a criada, o terceiro para os três meninos, esperando que o maior fosse se reunir na estrebaria aos criados e ao irmão mais velho. Cada uma dessas camas constitui por si só um pequeno apartamento privado: "Quando aquele que vai dormir entra ali, quando fecha as duas portas de correr, está em casa." Ele próprio lembra com nostalgia o leito que compartilhava com o avô. Nesse "armário do sono", a criança se sentia protegida. É verdade que não é fácil fazer a cama e arrumar as roupas quando a gente se despiu no interior, como se deve fazer. Não é muito espaçoso: não é possível se esticar completamente. Dorme-se meio sentado entre lençóis de cânhamo e um edredom recheado de palha. Pode-se imaginar que os partos ali realizados não tenham sido fáceis. Entretanto, Hélias elogia esse "cofre do sono [...], fortaleza, cela de monge [...], domínio reservado em uma sala comum", que ele prefere a todos os outros leitos em que posteriormente se deitou: camas de ferro dos colégios, leitos fortuitos dos hotéis, camas fabricadas em série ou camas de estilo de muitos lugares. Sua indulgência não é por todos compartilhada. Desde os fins do século XIX, os observadores e os pedagogos republicanos julgam o leito fechado o cúmulo do desconforto e o sinal de um atraso felizmente em vias de extinção. Regozijam-se por ter ele se tornado objeto de antiquário. Pierre Jakez Hélias se resigna.

O quarto comunitário, quinhão dos pobres, persiste durante muito tempo nos meios populares, inclusive urbanos. No século XVIII, 75% dos lares parisienses concentravam-se nesse cômodo único, segundo Daniel Roche, que examinou atentamente inventários, nos quais mede, no entanto, a progressão do leito individual.[10] "Nós só tínhamos um quarto", escreve Jean Guéhenno, evocando o espaço que ocupava com a família — pai operário, mãe que trabalhava em casa —, um "quarto" pobre de subúrbio, antes de 1914: "Que confusão, que amontoado de coisas! Por que, para uma vida tão simples, precisávamos de tantas tralhas? Ali trabalhávamos, comíamos,

---

[10] Daniel Roche, *História das coisas banais: nascimento do consumo, séculos XVII-XIX*. Rio de Janeiro: Rocco, 2000.

dormíamos e, até algumas noites, recebíamos amigos. Ao longo das paredes, tivemos que arrumar duas camas, uma mesa, dois armários, um bufê, o suporte do fogareiro a gás, e também pendurar panelas, fotografias da família, do tsar e do presidente da República. Havia diante da lareira um outro fogão de ferro sobre o qual fumegava sempre uma cafeteira de barro [...]. Corriam cordas de um lado a outro do cômodo, onde estava sempre secando a última roupa lavada." Sob a janela, foram instalados "o ateliê" e a máquina de costura de minha mãe (uma Singer), que ela chama de "meu carrinho de mão" e na qual pedala das cinco horas da manhã às onze horas da noite. No centro, uma mesa redonda para as refeições. Mas "a maravilha da casa era a prateleira sobre a lareira". Ali se acumulavam os objetos mais disparatados: ferros de engomar, despertador, filtros de café, lata de açúcar, o Cristo na sua cruz negra, a Virgem Maria, vasos coloridos contendo flores secas e empoeiradas trazidas das colônias por um primo. "Assim fazíamos parte [...] da piedade, da alegria, da beleza do mundo. Todas essas coisas brilhavam sobre a lareira",[11] Jean Guéhenno escreve em 1934; em sua lembrança de escritor engajado, o quarto tão pobre transfigura-se em célula calorosa. Não foi sempre assim. Muitas vezes a violência surgia do entrelaçamento dos corpos. A habitação operária era a face mais obscura da questão social.[12]

Apartamentos comunitários

Isto na Europa inteira, incluindo a Rússia tsarista e comunista. Katerina Azarova fez a "história escondida da habitação soviética": "o apartamento comunitário",[13] do qual descreveu a evolução em Moscou. Durante algum tempo foi uma utopia socialista jamais realizada, a "casa comunitária". Baseada na racionalização do espaço e dos serviços, não resistiu à pressão social e demográfica, e sobretudo ao êxodo rural, agravado pelas destruições da guerra. O legado do passado era pesado. No final do século XIX, as condições eram desastrosas. Dez por cento das habitações moscovitas eram constituídas por "apartamentos de subsolo" (eufemismo para porões) e por "apartamentos

---

[11] Jean Guéhenno, *Journal d'un homme de quarante ans*. Paris: Grasset, 1934, p. 57-8.
[12] Ver o capítulo "Quartos operários".
[13] Katerina Azarova, *L'Appartement communautaire. L'histoire cachée du logement soviétique*. Paris: Sextant, 2007. Oriundo de uma tese de doutorado, esse livro se baseia em diversas fontes, entre as quais a pesquisa de campo feita entre 1996 e 2003, abrangendo cerca de vinte famílias pertencentes a várias gerações. Contém inúmeras fotos e plantas.

de leito e de cantos", que, em 1898, abrigavam 180 mil pessoas. Muitos operários dormiam nas oficinas e nas fábricas. A Revolução Bolchevique confiscou as mansões aristocráticas e as casas burguesas para transformá-las em habitações comunitárias. Cada família deveria ter um "cômodo individual" e ter acesso às "partes comuns", ter sua tábua, sua mesa e seu fogareiro a gás na cozinha, sua prateleira e seu "canto" no banheiro. Em princípio, circulares regulamentavam a divisão dos trabalhos domésticos e os horários de acesso, sendo que os do banheiro eram sempre conflitantes.

O "cômodo individual" era ainda mais problemático, sobretudo quando não tinha acesso direto ao corredor; era então perturbado pela passagem. Nele se amontoavam pessoas e móveis. Os novos casais coabitavam com os antigos. Os divorciados não partiam. As ex-empregadas domésticas podiam conservar seus quartinhos, caso fossem bem pequenos (menos de 9m²), senão deveriam cedê-los a uma família e dormir na casa dos antigos patrões. Aos "cantos" tradicionais acrescentavam-se divisões com cortinas, biombos ou armários colocados perpendicularmente às paredes, para abrigar as camas, que muitas vezes eram desfeitas durante o dia. "Os casais separados de seus filhos ou de seus pais por um biombo são imagens típicas da vida cotidiana comunitária." "Antes de me casar", diz Nina, "dormia sempre com minha mãe, e meu pai dormia na mesa: colocávamos tábuas para alongá-la e cobertas acolchoadas. Eu não imaginava que, normalmente, os pais deveriam dormir juntos".[14] Assim, o que parece regra em Paris no final do século XVIII, ter uma cama para si, é algo fora de alcance na Moscou de 1930.

Algumas famílias "burguesas" tentavam manter alguma coisa de seu antigo modo de vida e arrumavam "cantos" para sala, sala de jantar e quarto de dormir, com o que restava de seu mobiliário de outrora. Os móveis revestem-se de uma significação patrimonial e memorial encontrada entre todos os exilados. Não possuí-los é sinal de marginalidade — como os bêbados, os ex-prisioneiros ou outros "desviados". Os móveis transbordam para os corredores; admite-se que cada grupo possa guarnecer o que está em torno de sua entrada. Mais tarde, será o lugar onde será posta a geladeira. Daí o corredor estar entulhado e dificultar a circulação. Ele também é muito frequentado, porque aí foi instalado o único telefone "comunitário". É o lugar dos boatos e das conversas, das disputas também, pois a promiscuidade torna a intimidade impossível. Inevitável ou sistemática, a vigilância

---

[14] Ibid., p. 272. A quarta parte, "A vida comunitária", está repleta de indicações.

é constante e o isolamento, suspeito. Ninguém escapa ao olhar, às fofocas, ao domínio do grupo. "A vida comunitária é aquela em que cada habitante compartilha o cômodo individual com os membros de sua família e não tem um cômodo apenas para si",[15] responde um entrevistado. Em suma, um desastre, cujas consequências psicológicas são sem dúvida pouco conhecidas. Em 1980, esse hábitat ainda representava em Moscou 40% das habitações. Foi privatizado pelas leis Yeltsin de 1990 e 1991, e em abril de 1998 esse número se reduz a 3,5%. Perdura um pouco mais em São Petersburgo: 10%, segundo Françoise Huguier, que realizou recentemente uma surpreendente reportagem fotográfica.[16]

Quartos conjugais

O quarto conjugal é ligado ao casal, figura central na história da família, da vida privada e da sexualidade, temas importantes nesses últimos anos.[17] É seu espaço que nos interessa aqui.[18] O Ocidente, desde a Antiguidade grega, sempre teve em mira casal heterossexual, fundamento da aliança, se não do amor, e lhe atribuiu um espaço específico, associado a sua legitimidade, nos antípodas do harém oriental. O quarto conjugal: fronteira de civilização? Pelo menos, marca de uma outra concepção do gênero e das relações de sexo amplamente construídas pela história.[19]

"Fechado para qualquer espectador"

"A vida privada deve ser preservada, não é permitido procurar e revelar o que se passa na casa de um particular."[20] Menos ainda em um quarto, centro da intimidade. Muitas razões concorrem para seu isolamento. Primeiramente o pudor, o desejo de esconder o exercício da sexualidade. Os romanos, apesar de não sentirem nenhuma culpabilidade a esse respeito, dissimulavam a

---

[15] Viktor Borisovitch, ibid., p. 270.
[16] Françoise Huguier, *Kommunalki*. Arles: Actes Sud, 2008; cf. *Le Monde 2*, 19 de abril de 2008.
[17] A bibliografia é considerável: André Burguière, Christiane Klapisch-Zuber, Martine Segalen, Françoise Zonabend, *Histoire de la famille*. Paris: Armand Colin, 2 vol., 1986. Um acréscimo recente: Agnès Walch, *Histoire du couple en France de la Renaissance à nos jours*. Rennes: Ouest-France, 2003.
[18] Cf. Odile Nouvel-Kammerer, "La Création de la chambre conjugale", in *Rêves d'alcôve*, op. cit., p. 104-27.
[19] Louis-Georges Tin, *L'Invention de la culture hétérosexuelle*. Paris: Autrement, 2008.
[20] Émile Littré, *Dictionnaire de la Langue Française*. 1863-1872, t. 3. Sobre *privé*, a expressão *mur de la vie privée* passa a ser usada nos anos 1820.

cópula no *cubiculum*, "quarto antes do quarto".[21] Aos olhos da moral cristã, esta é sempre impura. "E então! A união conjugal que, segundo as prescrições do código matrimonial tem por finalidade a procriação, não procura, apesar de lícita e honesta, *um quarto fechado a qualquer espectador*? O ato legítimo dos esposos, embora aspirando a ser conhecido, se envergonha de ser visto [...] Por quê? Porque o que convém à natureza se acompanha de uma vergonha que vem do pecado",[22] escreve santo Agostinho perseguido pela carne, como a maior parte dos padres da Igreja primitiva.[23] Para eles, o pecado perverteu a natureza e a vergonha manda dissimular o ato sexual aos espectadores e sobretudo às crianças. Treze séculos mais tarde as prescrições do padre Féline no seu *Catéchisme des gens mariés*[24] não são muito diferentes: "Os esposos, tanto quanto possível, devem dormir em quartos separados e em leitos fechados por cortinas. Se forem obrigados a dormir em quartos comunitários, devem tomar todas as precauções para impedir que aqueles que dormem no mesmo ambiente percebam o que se passa entre eles. Não devem jamais admitir outra pessoa na cama, nem mesmo crianças de cinco ou seis anos; os que o fazem pecam gravemente; sua desculpa habitual é que escolhem a hora em que as crianças estão dormindo, mas essa desculpa é vã e frívola." Essa percepção cristã do sexo, se revezando com a moral e a higiene, cada vez mais prescritivas, concorre para que os casais durmam separados.

Mas o desejo de intimidade vem do próprio casal e da evolução do sentimento amoroso que tende a fazer confluir aliança e desejo. À medida que o casamento moderno integra o amor, baseia-se principalmente sobre o consentimento, a livre escolha dos indivíduos e a aspiração a uma sexualidade mais bem compartilhada, ele requer a intimidade de um quarto para dois.[25] Depois da noite de núpcias, subtraída aos olhos da comunidade, é da noite comum que eles desejam se apropriar. Admite-se cada vez mais que eles têm direito — e dever — ao espaço-tempo noturno, não só de um leito, mas de um quarto. Na verdade, a noite é a única coisa que pertence exclusivamente a eles. É nela que se encontram. Para o melhor, a cumplicidade de "um

---

[21] Florence Dupont, *Des chambres avant la chambre*, op. cit., p. 13-25.
[22] Citado em Françoise Collin, Evelyne Pisier, Eleni Varikas (org.), *Femmes de Platon à Derrida*. Paris: Plon, 2000, p. 96, grifo nosso.
[23] Sylviane Agacinski, *Métaphysique des sexes: Masculin/Féminin aux sources du christianisme*. Paris: Seuil, 2005.
[24] Père Feline, *Catéchisme des gens mariés*. Caen: Gilles Le Roy, 1782, p. 31.
[25] Anne-Claire Rebreyend, *Intimités amoureuses. France, 1920-1975*. Toulouse: Presses Universitaires du Mirail, 2008.

tempo que não passa", nesses "locais ligados" de que fala Aragon. Para o pior, sexos desafinados ou a indiferença das noites sem amor. Para o uso dos prazeres e das preocupações de uma concepção tão difícil de controlar: todas as coisas que fazem do quarto conjugal o cadinho de uma história secreta, o avesso indissociável da existência comum e a fonte de um romance inesgotável. Aragon canta Elsa: "[...] esses quartos de que falo, Elsa, são todos quartos que tivemos juntos, como se nunca houvera quarto a não ser o teu, e é verdade, pois antes de ti eu era apenas o caixeiro-viajante de meu sono, nas etapas, mulheres efêmeras", ignorando então "esses lugares ligados chamados quartos ou ninhos, segundo a espécie animal".[26] Na homenagem um tanto insistente à sua musa, o poeta exprime um ideal de duração do casal que culmina no século XX. O quarto conjugal é uma aposta na eternidade.

As categorias sociais representaram, nesse processo de isolamento, papéis diferentes segundo os países e as culturas. Na sala comum rural, o casal é mais favorecido que os outros, pois tem ao menos uma cama à parte. O patriciado italiano multiplica *sala* e *camera*. Mas quando Mantega enfeita a *camera matrimoniale* do palácio ducal de Mântua, ele apresenta a aliança da família num espaço solene de representação principesca. A aristocracia francesa é pouco ligada ao quarto e pouco conjugal. Ela separa os sexos e dá, principalmente, ao quarto das senhoras funções de recepção que terão longa duração.

A burguesia, sobretudo a inglesa, foi mais atenta à *privacy*. Era indecente sentar-se na cama de uma senhora. Entrar em seu quarto era um sinal de incrível audácia. "Os ingleses veem o quarto de dormir como o *sanctum sanctorum*. Um estrangeiro não é jamais nele admitido; os próprios membros da família nele penetram apenas em urgências. Entre nós, esse cômodo do apartamento é acessível como todos os outros. Se uma ligeira indisposição retém a dona da casa no quarto, é aí que ela recebe; nesse costume há algo de hospitaleiro",[27] nota Balzac, nostálgico dos hábitos aristocráticos em vias de desaparecimento.

As plantas dos arquitetos são muito esclarecedoras, e os sociólogos — Anne Debarre, Monique Eleb[28] — decifraram-nas. Mostraram o nascimento

---

[26] Louis Aragon, *Les Chambres, poèmes du temps qui ne passe pas*. Paris: Éditeurs Français Réunis, 1969, p. 105.
[27] Honoré de Balzac, *A comédia humana, fisiologia do casamento*. São Paulo: Editora Globo, 1995.
[28] Anne Debarre-Blanchard e Monique Eleb-Vidal, *Architectures de la vie privée. Maisons et mentalités, XVIIe-XIXe siècles*. Bruxelas: Archives de l'Architecture moderne 1989; id., *Invention de l'architecture moderne, Paris,1880-1914*. Paris: Hazan, 1995; id., *Architecture domestique et mentalités. Les traités et les pratiques, XVIe-XIXe siècles, In extenso*, n° 5, abril, 1985 (análises de plantas de arquitetos).

tardio de uma verdadeira arquitetura doméstica, a dissolução das peças enfileiradas em favor de uma distinção mais funcional dos cômodos, muitas vezes numerados, entre eles o "quarto de dormir". Nicolas Le Camus de Mézières, precursor, destina-o somente ao sono e preconiza pintá-lo de verde, cor favorável ao repouso. Proscreve alcovas e nichos, onde se respira mal, e desenha uma cama isolada, "santuário do templo", no fundo do quarto. Para a toalete, prevê um "quarto de banho" contíguo. Para a "volúpia", um *boudoir* iluminado por espelhos, com um "sofá" eventualmente em uma alcova: tudo para fazer dele um "retiro delicioso"; está claro que distingue relação conjugal e sexualidade. O quarto de dormir é somente um elemento dos apartamentos (grandes e pequenos), da grande habitação que ele organiza, onde distingue as partes do dono e da dona da casa.[29] Nas casas nobres, continua-se durante um certo tempo separando o Senhor e a Senhora, e associando os lavabos contíguos, o quarto de *Monsieur* e o quarto de *Madame*. Legado durável: Viollet-le-Duc faz o mesmo em 1873 na sua burguesa *Histoire d'une maison*. Em geral, *Madame* dispõe de um espaço mais amplo, o "grande quarto", onde pode receber como antigamente, e onde *Monsieur* eventualmente se junta a ela, como faziam o rei e a rainha, por isso sendo designado como o lugar da relação conjugal. *Madame* conserva o poder de fechar sua porta, o que não é mais o caso no apartamento burguês, bem menor, onde o quarto torna-se único. A esposa perde espaço e liberdade.[30] Embora reine, em princípio, sobre a casa, não tem mais um espaço próprio.

Progressivamente, a distinção público/privado comanda os dispositivos, como regula a organização da cidade. César Daly, autoridade no assunto, define as regras de distribuição provocadas pela existência doméstica e pela existência social. Os cômodos mais ricos e mais espaçosos são destinados à vida pública. "Para a vida de família, é necessário o apartamento interior, com seu caráter de intimidade e de conforto." Julien Guadet (1902) vê no quarto o polo da casa, "o cômodo principal da habitação, o espaço da intimidade". Os quartos devem ter comunicação entre eles, mas com a possibilidade de se isolar: "Uma volta na chave ou uma tranca fechada, e a vida íntima da família deve poder tornar-se inviolável nessa cidadela que é o quarto e suas dependências."[31] Ainda

---

[29] Nicolas Le Camus de Mézières, *Le Génie de l'architecture ou l'analogie de cet art avec nos sensations*. Paris: Chez l'auteur, 1780.
[30] Como nota Monique Eleb-Vidal, *Invention de l'habitation moderne*, op. cit., cap. 6, "O quarto", p. 139-60. Cf., adiante, "O quarto das mulheres".
[31] Julien Guadet, *Éléments de composition dans l'habitation* [1902], citado em Anne-Debarre-Blanchard e Monique Eleb-Vidal, *Architecture de la vie privée*, op. cit., p. 145.

algumas décadas e a dualidade noite/dia se substitui à divisão público/privado; ela cinde o apartamento em dois, frente e fundos. Em qualquer um dos casos, os quartos, que sobem para o primeiro andar, eventualmente voltados para o norte, ou relegados ao fundo do apartamento, dando para o pátio, não têm a melhor parte e diminuem de tamanho ao longo do tempo. No século XX, é sempre ele quem sofre. Em 1923, o dr. P. de Bourgogne lamenta a "exiguidade dos quartos de dormir, sacrificados aos locais de recepção, pelo gosto do luxo e a necessidade de aparecer".[32] Hoje, "os quartos em suspenso" parece que precisam ser repensados.[33]

A idade de ouro do quarto conjugal

A idade de ouro do quarto conjugal foi consagrada, de certo modo, por um casal real: Vitória e Alberto, mestres na arte de interiores, cujas coleções podem ser apreciadas em Londres, davam a ele uma grande importância.[34] Luís-Felipe e Maria Amélia tinham decidido usar um único quarto. No castelo d'Eu, ocupavam um *lit de bout*, cama com a cabeceira encostada na parede, com 1,85m de largura, disposta com quatro travesseiros e duas mesas de cabeceira; havia mais um sofá e um só genuflexório.

Na classe média, o quarto conjugal se torna comum depois de 1840. De proporções modestas, não longe do quarto das crianças, com o qual geralmente se comunica, ele é a unidade orgânica de um conjunto familiar. Os elementos de conforto são objeto de cuidadosas prescrições. A cubagem de ar, sobretudo, preocupa os médicos. Os tratados de higiene dedicam longos ensinamentos em relação à ventilação do "ar viciado" pela respiração noturna e calculam o volume necessário em função da taxa de ocupação e da duração do sono.[35] Até o final do século XIX, aliás, medem-se as dimensões

---

[32] Dr. P. de Bourgogne, *Le Mariage. Conseils médicaux d'hygiène pratique*. 5ª ed., Paris: Vigot, 1923, cap. 7, p. 88-110. "La Chambre à coucher et le cabinet de toilette". Agradeço a Philippe Artières por ter me indicado esse texto.

[33] Marion Segaud, Sandrine Bonvalet e Jacques Brun (org.), *Logement et habitat. L'état des savoirs*. Paris: La Découverte,1998, notadamente Monique Eleb, *L'Habitation entre vie privée et vie publique*, p. 68-74; Monique Eleb e Anne-Marie Châtelet, *Urbanité, sociabilité et intimité. Des logements d'aujourd'hui*. Paris: L'Epure, 1997; "Les Chambres en souffrance", p. 175-91.

[34] O Victoria and Albert Museum, em Kensington, Londres, é um verdadeiro museu de artes decorativas, repleto de móveis e objetos.

[35] Dr. Michel Lévy, *Traité d'hygiène publique et privée*, 3ª ed. Paris: Hachette, 1862, t. 1, artigo VI, "Des habitations privées et de l'air confiné", p. 549-628. Cf. também Jacques Léonard, *Archives du corps*, op. cit., cap. 2, "*L'air vicié*".

de um cômodo em metros cúbicos, e não em metros quadrados. A lareira, peça essencial, sinal de bem-estar, deve ficar em temperatura moderada, sobretudo à noite. A luz é geralmente parcimoniosa: para que iluminar o templo do sono? Os que gostam de ler à noite, cada vez mais numerosos no século XIX, usam pacotes de velas, sob o risco de incêndios. A fada Eletricidade vai mudar tudo: o interruptor permite uma individualização do quarto, freada pela pequena burguesia parcimoniosa, que considera ler na cama um passatempo dispendioso.

Tardia, a adução de água foi o elemento mais decisivo.[36] Antes disso, os urinóis ficavam dissimulados nas mesas de cabeceira. Bacias e jarros se inserem nas mesas de toalete providas de abas dobráveis e, cada vez mais, nos lavabos adjacentes, que o dr. P. de Bourgogne considera particularmente indispensáveis à higiene do casamento.[37]

Cores e decoração

Os quartos-salões aristocráticos da época clássica rivalizavam em suntuosidade, sobretudo na decoração têxtil — tecidos para revestimento de paredes, veludo do leito combinando com o das cortinas. Nada disso no quarto conjugal moderno, infinitamente mais sóbrio. Personaliza-se, entretanto, pelas paredes. Repintá-las, redecorá-las, significa tomar posse do quarto, modificar sua fisionomia. É o que permite o papel de parede. Seu uso é recente (século XVIII), inglês e popular. Segundo Savary des Bruslons, ele foi primeiramente empregado pela gente do campo e pelo povo de Paris "para ornar e, por assim dizer, revestir alguns lugares de suas cabanas e de suas lojas e quartos". Nas casas mais ricas, ele se insinua para os guarda-roupas, os corredores e as antecâmaras, antes de invadir tudo. Aos papéis, da Índia, da China, aos azuis da Inglaterra, sucedem as produções das manufaturas francesas, como Réveillon, cujo incêndio durante um conflito salarial em 1789 assinala uma agitação pré-revolucionária. A partir dos anos 1780, numerosos anúncios propõem apartamentos para alugar "ornados com papel de parede", generalizando seu uso.

No século XIX, pintura e papéis de parede obedecem a conveniências e a modas geradas por uma indústria próspera e ativa que uniformiza os estilos e as cores. Jamais o amarelo: é a cor das "raparigas". Repousante, o verde é

---

[36] Cf. Jean-Pierre Goubert, *La Conquête de l'eau: L'avènement de la santé à l'âge industriel*, introdução de Emmanuel Le Roy Ladurie. Paris: Laffont,1986.
[37] Dr. P. de Bourgogne, op. cit.

muito cotado; o azul é virginal; o vinho, razoável; o cinza, distinto; o creme, básico (tomou conta nos séculos XIX e XX). Para o sono, são necessários os tons discretos. A textura e os motivos das tapeçarias distinguem o quarto dos outros cômodos. Nunca paisagens, reservadas aos cômodos de recepção; mas guirlandas, figuras mitológicas e de contos, pássaros, grifos, flores ou desenhos geométricos, sim. Podem-se encontrar o liso, mais ou menos granulado, e o trançado dos papéis japoneses. Uma certa neutralidade de bom gosto, um "fundo" para o amor e o sono.

Objetos e bibelôs invadem o quarto, como invadiram o apartamento inteiro, agora feito galeria, museu, templo familiar. Na sala de seu avô, na rua d'Assas, Michel Vernes contou, em sua infância, mais de seiscentos bibelôs. O quarto é necessariamente mais sóbrio e mais íntimo. Não se põem aí obras de arte ou objetos de coleção (ou então apenas aqueles que se reservam para si), mas as "mil pequenas coisas" que marcaram a existência. Em torno do relógio, eis, sob a redoma de vidro, os buquês de noiva feitos de pérolas; a lareira se enche de lembranças: caixas, pedras trazidas de excursões, conchas apanhadas nas praias no verão, quinquilharias compradas nas viagens, próximas ou longínquas, e sobretudo fotografias, que introduzem no centro da intimidade a presença dos entes queridos. A lareira é um altar cujos fragmentos compõem uma paisagem social e sentimental, coletiva e pessoal.

A piedade intervém de modo desigual segundo as épocas e as tradições. Acima da cama, um crucifixo ou o *Angelus* de Millet. Sob o quadro ou sob a cruz, em regiões católicas, a maior parte coloca a palma benta do domingo de Ramos. Os mais religiosos põem sobre a cômoda ou a mesinha uma estatueta de Nossa Senhora (de Lourdes ou outra qualquer) e penduram nas paredes imagens religiosas. A burguesia napolitana, no século XIX, acrescenta quadros de arte sacra: até onze no mesmo quarto.[38] São sobretudo as mulheres que se ligam a tais práticas, e muitas vezes os homens deixam para elas o quarto, mais preocupados com o escritório ou a biblioteca. Assim, cada quarto, conjugal ou não, é um palimpsesto que requer uma leitura atenta. O detalhe personaliza a decoração.

Durante muito tempo, o quarto permanece entulhado de móveis. O *Dictionnaire* de Henry Havard[39] descreve quartos de grandes damas

---

[38] Michela di Giorgio, "La Bonne catholique", in Georges Duby e Michelle Perrot (org.), *Histoire des femmes en Occident*. Paris: Plon, vol. 5., 1990-1991, t. 4, p. 187.
[39] Henry Havard, *Dictionnaire de l'ameublement et de la décoration*, op. cit.

tão cheios de objetos quanto um depósito. Em Paris, nos inventários do século XIX, examinados por Rivka Bercovici,[40] mostram uma evolução: num quarto de 1842, que ainda faz lembrar a *ruelle* — espaço de recepção no quarto de dormir —, dez cadeiras, quatro poltronas, um canapé para a sesta, uma poltrona baixa, uma caminha estreita; porém, em outro, datado de 1871, apenas uma cama, uma mesinha de cabeceira, um armário. Privatizando-se, o quarto se esvazia e se simplifica. Um jovem casal de 1880, na rua Saint-Lazare, num apartamento de cinco cômodos, mobiliou seu quarto no estilo Luís XVI, com uma cama no meio, um dossel, três cadeiras, um armário com espelho, uma cômoda-escrivaninha — o que já é muito.

Os catálogos de móveis das lojas de departamentos ou das casas especializadas propõem modelos de quartos. A partir de 1880, não se escapa mais do armário com espelho, de um, dois ou três corpos, que serve de penteadeira e de guarda-roupa. A escolha dos móveis do quarto cabe ao casal; o marido decide a mobília, com que se gasta mais; a esposa, as cortinas e as tapeçarias. É uma escolha decisiva e para longa duração. Lévitan promete: "Móveis que duram muito." Em princípio, a vida inteira. O estilo, então, se inspira na história; pode ser Henrique II, Luís XIII; no final do século XIX, é o retorno ao XVIII, sobretudo Luís XVI. É o que vemos na casa dos Goncourt e na dos burgueses de Rouen.[41] Única tentativa de uma arte burguesa original: o *art nouveau* da *Belle Époque*, que relançou a indústria de móveis do *faubourg* Saint-Antoine. Majorelle, Serrurier, Sauvage marcam o auge da monumentalidade do quarto. A eles devemos os mais belos quartos do Museu das Artes decorativas da rua de Rivoli, em Paris.

A acumulação suscita reações ao mesmo tempo estéticas e éticas. William Morris e seu discípulo Maple, em fins do século XIX, retiram tudo e "prescrevem que um quarto só é belo se contém apenas as coisas que nos são úteis e que tudo o que é útil, seja um simples prego, deve ficar aparente e não dissimulado. Acima do leito de varões de cobre, inteiramente descoberto, nas paredes de tais quartos assépticos, algumas reproduções de

---

[40] Rivka Bercovici, "La Privatisation de l'espace familial: chambre à coucher conjugale au XIXᵉ siècle", in Anne Debarre-Blanchard e Monique Eleb-Vidal, *La Maison, espaces et intimités, In extenso*, n° 9, 1986, p. 345-68. Ela examinou por volta de mil atos em 24 cartórios parisienses entre 1840 e 1880.
[41] Jean-Pierre Chaline, *Les Bourgeois de Rouen: Une élite urbaine du XIXᵉ siècle*. Paris: Fondation Nationale des Sciences Politiques, 1982.

obras-primas":[42] *A primavera* de Botticelli, por exemplo. Já Marcel Proust prefere as superposições de tecidos dos quartos do interior.

Apoteose do leito

No centro do quarto, o leito como expressão de uma relação conjugal multissecular.

Ulisses fabricou o seu num tronco de oliveira. Regressando a Ítaca, encontrou Penélope. "Agora que nós dois nos reencontramos neste leito que amamos tanto, tu deverás velar sobre os bens que tenho nesta casa."[43] "O signo do leito, com suas conotações eróticas e conjugais, faz parte dessas marcas secretas que os esposos são os únicos a conhecer."[44] O leito conjugal cristaliza uma forte identidade: as mulheres, para se assegurarem da identidade de um marido que volta após longa ausência e de cujas feições mal se recordam, lhes pedem que descrevam o leito conjugal. Mudá-lo de lugar é trair o esposo.

Entre os merovíngios, "o nu era sagrado e o leito comum era o santuário da procriação e da afeição".[45] Em Bizâncio, os esposos imperiais compartilham o quarto e o leito, que as miniaturas representam bastante estreito, mas o parto se faz em outro cômodo.[46] No grande quarto do castelo medieval, "matriz da linhagem", o leito, trono de uma relação conjugal controlada pela Igreja, é o lugar das cópulas e dos partos.[47] Talvez também do prazer; da violência, das espertezas de um corpo a corpo que Georges Duby imagina dissimulado e malicioso.[48] O jardim, o pomar, a floresta são, de preferência, o lugar do "livre amor".

A poesia do século XVI celebra o leito conjugal: "E cinquenta anos fiéis um ao outro/ Tiveram um leito sem disputas nem querelas",[49] diz um epitáfio que, em 1559, os netos dedicaram a seus felizes avós. O poeta Gilles Corrozet canta *Le Blason du lit*: "Ô lit pudique, ô chaste lit/ Où la femme et le mari cher/ Sont joints de Dieu en une chair/ Lit d'amour saint, lit honorable/ Lit

---

[42] Marcel Proust, *Contre Saint-Beuve*. São Paulo: Iluminuras, 1988.
[43] Claude Mossé, *La Femmes dans la Grèce antique*. Paris: Albin Michel, 1983, p. 28.
[44] Françoise Frontisi-Ducroux, *Ouvrages de dames, Ariane, Hélène, Pénélope*. Paris: Seuil, 2009, col. La librairie du XXᵉ siècle, p. 103. (A propósito de Penélope e "da estranha sequência da prova do leito".)
[45] Michel Rouche, in Philippe Ariès e Georges Duby, op. cit.
[46] Evelyne Patlagean, ibid., t. 2, p. 555.
[47] Georges Duby, *Le Chevalier, la femme et le prêtre*. Paris: Hachette, 1981.
[48] Id., "L'Amour en France au XII siècle" [1983], in *Féodalité*. Paris: Gallimard, 1996, p. 1981.
[49] Citado em Philippe Ariès, *O homem diante da morte*. Rio de Janeiro: Francisco Alves, 1990.

somnolent, lit vénérable/ Gardez votre pudicité/ Et évitez lascivité/ Afin que votre honneur pullule/ Sans recevoir nulle macule."[50]

Na época moderna, o leito conjugal se generaliza nas cidades e mesmo no campo. Os contratos de casamento o mencionam. Para os jovens casais, ele representa um investimento difícil de cobrir: eles economizam nas cortinas e na roupa de cama, para se concentrar no essencial: a cama.[51] O enxoval da noiva, longamente preparado com a ajuda da mãe, traz enfeites e lençóis guardados no baú, na mala ou no armário.[52] No século XIX, os casais populares urbanos se endividam para comprar uma cama, quando decidem passar do estado de concubinato para o de casamento, ambição amplamente compartilhada pela importância que confere. Uma mulher desfigura com ácido o companheiro que gastou o dinheiro da cama, armadura fundamental: ela não pode suportar a ruptura do pacto nele encarnado.[53]

"O leito é todo o casamento", segundo Balzac, que dele faz "a teoria". Ele declina "as três maneiras de organizar um leito": duas camas gêmeas, dois quartos separados, um só e único leito. Zomba da "falsa simplicidade" dos primeiros. Incômodos para os jovens casais, são apenas admissíveis após vinte anos de união, que atenuam os ardores. Balzac condena os quartos separados sem dar muitas explicações e defende o leito único, sede de conversas e carícias, lugar de troca. Há, entretanto, muitos inconvenientes nesse sistema, que ele próprio enuncia! Dormir numa cama única não tem nada de evidente. "Não é natural se encontrarem dois sob o dossel de um leito"; e fazer amor com hora marcada é uma abominação. Não é de surpreender que as mulheres tentem escapar disso, pretextando enxaquecas, pudor, fingindo frigidez. "A mulher casada é uma escrava que é preciso saber colocar

---

[50] "Ô leito pudico, ô casto leito/ Onde a mulher e o marido amado/ Por Deus são unidos em uma só carne/ Leito de amor, leito santo, leito honrado/ Leito sonolento, leito venerável/ Guardai vossa pudicícia/ E evitai a lascívia/ Para que vossa honra se espalhe/ Sem obter nenhuma mácula" (em tradução livre). Citado em Henry Havard, *Dictionnaire de l'ameublement et de la décoration*, op. cit., t. 3, p. 374.
[51] Cf. Daniel Roche, *História de coisas banais*, op. cit.
[52] Anne Fillon, *Fruits d'écritoire: Société et mentalités aux XVIIᵉ et XVIIIᵉ siècles*. Le Mans: Laboratoire d'histoire anthropologique du Mans, 2000. "Comme on fait son lit on se couche. Trois cents ans d'histoire du lit villageois, population et cultures", p. 109-27; Agnès Fine, "À propos du trousseau: une culture féminine?", in Michelle Perrot (org.), *Une histoire des femmes est-elle possible?*. Marselha: Rivages, 1984, p. 155-89.
[53] Joëlle Guillais, *La Chair de l'autre: Le crime passionnel au XIXᵉ siècle*. Paris: Olivier Orban, 1986.

num trono",[54] escreve em outro local esse crítico dos costumes burgueses. Seu elogio do leito conjugal é um paradoxo irônico, como tantos que lhe são habituais.

Ao longo do tempo a cama mudou de lugar, de forma, de material, de estrutura, de dimensões. Etnólogos e historiadores da arte dela fizeram genealogias e inventários, encontrados hoje nos museus.[55] O número e a variedade de camas se multiplicam. Nas casas das cidades italianas do século XV, contam-se muitas por quarto. O século XVII será o "grande século do leito", segundo Havard. O inventário do mobiliário real de Versalhes enumera 413, de formas extremamente variadas, conforme a madeira, a disposição das cortinas, o modelo. Ladainha interminável: camas turcas, com dossel, em barco, gôndola, cesto, carlinga/nacela; à duquesa, à polonesa, à italiana, coisas que Perec diz, no entanto, "que só existem nos contos".

No quarto de "exibição", o leito parecia um trono, faustoso, ornado. Retirado na alcova ou no nicho, fez-se mais modesto. Daí o tiraram para colocá-lo ao longo da parede, entre duas cabeceiras. Depois o instalaram no meio do painel, muitas vezes de frente para a janela, rodeando-o de cortinas destinadas a fechá-lo em caso de coabitação constante. Nos leitos à polonesa, os dosséis majestosos se empenacham com plumas. Mais ou menos grandioso, o baldaquino persistiu na província até nossos dias e renasce sob o impulso de alguns decoradores.[56] Esses entornos desaparecem quando o casal dispõe de quatro paredes. Doravante, atrás da porta fechada, para cada um seu lado, sua mesa de cabeceira, sua vela e seu urinol.

O leito diminuiu e abaixou. Hospitaleiros, os leitos antigos eram bem mais largos, para abrigar mais gente, e muito altos, a ponto de ser necessária uma escadinha para alcançá-lo. Sentia-se frio nas camas baixas, no nível do chão, sinal de condição medíocre. Os colchões de molas, por volta de 1840, produtos da Revolução Industrial, substituíram os colchões superpostos (eram aqueles que elevavam a princesa dos grãos de ervilha do conto de Grimm ao alto de uma pirâmide para comprovar sua sensibilidade). Pouco a pouco, o acolchoado de penas substituiu os lençóis. "Estar em maus lençóis" perdeu hoje seu significado.

---

[54] Honoré de Balzac, *A comédia humana, fisiologia do casamento*, op. cit.
[55] O artigo "Lit", in Henry Havard, *Dictionnaire de l'ameublement et de la décoration*, op. cit., t. 3, é uma enciclopédia detalhada. Cf. Nicole de Reyniès, *Le Mobilier domestique: Vocabulaire typologique*. Paris: Imprimerie nationale, 2 vol., 1987; Alecia Beldegreen, *Le Lit*. Paris: Flammarion, 1992.
[56] Diane de Furstenberg, *Lits de rêve*. Boulogne-Billancourt: Éd. du May, 1991.

O meio da cama

Noturno, sexual, sensual, potencialmente procriador, o quarto conjugal é, ao mesmo tempo, proteção e coerção, escape e controle. Primeiramente da Igreja, que dele faz o berço da linhagem feudal e o depurador da cristandade. "Crescei e multiplicai-vos": nada poderia limitar a ordem de Deus criador e o pecado de Onã — um crime —, um atentado à vida.[57] Entretanto, o "coito interrompido" permaneceu o meio mais eficaz de controle da natalidade, cuja precocidade francesa foi reconhecida pelos demógrafos. "Engana-se a natureza até no campo", dizia Jean-Baptiste Moheau, e as esposas concorrem para isso tanto quanto seus maridos, se esquivando, caso eles não estejam prestando atenção, e se retirando a tempo. O leito conjugal é uma arte da fuga. Os confessores que o digam, pois ouvem atentamente as queixas de suas penitentes. Mas pode-se fugir ao "dever conjugal"? Os padres pensam que não e criticam os aristocratas que dormem em quartos separados. "Eles vivem juntos com tanta política, reserva e cerimônia que não se dão não só liberdade nas coisas naturais, como não podem se suportar na mesma cama, no mesmo quarto nem no mesmo apartamento. Distanciam-se tanto quanto podem por uma aversão natural à natureza e a tudo o que dela depende."[58] O clero abençoa o leito conjugal, "lugar de amor saudável, sagrado, divino" (Francisco de Sales), única forma de sexualidade admitida, e celebra "o gozo no meio dos lençóis" de preferência ao gozo "às escondidas".[59]

Relativamente discreto no século XIX, notadamente sob a influência de Afonso de Liguori, indulgente para com as necessidades do sexo, ele volta com força no século XX, diante da evidência da "fraude" revelada pela queda da natalidade que alarma também o Estado. O papa se intromete (encíclica *Casti Connubii*, 1930), pede aos confessores que intervenham e mantém a obrigação dos "métodos naturais". Os jovens casais do período entreguerras se veem reduzidos aos imprevistos das curvas de temperatura do método de Ogino, responsável por tantos nascimentos indesejados, e à obrigação da posição de "missionário", conforme à hierarquia dos sexos, o homem

---

[57] Claude Langlois, *Le Crime d'Onan: Le discours catholique sur la limitation des naissances, 1816-1930*. Paris: Les Belles Lettres, 2005; Agnès Walch, *La Spiritualité conjugale dans le catholicisme français, XVIᵉ-XXᵉ siècle*. Paris: Le Cerf, 2002.
[58] Catherine Levesque (XVIIᵉ siècle) in ibid., p. 279.
[59] Alain Corbin, *L'Harmonie des plaisirs. Les manières de jouir du siècle des Lumières à l'avènement de la sexologie*. Paris: Perrin, 2008, cap. 8, "Le lit conjugal, ses interdits et ses plaisirs", p. 255-90.

em cima, a mulher embaixo. Para inúmeros fiéis, o leito conjugal torna-se o inferno do desejo contrariado. As cartas que os partidários da Associação para o Casamento Cristão endereçam ao padre Viollet são testemunhos do sofrimento de não poder se amar.[60] "Levantei-me muitas vezes às 23 horas ou à meia-noite, para, até as duas ou três horas da manhã lutar contra os desejos que não deveriam ser satisfeitos", escreve uma jovem esposa a quem o marido, por austeridade, recusa amar. "Isso durou apenas alguns anos, uns dois no máximo, não me lembro exatamente. Porém eu lia, trabalhava, rezava, e só voltava para meu marido quando abatida pelo cansaço; várias vezes me enrolava nas cobertas e me deitava no chão, quando não tinha coragem de sentir perto do meu o calor de seu corpo."[61] Desenvolve-se, então, um debate em torno do leito conjugal: não seria melhor adotar camas separadas, à moda protestante, propícias à castidade e à independência dos esposos? É a opinião de um correspondente, partidário convicto das camas separadas, à qual um outro replica com uma defesa inflamada do "velho leito conjugal, símbolo da sua [dos esposos] união e de seu refúgio". "No travesseiro, o tempo é abolido, o mundo exterior é invisível; os esposos estão verdadeiramente em sua casa."[62] Será assim tão seguro? O quarto conjugal é o último bastião de uma Igreja que fez da sexualidade sua linha de proteção, sua linha Maginot. Sem muito sucesso.

A partir do século XVIII, os médicos, até então bastante indiferentes à sexualidade, tornaram-se atentos à geração e à saúde. Eles penetram no quarto, do qual louvam "as comodidades" para a observação e para um regime favorável à "harmonia dos prazeres", condição da reprodução. Alain Corbin examinou atentamente com uma precisão clínica, quase erótica, os discursos dos discípulos de Buffon-Virey, Cabanis, Roussel, Deslandes, Bourbon, Roubaud — esses "agentes da natureza", especialistas do "bom coito", que supõe o gozo feminino. Nada lhes escapa dos "mecanismos" do "espasmo" (orgasmo), das boas posições e dos melhores momentos, não necessariamente noturnos. "Esposos tranquilos", pois "sexualmente ativos e satisfeitos", tornou-se o ideal dos médicos e do Estado. Isso culmina com a Revolução, que honra os bons casamentos e opõe o Hércules popular à sofisticação falsa e escandalosa

---

[60] Cf. Martine Sèvegrand, *Les Enfants du bon Dieu: Les catholiques français et la procréation* [1919-69]. Paris: Albin Michel, 1995; id., *L'Amour en toutes lettres: Questions à l'Abbé Viollet sur la sexualité* [1924-43]. Paris: Albin Michel, 1996.
[61] Ibid., p. 256.
[62] *Débat autour du lit conjugal*, ibid., p. 201-5 (correspondências publicadas no boletim da Associação para o Casamento Cristão,1926).

dos libertinos. Maria Antonieta encarna a messalina moderna: sua sexualidade pretensamente imoral seria um de seus maiores "crimes". O bom regime do sexo, indispensável a um bom regime da vida, exclui tanto a masturbação, preocupação fantasmática da perda, quanto a homossexualidade, contra a natureza dos "antifísicos". A moral médica faz do leito conjugal o centro da normalidade. "A união dos esposos não poderia se efetuar em lugar nenhum a não ser no quarto, santuário do amor e da maternidade. Uma boa cama é o único lugar onde se pode efetuar condignamente a obra da carne",[63] afirma peremptoriamente o dr. Montalban, que preconiza a escuridão, a ausência de espelhos e o recolhimento. Seria o amor cego e surdo?

Não é de espantar que um pouco mais tarde Zola exalte a relação conjugal em *Fecundidade* (1899), epopeia do casal procriador Mathieu e Marianne Froment, exemplar fundamental da família e da República universal. Inúmeras cenas desse estranho romance de tese, um dos *Quatro Evangelhos*, ardente defesa contra o malthusianismo e em prol de uma vigorosa natalidade, sangue da nação, se passam no leito ou em suas imediações, segundo a panóplia das situações: gravidez, parto, aleitamento, felizes consequências de uma cópula evocada em surdina. Quando Marianne está grávida pela quinta vez, Mathieu instala sua pequena cama de ferro ao lado do grande leito de acaju que deixa para ela; ele a põe para dormir com ternura, desejando-lhe "despertares de rainha". Depois de cada nascimento, o retorno ao leito conjugal é uma nova aurora. "Ah! Aquele quarto de combate e de vitória ao qual Mathieu retornava em glória triunfal!" Ele o opõe ao "quarto de terror e de horror" da abortadora, onde morreu uma adepta, a pobre Valérie Morange. Zola era pessoalmente ligado ao símbolo do quarto conjugal: em Médan, durante sua ligação com Jeanne Rozerot, sempre se recusou a dormir em quartos separados, mesmo quando Alexandrine lhe pedia.[64] Aliás, seu pudor era extremo e a entrada do quarto, exemplo clássico do mobiliário conjugal — grande leito de cobre diante das janelas, escrivaninha, armário em madeira clara, mesas de cabeceira, mesinhas redondas —, era proibida aos outros. "Assim, daquele leito conjugal que os esposos compartilharam burguesmente a vida inteira, nada podemos dizer,[65] escreve Évelyne Bloch-Dano, que imagina os sonhos

---

[63] Dr. Charles Montalban, *La Petite bible des jeunes mariés* [1885], apresentado por Alain Corbin. Grenoble: Jerôme Millon, 2008.
[64] Évelyne Bloch-Dano, *Madame Zola*. Paris: Grasset, 1997, p. 272. Estamos em 1º de março de 1899, ano da publicação de *Fecundidade*.
[65] Id., *Chez les Zola: Le roman d'une maison*. Paris: Payot, 2006, p. 113. Cf. Émile Zola, *Lettres à Jeanne Rozerot, 1892-1902*. Edição estabelecida por Brigitte Émile-Zola e Alain Pagès. Paris: Gallimard, 2004.

adúlteros de Émile. De seu balcão de Médan ele observava a janela do quarto de sua amada.

As práticas dos casais, seus gestos, seus murmúrios, seus desejos e suas satisfações, seus ardores e seus cansaços nos escapam grandemente: "São coisas que devem ser escondidas, e eu não conheço nada mais odioso que os amores conjugais",[66] escreve Mérimée, indignado pela publicação das cartas da duquesa de Choiseul-Praslin, que se queixava de ter sido sexualmente abandonada pelo marido.

Doçura do direito ao silêncio. Tocqueville confia a Gustave de Beaumont que se levanta mais tarde no inverno, às sete horas e não às cinco, (trabalha até o meio-dia): "Sou um marido por demais delicado e por demais atento para deixar minha mulher [Mary Morley] se aborrecer muito tempo na cama, sozinha, com um frio desses."[67] A cama é também o calor compartilhado. "Aspiro à nossa solidão, ao nosso *tête-à-tête*, a tudo, enfim, que é o fundamento de nossa felicidade neste mundo",[68] escreve ele a Mary, a quem não era necessariamente fiel. Os casais matrimoniais são os que se escrevem menos, se calam sobre o essencial, usando as formas epistolares convencionais: "Sonho, minha querida, em apertá-la contra o coração" — salvo talvez durante as guerras, que avivam seus desejos ou arruínam sua união. Anne-Claire Rebreyend encontrou nos arquivos da APA (Associação pela Autobiografia), cartas reveladoras a esse respeito,[69] como as que Sérgio e Denise trocaram entre 1942-44. Sonham com o quarto onde se reencontrarão, lamentando estarem reduzidos a um hotel.

Como eles farão amor? Detalharão, em seguida, com uma minúcia deliciosa. Trata-se, é verdade, de um casal clandestino, adúltero, que aspira a uma legitimidade que se realizará posteriormente, arriscando-se a incorrer na doçura do silêncio habitual. O mutismo dos casais, afinal de contas, é a melhor arma contra os olhares indiscretos, as alusões familiares aos ventres estéreis ou às coxas levianas, os discursos normativos, as injunções insistentes. O encontro dos corpos pertence apenas a eles. A sombra do quarto

---

[66] Citado por Anne Martin-Fugier, *Une nymphomane vertueuse: L'assassinat de la duchesse de Choiseul-Praslin*. Paris: Fayard, 2000.
[67] Alexis de Tocqueville, "Correspondance avec Gustave de Beaumont", in *Oeuvres complètes*. Paris: Gallimard, 1967, p. 277, t. 8 (carta de 18 de janeiro de 1838).
[68] Id., carta a Mary Morley, 28 de outubro de 1837, arquivo da Biblioteca Bernecke (Yale).
[69] Anne-Claire Rebreyend, *Intimités amoureuses*, op. cit., p. 122-35. A APA foi fundada por Philippe Lejeune para receber os escritos pessoais e comporta hoje mais de 2 mil documentos. Sua sede é na Biblioteca de Ambérieu-en-Bugey (Ain).

envolve sua história particular e o romance do mundo, enfiado no meio dos lençóis.

A morte de um dos integrantes do casal marca o fim do quarto conjugal. Nos meios mais favorecidos, a mulher (caso mais frequente) arruma eventualmente um altar para o falecido e permanece em seus aposentos. Conserva seu lugar no leito do casal. As viúvas dos pescadores de Noirmoutier, filmadas por Agnès Varda,[70] mantêm seu lado na cama, não ocupam nem mesmo o centro, amarradas até a morte àquele que foi o seu lugar na vida conjugal, no amor, na vida. Tristeza pela felicidade perdida? Submissão a um destino matrimonial? Memória do corpo? Quem poderá dizer? O leito conjugal guarda seus mistérios.

Obrigada a mudar-se para um quarto menor, a viúva conserva seus móveis menos espaçosos e se contenta com uma cama de solteiro, como a moça que foi e que voltou a ser. Forçada a se refugiar em casa dos filhos, reduz suas ambições a uma poltrona ou alguns objetos. A escolha acompanha o luto.

No campo, a questão do alojamento dos idosos foi durante muito tempo difícil, talvez menos por problemas de espaço que por uma questão de autoridade, de tradição ou de economia doméstica. Na Alsácia, os viúvos e as viúvas devem abandonar a alcova que ocupavam para se confinar em lugares previamente designados.[71] Em Gévaudan, muitas vezes instalam as velhas em cabanas, como reclusas.[72] A promiscuidade da sala comum é causa de tensões insuportáveis, susceptíveis de provocar maus tratos e até parricídios: os dossiês judiciários revelam situações deploráveis. Uma mãe de noventa anos foi obrigada a dormir sobre a palha, e cobrir-se com uma lona de caminhão, num compartimento junto ao forno, com a porta mal fechada; um pai de 68 anos foi confinado num cubículo em um desvão. Caso extremo de sequestro: uma anciã foi fechada sobre uma cama de palha no sótão. São conhecidos casos de parricídios.[73] O destino dos velhos é apenas um pouco melhor nos meios populares urbanos, sobretudo para os homens, que muitas vezes nada mais possuem: como aquele avô de Belleville que, para sobreviver é obrigado a morar com os filhos, transporta sua cama de uma casa para outra e abre

---

[70] Agnès Varda, *Quelques veuves de Noirmoutier*, exibido em 17 de outubro de 2006 por arte.
[71] Cf. Jean-Pierre Bois, *Les Vieux*. Paris: Fayard, 1989.
[72] Élisabeth Claverie e Pierre Lamaison, *L'Impossible mariage: Violence et parenté en Gévaudan (XVIIe-XIXe siècles)*. Paris: Hachette, 1982. Mostram, através de dossiês de processos, a extrema tensão do regime comum do *oustal* que não resiste à pressão do individualismo processual.
[73] Sylvie Lapallus, *La Mort des vieux: Une histoire du parricide au XIXe siècle*. Paris: Tallandier, 2004.

um processo contra eles na Justiça para recuperar o leito que não querem lhe devolver.[74] Após uma fase de coabitação com os filhos confinados em alojamentos apertados, o dormitório do asilo espera esses velhos, remanescentes de um lar desfeito, de um tempo passado.

O quarto conjugal se desfaz com o casal. Pelo menos o casal matrimonial, pois há outros que não se identificam com o quarto comum. Ele se desfaz com a separação "dos corpos", que implica necessariamente a da cama. Pelo divórcio. Pela morte. No tempo da vida, mas também no da sociedade. A falta de herdeiros corresponde hoje mais ainda do que à crise de habitação, à crise do casamento — a dissolução do casamento na sociedade contemporânea.[75] Ela obedece a uma outra concepção de união, mais livre, menos "conformista" e mais preocupada com o conforto, sobretudo o do sono. Dormir em quartos separados, pelo menos em camas distintas, é uma prática cada vez mais difundida,[76] e que não implica menos amor.

O quarto conjugal corresponde a um momento crucial da história da família. O quarto individual o precedia e sobrevive a ele.

---

[74] Vincent Gourdon, *Histoire des grands-parents*. Paris: Perrin, 2001, p. 60.
[75] Irène Théry, *Le Démariage: Justice et vie privée*. Paris: Odile Jacob, 1996.
[76] Cf. *Le Monde*, 7 de fevereiro de 2004, pesquisa comentada por Pascal Dibie.

4
O QUARTO INDIVIDUAL

O DESEJO DE UM ESPAÇO PARA SI é relativamente universal. Atravessa os tempos e as civilizações. O sono, o sexo, o amor, a doença, as necessidades do corpo, mas também as da alma — rezar, meditar, ler, escrever... — impelem ao isolamento. Este adquire formas diversas: gruta, cabana, cela, canto, cabine de navio, compartimento de trem, coche etc; a engenhosidade do retiro, do esconderijo, é inimaginável. Ainda mais porque a pressão da coletividade se faz cada vez mais forte; em um quartel, um hospital, um internato, uma prisão, isso torna-se uma obsessão. Quando inspetor no colégio de Caen, Jules Vallès se alegra por ter encontrado "um quartinho no fundo do dormitório, onde os inspetores podem, em suas horas de folga, trabalhar ou sonhar; esse quartinho dá para um campo cheio de árvores e cortado por riachos". Ele aí sente "um perfume do mar que me salga os lábios, refresca os olhos e acalma o coração".[1]

A multidão impele ao recolhimento. Ela submerge Joachim Heinrich Kampe, vindo a Paris, como tantos jovens, para ver a Revolução: "Escapei das vagas desse rio humano [...] e agora, sentado em sua margem, isto é, em meu quarto, tento me confrontar com a massa inumerável de imagens, de representações e de sensações novas e nela colocar um pouco de ordem. Em vão! O murmúrio do rio humano penetra pelas janelas, portas, paredes até meu quartinho, apesar de isolado."[2] Seu compatriota, Georg Forster, como ele atraído e, em seguida, decepcionado pela Paris revolucionária, vai e vem entre a rua e sua mansarda, ruminando um projeto que lhe escapa: "Já há três, quatro horas que, meio louco, volto, ando, paro no meu quarto para tentar me lembrar. Inutilmente."[3] O crescimento das multidões, a pressão

---
[1] Jules Vallès, "L'Insurgé" [1871], in Roger Bellet (org.), Oeuvres. Paris: Gallimard, 1990, col. Bibliothèque de La Pléiade, t. 2, 1871-85, p. 879.
[2] Citado por Marie-Claire Hoock-Demarle, La République des lettres: Réseaux épistolaires et construction de l'espace européen. Paris: Albin Michel, 2008, p. 78 (carta de 4 de agosto de 1793).
[3] Ibid., p. 83 (9 de novembro de 1793).

cada vez maior das massas, tem por corolário a sede inextinguível, a procura desesperada de um espaço para si, garantia de liberdade pessoal. É aquilo que Walter Benjamin havia admiravelmente delimitado na Paris do início do século XX, onde as passagens, fechadas à noite, multiplicavam as circulações e os recolhimentos.

O direito ao segredo

Algumas categorias demonstram, a esse respeito, um maior apetite: jovens, operários separados das famílias, estudantes em busca de uma experiência, mulheres sozinhas, exilados, estrangeiros, pessoas idosas isoladas ou que não mais suportam o ritmo da existência cotidiana. O celibato, imposto ou escolhido, a partida, a ruptura, o movimento, os atritos da viagem, mas também a vida sedentária que o estudo implica, o recolhimento exigido pela criação, a reserva e o refluxo das emoções impostos pela vida pública são alguns dos fatores de individualização do leito e do quarto. As servidões do leito conjugal indispõem o coração dos apaixonados. Huysmans fustiga "a tristeza de dormir juntos [...], o cansaço das carícias exigidas".[4]

"Eu só posso dormir em um quarto sozinho. Não posso suportar a vida em comum com pessoas", confessa Kafka. "Precipito-me na solidão como a água no oceano." Modernidade de Kafka que ressente tão vivamente a insidiosa penetração dos controles, o assédio dos olhares, o aumento da vigilância, da qual Michel Foucault mostrou as formas panópticas e a disseminação no corpo social.[5] Daí o desejo de se esconder. "Em nossos países", diz Michel de Certeau, "o opaco torna-se o necessário. Ele se baseia nos direitos da coletividade, susceptíveis de equilibrar a economia que, em nome dos direitos do indivíduo, expõe a realidade social à claridade universal do mercado e da administração."[6]

O quarto é apenas uma das formas do direito ao segredo. Mesmo as utopias socialistas, prontas a encurralar o egoísmo, a promover soluções coletivas, procuram defendê-lo. Victor Dézamy, autor do célebre *Code de la communauté* (1842) prevê, para cada um de seus "iguais", um quarto individual, dotado de todo o conforto: "o cômodo, o útil, o agradável, a salubridade":

---

[4] Joris-Karl Huysmans, *En ménage*. Citado por Victor Brombert, *La Prison romantique: Essai sur l'imaginaire*. Paris: José Corti, 1975, p. 160.
[5] Michel Foucault, *Vigiar e punir: o nascimento da prisão*. Petrópolis: Vozes, 2004.
[6] Michel de Certeau, *La Prise de la parole*. Paris: Seuil, 1994, p. 247.

dois armários para a arrumação, duas alcovas, uma para o leito, outra para a toalete, uma cama com estrado de molas, a última moda em camas modernas, uma pia, uma mesa de cabeceira, uma mesinha redonda, cadeiras, poltronas, tudo com rodinhas.[7] Eugène Sue, muito atento às condições do hábitat popular, descreve de modo semelhante um quarto de solteiro com cama de ferro, "bonito papel persa", cortinas, uma cômoda, uma mesa de nogueira (a madeira do povo), algumas cadeiras, uma pequena biblioteca. O direito a um quarto se inscreveria mesmo entre os direitos do homem.

Ele garante a independência e o respeito próprio. Faunia, protagonista do romance de Philip Roth, *A marca humana*, reprova-se por ter ficado para dormir com seu amante após o amor. "Eu fiquei. Fiquei como uma boba. Voltar para casa para dormir em sua cama é capital para uma jovem como eu [...] Eu tenho um quarto só para mim, que eu saiba... talvez não seja nenhuma maravilha, mas é a minha casa. Tenho que ir para lá."[8] Recusa-se a se instalar na casa de alguém que a manteria cativa na armadilha do "amor eterno". O quarto, garantia de liberdade.

Dormir só

"Melhor dormir só do que acompanhado",[9] diz o poeta Eustache Deschamps, que se junta a seu contemporâneo Montaigne: "Gosto de dormir no chão e sozinho, até sem mulher, como os reis, bem coberto; não esquentarão minha cama."[10] E Georges Perec: "A cama é um instrumento concebido para o repouso de uma ou duas pessoas, mas não mais."[11]

O homem romano se retirava em seu *cubiculum*, o eremita em sua gruta ou em sua cabana. O grande leito medieval podia receber cinco ou seis pessoas; mas desde essa época, "a cama, península do privado, aumenta o prazer da solidão".[12] Lugar de dor, ela acolhe o homem ferido, doente ou esgotado pelas longas cavalgadas; nela nos jogamos para chorar, sobretudo na época moderna que reprime as lágrimas. "À noite, às dez horas, voltei para meu quarto para chorar nossa separação", confia a seu diário uma jovem. "Arrasada pela tristeza, joguei-me na cama, onde tentei me abandonar

---

[7] *Rêves d'alcôves*, op. cit., p. 115.
[8] Philip Roth, *A marca humana*. São Paulo: Companhia das Letras, 2002.
[9] Citado em Henry Havard, *Dictionnaire de l'ameublement et de la décoration*, op. cit., t. 1, p. 678.
[10] Citado por Pascal Dibie em *Rêves d'alcôves*, op. cit., p. 31.
[11] Georges Perec, *Espèces d'espaces*, op. cit., p. 25.
[12] Danièle Régnier-Bohler, in Philippe Ariès e Georges Duby, *História da vida privada*, op. cit.

ao sono, mas em vão."[13] As heroínas de Jane Austen se refugiam em seus quartos e se deixam dominar por emoções que deveriam ocultar. No quarto, o criminoso se esconde. Na cama, a gente se encolhe. Ela é um abrigo, uma ilha de proteção, móvel celebrado, herdado, representado nas pinturas medievais, porém frequentemente nas condições excepcionais da doença ou da morte.

Uma consciência física cada vez mais apurada, que torna desagradável até a presença do corpo do outro, reforça a exigência imperiosa de uma cama para si, em todos os meios, sobretudo os urbanos. O número e a variedade das camas se multiplicam em uma estranha e poética proliferação, característica da cultura ocidental. A individualização do dormir, iniciada na Itália do *Quattrocento*, se espalha; em Paris, no fim do século XVII, "mesmo o povo tem uma cama de verdade".[14] Aristocrática, mais ainda burguesa, esta prática se difunde nas classes populares. No século XIX, a promiscuidade dos dormitórios desagradava aos operários. "Eu não podia mais suportar o contato de outro homem", disse Norbert Truquin, empregado em um canteiro de obras no Segundo Império. Marca de uma união conjugal, a atribuição do leito se torna uma disputa na ocasião das separações. "Ela não queria mais que eu dormisse em casa. Então exigi nossa cama, que me pertencia, pois me fora dada pelo meu antigo patrão",[15] defende-se um acusado de crime passional.

As prescrições higiênicas e morais concorrem para uma segregação erigida em barreira contra todo tipo de contágio. A Convenção Nacional fez disso uma obrigação nos hospitais (15 de novembro de 1793). No início do século XIX, os regulamentos do juizado de menores exigem que as crianças de mais de quinze anos, empregadas nas manufaturas, durmam sozinhas. A Igreja e os médicos se unem na apologia do leito individual, para o qual a produção industrial da cama de ferro trouxe a solução: leve, móvel, mais barata, facilmente transportável, de fácil acomodação por ter ângulos retos, estrado metálico e material simples, ela encarna a democracia do dormir.

Perec celebra o triunfo do leito: "o leito é [...] o espaço individual por excelência, o espaço elementar do corpo (o leito-mônada), aquele que até

---

[13] Maria Bakhmeteva, "Journal, 1805", in Elena Gretchanaia e Catherine Viollet, *Si tu lis jamais ce journal: Diaristes russes francophones, 1780-1854*. Paris: CNRS, 2008, p. 170.
[14] Segundo Daniel Roche, *História das coisas banais*, op. cit.: "até o povo tem camas de verdade, conforto este adquirido desde o fim do século XVII", pelo menos em Paris. O modelo dominante é a cama com quatro colunas e cortinas.
[15] Joëlle Guillais, *La Chair de l'autre*, op. cit., p. 124.

o homem crivado de dívidas tem o direito de conservar [...]. Nós só temos uma cama que é a *nossa* cama." "Amo minha cama",[16] continua Perec, que se lembra de suas leituras, de suas viagens imaginárias, dos cubinhos de açúcar mordiscados, dos terrores sentidos. Cada um de nós tem sua memória da cama.

Na cama, passamos mais de um terço de nossa vida. Ela materializa a grande divisão da noite e do dia. Ela sela a aliança sombria do indivíduo e da noite.

Dormir

"O homem que dorme mantém em círculo à sua volta a sucessão das horas, a ordem dos anos e dos mundos."

Marcel Proust, *No caminho de Swann*

Primeiramente, é preciso se deitar. Despir-se. Tirar as roupas que tecem as aparências, despojar o homem velho, como dizem as Escrituras. O homem público se desfaz; a mulher se enfeita para a noite. Outrora, isso podia ser uma operação inspirada no cerimonial da corte. George Sand descreve o que sua avó fazia antes de dormir: "Minha avó levava muito tempo para se preparar para dormir. Primeiro, comia um pouco; e depois, enquanto lhe colocavam na cabeça e nos ombros uma dúzia de touquinhas e de pequenos xales de seda, de lã e de algodão, ela escutava o relato de Julie sobre as intimidades da família e de Rose sobre os detalhes dos trabalhos da casa. Isso durava até as duas horas da manhã."[17] É a hora do balanço doméstico ou pessoal; para o cristão, a do exame de consciência, antes do mergulho no desconhecido da noite.

Nem sempre tudo é tão solene assim. Mas é sempre um momento de ruptura. Além disso, como guardar suas roupas? Entre aqueles que as jogam em desordem e os que as dobram cuidadosamente, há toda uma gama de atitudes que revelam as relações com as coisas e consigo mesmo; às vezes divisão sexual, mas nem sempre. O quarto do homem solteiro não tem boa reputação. Injustamente: há solteiros meticulosos como o Blumfeld de Franz Kafka, "homem

---

[16] Georges Perec, *Espèces d'espaces*, op. cit., "Le lit", p. 33-9.
[17] George Sand, *História de minha vida*. Rio de Janeiro: José Olympio, 1952.

de meia-idade" que não suporta a sujeira nem a desordem, refaz a cama à sua moda, como o próprio autor, sedento de paz.[18]

Em seguida, toma-se posse do leito. Alguns se jogam "nos braços de Morfeu"; outros se esgueiram furtivamente entre os lençóis ou sob o acolchoado de penas, que revelam duas culturas diferentes. Também variam as posições do corpo, amplamente culturais; nossos antepassados dormiam meio sentados em camas menores; nós dormimos de lado, em posição fetal, de bruços ou deitados de costas na posição do "missionário", a que a Igreja prescreve para o amor e que é também a posição do morto. Nada de verdadeiramente espontâneo nessas atitudes. As "técnicas do corpo" adormecido não são mais naturais que as outras.[19] O dr. Lévy recomenda o decúbito dorsal de preferência ao lateral. Entretanto, "dormir de costas sobre uma cama dura tem o inconveniente de provocar as ereções e de favorecer as poluções noturnas".[20] É apenas um pouco mais simples passar da posição de pé à posição deitada no seu apartamento do que em um campo de batalha.[21] Pesa um certo descrédito sobre o homem deitado, sempre ameaçado. Os detentores do poder receiam a impotência das trevas, os riscos de complô, de assassinato noturno, prática romana. Para suprimir um tirano, o mais cômodo é fechá-lo em seu quarto. Isso era frequente em Roma. Assim morreu Domício. A mulher ameaça o homem desarmado: Dalila corta os cabelos de Sansão adormecido, Cleópatra avilta Marco Antônio. Essas virilidades desfeitas inspiram às vezes a aversão: "Odeio os que dormem demais", diz Violette Leduc. "São mortos que não disseram sua última palavra."[22]

Adormecer é uma arte que requer precauções. A qualidade da cama, nem muito dura nem muito macia, é muito importante hoje.[23] Alguns arquitetos se preocupam com a orientação da cama e sua posição em relação à janela. O verde, reabilitado no século XVIII, considerado a cor mais favorável ao repouso do corpo e do espírito — é a opinião de Goethe —, torna-se a cor dos quartos de dormir.[24] Os sanitaristas recomendam uma cama dura, um

---

[18] Franz Kafka, "Un célibataire entre deux ages", in *Oeuvres complètes*, op. cit., t. 2, p. 355 e nota referente, p. 993. Carta a Felice Bauer, de 11 de fevereiro de 1915.
[19] Marcel Mauss, *Manuel d'ethnographie*. Paris: Payot, 1967.
[20] Dr. Michel Lévy, *Traité d'hygiène publique et privée*, op. cit., t. 2, "Hygiène du sommeil", p. 409-15.
[21] Cf. Stéphane Audouin-Rouzeau, *Combattre: Une anthropologie historique de la guerre moderne (XIXᵉ-XXIᵉ siècle)*. Paris: Seuil, 2008, p. 89.
[22] Viollette Leduc, *Je hais les dormeurs* [1948]. Rigny: Éd. du Chemin de Fer, 2006.
[23] Paul Fluchaire, *La Révolution du lit: Pour un sommeil de rêve*. Paris: Artylen, 1991.
[24] Michel Pastoureau, *Noir: Histoire d'une couleur*. Paris: Seuil, 2008, p. 160.

cômodo convenientemente arejado, hábitos e horários regulares, evitando vigílias excitantes, leituras perturbadoras e até mesmo trabalho intelectual. Evitar sobretudo a inversão do dia e da noite, que subverte a ordem cósmica, divina e cidadã.

O mergulho na noite suscita um profundo sentimento de angústia, que retarda a chegada do sono. Este assemelha-se à morte, que pode surpreender o adormecido. Mesmo os religiosos (sobretudo eles, que a esperam) receiam a eventualidade da morte súbita, que priva o fiel de sua saída, de seu encontro organizado, ritualizado com Deus. Deus que preveniu: "Eu virei como um ladrão." Daí as recomendações da oração da noite, o exame de consciência, a contrição reiterada, o perdão implorado, o apelo à proteção dos anjos da guarda, vigias do quarto. Adormecer é partir para uma viagem da qual não se sabe quando se irá voltar.

As crianças não gostam dessa ruptura vespertina. Elas temem o momento de ir dormir e o retardam tanto quanto podem. Por isso, é importante o beijo maternal da noite, cena inicial da *Busca*: "Uma vez no meu quarto", escreve o narrador, "era necessário fechar todas as saídas, cerrar os postigos, cavar meu próprio túmulo desfazendo as cobertas, revestindo o sudário de minha camisola de dormir [...] antes de me enterrar na cama de ferro que tinham posto no quarto". A pequena Mona Sohier tem medo no seu quarto bretão de 1935: "Monstros com garras sobem do chão, e eu pergunto à minha avó se posso deitar na sua cama."[25] As crianças gostam que se deixe uma luz acesa, a porta entreaberta, a sombra de uma presença.

Mas a ansiedade não é apenas infantil. Henri Michaux é uma vítima: "É muito difícil dormir [...]. Primeiramente, as cobertas têm sempre um peso enorme e, para falar apenas dos lençóis da cama, que pesam como folha de flandres." "Que posição tomar?", se pergunta o pai de *Plume*, que não vê nenhuma que não seja inconveniente. "Assim, a hora de dormir é, para tantas pessoas, um grande suplício."[26]

O que dizer das insônias, esses momentos angustiantes em que a noite se mexe? As sombras, as frestas do teto, os estalidos do assoalho, os pequenos ruídos que poderiam ser de um camundongo, quiçá de um rato, o batimento das asas de uma mariposa, o zumbido um tanto irritante de um mosquito, o murmúrio de vozes abafadas, os passos prudentes e

---

[25] Mona Ozouf, *Composition française: Retour sur une enfance bretonne*. Paris: Gallimard, 2009, p. 46.
[26] Henri Michaux, "Dormir: La nuit remue" [1960], in *Oeuvres complètes*. Paris: Gallimard, 1998, col. Bibliothèque de La Pléiade, t. 1, p. 472; [1967] *Plume*, ibid.

amortecidos, e portanto ainda mais inquietantes, transformam o quarto em um lugar hostil, cheio de armadilhas, das quais cada detalhe pode ter uma enorme importância. Ainda é pior num quarto desconhecido, ou novo, que ainda não dominamos. A insônia é propícia à invasão deprimente de fantasmagorias e de fantasmas, às ideias fixas sobre si mesmo, sua vida fracassada (às três horas da manhã sempre a desperdiçamos). A cama parece dura, incômoda. A gente se vira e se revira e o sono não vem. Como o narrador, revemos os quartos que já conhecemos, nessas lembranças vagas que, ao mesmo tempo, distinguem e confundem.

A dificuldade em pegar no sono e o medo de perdê-lo explicam o recurso a toda uma farmacopeia preventiva ou curativa. As receitas de nossas avós — tília, flor de laranjeira, leite quente — foram substituídas por substâncias mais complexas: láudano, veronal, ópio, preparações de farmacêuticos, esperando os soníferos dos quais os franceses estão entre os consumidores mais regulares. Os neurocientistas se preocupam com os distúrbios do sono que a psiquiatria medica.[27] Um regime saudável assegura um bom sono, indispensável ao equilíbrio. Uma boa noite de sono revela a honestidade dos costumes, a tranquilidade do coração, o apaziguamento dos nervos; ela garante a atividade do dia.

Dormir, mas não demais. Na cultura ocidental, o sono não tem boa reputação. Representa a covardia: os apóstolos que dormem no Jardim das Oliveiras, abandonando Cristo em sua última vigília. "Adormecer é se desinteressar" (Bergson). "O sono é como uma perdição", diz André Gide, que só aprecia o despertar e tem o cuidado de ter diante da cama uma janela para ver as coisas. É preciso esperar a segunda metade do século XX para que o sono seja considerado uma função ativa do organismo.[28] Aos olhos dos sanitaristas, bastam oito horas, um pouco mais para as crianças e adolescentes, tentados por noites intermináveis. Além disso, começa o risco dos leitos lascivos, propícios às explorações íntimas, aos devaneios doentios. Os educadores condenam a preguiça relaxante dos que "acordam tarde", como Proust adorava. Deitar-se cedo é virtuoso, levantar-se tarde, suspeito. Não se deveria ficar na cama mais que o razoável.

Escutem Jeremy Bentham: "O sono é a interrupção da vida; o hábito de permanecer acordado na cama produz o relaxamento. Ele é, portanto,

---

[27] Cf. William C. Dement e Christopher Vaughan, *Avoir un bon sommeil*. Paris: Odile Jacob, 2000; Paul Fluchaire, *Guide du sommeil*. Paris: Ramsay,1987.
[28] Michel Covin, *Une esthétique du sommeil*. Paris: Beauchesne, 1990. A literatura é um pouco mais explícita que a arte, vazia a esse respeito.

nocivo à saúde do corpo; e, como proveniente da indolência, é pernicioso à saúde moral",[29] escreve o pai do *Panóptico*. O teórico do utilitarismo via no trabalho a chave do crescimento e na pobreza, o fruto de uma indolência culpada. A fortuna sorri para os audaciosos e os matutinos. Apenas o sono reparador é moral.

Além disso, o leito esconde as armadilhas dos "prazeres solitários". Mme de Krüdener, em um diário endereçado à filha, convida-a a desconfiar "dos prazeres da mesa e dos leitos voluptuosos", nos quais se dilapida o tempo. Até o sonho preocupa essa mulher obcecada pela impureza: ela fala da necessidade de controlá-lo. "Minha alma é uma sentinela que me proíbe todo deslize, tão forte é em mim o hábito de me vigiar."[30] O recalque erigido em moral se exerce também sobre os sonhos.

Mas como controlar esse aparecimento, essa onda, essa invasão de pensamentos, de imagens, de sensações desconhecidas que sabemos terem intrigado, amedrontado, atraído os dormidores de todos os tempos? A história do sonho pode ser a de seu conteúdo, mas é antes a história de suas múltiplas interpretações:[31] voz do destino, de Deus, do além, manifestações do corpo e de ritmos biológicos cientificamente explorados, indícios misteriosos do inconsciente, vestíbulo do eu profundo, cuja leitura Freud transformou. Os relatos de sonhos desenham um arquipélago, uma literatura proliferativa, que, depois dos santos, prolixos sobre as aparições de seus sonhos, os escritores exploraram.[32] O uso das drogas modificou as dimensões do sonho.[33] O ópio duplica o quarto de Baudelaire. "Os móveis parecem sonhar. Dir-se-ia que são dotados de uma vida sonambúlica, como o vegetal e o mineral. Os tecidos falam uma língua muda, como as flores, como os céus, como os poentes do sol."[34] Outras drogas, inclusive o álcool, têm efeitos mais violentos, mais terrificantes. Sob seu domínio, o quarto se povoa de figuras estranhas,

---

[29] Jeremy Bentham, "Esquisse d'un ouvrage en faveur des pauvres" [1797], in Adrien Duquesnoy, *Recueil sur les établissements d'humanité*. Paris: 1802, p. 112. O Panóptico é um célebre plano de prisão circular, destinado a resolver pelo menor custo os problemas de vigilância. Cf. Michelle Perrot, "L'inspecteur Bentham", in *Les Ombres de l'histoire*. Paris: Flammarion, 2001, col. Champs, p. 65-108.
[30] Citado por Elena Gretchanaia e Catherine Viollet, *Si tu lis jamais ce journal*, op. cit., p. 163.
[31] Cf. Yannick Ripa, *Histoire du rêve. Regards sur l'imaginaire des Français au XIXe siècle*. Paris: Hachette, col. Pluriel, 1988.
[32] Cf. Fanny Déchanet-Platz, *L'Écrivain, le sommeil et les rêves, 1800-1945*. Paris: Gallimard, 2008.
[33] Cf. Max Milner, *L'Imaginaire des drogues. De Thomas de Quincey à Henri Michaux*. Paris: Gallimard, 2000.
[34] Id., ibid., p. 148.

insetos, roedores, répteis, animais monstruosos. As paredes incham. As tapeçarias racham, escorrem, supuram. Nas pregas das cortinas pulula uma fauna repugnante.

"Vigilante do sono" (Freud), o sonho habita o quarto que, no entanto, ele ignora a maior parte do tempo. Liberado da matéria, da gravidade dos corpos que flutuam, liberado das obrigações da vida cotidiana, ele está também liberado do espaço, do qual traduz as sensações de dilatação, opressão, esmagamento, abafamento, sensações de cair em abismos, de subir indefinidamente escadas em volutas desenroladas à moda de Piranese. "Acordei com o volume de meu quarto dentro da cabeça",[35] diz Robert Antelme. O volume, não os ângulos nem os detalhes, desprezados pela irrealidade dos sonhos.

O quarto abre sobre um sonho que o subverte, que foge. Dissolve-se quando o encontra, ao despertar, no momento em que o dorminhoco, tal como o nadador chegando à margem, se levanta. Enfim!

Isso, às vezes, se chama aurora.

Amar

Íntimo receptáculo do corpo, o leito às vezes guarda seus segredos. Confia-se o corpo despido às dobras dos lençóis, esses indiscretos cujas manchas revelam tantas coisas, testemunhas das poluções noturnas, do sangue das primeiras regras ou de sua ausência: sinais que espiam as mães ansiosas, as empregadas curiosas, as lavadeiras fofoqueiras. Palimpsesto noturno, os lençóis o traem, como aquele "leito desfeito", tão perturbador, pintado por Eugène Delacroix.[36]

No leito, sentimos nosso corpo, vemo-lo crescer, mudar, vibrar. Sentimos as emoções de um sexo desconcertante. A masturbação dá prazeres desconhecidos, que as meninas mal se permitem.[37] Marie Chaix é, sem dúvida, uma das primeiras a ter ousado a confidência dessa exploração em um texto trazido pelo sopro de liberdade dos anos 1975: "Sob as folhas, uma cavidade chama [...], a jovem acaba de descobrir a abertura de seu corpo. [...] Está amedrontada pela violência de uma sensação que nunca pudera acreditar ser possível provocar sozinha."[38] A masturbação preocupa

---

[35] Citado por Fanny Déchanet-Platz, *L'Écrivain, le sommeil et les rêves*, op. cit., p. 170.
[36] *Un lit défait* (por volta de 1827), Museu Eugène Delacroix, Paris.
[37] Sobre esse assunto, cf. as confidências singulares de Pauline Réage, em *História de O* (São Paulo: Brasiliense, 1985), e os resultados de pesquisas sobre a sexualidade.
[38] Marie Chaix, *L'Âge du tendre*. Paris: Seuil, 1979. "La chambre de jeune fille", p. 19.

educadores, padres ou médicos, que temem o orgasmo provocado ou imprevisto, as perdas indevidas. Fora do casamento, não há salvação. Um dia, a cama de solteiro se alargará para o casal matrimonial — heterossexual, é claro.[39] Mas e até lá?

Amar é descobrir o corpo do outro, despi-lo. (*Déshabillez-moi*, canta Juliette Gréco com um humor delicado), acariciá-lo, um dia dormir juntos. "O amor: você amará, quer dizer que vai querer dormir com uma mulher e que, durante algum tempo, terá prazer em dormir com ela",[40] diz Jules Renard, desencantado. Como fazer amor? Onde fazer amor? Angústias dos rapazes, frequentemente reduzidos, na cidade, a lugares improvisados, abrigos fortuitos, bancos de praça, pequenos bosques nos jardins, bancos de carro. É preciso dar o passo, ultrapassar a soleira: "Venha para a minha casa", convite supremo, "abra-te, Sésamo" do amor. Entrar em um quarto com o ser amado ou desejado é ultrapassar uma etapa, decisiva e incerta, em uma história de amor. Ato sexualmente desigual, pelo menos na tradição de outrora: afirmação de uma virilidade conquistadora de um lado, consentimento hesitante ou ardente, do outro.

Uma jovem ou uma mulher direita não entram no quarto de um homem; elas só abrem a porta com circunspeção, pois isso significa aquiescência. Eugénie Grandet viola um tabu entrando no quarto de seu primo, descobrindo seu segredo: a falta de dinheiro. Sabemos o que isso vai lhe custar. Seu pai vai trancá-la em seu quarto. Mathilde de la Mole marca encontro com Julien Sorel em seu quarto, uma da madrugada, mas ela não lhe abre a porta, ele tem que usar a escada do jardineiro e passar pela janela, como fizera outrora com Mme de Rênal. Na segunda vez, ele toma a iniciativa usando o mesmo caminho, bate na persiana e "se joga no quarto [de Mathilde] mais morto que vivo. 'Então é você?', lhe diz ela, precipitando-se em seus braços". Essa jovem orgulhosa tem desprezo demais para abrir a porta para o filho de um carpinteiro? Entre os dois, a entrada no quarto é uma verdadeira disputa, uma fronteira de poder, social e amoroso, cujo preço Julien conhece, ele que nessa casa estrangeira tantas vezes "se fecha, com duas voltas da chave, em seu quarto", seu território preservado.

As casas onde passamos as férias de verão, os hotéis das vilegiaturas tão propícios às intrigas sentimentais, ao exercício da sedução, favorecem as

---
[39] Louis-Georges Tin, *L'Invention de la culotte hétérosexuelle*, op. cit.
[40] Jules Renard, *Journal*. Paris: Gallimard, 1960, col. Bibliothèque de La Pléiade, p. 27, 25 de julho de 1889.

circulações noturnas: mensagens trocadas, luzes observadas, batidas discretas, visitas clandestinas de um quarto a outro. Emperradas ou cúmplices, as chaves nem sempre funcionam bem. Os galantes, às vezes, forçam as fechaduras frágeis, puxando o ferrolho atrás deles para se assegurar de sua conquista, como aquele impetuoso jovem de Fragonard (*Le Verrou*), de quem não se sabe se veio como conquistador ou como amante da moça surpreendida na cama descoberta. A perturbadora indecisão do quadro cria seu poder de sugestão libertina. O amor, em suma, é sempre uma questão de soleira. David, o herói de James Baldwin, hesita ultrapassar a do quarto de Giovanni, por quem está perdidamente apaixonado. Fazê-lo é não apenas consentir nesse amor, mas assumir, enfim, sua homossexualidade.[41]

Lytton Strachey é mais liberal. Lembrança fascinante: na extravagante mansão familiar de Lancaster Gate, que descreveu tão bem, ele ocupa, no último andar, um quarto ao qual se chega por escadas tortuosas. De volta de uma juvenil noite de verão, "abri a porta, entrei e vi imediatamente que a segunda cama — havia uma invariavelmente em todos os quartos — estava ocupada. Olhei mais de perto: era Duncan. Despi-me, com uma estranha exaltação, na tepidez deliciosa da manhã. Quando ia me deitar, verifiquei que Duncan não tinha mais nenhum lençol em cima dele, que estava numa nudez quase completa, com um pijama largo, e que seu corpo, o corpo esbelto de um rapaz de dezenove anos, se oferecia ao olhar. Eu estava muito feliz [...], deitei-me em minha cama e dormi profundamente, sem ter sonhos proféticos".[42]

Ao quarto fechado, os amantes pedem silêncio, intimidade, discrição, anonimato, paredes bastante espessas para abafar a respiração ofegante, os gemidos roucos do amor (os de eventuais vizinhos no hotel são insuportáveis), postigos fechados, cortinas que filtrem a claridade de um exterior importuno. Os amantes estão sozinhos no mundo. A noite, real ou factícia, o dia insólito, protegem sua aventura única, de que, na prática, o quarto é apenas um pano de fundo indiferente.

---

[41] James Baldwin, *Giovanni*. São Paulo: Novo Século, 1997 (clássico da literatura homossexual).

[42] Lytton Strachey, "Lancaster Gate" [1922], *Urbi* IX,1984. Lytton Strachey (1880-1932), crítico, publicitário, amigo de Virginia Woolf, é uma das figuras marcantes do grupo de Bloomsbury, sobretudo conhecido por suas biografias, *Eminents Victorians*, *Queen Victoria*. A descrição de Lancaster Gate é uma bela evocação de casa familiar. Ele será mais tarde o amante de Duncan Grant, personalidade central do grupo.

O amor dispensa a decoração. Será que nos lembramos dos quartos em que fizemos amor? O interior do leito simboliza, entretanto, o lugar da fusão dos corpos, o lugar dos "pequenos favores obtidos no segredo e no silêncio".[43] "Nous aurons des lits pleins d'odeurs légères,/ Des divans profonds comme des tombeaux",[44] diz Baudelaire. E a antiga canção francesa celebra o seio da cama: *La belle, si tu voulais/ Nous dormirions ensemble/ Dans un grand lit tout blanc/ Et gréé de dentelles/ Car au mitan du lit/ La rivière est profonde/ Tous les chevaux du roi/ Pourraient y boire ensemble/ Et nous y resterions/ Jusqu'à la fin du monde.*[45]

Rezar

Fazer retiro é uma prática antiga, que se origina na latinidade. Em Roma, as pessoas se refugiam na êxedra, espécie de nicho afastado, muitas vezes ornado de decorações murais, para dormir, ler, estudar, escrever com o estilete. O silêncio noturno é considerado favorável à inspiração, às "elucubrações" (de *lucubrum*), termo laudatório antes de se tornar pejorativo.

O eremitério cristão se insere na sabedoria antiga. Ele valoriza o despojamento da gruta ou da cabana, a solidão absoluta do pecador frente a seu Deus. O espírito do deserto permanece associado à natureza, como vemos nos "solitários de Port Royal". Esses senhores pretendiam construir diversos eremitérios no convento das religiosas que os acolhiam. "Tratava-se nada menos que de erigir em torno da abadia doze eremitérios regulares, para onde se retirariam os senhores que se acreditava terem sido chamados e após a morte só entrariam sucessores que já tivessem sido aprovados. Todos poderiam, sem sair do convento, ir a uma capela onde um padre celebraria a missa. Eis o ideal do Sião realizado sobre a terra",[46] diz Sainte-Beuve com leve ironia.

"Na retórica clássica, como na retórica monástica, retirar-se em seu quarto é indício de uma disposição de espírito especial, o sinal de que o indivíduo se prepara para encontrar o 'lugar' do silêncio meditativo essencial

---

[43] "L'Astrée", citado por Danièle Haase-Dubose, in Cécile Dauphin e Arlette Farge (org.), *Séduction et Sociétés*. Paris: Seuil, 2001, p. 61.
[44] "Teremos leitos só rosas ligeiras/ Divãs de profundeza tumular". Charles Baudelaire, "A morte dos amantes", in *As flores do mal*. Rio de Janeiro: Nova Fronteira, 2006.
[45] Bela, se tu quisesses/ Dormiríamos juntos/ Num grande leito branco/ Enfeitado de rendas/ Pois no seio da cama/ O rio é profundo/ Todos os cavalos do rei/ Nele poderiam beber juntos/ E nós aí permaneceríamos/ Até o fim do mundo. (N.T.)
[46] Sainte-Beuve, *Port Royal*. Paris: Robert Laffont, 2004, col. Bouquins, t. 1, p. 443.

à invenção."⁴⁷ A prostração do homem deitado, oferecido, aberto, desprendido de si mesmo favorece a contemplação. Numerosos profetas tiveram visões quando estavam doentes ou acamados. São Bernardo evoca o *secretum cubiculi*, o mistério da vida interior; em seu sermão sobre o Cântico, ele traça um percurso indo do jardim (os tempos) à adega (os méritos) e ao quarto: a recompensa. "Entre no pequenino quarto de sua alma", diz Anselmo. Retirar-se aí é procurar Deus, encontrar-se a si mesmo. Talvez encontrar Deus.

A *cella* designa primeiramente o alojamento de um solitário, eremita ou recluso. Segundo são Jerônimo, o monge deve viver separado do mundo. Ela é também instrumento de mortificação, pois sua exiguidade constrange e machuca o corpo. Na Síria, um recluso construiu para si um pequeno abrigo onde lhe é impossível ficar de pé ou deitar-se para dormir. Daí a tristeza (acédia) que pode acometer alguns, sobretudo na sexta hora do dia. Porém, a reclusão não é necessariamente para todos o caminho da perfeição. Desconfia-se de seus excessos, sobretudo femininos.[48] O monasticismo prefere o abrigo do claustro ou da cela. As ordens maiores instauraram regras de vida coletiva, equilibrando trabalho e oração, exercícios em comum e particulares, que recolocam a cela em um conjunto. A Grande Cartuxa prevê, com extrema precisão, as sequências alternadas e organiza a cela comum como um espaço distinto, com seu jardim, seu mobiliário e seus objetos. "É preciso perseverar sem desfalecer na cela e deixar-se ensinar por ela." Os cartuxos foram os que levaram mais longe a vida celular. Os beneditinos não são tão ligados a isso. Entretanto, a regra de são Bento prescreve aos monges dormir vestidos, em uma cama individual. De qualquer forma, do século VI aos séculos XV-XVI, o dormitório é mais comum que a cela, à qual se volta no Renascimento, que multiplica paredes e separações, por distinção social tanto (ou mais?) que por devoção. Priores e abades dispõem agora de celas mais confortáveis, com chave, marca de sua autoridade.

O isolamento não é forçosamente ligado à cela, mas primeiramente à natureza. O pensamento devoto do século XVII exalta as florestas mais do que o quarto. *"Je cherche un lieu désert aux mortels inconnus/ Là je veux dans le creux de quelque vieux rocher/ Creuser un temple obscur à faire ma demeure."*[49]

---

[47] Mary Carruthers, *Machina memorialis: Méditation, rhétorique et fabrication des images au Moyen Âge* [1998]. Paris: Gallimard, 2002.
[48] Cf., adiante, "Huis clos — A portas fechadas".
[49] "Procuro um lugar deserto desconhecido dos mortais/ Onde quero, na cavidade de algum velho rochedo/ Cavar um templo obscuro e dele fazer minha casa." (N.T.) Elegia de Motin, citada

O "deserto" é o "campo nu", as margens de um rio ou de um canal, uma floresta, um "vale assustador", como diz Mme de Sévigné sobre Port-Royal. O século XVII santifica a paisagem, associa a alma e o jardim. A contemplação se faz passeando, observando o voo dos pássaros, o caminhar de uma lesma, enquanto a luz da manhã brinca nas nuvens. A alma é comparada a um jardim solitário.[50] Jardinagem, botânica, mineralogia são recomendadas como ocupações que levam à meditação, mais do que o enclausuramento no quarto, às vezes suspeito. Rousseau, "caminhante solitário", é o herdeiro laico desses contemplativos.

A solidão permite a meditação, o recolhimento, o arrependimento. O pecador se desnuda diante de seu Deus. "Se há um momento favorável ao pecador, é esse em que me encontro agora, em que o silêncio é total, em que pareço estar só para adorar-te."[51] A solidão convém à oração. "Quando rezares, fecha tua porta e reza a teu Pai em segredo", recomenda Cristo. Oração litúrgica e oração privada sempre coexistiram na Igreja, a primeira mais pessoal, a segunda nem por isso desprovida de ritos e fórmulas. A oração mental era considerada árdua, atemorizante mesmo para alguns fiéis, que diziam não conseguir praticá-la. Para ajudá-los, os clérigos multiplicaram *meditações, elevações, discussões espirituais*, até mesmo *efusões*, abundante literatura examinada pelo padre Bremond. Os místicos do século XVII eram favoráveis a essa oração interior de que os jesuítas desconfiavam, temendo que o retiro em si implicasse o afastamento do mundo. Atentos às boas obras, os jansenistas também o eram às virtudes da atividade e velavam sobre o equilíbrio da dupla trabalho-oração.

O quarto, portanto, tem relações complexas com a cela. Uma cela não é um quarto e não deve sê-lo, nem para as religiosas. Austera, ela será reduzida ao mínimo. Uma tábua servirá de leito para as mais virtuosas; geralmente, um leito de palha. "Os leitos não terão colchões, mas somente sacos recheados de palha [...]. A experiência provou que mesmo pessoas frágeis e doentes podiam suportá-los",[52] lê-se nos escritos de Teresa d'Ávila. A comunidade sendo a regra, as "irmãs nada possuirão em particular, o que não será tolerado nem em relação à alimentação nem ao vestuário: elas não terão baús, nem cofres, nem armários, nem guarda-roupas, salvo

---

por Henri Bremond, *Histoire du sentiment religieux en France depuis les guerres de Religion jusqu'à nos jours* [1916-1933]. Grenoble: Jérôme Millon, 2006, t. 1, p. 392.
[50] Antoine des Nervées, *Le Jardin secret de l'âme solitaire* (fim do século XVI), ibid., p. 295.
[51] Jacques-Joseph Doguet, ibid., 1731, t. 4, p. 487.
[52] Citado por Julia Kristeva, *Thérèse, mon amour*. Paris: Fayard, 2008, p. 375.

as que exercem ofícios na comunidade; enfim, que nada tenham em particular, que tudo seja em comum. [...] É necessário que a superiora tenha o cuidado, quando notar alguma das irmãs apegada a qualquer coisa, seja um livro, *seja uma cela*, seja outra coisa, de retirá-la".[53]

Contra as tentativas de apropriação, é constante a luta das reformadoras. O retorno à comunidade desagrada as religiosas, isto é, comer à mesa comunitária e renunciar às "riquezas" que acumulavam em suas celas. "Havia a inveja daquela que possuía o terço mais bonito, o maior número de joias, acreditando que essas coisas a fariam se destacar e passar por uma pessoa importante." A superiora as exorta a lhe devolverem joias, dinheiro, roupas, "todas as coisas supérfluas". Em inúmeros conventos reformados, veem-se formar estranhos cortejos de freiras, de acordo ou resignadas, levando em procissão seus pequenos tesouros.[54] Outras, porém, reclamam e dissimulam. A cela se erige, então, em dique de resistência à reforma.

Para lutar contra a tendência, muito difundida, de fechar a cela a chave, dom Claude Martin, filho de Marie de l'Incarnation e prior de Marmoutier, deixava sua porta aberta, para que os monges pudessem vir e falar-lhe livremente. Esse prior-modelo dá, aliás, muita importância à limpeza. Todos os sábados inspeciona as celas e limpa-as, "esfregando com as próprias mãos os utensílios menos à vista", sem que seus irmãos se comovam muito com isso. Sentindo sua morte próxima, desfaz-se de todos os presentes recebidos, sobretudo uma peliça, sem dúvida um presente canadense dado por sua mãe, e manda limpar e ornamentar com flores sua cela, já agora mortuária, para o encontro com Deus, que ele espera todo vestido de branco.[55] Do bom uso da cela...

É preciso também lutar contra "as amizades particulares", mesmo que sejam santas. A regra de Teresa d'Ávila é bastante estrita: "Nenhuma irmã poderá entrar na cela de outra sem a permissão da superiora, sob pena de falta grave." Nunca salas de trabalho, que poderiam ser zona de contato eventualmente perigoso. No intervalo dos ofícios e da comunidade, "cada uma permanecerá em sua cela ou no eremitério que a superiora lhe tiver designado" e aí trabalhará sozinha. Afastamento dos corpos: "Que nenhuma irmã abrace outra, nem a toque no rosto ou nas mãos." Afastamento

---

[53] Ibid., p. 384, grifo nosso.
[54] Henri Bremond, *Histoire du sentiment religieux en France*, op. cit., t. 1, p. 718.
[55] Ibid., t. 6, p. 830. Ele era filho de Marie Martin-Guyard, que se tornou Marie de l'Incarnation e fundou a ordem do mesmo nome. Foi a evangelizadora do Quebec.

dos corações: "Há uma grande cegueira no desejo que temos de sermos amadas",[56] comenta Teresa, essa sedenta de amor.

Lê-se muito na cela: as almas devotas são devoradoras de livros, obras científicas para os clérigos, cuja cela torna-se um *studiolo* digno dos padres da Igreja, obras religiosas para as mulheres, incitadas entretanto a escrever por seus confessores. O padre Soyer (em 1669) recomendava às religiosas "aliviar sua memória pela escrita", aconselhando-as a consignar cada dia, em oito ou dez linhas, "as reflexões que mais as tocaram e a resolução que tomaram".[57] Marie Martin-Guyard (a futura Marie de l'Incarnation), quando sente exaltações muito violentas, "retira-se para seus aposentos a fim de aliviar seu coração pela pena, descrevendo os movimentos de sua paixão. Quando o ardor passa, queima o que escreveu",[58] para grande tristeza de seu filho, dom Claude, que escreve sua biografia. Convém fazer uso moderado tanto da escrita quanto do retiro. Por ocasião da crise dos *Alumbrados* (os Iluminados) na Espanha, acusam-se alguns contemplativos de "passarem a maior parte do dia fechados em suas celas, lendo livros ou se dedicando a suas devoções", vangloriando-se de serem *récollets*, recolhidos.[59] É a questão do trabalho intelectual que está em jogo.

LER

Entre a leitura e o quarto, os laços são antigos e múltiplos. A leitura solitária, silenciosa, nele encontra refúgio. Eleonora da Aquitânia está representada lendo em seu túmulo de Fontevraud. Alberto Manguel dedicou belas páginas à leitura na cama, pouco familiar aos gregos e aos romanos, mas sem dúvida praticada na Idade Média, até mesmo nos conventos.[60] Uma iluminura do século XIII mostra um monge sentado em sua cama, lendo e escrevendo com uma lâmina e sobre uma tabuinha. Em torno dele, livros sobre um cavalete e, sobre suas pernas, envoltas em uma coberta, contra o frio que se pode imaginar muito forte, ele fez um nicho piedoso e sábio. Aliás, o frio tem nesse caso um papel muito importante. Ralph Waldo Emerson evoca "o quarto gelado" onde lia os *Diálogos* de Platão. "Associou para sempre Platão e o

---

[56] Julia Kristeva, *Thérèse, mon amour*, op. cit., p. 377.
[57] Henri Bremond, *Histoire du sentiment religieux en France*, op. cit., t. 1, p. 513.
[58] Ibid., t. 6, p. 735.
[59] Ibid., t. 8, p. 459. A *recollection* (recolhimento) é um retiro espiritual, e os *recollets* são aqueles que o praticam, os recolhidos.
[60] Alberto Manguel, *Uma história da leitura*. São Paulo: Companhia das Letras, 1997.

cheiro da lã."[61] "Ler na cama é uma atividade egocêntrica, imóvel, livre das convenções sociais habituais, escondida do mundo, e, por ser feita entre os lençóis, no domínio da luxúria e da ociosidade culpada, tem um pouco a atração das coisas proibidas."[62]

Crianças e adolescentes, muitas vezes obrigados a longas sestas ou a deitar-se muito cedo, têm belas lembranças de suas leituras. "Terminados os trabalhos penosos, começava a literatura e nós castigávamos os olhos lendo romances no dormitório", escreve Flaubert, interno no colégio de Rouen em 1832. Sartre faz da leitura na cama uma figura da resistência: "Ler à noite, às escondidas, autores proibidos e contestatórios, era acumular a violação de interdições [...] Tudo era castigo: o dia, o sol, a vigília, as necessidades naturais que estávamos sempre satisfazendo, era o ensino clássico [...], a competição, o triste fastio burguês. A literatura era a noite, era a solidão e a hipnose, era o imaginário."[63] Oposta ao dia disciplinado e submisso, a noite representa a liberdade. Ela é a aliada dos apaixonados pelos livros e pelo sonho, no dormitório e mais ainda no quarto, onde os adolescentes e as mulheres prolongam a leitura além da hora razoável. As mulheres, no século XIX, são leitoras cuja bulimia preocupa padres e moralistas, que temem a influência dos romances em seu emprego do tempo, seus nervos e seu imaginário. A imagem da leitora reclinada em um sofá, um divã, ou encolhida em sua cama, com a boca sorridente e a expressão gulosa, é um lugar-comum da pintura erótica. As mulheres que leem são perigosas.[64]

A iluminação tem papel importante: chama vacilante da vela dos esboços de Delacroix, representando "a leitura na cama",[65] chama mais estável das lâmpadas a óleo ou a petróleo, das lâmpadas Pigeon ou Carcel que permitem uma apropriação da luz. À "claridade amarela do lampião fumegante" do dormitório de Flaubert, substitui-se a claridade ofuscante da eletricidade, embora, quando de seu aparecimento, as lâmpadas fornecessem apenas uma luz modesta, que dava às fachadas de província uma aparência desbotada. Durante muito tempo, reservou-se a "fada Eletricidade" às partes comuns das casas ou dos apartamentos; era excessiva para os quartos, e ler na

---

[61] Ibid., p. 81.
[62] Ibid., p. 211.
[63] Jean-Paul Sartre, *L'Idiot de la famille, Gustave Flaubert de 1821 à 1857*. Paris: Gallimard, 1971, t. 2, p. 1363.
[64] Laure Adler e Stefan Bollmann, *Les Femmes qui lisent sont dangereuses*. Paris: Flammarion, 2006, abundantemente ilustrado.
[65] *Delacroix et ses amis de jeunesse*, exposição no Museu Delacroix. Paris: janeiro de 2008.

cama era uma incongruência dispendiosa, para a qual se instaurava quase um toque de recolher. Daí a admiração sufocada de Mme Cottard dirigindo-se a Odette: "Falando de vista, disseram-lhe que a mansão que Mme Verdurin acaba de comprar será iluminada por eletricidade? [...] Até os quartos, que terão lâmpadas com abajur para filtrar a claridade. Evidentemente, é um luxo encantador."[66] É chegado o tempo das lâmpadas de cabeceira, que permitem prolongar e individualizar a leitura noturna – exemplo, entre outros, da influência da técnica sobre os modos de consumo individual. E, com elas, o tempo dos livros de cabeceira, eleitos do coração, que gostamos de reencontrar para saborear, meditar ou simplesmente para sermos acalentados por seu ritmo apaziguador. A Bíblia não sai da cabeceira dos protestantes; os libertinos escolhem os livros "que só se leem com uma única mão".[67] Colette criança se deleitava com *Os miseráveis*; Manguel afirma sua preferência pelos contos fantásticos e romances policiais. O livro de cabeceira sela a aliança do leito e da leitura, incorporada à noite e ao quarto.

"Talvez não haja dias de nossa infância tão plenamente vividos como aqueles que acreditamos não ter vivido, os que passamos com um livro preferido", escreve Marcel Proust, ao evocar as felizes sestas no quarto de Combray, "cujas altas cortinas brancas escondiam o leito colocado como no fundo de um santuário", e "recoberto por uma grande quantidade de cobertores, de cobertas floridas, de colchas bordadas, de fronhas de cambraia", que o fazem parecer um altar, este quarto, que ele tem de deixar para um passeio obrigatório que abrevia o máximo possível, que prazer reencontrá-lo ao cair da noite! "Muito tempo depois do jantar, as últimas horas da tarde abrigavam minha leitura", que ele prossegue se a história se aproxima do fim. "Então, arriscando ser punido, se fosse descoberto, e a insônia que, acabado o livro, se prolongaria noite adentro, logo que meus pais se deitavam, eu acendia novamente minha vela."[68] E o fim do livro chega como uma decepção, uma frustração – fim desenvolto que destrói as existências nas quais tínhamos nos implicado, os personagens aos quais tínhamos nos apegado; fim que despede o leitor como um importuno, mandado de volta a seus afazeres, e dissipa a magia da leitura vespertina.

---

[66] Marcel Proust, "À sombra das raparigas em flor", in *Em busca do tempo perdido*. São Paulo: Editora Globo, 2006.
[67] Jean-Marie Goulemot, *Ces livres qu'on ne lit que d'une main. Lecture et lecteurs de livres pornographiques au XVIIIe siècle*. Paris: Minerve, 1994.
[68] Marcel Proust, "Journées de lecture", in *Pastiches et mélanges*, op. cit., p. 161-94.

Escrever

O quarto é por excelência o lugar do pensamento; a visão matemática, por exemplo, que a noite favorece: "Os matemáticos, homens e mulheres, têm a maior dificuldade em fazer seus esposos compreenderem que o momento em que trabalham mais intensamente é aquele em que estão deitados numa cama na escuridão",[69] diz Alain Connes. Ele é também propício à escrita pessoal, que não necessita do recurso a bibliotecas, a dossiês: escrita de si, por si, para os íntimos, que requer dispositivos cuja simplicidade aparente é fruto de um extremo refinamento técnico: mesa, cadeira, papel, pena, caneta, mais tarde máquina de escrever, esperando o computador, sobretudo solidão e calma, asseguradas pela porta fechada e a noite, companheira daqueles que não possuem escritório e tentam arranjar um cantinho para si. Ekaterina Vadkovskaia, memorialista russa, sonha em ter uma escrivaninha para poder escrever seu diário. Ela a imagina, desenha-a e calcula quanto vão lhe dar de presente de aniversário para poder comprá-la. "Como desejaria que me caísse do céu algum dinheiro! Tenho um projeto de escrivaninha tão bonito [...]. Fiz uma variedade de desenhos."[70]

Todos os tipos de escrita convêm ao quarto, mas alguns lhe são consubstanciais. O diário de viagem, redigido no fim de uma etapa, ou o diário íntimo, as meditações, a autobiografia, a correspondência: a literatura "pessoal", que requer calma diante da página em branco. O diário íntimo tem origens incertas,[71] não necessariamente religiosas, embora os retiros nos conventos sejam ocasiões propícias ao balanço escrito, cujo conselho é manifestado desde o século XVII. Os diretores de consciência do século XIX encorajam suas penitentes a esse exercício de exame e de controle de si mesmas, igualmente cultivado pela cultura protestante. Numerosos diários de adolescentes, sobretudo femininos, aí encontram suas premissas, liberando-se frequentemente desse quadro estreito para uma expressão mais livre, uma apropriação mais pessoal, cujo protótipo nunca igualado é o diário de Amiel. O diário piedoso, tornado íntimo, é escrito à noite, na solidão do quarto e à luz da luminária. Ele não tolera a presença do outro. Fica escondido em uma gaveta e sua leitura ilícita é tida como uma

---
[69] "Les déchiffreurs. Voyages en mathématiques". *Le Monde*, 24 de janeiro de 2009, p. 29.
[70] Citado por Elena Gretchanaia e Catherine Viollet: "Si tu lis jamais ce journal", op. cit., p. 204-07 (17 de setembro de 1821).
[71] Cf. Philippe Lejeune, *Le Journal intime. Histoire et anthologie*. Paris: Textuel, 2006. O autor contesta as origens religiosas do diário.

violação. O quarto compartilhado da união conjugal não lhe é favorável. A maioria das mulheres interrompe essa prática depois do casamento.

Outra forma desse tipo de escrita: a correspondência, diálogo que exige concentração, sobretudo quando endereçada aos próximos, a familiares, amigos, amantes. Onde ler e escrever melhor uma carta de amor que em seu quarto, e mesmo em sua cama? A vela que se consome, a lâmpada que queima devagar põem fim às confidências. George Sand escrevia suas cartas à noite, como Flaubert ou Malwida von Meysenbug. "Peguei a prancheta de escrever que fica sempre em frente à minha cama e lhe escrevo",[72] diz essa última. Escrever cartas convinha especialmente às mulheres, por seu caráter marginal, nas fronteiras do público e do privado. Era assim para Rachel Levin-Varnhagen. Mulher fora dos padrões, ela não desejava ter um salão clássico, mas sim uma "mansarda", negação de "qualquer casa aberta" às recepções mundanas. Ela queria um "não lugar", fora da sociedade. De sua mansarda mantém uma vasta rede de correspondentes europeus,[73] que prossegue mais tarde em torno de seu salão de Berlim. "A carta estabelece a correspondência de um quarto ao outro, entre duas pessoas",[74] dizia Diderot (a Sophie Volland, em 28 de julho de 1762). Ela ilustra o poder de penetração da escrita, o que tanto alegrou Proust quando publicou seu primeiro artigo no *Figaro*: "Eu pensava naquela leitora em cujo quarto tanto gostaria de penetrar e a quem o jornal levaria meu pensamento ou, pelo menos, meu nome..."[75]

A maior parte dos escritores faz do isolamento a condição da escrita. Para Kafka, é uma exigência, absoluta e reiterada. "Escrever significa abrir-se desmesuradamente [...] É por isso que nunca estamos bastante sozinhos ao escrever [...]. Nunca há suficiente silêncio à nossa volta, a noite é ainda muito pouco noite",[76] escreve ele a Felice Bauer em 15 de fevereiro de 1913. E em 11 de fevereiro de 1915: "Eu só quero a paz, mas uma paz da qual essa gente não tem noção. O que é muito compreensível, pois ninguém tem necessidade, em seu íntimo, da paz que eu necessito; para ler, para estu-

---

[72] Citado por Marie-Claire Hoock-Demarle, *La République des Lettres*, op. cit., p. 420 (30 de dezembro de 1879).
[73] Ibid., p. 14.
[74] Ibid., p. 271.
[75] Marcel Proust, "A fugitiva", in *Em busca do tempo perdido*, vol. 6, 11ª ed. São Paulo: Editora Globo, 1995.
[76] Carta a Felice Bauer, 14-15 de janeiro de 1913, in Franz Kafka, *Oeuvres complètes*. Paris: Gallimard, 1989, col. Bibliothèque de La Pléiade, t. 4, p. 232.

dar, para dormir, para nada disso tem-se necessidade da paz que preciso para escrever." Seu sonho: "instalar-me com uma lâmpada e com o que for necessário para escrever no interior de um vasto porão isolado": ser "o habitante do porão".[77]

Certamente, é possível retirar-se de muitas maneiras: sob um caramanchão, numa cabana de jardim, como Genet no terreno cercado de seus pais adotivos ou em algum sótão desabitado. Marguerite Audoux, pastora na Sologne, acede assim ao prazer das palavras, como seu quase vizinho Alain-Fournier. Ernst Jürgen fugia das rotinas do quarto: "Porque meu gabinete de trabalho era muito central na casa, arrumei para mim uma cela de eremita no sótão. [...] Nos cômodos em que moramos por muito tempo, essa força estrangeira se esgota: eles parecem um solo desde muito tempo cultivado."[78]

Sartre, antítese de Kafka, recusava o quarto, símbolo do conforto burguês, preferindo "viver em público" e escrever no café. Simone de Beauvoir não compartilhava necessariamente esse ponto de vista, ao menos depois da guerra. Teria se cansado de escrever no Flore, barulhento e movimentado? "Não me sinto bem aqui. Parece-me que não recomeçarei nunca mais a trabalhar nesse lugar, como fiz esses anos todos" (18 de maio de 1945). Ela fica no hotel Louisiane. Naquela primavera de 1945, nova etapa de sua vida, em que "a força das coisas" a disputa com a "força da idade", ela sente fisicamente o prazer da solidão criadora. "Raramente senti tanto prazer em escrever, sobretudo à tarde, quando volto às quatro e meia para o meu quarto, cuja atmosfera ainda está espessa de toda a fumaça da manhã, onde há sobre a mesa o papel já coberto de tinta verde; e o cigarro e a caneta são agradáveis a meus dedos [...] Além disso, mesmo no interior, parece que me sinto livre."[79] Entre o quarto, a escrita e si mesmo estabelece-se uma comunicação libertadora, uma respiração, na fumaça do cigarro, então indispensável, companheiro do escritor e mais ainda da escritora.

Em uma pesquisa dos anos 1980 sobre *Os interiores dos escritores*,[80] a maior parte dos entrevistados fala sobre sua relativa indiferença em relação ao cenário e até mesmo sobre sua atração pelo despojamento, como se um ideal de monge continuasse a moldar seu comportamento. Eles insistem bastante

---

[77] Carta a Felice Bauer, 11 de fevereiro de 1915.
[78] Ernst Jünger, *Journaux de guerre*. Paris: Gallimard, 2008, col. Bibliothèque de La Pléiade, t. 2, p. 34 (4 de maio de 1939).
[79] Simone de Beauvoir, *A força das coisas* [1963]. Rio de Janeiro: Nova Fronteira, 2009.
[80] Francis David, *Intérieurs d'écrivains*. Paris: "Le Terrain vague", 1982.

sobre a materialidade do ato de escrever. "Uma cela nua, quatro paredes brancas teriam minha preferência", diz Dominique Fernandez. François Coupry receia a acumulação: "Quando há coisas demais em meus aposentos, sou obrigado a partir." Pierre Bourgeade desenvolve o modelo de uma vida ascética, temperada com ternura: "Meu sonho é a cela do monge, a prisão, o asilo, as quatro paredes caiadas, uma longa tábua para escrever. Olhar o céu por um buraco na parede. Comer pouco, numa cavidade feita na própria mesa, se possível. Poucos, ou nenhum amigo [...]. Uma mulher que passe de vez em quando. Também uma criança, que se enroscasse sobre os ombros como um gato."

"Soldado ou monge?", pergunta-se Dominique Fernandez. Com efeito, surge das palavras masculinas uma aspiração à virilidade monacal ou militar, não encontrada no mesmo grau entre as mulheres, muito mais preocupadas com seus interiores, até mesmo com alcovas.[81] Há uma tradição ascética do quarto do escritor, do pensador, do professor. Proudhon ocupava, no número 36 da rua Mazarine, "um quarto de estudante com uma cama, um pequeno número de livros em algumas prateleiras, sobre uma mesa muitos exemplares do National e de uma revista de economia política".[82] Segundo o Journal dos irmãos Goncourt, cuja misoginia é conhecida, há dois Sainte-Beuve: "o Sainte-Beuve *do quarto de cima*, do gabinete de trabalho, do estudo, do pensamento, do espírito; e um outro Sainte-Beuve, bem diferente, o Sainte-Beuve *descido*, o Sainte-Beuve na sala de jantar, em família. [...] Nesse meio de *baixo*, ele se torna um pequeno--burguês, fechado por todos os lados à inteligência e à sua outra vida, [...] imbecilizado pelas fofocas das mulheres."[83] O alto e o baixo, o quarto/gabinete e a sala comum se opõem, assim como o masculino ao feminino, a criação às trivialidades do cotidiano.

Em seu *Manuel* (1889), Louis Chauvin diz como deve ser o quarto do professor republicano, saído recentemente da escola normal: uma cama de ferro de militar, um pequeno console com roupa branca e pequenos objetos "que provarão que o locatário tem respeito por si mesmo mas sem exageros". Uma cômoda ou um armário, cadeiras de palha "sem nenhuma

---

[81] Ver, adiante, "O quarto das mulheres".
[82] "Era assim seu ambiente", diz Karl Grün, que vai visitá-lo em dezembro de 1844, citado por Michel Winock, *As vozes da liberdade*. Rio de Janeiro: Bertrand, 2006.
[83] Edmond e Jules de Goncourt, *Journal*, Ricatte (org.). Mônaco: Imprimerie Nationale de Monaco, 1956, t. 8, p. 44 (4 de agosto de 1867). O texto não incrimina apenas as mulheres, mas também o secretário Troubar, que os Goncourt consideram um repetidor imbecil.

mancha", uma esteira, "uma pequena estante", um cavalete para o quadro-
-negro das aulas particulares, uma vitrine para o herbário e as coleções
científicas, um espelho, um despertador, uma gaiola de passarinho. Único
luxo, "um xale antigo tirado do guarda-roupa de sua mãe". Mais tarde, um
piano ou um harmônio. Algumas reproduções de obras de arte, gessos ou
heliogravuras. "Nesse pequeno santuário da ordem, do trabalho e do bom
gosto", o professor poderá, "sem se envergonhar", receber autoridades, colegas ou pais de alunos. "Que diferença do alojamento negligente do solteiro
desarrumado!"[84] Modelo de quarto cívico e moral.

A noite libera das obrigações cotidianas, dos importunos que não ousam
entrar. Ela abre um tempo para si, aparentemente gratuito, disponível para
a reflexão, a oração ou a criação, considerado favorável à inspiração, seja ela
vinda de Deus, da musa ou da coruja de Minerva. "O estrangeiro fechou-se
no quarto, acendeu sua lâmpada inspiradora e entregou-se ao terrível demônio do trabalho, pedindo palavras ao silêncio, ideias à noite", escreve Balzac.
"O papel se cobre de tinta, pois a vigília começa e termina por torrentes de
água negra."[85]

Visão romântica da escrita, que não poderia ser generalizada. Entretanto, numerosos escritores são íntimos da noite. George Sand, após as
noitadas animadas de Nohant, subia para seu quarto azul, onde arrumara
num armário uma espécie de alcova. Ela escrevia das dez às seis da manhã milhares de cartas, das quais Georges Lubin publicou 25 volumes, e
alguns de seus romances. Menos prolixo, Flaubert também praticava a
escrita noturna, sentindo violentamente necessidade de isolamento.

Arthur Rimbaud, em 1872, aluga uma "mansarda" em Paris, na rua Mon-
sieur-le-Prince; ela dá para o jardim do Liceu Saint-Louis, com "árvores enormes sob minha janela estreita". "Agora, é à noite que eu 'travaince' (sic), da
meia-noite às cinco da manhã. [...] Às três horas, a vela se apaga: todos os
pássaros gritam em coro nas árvores: acabou-se. Nada de trabalho. Eu tinha
que olhar as árvores, o céu, tomados por essa hora inefável, a primeira hora
da manhã." Às cinco horas, ele desce para comprar pão e embriagar-se com
os vendedores de vinho. Deita-se às sete horas, "quando o sol fazia sair os
tatuzinhos de debaixo das pedras". Em junho, muda-se para o hotel Cluny,

---

[84] Louis Chauvin, *Manuel de l'instituteur*, 1889, citado por Francine Muel-Dreyfus, *Le métier d'éducateur. Les instituteurs de 1900, les éducateurs spécialisés de 1968*. Paris: Minuit, 1983.

[85] Honoré de Balzac, "O exílio", in *A comédia humana*, 2ª ed. São Paulo: Editora Globo, 1989 (a propósito de Dante).

rua Victor-Cousin, onde tem "um bonito quarto, dando para um pátio sem fundo, mas com 3m² [...] Ali, bebo água a noite inteira, não vejo a manhã, não durmo, eu sufoco". Ele detesta o verão ("detesto o verão, que me mata quando se manifesta um pouco"), tem saudade não da vida de província, mas dos rios das Ardenas.[86]

Foi Proust quem levou mais longe a busca da "musa noturna". Obcecado pelo medo do barulho, ele fizera revestir de cortiça as paredes de seu quarto. Subornou os operários para que não fizessem os trabalhos que deveriam no apartamento de cima. Vivia no leito. Entretanto, Celeste lhe dizia: "O senhor nunca se deita. Já se viu alguém deitar dessa maneira? O senhor veio se colocar aqui. Nesse momento, seu pijama todo branco, com os movimentos do pescoço, faz o senhor parecer uma pomba."[87] Marcel trabalha na cama, com a ajuda de Celeste, que cola os "papeletes" que ele acrescenta a seu manuscrito. Ela é testemunha dos tormentos do escritor. De suas alegrias também. Certa manhã, vendo-o extremamente sorridente, ela lhe pergunta o que houve "essa noite nesse quarto". "Escrevi a palavra fim", responde ele. Eis o acontecimento do quarto do escritor: o fim do livro, prelúdio da morte do artista, que se deu pouco depois – pôr um ponto final na obra que é o sentido, até mesmo a substância, de sua vida. O retiro noturno não era apenas para ele a condição necessária à escrita; era o prelúdio indispensável a um retorno a si mesmo, o isolamento nesse "quarto escuro interior cuja entrada está *interditada* enquanto houver gente".[88] Dentro das quatro paredes da alma que ele procura, como Pascal, Flaubert, Kafka ou Emily Dickinson, como todos aqueles que fazem da vida interior o centro de sua busca espiritual ou existencial.

Ohran Pamuk, no seu discurso de recepção do prêmio Nobel (2006), pronunciou um vibrante elogio ao quarto, santuário da criação: "A escrita evoca em mim, em primeiro lugar, [...] o homem que, fechado em um quarto, se volta para si mesmo, sozinho com as palavras." É preciso primeiramente "sentar-se a uma mesa e mergulhar em si mesmo. Escrever é traduzir em

---

[86] Carta a Ernesto Delahaye, in *Arthur Rimbaud. Oeuvres complètes*. Paris: Gallimard, 1946, col. Bibliothèque de La Pléiade, "Parmerde, Juinphe 72", p. 269-71. Foi posta uma placa, pelos "Amigos de Arthur Rimbaud", no número 8 da rua Victor-Cousin com essa inscrição: "Nesse momento, tenho um quarto bonito", Arthur Rimbaud, Hôtel de Cluny, junho de 1872. A autora deve a Maurice Olender a observação a respeito dessa placa.

[87] Marcel Proust, "A prisioneira", in *Em busca do tempo perdido*, vol. 5, 11ª ed. São Paulo: Editora Globo, 1995. É uma das raras passagens da obra em que o autor usa nomes reais: Celeste para Françoise, Marcel para ele mesmo.

[88] Id., *À sombra das raparigas em flor*, op. cit., p. 872.

palavras esse olhar interior." Ele pensa em seu pai, que partiu para Paris e passou o tempo enchendo cadernos em quartos de hotel. "Quando estava conosco, ele somente desejava, como eu, encontrar-se novamente sozinho num quarto, para se encontrar com a multidão de seus sonhos." Ele, Ohran, decidiu-se. Aos 23 anos, isolou-se e escreveu seu primeiro romance. "Escrevo porque gosto de ficar trancado em um quarto, o dia inteiro. Escrevo para ficar só [...] Escrevo, porque me agrada ser lido [...] Escrevo porque acredito, como uma criança, na imortalidade das bibliotecas."[89] Miríades de quartos revestem as paredes das bibliotecas. A maior parte dos livros vem do segredo dos quartos e nasce da noite ou desse dia "a quatro paredes" que a ela se assemelha.

QUARTOS DE ESCRITORES

Daí a atração que eles exercem desde o século XVIII, quando os escritores se inscrevem no rastro "luminoso" dos grandes homens. A "visita ao escritor famoso" torna-se um rito europeu,[90] através do qual os admiradores esperam aproximar-se fisicamente do mistério de uma obra. Visita-se, é verdade, o gabinete de trabalho, mais raramente o quarto, salvo se este o substitui, sinal de grande pobreza, e nos casos de doença, com o sentimento de atingir o homem carnal. Paul Morand fica perturbado ao penetrar no refúgio de Proust.

Como encontrar a memória dos escritores, senão frequentando os lugares em que eles viveram? "Gostamos de visitar suas casas", escreve Diderot; "sentiríamos uma doce emoção ao pé de uma árvore onde eles tivessem repousado". A disputa que, em Ferney, opõe Wagnière, secretário de Voltaire, ao marquês de Villette, é rica em ensinamentos sobre a incerteza de um culto que começa. O que convém conservar e venerar? O marquês preconiza "um quarto do coração"; ele vende os móveis e arruma um armário para colocar esse coração "que lá não está de forma alguma", suspira Wagnière; este gostaria de ter salvado os móveis, os objetos autênticos: as tochas e sobretudo a escrivaninha, o que não pode fazer, pois a sobrinha de Voltaire tinha liquidado tudo.[91] De um lado, uma visão corporal, religiosa, de relicário; de outro,

---

[89] Ohran Pamuk, *La Valise de mon père*, discurso de recepção, Academia Real de Estocolmo, 2006, citado in *Le Monde*, 15 de dezembro de 2006.
[90] Olivier Nora, "La visite au grand écrivain", in Pierre Nora (org.), *Les Lieux de mémoire*, t. 2, *Les Mots*, op. cit., p. 563-87.
[91] O castelo de Ferney-Voltaire não possui lembranças.

um sentido patrimonial dos objetos, testemunhas e instrumentos da criação, aqueles de que o autor se serviu, que ele tocou, uma presença material susceptível de emocionar as sensibilidades.[92] No *tour de France* pedagógico que propõe aos "jovens viajantes", Mme de Flesselles inclui uma visita de La Brède. "Como todas as lembranças que se referem a um grande homem são interessantes, não se visita sem emoção o quarto onde Montesquieu escrevia, conservado tal como estava no momento de sua morte, e mesmo uma pedra já gasta pelo atrito de seu pé."[93] Autenticidade, proximidade física; parada do tempo condensado. O que nós procuramos nesse desejo ilusório de guardar as coisas "exatamente como estavam"?

Estetas e colecionadores

O dandismo do fim do século XIX elevou ao mais alto grau o retiro longe da multidão, porém na cidade, horizonte indispensável que obceca Baudelaire, amante da cidade tanto quanto de seus gatos.[94] O culto do interior caracteriza os "estetas e mágicos", da época de 1900, tão rica para as artes decorativas.[95] O *modern style* alia invenção arquitetônica e extrema preocupação com o detalhe, até nos quartos, cuja aparência ele renova. Os Goncourt abrigam em sua "casa do artista" uma coleção eclética, verdadeira gramática de estilos de mobiliário.[96] Robert de Montesquiou, amigo de Mallarmé, um dos modelos de Huysmans para Des Esseintes e de Proust para Charles Swann, dedicou diversos volumes de memórias às residências sucessivas que ocupou, à disposição dos cômodos, aos objetos que acumulou, às edições raras que fizeram de sua biblioteca uma das mais refinadas do século XIX. Ele se demora no quarto que mandou arrumar na parte alta da mansão de seu pai, no *Quai d'Orsay*: "Eu tinha imaginado um revestimento de cetim, de um tom malva uniforme [...] Sobre o tapete, de um violeta-escuro, uma cama baixa, que eu mandara fazer com fragmentos de madeira chinesa esculpida, imitando a forma de uma quimera; pareceu-me [...] que dormir e acordar

---

[92] Jean-Claude Bonnet, *Naissance du Panthéon, Essai sur le culte des grands hommes*. Paris: Fayard, 1998, p. 243-51.
[93] Mme de Flesselles, *Les Jeunes voyageurs en France, 1822*, citado por Patrick Cabanel in *Le Tour de la nation par des enfants*. Paris: Belin, 2008, p. 123.
[94] Victor Brombert, *La Prison romantique*, op. cit. Baudelaire, *Claustration et infini*, p. 139-52; *Sur Huysmans et la Thébaïde raffinée*, p. 153-74.
[95] Séverine Jouve, *Obsessions et perversions dans la littérature et les demeures à la fin du XIXe siècle*. Paris: Hermann, 1996.
[96] Edmond de Goncourt, *La Maison de l'artiste* [1881]. Dijon: L'Echelle de Jacob, 2003.

em sua quimera era uma ideia atraente e tranquilizadora, que deveria encantar a entrada no sono e embelezar o retorno à luz."[97] Um gato japonês de porcelana transformado em lamparina coroa suas insônias. Entretanto, o quarto perde sua especificidade no labirinto de suítes que o multiplicam. Um aristocrata possui muitos quartos em seu castelo; pode mudar-se, ir de um para outro, sem se identificar com nenhum. Existe um cosmopolitismo desse espaço interior que Pierre Loti sistematizou em sua casa de Rochefort, cujos quartos são estações no espaço e no tempo.

Des Esseintes, o protagonista de Huysmans (*À rebours*), dominado por um tédio mortal, execra a burrice da moda e a vulgaridade das massas. Odeia os vizinhos, os burgueses de subúrbio, os que passeiam aos domingos. "Ele sonhava com uma tebaida refinada, um deserto confortável, uma arca imóvel e tépida onde se refugiaria longe do incessante dilúvio da estupidez humana." Chama um arquiteto para lhe arranjar um interior racional e confortável (como Barnabooth, privilegia os banheiros, que Montesquiou chama "quarto de banho"), do qual escolhe com cuidado os mínimos detalhes. Seleciona as cores; elimina o azul, o cinza, o salmão e o rosa, muito efeminados; mantém o vermelho, o amarelo, o alaranjado, que elege.[98] Seleciona os materiais (a madeira, o couro), as tapeçarias. Nada de tapetes do Oriente, já muito batidos, mas "peles de animais selvagens" e "peles de raposas azuis". Poucos móveis, mas antiguidades; poucos bibelôs, mas peças de coleção; telas de Odilon Redon e de Gustave Moreau; plantas raras; flores verdadeiras que pareçam artificiais; livros de bibliófilo, suntuosamente encadernados. Uma luz "fingida" que protege a essência negra da noite; a luz do dia filtrada "nos cômodos com janelas e portas fechadas". Tudo é feito para abafar os passos dos criados, serviçais invisíveis e mudos de uma casa noturna.

Cada cômodo é objeto de uma escolha refletida. Para os quartos, há dois modelos: erótico e ascético. Des Esseintes recusa o primeiro, "a excitante alcova", a "candura artificial de um leito licencioso", recusa o inevitável grande leito Luís XV laqueado de branco, fruto de um erotismo feminino que ele receia e despreza. Solteiro empedernido, Des Esseintes opta por uma cela monástica, "retiro de reflexão, uma espécie de oratório", com sua caminha

---

[97] Robert de Montesquiou, *Les Pas effacés: mémoires et souvenirs*. Paris: Émile-Paul Frères, 1923, t. 3, p. 246.
[98] Sobre as razões da escolha do alaranjado, ver Huysmans, op. cit., p. 92-3. Sobre as cores, consultar os trabalhos de Michel Pastoureau.

de ferro estreita, um "falso leito de cenobita", fabricado com antigas peças de ferro tiradas de um corrimão de hotel; como mesinha de cabeceira, um genuflexório.

Na escolha do artifício, preferido à natureza, "essa sempiterna perturbada", exprime-se uma filosofia de existência. Trata-se de "substituir a própria realidade pelo sonho de realidade". Nessa operação, a casa e o quarto são centrais. O colecionador pode acumular aí o fruto de suas buscas mais secretas, esconder eventualmente o quadro roubado para si, não negociável e oculto para sempre. O bibliófilo pode acariciar suas encadernações; o viajante, realizar as peregrinações mais fabulosas, com o auxílio de instrumentos navais, de mapas desdobrados, de guias *Joanne* detalhados, estimulado pela ondulação da água do banho semelhante à do mar. Des Esseintes "conseguia assim, sem se mover, sensações rápidas, quase instantâneas, de uma viagem de longo curso [...] O movimento lhe parecia, aliás, inútil, e a imaginação lhe parecia poder suprir a vulgar realidade dos fatos". Rememoração do tempo, representação dos espaços múltiplos povoam as meditações desse ser sofisticado que encontra no artificial a realização da cultura e uma forma de criação.

O quarto se torna então "quarto das maravilhas", na tradição das *Wunderkammern* inaugurada pelos príncipes alemães do final do século XVI, que haviam feito da acumulação (aparentemente) heteróclita de objetos um condensado dos saberes, e os bastidores, a maquinaria secreta de seu poder. Luís XIV neles se inspirou, sem dúvida, em seus gabinetes dos "fundos" de Versalhes.[99] Todavia, tais coleções eram destinadas a serem expostas com relativa publicidade, pelo menos curial. As do século XIX são muito mais privadas. Referem-se menos aos aparelhos científicos do que aos livros, aos móveis, aos quadros e sobretudo aos objetos, tornados obsessão de um século que faz do bibelô uma paixão e do bricabraque uma arte de viver. Montesquiou exalta a "rica loucura imóvel dos objetos quase vivos" e descreve em longas páginas "o furor dos arranjos decorativos, dos apartamentos ornamentados, das instalações magníficas"[100] que o dominou.

No século seguinte, Mario Praz (1896-1982), colecionador e escritor, modelo do *professore* no filme de Luchino Visconti, *Violência e paixão* (1974),

---

[99] Patricia Falguières, *Les Chambres des merveilles*. Paris: Bayard, 2003. A autora sublinha a historicidade desses *Wunderkammern*. Eles têm apenas uma relação longínqua com os museus, mas têm, por outro lado, uma relação sutil com "os segredos de Estado".
[100] Robert de Montesquiou, *Les Pas effacés*, op. cit., p. 126.

esforçou-se para analisar a psicologia da decoração de interiores e a filosofia do mobiliário.[101] Ele defende o valor testemunhal e existencial dos objetos: "o homem passa e o móvel fica; ele fica para lembrar, para dar testemunho, para evocar aquele que se foi e revelar às vezes algum segredo guardado que seu rosto, seu olhar, sua voz dissimulavam obstinadamente."[102] Os objetos têm um poder revelador. Na *Casa da vida*, notável autobiografia residencial e mobiliária, ele descreve seu apartamento do Palácio Ricci, em Roma, na via Giulia. Peça por peça, objeto por objeto, ele faz o inventário desse apartamento pletórico (trinta quadros nas paredes do quarto de Lucia) mas ordenado, em que o lugar de cada coisa é pensado como para uma exposição. Ele evoca a história de suas buscas e de suas aquisições, ao mesmo tempo que os acontecimentos, lugares e pessoas a que estão associados, pois os objetos se inscrevem na existência material e sentimental como nós num tecido. Eles cristalizam desejos e lembranças. Cada um deles tem uma história e conta uma história. "Pus tanto de minha alma no culto das coisas, como os móveis, que para muitos parecem não ter vida [...], pequei adorando imagens esculpidas."[103] Há dois quartos nesse apartamento:[104] o quarto de dormir, que dá para a praça Ricci, e o quarto de Lucia,[105] sua filha, cujas metamorfoses traduzem as mutações da vida e as tensões nas relações entre os dois: "quartos-museu" ao mesmo tempo que "quartos-memória".

Cada um de nós tem seu quarto das maravilhas, suas coleções, livros preferidos, objetos favoritos, fotografias contempladas, suas relíquias e seus esconderijos estratificados. Com o passar do tempo, não se sabe mais muito bem que segredo esses sótãos da vida escondem. Talvez a sabedoria esteja em desfazê-los, como fez Pierre Bergé depois da morte de Yves Saint-Laurent.[106]

---

[101] Mario Praz, *L'Ameublement: psychologie et évolution de la décoration intérieure*. Paris: Tisné, 1964; tornou-se, em segunda edição, *Histoire de la décoration d'intérieur*, op. cit., luxuosamente ilustrada.
[102] Id., *La Maison de la vie*, op. cit., p. 483.
[103] Ibid., p. 157.
[104] O apartamento comporta entrada, sala de jantar, passagem, sala, *boudoir*. O autor trabalha na sala, e disso se espantam alguns de seus amigos: como trabalhar num cômodo tão rico, quando Goethe só podia fazê-lo num interior nu e despojado? (p. 410) É o ideal da escritura monástica.
[105] Ver, adiante, "O quarto de criança".
[106] Venda extraordinária (fevereiro de 2009) de uma coleção excepcional proveniente de duas vidas fora do comum.

O quarto, olho do mundo

"Viajante no quarto",[107] Des Esseintes é o herdeiro de Diderot, de Rousseau, dos viajantes decepcionados e cansados da época das Luzes, que veem no deslocamento uma perda de energia e na leitura, uma alternativa a uma mobilidade artificial. O livro mostra a verdadeira aventura humana. "Viajar é ler, e ler é viajar. [...] Contentai-vos com a viagem da leitura. A viagem objetiva arrisca despojar-vos de vossa identidade",[108] escreve Béat de Murat. Essa é também a opinião de Kant, que jamais se afastou de sua cidade, Königsberg. As bibliotecas, as coleções dos gabinetes de curiosidades, as leituras intermináveis ao pé do fogo: eis as fontes da sabedoria e do conhecimento. Pascal, o filósofo do quarto, dizia o mesmo.

A mais célebre dessas apologias do quarto é a *Viagem ao redor de meu quarto*, que Xavier de Maistre publicou em 1794. O texto soa como um desafio nessa época tão conturbada. O autor, aliás, parece obrigado à imobilidade por razões obscuras. Apresenta-se como recluso semivoluntário que tenta se subtrair ao tumulto da Europa; propósito este que reitera num segundo ensaio, *Expedição noturna em volta do meu quarto* (1825).[109] Na verdade, ele era o oposto de um sedentário. Nascido na Saboia em 1763, hostil à Revolução, ele tinha se engajado nos exércitos do tsar, que tentara, em 1799, uma expedição contra a Itália. De Maistre se exilou em Moscou, depois em Petersburgo, e participou da última campanha dos aliados contra Napoleão, em 1815. Sua defesa da viagem no quarto é sem dúvida ao mesmo tempo um distanciamento político e uma postura filosófica, na linha de Descartes e Pascal. Entre a alma e o "Outro" — o corpo, a matéria, "a besta" — que o submete, ele escolheu a primeira e defendeu o direito ao imaginário. Empreendeu uma viagem de 42 dias em torno de seu quarto, "este país delicioso que contém todos os bens e todas as riquezas do mundo". Dirige-se a todos os que apenas dispõem desse horizonte: os sem dinheiro, os doentes, "os entediados do Universo". Seu criado, Joanetti, é seu único elo com o exterior. Porém diante das cortinas da janela há olmos onde cantam andorinhas. A lareira e o cantinho do fogo lhe trazem um conforto essencial. O autor detalha móveis e

---
[107] Daniel Roche, *Humeurs vagabondes*. Paris: Fayard, 2003, cap. 3, "Le voyageur en chambre", p. 95-136, sobre Xavier de Maistre e seus numerosos imitadores.
[108] *Lettres sur les voyages*, op. cit., ibid.
[109] Xavier de Maistre, *Viagem ao redor de meu quarto*. São Paulo: Estação Liberdade, 2008; *Expédition nocturne autour de ma chambre* [1825], apresentação de Michel Covin. Paris: Le Castor Astral, 1990.

objetos: a poltrona, a escrivaninha e as cartas conservadas há dez anos, sinal de uma sacralização do epistolar, a biblioteca repleta de romances e de poesias, o busto de seu pai venerado e sobretudo a cama, branca e rosa, "berço, trono do amor, sepulcro", palco de todos os dramas humanos, que ele glorifica em termos bastante convencionais, porém também insólitos em 1794. O que significa essa apologia do leito em meio a uma Europa em guerra? Ele gosta de aí permanecer, de manhã, com Rosina, sua cadela, companhia de seis anos. Vestido com seu robe,[110] sua "vestimenta de viagem", passa em revista estampas e quadros. Espana o retrato de Mme de Hautcastel, que ele talvez amou, para reencontrar o louro já esquecido de seus cabelos. Dorme, sonha, pensa na Antiguidade, aviva o fogo, evoca os miseráveis que assombram as ruas de Turim. Em seu segundo ensaio, de 1825, a cavalo sobre o rebordo da janela, contempla o céu e as estrelas, enquanto a pantufa de uma vizinha introduz um toque de erotismo em sua meditação pascaliana. A janela, como um balcão, transforma o mundo em espetáculo. Ela mantém um exterior, uma vista. Mas o que é o mundo visto do quarto?

Os meios técnicos, imprensa, gravura, depois fotografia, cinema (esperando o computador), permitiram visualizar o mundo, as paisagens, as obras de arte, postos assim ao alcance dos particulares. As revistas, como no século XIX *Le Tour du Monde*, as coleções ilustradas, as projeções, transformaram os quartos em museus e em salas de espetáculo. A lanterna mágica aumenta o mistério do quarto de Combray, onde Golo persegue a pobre Geneviève de Brabant.[111] Não há limites ao imaginário que invade o quarto. Início de uma revolução da qual Xavier de Maistre, ou o narrador, não podia pressentir as dimensões e os efeitos.

De seu quarto de doente, Proust se sente planando sobre as águas. "Compreendi então que Noé nunca pôde ver tão bem o mundo quanto da arca, embora esta fosse fechada e estivesse escuro sobre a Terra."[112]

As possibilidades da internet aumentaram ao infinito as possibilidades de viagem. Para François Bon, escrever não é mais dar as costas ao mundo,

---

[110] Sobre o robe, vestimenta indispensável, cf. Daniel Roche, *A cultura das aparências: uma história da indumentária (séculos XVII-XVIII)*. São Paulo: Senac, 2007. Napoleão, segundo seu inventário, tinha uma dúzia deles; cf. Frédéric Masson, *Napoléon chez lui. La journée de l'empereur aux Tuileries*. Paris: Ollendorf, 1906.

[111] Marcel Proust, " No caminho de Swann", in *Em busca do tempo perdido*, vol. 1, op. cit.

[112] *À mon ami Willie Heat, juillet, 1894: Les plaisirs et les jours*. Paris: Gallimard, 1971, col. Bibliothèque de La Pléiade, p. 6.

mas acolhê-lo em sua tela. "Nossos espaços imaginários tornam-se acessíveis a partir da nossa mesa." Ele tem apenas um desejo: "ficar ali, na minha garagem, com meus livros e minha tela."[113]

OBLOMOV OU O HOMEM DEITADO

Tabernáculo, cadinho da obra, origem da vida, o quarto pode também ser seu sepulcro, sinônimo de indiferença, de letargia, de um retiro que confina com a impotência. Teóricos, estrategistas, revolucionários, "no quarto", provocam o ceticismo, até mesmo a derrisão. Eles "andam em círculos", como cavalos treinados num picadeiro, sem objetivo nem fim, sem domínio sobre a realidade, que Des Esseintes queria reduzir ao sonho. Daí a impaciência dos jovens desejosos de contatos diretos e ávidos de mergulharem na vida.[114]

Oblomov, o anti-herói do romance epônimo de Ivan Gontcharov (1859), encarna o retiro absoluto no quarto, a recusa da agitação estéril, a preferência pelo interior e pelo sono, que confina com a morte e para ela o conduz.[115] Oriundo da pequena nobreza russa de São Petersburgo, herdeiro de uma propriedade, Oblomovka, que cristaliza a nostalgia da infância perdida, Oblomov é um doce sonhador, culto e sensível, inteligente e bom, desprovido de preconceitos, porém cético, indolente, apático, amante do repouso e incapaz de realizar seus projetos, tão vagos quanto generosos: fazer de seus domínios uma comunidade agrária à moda de Tolstoi, inscrita na abolição da servidão, pano de fundo político do romance.

Oblomov é, no entanto, constantemente amparado e encorajado por seu amigo Stolz, engenheiro de origem alemã, racional, hiperativo, trabalhador, um empresário inventivo, sua completa antítese. Abúlico, desprovido de qualquer ambição, alérgico aos conflitos, Oblomov opõe à energia de seu camarada uma inércia total. Ele se deixa espoliar com complacência e se arruína; prefere, porém, uma mediocridade honesta ao esforço necessário ao ganho. Procura a felicidade na quietude doméstica e na monotonia dos dias, cujo recomeço reconfortante lhe dá a ilusão da abolição do tempo. Sonha com uma vida conjugal tranquila, com uma mulher em quem

---
[113] *Libération*, 9 de setembro de 2001.
[114] Essa recusa da "revolução no quarto" foi um dos principais motivos dos *établis*, estudantes e intelectuais que, por volta de 1968, escolheram trabalhar nas fábricas. Estavam fugindo do encerramento num interior burguês. Pensavam que somente o contato direto, a imersão no trabalho operário poderiam permitir-lhes compreendê-lo e modificá-lo.
[115] Ivan Gontcharov, *Oblomov*. São Paulo: Germinal, 2001.

pudesse confiar, "luz que ilumina o quarto". "Perto de uma companheira digna, doce e pacífica, um homem dorme sem preocupações. Adormece com a certeza de cruzar ao acordar com o mesmo olhar humilde e simpático. E vinte, trinta anos mais tarde, a seu olhar caloroso, nos olhos de sua mulher, brilhará docemente a mesma humilde claridade de simpatia. E assim até o túmulo."[116] Uma vida que se escoará devagar, em conta-gotas: eis o ideal de Oblomov.

Por isso tem predileção pelo quarto, quase unidade de espaço e de tempo desse longo, estranho e poético romance, um clássico da literatura russa. O herói não ocupa os outros cômodos de seu apartamento, cujos móveis estão cobertos com capas, como era comum na província. Ele se confina em um único cômodo, quarto, gabinete de trabalho e sala ao mesmo tempo. À primeira vista, ele está lindamente arrumado, quase à moda vitoriana: "Viam-se uma escrivaninha de acaju, dois divãs recobertos de seda, belos biombos bordados de flores e de pássaros estranhos. Havia cortinas de seda, tapetes, alguns quadros, bronzes, porcelanas e uma variedade de lindos bibelôs. Porém o olhar experiente de um homem de bom gosto só veria ali o desejo de respeitar o inevitável decoro das conveniências, para ser assim delas liberado."[117] Poeira, teias de aranha, objetos fora do lugar — restos de refeições, livros abertos, jornais do ano precedente, tinteiro vazio —, tudo indica indiferença à decoração e total negligência. Oblomov é servido por um único criado, o fiel e indolente Zakhar, tão resignado quanto seu patrão à ordem eterna das coisas. Oblomov passa os dias de pantufas e robe, "um verdadeiro *robe de chambre* oriental que em nada lembrava a Europa", estendido em seu leito, nos antípodas da postura militar ou da do homem em marcha. "A posição estendida era seu estado normal." Em seus raros períodos de ação indecisa, Oblomov guarda seu robe em um armário; retoma-o quando renuncia e, no fim, não o deixa mais. Ele dorme, cochila, medita, recebe convidados e amigos cada vez mais raros, salvo aqueles que o exploram, aproveitando-se de sua inércia. "Como uma bola de massa, você se enrolou em si mesmo e permanece deitado",[118] diz Stolz a seu amigo, a quem tenta convencer a sair, a ir e vir, a ir ao campo para se ocupar de suas propriedades, a viajar para o exterior com ele e até a se casar com Olga. Esta recebeu a missão de acordar Oblomov e sucumbiu a seu charme. Suas propostas provocam o terror do interessado, que se retrai como um

---

[116] Ibid., p. 199.
[117] Ibid., p. 14.
[118] Ibid., p. 116.

caracol em sua concha. "Dir-se-ia que você tem preguiça de viver", observa Stolz. "Você dorme como uma toupeira em sua toca."[119] Oblomov renuncia mesmo ao amor de Olga, que, desesperada de tanto esperar, acabará casando com Stolz. Ele "somente se sentia calmo em um lugar esquecido, estranho ao movimento, à luta, à vida [...], pacífico espectador do combate, como os sábios do deserto que, após terem renunciado ao mundo, cavavam um túmulo para si".[120] Enfia-se no leito, onde morre silenciosamente.

O oblomovismo apresentado por Gontcharov de maneira crítica é uma filosofia de vida que, segundo diz Jacques Catteau em seu prefácio, caracterizaria a impotência do homem russo, sua resignação oriental, confortada pelo fatalismo da religião ortodoxa e sua recusa da mudança, de um ativismo ocidental baseado no trabalho, no movimento, na viagem. O genro de Karl Marx, Paul Lafargue, escandalizaria de forma parecida fazendo elogio à preguiça,[121] que aliás não seria a inércia, mas o lazer. Encontram-se no oblomovismo ecos de Pascal, a apologia da sabedoria, da renúncia, a nostalgia de uma felicidade identificada com o repouso, à frugalidade, e da qual o quarto seria o palco principal.

Epopeia da vida doméstica, o romance da prostração de Oblomov ilustra as atrações e os riscos do encerramento no quarto-armadilha, que, como a toca de Kafka, acaba por destruir seu ocupante.

O quarto tornado prisão amedronta André Gide: "Há casas maravilhosas; jamais quis permanecer muito tempo em nenhuma delas. Medo das portas que se cerram, das armadilhas. Celas que se fecham sobre o espírito. A vida nômade é a vida dos pastores [...] O que seria um quarto para nós, Natanael? Um refúgio em uma paisagem."[122]

Um quarto fora das paredes.

---

[119] Ibid., p. 167.
[120] Ibid., p. 456-7.
[121] Paul Lafargue, *O direito à preguiça*. São Paulo: Claridade, 2003.
[122] André Gide, "Les Nourritures terrestres", citado por Michel Covin, *Une esthétique du sommeil*, op. cit., p. 108.

5
O QUARTO DE CRIANÇA

O QUARTO DE CRIANÇA É HOJE um capítulo essencial dos catálogos de mobiliário, atentos ao conforto dos pequenos, dos tratados psicopedagógicos, preocupados com o seu despertar, e até mesmo dos projetos de ecologia doméstica, ansiosos por protegê-los.

O livro de Laurence Egill,[1] lindamente ilustrado, é sintomático a esse respeito. Lugar *da* criança e *para* ela, este quarto será, de preferência, individual, arriscando-se a ser exíguo se houver muitas crianças. Para cada um, seu quarto. Um quarto para si: eis o preceito mais importante, adaptado a essa pessoa que se tornou a criança. Passadas as condições de segurança física e de bem-estar psíquico, que levam a preferir materiais delicados e claridade suave, ângulos mortos, cores alegres, ele não obedece a nenhuma regra. Nenhuma decoração imposta ou dispositivos prescritos. Pelo contrário, há uma grande flexibilidade correspondente aos diferentes usos. "Pois o gosto muda com a idade. Privilegie os móveis evolutivos, que crescerão com a criança" e vão se adaptar a seu tamanho e a suas escolhas. "Nada mais triste do que um quarto em que a criança não opinou. Ela se sentirá muito melhor nele se for o *seu* quarto." Deixe-a transformar sua cama em cabana ou espaço de brincadeiras; não apague a luz. "Se ela quiser dormir de luz acesa e com bichinhos de pelúcia, deixe." Multiplique os miniespaços diferenciados, os "cantinhos." Tolere o bricabraque, e até mesmo a desordem. "A cultura da arrumação é, na criança, uma cultura nômade. [...] Ela precisa de uma alegre confusão para se sentir em segurança e em casa." O quarto de seu filho será "como um vasto gabinete de curiosidades, aberto para o mundo". Respeite sua intimidade, seu desejo de solidão. "Deixe-o viver isolado em seu quarto. Ninguém poderia viver sem segredos." Ainda mais se for um adolescente. Então, convém "deixá-lo escolher livremente, e sozinho, o seu quarto. Mesmo que seu gosto lhe pareça horroroso". Liberdade, intimidade, individualidade: são es-

---

[1] Laurence Egill, *Chambre d'enfant, Histoire, anecdotes, décoration, mobilier, conseils pratiques*. Paris: Le Cherche-midi, 2002. Nas citações seguintes, grifo da autora.

ses os mandamentos que regem a nova ordem infantil, afastada das normas da disciplina antiga, da rigidez da etiqueta doméstica, tão intolerante para a cama desarrumada, as roupas em desordem, os brinquedos pelo chão, a lâmpada acesa.

O decorador Vibel propôs diversos modelos: Robinson, Vitamine, Punk Rock e Maria Antonieta, para as menininhas, que "adormecerão em um verdadeiro cenário de princesa".[2] E os pais "orgânicos" querem para seu bebê um "quarto saudável e ecológico", desprovido de poluentes, sobretudo com um assoalho que ele possa "lamber e comer".[3]

O berço e a cama

Não foi sempre assim. Primeiramente a criança teve de conquistar a cama, móvel ignorado nos inventários após o falecimento, examinados por Daniel Roche, mesmo em Paris.[4] Eles mencionam mais frequentemente o berço, e ainda assim... Entretanto, o sono da criança causa problemas. Esse mergulho brutal na escuridão e na solidão constitui um momento difícil, o aumento do medo das criaturas desconhecidas, dos monstros que povoam os sonhos, aqueles que Alice encontra do outro lado do espelho. Para adormecê-lo, o balançamos cantando canções de ninar, de ritmo monótono, repetitivo, uma das primeiras literaturas folclóricas. O berço era um objeto muito antigo, cujas imagens se encontram já nas pinturas medievais, sobretudo aquelas que se referem ao "nascimento da Virgem". O museu de Fécamp possui uma magnífica coleção de berços. Feito geralmente de madeira, é, às vezes, munido de um pedal, que permite à mãe balançá-lo enquanto trabalha. Rousseau não gostava disso: "Estou convencido de que nunca é necessário ninar as crianças e que esse uso lhes é muitas vezes pernicioso."[5] "É ao lado de um berço

---

[2] Daniel Féau, *Le Magazine*. 2008. "Des chambres de rêve", p. 68-9. As realizações desses quartos, muito personalizadas, preveem reuniões com os pais e as crianças.
[3] Corinne Bullat, *Une chambre d'enfant saine et écologique*. Paris: Ulmer, 2009; "Maison bio. La chambre d'enfant: la pièce prototype". *Le Nouvel Observateur*, março de 2009.
[4] Daniel Roche, *Histoire des choses banales*, op. cit., cap. "Meubles et objets." A menção quartos de criança é tardia e não é geral: é quase a mesma coisa com o berço, "móvel praticamente desconhecido do tabelião do Vexin francês". Entretanto, na Alsácia, mais rica e mais evoluída, a cama de criança é mencionada algumas vezes.
[5] Jean-Jacques Rousseau, "Émile", in *Oeuvres complètes*. Paris: Gallimard, 1964, col. Bibliothèque de La Pléiade, t. 4., livro 1, p. 278. Ele recomenda que se coloque a criança em um grande berço bem acolchoado, onde ela possa se mover à vontade e sem perigo, mas acrescenta: "Digo *berço* para empregar a palavra usada, na falta de outra."

de criança que se deve ver uma mulher", dirá, ao contrário, Jules Simon, que certamente apreciava o quadro de Berthe Morisot, sonhadora perto do berço da filha. O dicionário *Larousse* recomenda colocá-lo à altura da mãe ou da ama de leite, que, de alguma forma, lhe são dedicadas. Os sanitaristas do fim do século XIX olham, no entanto, o berço com maus olhos, por razões de limpeza e disciplina. Sentem seu cheiro, recomendam que se mudem frequentemente os enfeites, que se prefira o vime ou o ferro à madeira, que apodrece, e, como Rousseau, que não se habitue a criança ao balanço.[6] Resumindo, preferem a disciplina do leito às doçuras do berço, que já obteve, deixando um rastro encantado em nosso folclore, formas e nomes variados, como a *barcelonnette*.

O berço individualizava o bebê e o protegia. Muitas criancinhas morreram sufocadas na cama dos pais, apesar dos regulamentos eclesiásticos que proibiam essa prática para os bebês de menos de um ano, mas a toleravam depois. Já maior, a criança reunia-se aos irmãos e irmãs, em uma mistura relativamente indiferenciada, ao menos para os mais jovens. A idade chegando, separavam-se geralmente os sexos. A Igreja, no século XVII, faz disso uma injunção que ela confia ao mestre-escola, regente de uma moral sexual mais severa, à medida que se toma consciência da sexualidade.[7] A *Escola paroquial*, manual redigido em sua intenção por um padre parisiense em meados do século, recomenda-lhe "jamais deixar as crianças urinarem na frente dos outros, nem os meninos dormirem com suas irmãs, nem com o pai ou a mãe, se não for em caso de grandíssima necessidade; nesse caso lhes aconselha a deitá-los ao pé da cama, de tal modo que não possam jamais perceber nem suspeitar o que é permitido fazer quando se é casado; que se os pais não quiserem impedir as crianças de dormir com as criadas, com as irmãs ou com eles mesmos, o chefe de família, nesse caso, após lhes ter mostrado a importância disso, os mandará embora sem protelar".[8] É preciso a qualquer preço separar o labirinto dos corpos emaranhados, gerador de prazeres proibidos, de violências sofridas, de incestos escondidos, cuja ansiedade percebemos nos contos de Perrault.[9] Essa grande mistura dos sexos de

---

[6] *Nouveau Larousse Illustré*, art. *Berceau*. "Não é bom habituar as crianças a dormir apenas quando as ninamos. Por isso devemos, sempre que possível, considerar o berço uma cama e não um aparelho de balançar."
[7] Cf. Michel Foucault, *História da sexualidade I: a vontade de saber*, 19ª ed. São Paulo: Graal, 2010.
[8] Citado por François Furet e Jacques Ozouf, in *Lire et écrire*. Paris: Minuit, 1977, t. 1, p. 87.
[9] Relidos por Marc Soriano, *Les Contes de Perrault: culture savante et traditions populaires* [1968]. Paris: Gallimard, 1989, tendo no prefácio uma entrevista concedida aos *Annales*.

antigamente permanece para nós inatingível, apesar dos esforços de Freud, que fez da "cena primitiva" o fundamento da psicanálise.

Deixar o interior do leito, o calor de um corpo, o carinho de um adulto protetor pode ser vivido dolorosamente. A pequena Aurore Dupin (futura George Sand) sofre pela decisão arbitrária de sua avó, que, em Nohant, exige que ela abandone o leito materno: "Não era saudável nem casto que uma menina de nove anos dormisse ao lado de sua mãe", o que fez com que esta protestasse, indignada com aqueles maus pensamentos. Instalaram a menina em um corredor, de onde ela espia a passagem da mãe. Ela guarda a nostalgia da "grande cama amarela que havia visto nascer meu pai e que era a cama de sua mãe quando estava em Nohant (a mesma que eu ainda uso)", escreve ela quarenta anos mais tarde.[10] Para muitas crianças, aninhar-se na cama dos pais, nela se refugiar como em um casulo, é encontrar o paraíso perdido. Elias Canetti nos conta as alegres manhãs de domingo, quando, com seus irmãos e irmãs, ele importunava seus pais no leito conjugal, o que, excepcionalmente, era permitido. Annie Leclerc evocou a doçura do meio da cama onde, deixando a sua, se enroscava entre seus pais, como experiência da fusão: "o corpo fica mais leve, a ponto de se fundir, se dissolver na felicidade de estar 'entre', de estar apenas entre."[11] Eu me recordo de semelhante felicidade no apartamento de Clichy onde morávamos na época e onde, às vezes, por brincadeira, meus pais mudavam de lado. Por que abandonar esse calor tranquilo? Por que abandonar a infância, a primeira infância, o "meio da cama" da velha canção francesa?

Separar as camas dos pais e as das crianças é um critério de moral e decência que os pesquisadores observam quando entram na casa dos pobres, farejando a lubricidade nas promiscuidades da miséria. "Como eles dormem?", perguntam-se os filantropos ingleses da *London Mission*,[12] o visitante do pobre que guia o olhar desconfiado do barão de Gérando[13] ou dos discípulos de Le Play, para as monografias de família que realizam sob

---

[10] George Sand, *Histoire de ma vie*, ed. Georges Lubin. Paris: Gallimard, 1971, col. Bibliothèque de La Pléiade, t. 1., p. 743.

[11] Citado por Nancy Huston, *Passions d'Annie Leclerc*. Arles: Actes Sud, 2007, p. 285. Annie Leclerc projetava escrever um livro sobre o *mitan du lit* (o meio da cama).

[12] Cf. Françoise Barret-Ducrocq, *L'Amour sous Victoria. Sexualité et classes populaires à Londres au XIXe siècle*. Paris: Plon, 1989.

[13] Jean-Marie de Gérando [1772-1842], *Le Visiteur du pauvre*. Paris: Colas, 1820. Cf. Michelle Perrot, "L'Oeil du baron ou le visiteur du pauvre", in Stephan Michard (org.), *Du visible à l'invisible. Pour Max Milner*, José Corti,1988, t. 1, p. 63-70.

a égide da Sociedade de Economia Social. Os proletários, aliás, não pediriam outra coisa. Por desejo de conforto, mas também de respeitabilidade, gostariam de reivindicar um espaço suficiente que lhes permitisse uma tal separação. Um quarto para as crianças, uma cozinha tornam-se exigências mínimas no final do século XIX. A heroína de *L'Assommoir*, Gervaise, na sua fase de ascensão, dá a isso uma grande importância, esforçando-se por colocar cortinas ou biombos protetores, precaução que negligenciará na fase de decadência. As plantas das vilas operárias e das habitações baratas preveem um quarto para as crianças mais regularmente que as plantas dos apartamentos burgueses, de tal modo isso se tornou uma preocupação da polícia de costumes.

Nas habitações rurais ou burguesas, as crianças deixam os pais para se reunir aos empregados. Destinam-lhes um cantinho, mais ou menos transitório: um monte de palha, um estrado, uma enxerga, um colchão, uma caminha que se coloca em qualquer lugar, em um quartinho, um patamar, um corredor, um depósito, um vão da escada. Quando crescem, na melhor das hipóteses, arrumam-lhe um pequeno quartinho para dormir, não para viver. Na verdade, a criança está em todo lugar e em lugar nenhum. Ela circula na casa, nos campos, na cidade, territórios cujos recursos conhece melhor do que ninguém, sobretudo quando não tem família. Não precisa de um espaço para si e até muito recentemente não se pensava nisso, pelo menos não especialmente. No número especial consagrado à criança e seu espaço, em 1979, a revista *L'Architecture d'aujourd'hui* trata dos espaços coletivos — escolas, centros recreativos, museus pedagógicos — e muito pouco do interior, exceto em um artigo, "A criança descobre a casa", relativo à psicologia espacial dos pequeninos.[14]

O QUARTO DOS FILHOS DA FRANÇA

O esboço de um quarto de criança já se encontra em Versalhes, cuja organização foi analisada por William R. Newton. Luís XIV, homem de família, queria os Filhos da França à sua volta, legítimos e bastardos, reunidos por seu sangue. Eles primeiramente moram na velha ala, onde, entre 1680 e 1690, a esposa do marechal de La Motte-Houdancourt cuida dos três filhos do *Grand Dauphin*. Na época de Luís XV, a ala dos príncipes, no primeiro andar, apresenta uma espécie de berçário. No berço até três anos, com

---

[14] *L'Architecture d'aujourd'hui*, edição especial 204-206. 1979.

suas "embaladoras", as crianças dormem mais tarde em camas cercadas por uma balaustrada, à moda real; cada quarto tem três camas, uma para a ama e outro para a governanta. As mulheres reinam neste pequeno mundo principesco. Aos sete anos, os meninos são encaminhados "para os homens" e a escolha do preceptor é uma questão de Estado. Em 1741, os apartamentos dos Filhos da França compreendem oito peças, das quais seis têm lareira. Em 1764, instala-se um aquecedor, para evitar que o conde de Artois se gripe; um pouco mais tarde, acolchoam-se as paredes, para que ele possa brincar sem risco com seus irmãos, Provence e Berry. "As ripas e os lambris a toda volta são acolchoadas até a altura de um homem, para que eles, brincando, não possam se machucar. Esses apartamentos, guarnecidos de tapetes muito espessos da Savonnerie e dos Gobelins, preservam-nos de todos os perigos. O governante se afasta raramente e, quando isso acontece, deixa em seu lugar os subgovernantes." Trata-se de colocar uma grade de ferro, "para impedir que o povo os possa ver".[15] Mãe moderna e cuidadosa, Maria Antonieta fica feliz ao ver que as crianças não são mais enfaixadas, o que as habitua a ficar descobertas. "O meu ficará embaixo, com uma pequena grade que o separará do resto do terraço, o que até poderá ensinar-lhe mais cedo a andar do que no assoalho",[16] escreve à sua mãe, a imperatriz Maria Teresa. Em 1787, os apartamentos dos Filhos da França comportavam catorze cômodos, dos quais treze com lareira, e mais dezessete entressolhos, dos quais nove com lareira para o séquito e os criados. Calor, segurança, preocupação com as brincadeiras se insinuam nesses espaços principescos convertidos às novas tendências da época.

Genealogias

Assim, o quarto de criança não é, pois, uma pura invenção vitoriana. Ele balbucia nos castelos de uma aristocracia competente em separar sexos e idades. Entretanto, até o fim do século XVIII, os arquitetos ignoram quase completamente a infância, nas plantas, cada vez mais elaboradas, que dedicam ao hábitat doméstico.[17] Delarue, em 1768, define a localização de um quarto "para duas crianças e um preceptor" e de um quarto "para uma senhorita", acompanhado de um *boudoir*, no mesmo andar que os pais, grande

---
[15] William S. Newton, *Espace du roi*, op. cit., p. 246.
[16] Carta de 12 de junho de 1778, ibid., p. 220.
[17] Cf. Anne Debarre-Blanchard e Monique Eleb-Vidal, *Architecture domestique et mentalités, Les traités et les partiques, XVIe XIX^esiècles*, art. cit.

novidade. Le Camus de Mézières, em seu notável tratado de 1780,[18] dedica três páginas (em 280), ao "alojamento das crianças da casa", que ele situa no entressolho, na vizinhança dos criados, todos juntos até cinco anos com uma "governanta ou criada". Separados em seguida, os meninos se reúnem ao seu preceptor. Trata-se de apartamentos de cinco cômodos, das quais uma "sala para os exercícios" e um quarto de dormir. Há recomendações precisas sobre os aquecedores, cujos riscos é necessário evitar, a localização a leste, "coisa essencial para a saúde", e as cores: "O apartamento das crianças deve ser muito alegre; as cores empregadas devem ser agradáveis, esses aspectos influem mais do que se pensa sobre o humor habitual",[19] escreve ele, repetindo as teorias sensualistas de que é partidário.

É, sem dúvida, graças ao brinquedo que aparece a necessidade de um espaço específico. Abrigadas, as crianças brincam em qualquer lugar, atrapalham a tranquilidade dos adultos, perturbam o escritório do pai e espalham seus brinquedos pela casa toda. O desejo de conter seus "exercícios" nasce primeiramente na Inglaterra e na Alemanha, onde as famílias nesse momento são bem mais numerosas e os pedagogos, mais prudentes. A *nursery* aparece no início do século XIX, nas casas de campo edificadas pela burguesia industrial inglesa e, paralelamente, a *Kinderstube*, nas confortáveis habitações do *Bidermeier*; "ter uma boa *Kinderstube*" é ser "bem-educado", dizem os dicionários. Isso é bem significativo. A *nursery* comporta geralmente dois cômodos, distinguindo o sono e o brinquedo; a *Kinderstube* reúne as duas operações, mais interessada em separar os sexos.[20]

Nada parecido na França. Ruralismo? Rousseauísmo? "Pode-se conceber um método mais absurdo de educar uma criança do que nunca tirá-la de seu quarto?",[21] escreve Jean-Jacques Rousseau, que condena guizos, chocalhos e todos os brinquedos fabricados. "Em vez de deixá-los mofar no ar viciado de um quarto, que o levem diariamente a um prado."[22] Ele quer educar Émile no campo: "[...] seu quarto não terá nada que o distinga do quarto de um camponês. Para que enfeitá-lo com tanto cuidado, se a criança nele vai ficar tão pouco?"[23] Malthusianismo? "A questão da criança levantava a

---

[18] Nicolas Le Camus de Mézières, *Le Génie de l'Architecture*, op. cit.
[19] Ibid., p. 220.
[20] Carl Larsson, em *Das Haus in der Sonne*, 1908, dá, dos quartos das meninas, uma visão alegre, quase erótica.
[21] Jean-Jacques Rousseau, *Émile*, op. cit., livro 1, p. 252.
[22] Ibid., p. 301.
[23] Ibid., p. 323. "Nada de espelhos, nada de porcelanas, nada de objetos de luxo". Objetos que ele mesmo fará, produtos de sua indústria.

questão do quarto", diz-nos Colette, que teve de esperar que a irmã se casasse para poder ter um quarto só seu. "A pequenez das casas torna os ventres mesquinhos."[24]

Viollet-le-Duc, em sua *Histoire d'une maison* (1873), descreve um quarto de criança, quase como se tivesse segundas intenções: "Porque devemos prever tudo", até mesmo um acidente. Pouca coisa em relação aos espaços de recepção e aos apartamentos próximos, porém separados, de *Madame* e *Monsieur*. Será preciso o fim do século XIX, e mesmo a virada do século, para que isso se torne sistemático. Ainda assim... O "belo quarto" continua a ser o dos pais, quando muito o de hóspedes. O quarto de criança está presente, mas em segundo plano, não longe do quarto dos pais, que às vezes lhe dá acesso, a vigilância da mãe substituindo-se à das criadas, relegadas ao sexto andar nos imóveis urbanos. Geralmente no fundo de um corredor, ele não se beneficia de uma exposição privilegiada.

Roger Perrinjaquet, principal historiador do assunto, evoca um "desprezo" bastante generalizado. "O desprezo pelo quarto da criança, esse esquecimento da criança no apartamento familiar não são entretanto compartilhados por todos os arquitetos, porém as contrapropostas apresentadas apenas retomam as articulações tradicionais." Ele fala de um "conjunto de recusas" persistente que freou a arquitetura contemporânea, inclusive de parte da Bauhaus e de Le Corbusier, como atesta o testemunho autobiográfico de Marie Jaoul.[25] Seus pais haviam encomendado a "Corbu" a construção de sua casa em Neuilly. Ela ia querer um quarto diferente do de seus irmãos?, perguntou-lhe o arquiteto. Quero, é claro, respondeu ela. Porém ficou muito decepcionada com a resposta: um quarto-corredor, estreito, escuro e dependente. O ideal comunitário, defendido por Le Corbusier, não era muito favorável ao reconhecimento espacial da criança. A pequena Marie tem a nostalgia do antigo apartamento, tortuoso e escuro. "Eu detestava a vida comunitária e tinha perdido meu território próprio de quando tinha um quarto. [...] Fechei-me a chave no meu quarto para ler a noite inteira, sem fazer barulho, para que meus pais não percebessem. No outro apartamento, ninguém me vigiava. Aqui, nessa casa, via-se tudo." Mesmo os cantos são

---

[24] Citado por Anne Debarre-Blanchard e Monique Eleb-Vidal, *Invention de l'habitation moderne*, op. cit., cap. VII, "La place des enfants", p. 161.
[25] Roger Perrinjaquet, "La génèse de la chambre d'enfant dans la pensée architecturale", *L'Architecture d'aujourd'hui*, nº 204-206, 1979, p. 89-93 (resumo de sua tese feita sob a orientação de Marie-José Chombart de Lauwe).

"abertos". Ela detesta essa transparência, "saber quem fazia o quê e quando". "Era a casa que fazia a lei",[26] em detrimento da aventura pessoal.

As mudanças se produzem sobretudo na segunda metade, até mesmo no último terço do século XX, no quadro da reflexão dos urbanistas sobre o hábitat doméstico e sua separação entre "espaço dia" e "espaço noite", que implica uma revalorização dos quartos. Porém sempre, no que concerne à criança, a hesitação entre o desejo de isolá-la e o de incluí-la, entre o sono e o jogo, individual ou coletivo. Paul Chemetov previa, nos anos 1960, salas de jogos nos imóveis, à moda escandinava. A indiferença deu lugar ao escrúpulo, e mesmo à ansiedade. O quarto dos pais diminui em benefício dos quartos das crianças, e sobretudo dos adolescentes, consciência pesada, remorso das sociedades ocidentais.

O QUARTO INVADIDO

O espaço registra as novas percepções da criança, ser vulnerável, sensível, maleável e influenciável pelo meio ambiente. Os sanitaristas, na verdade mais sensíveis à ortopedia do mobiliário — cama e mesa —, preocupam-se com as condições de aeração e de iluminação, o grau de umidade ou de calor, cujo excesso temem, sobretudo para os bebês. A condessa de Ségur recomenda a moderação: "Não mantenha a criança em um quarto muito quente; o calor do apartamento a torna susceptível a resfriados. [...] Tenha cuidado em renovar o ar do quarto da criança ao menos duas vezes por dia",[27] mesmo se estiver gelando. Essa é a opinião da maioria dos médicos, obcecados pelo óxido de carbono expelido pela respiração das crianças durante seu longo sono. É necessário satisfazer as necessidades desses consumidores de ar.

O quarto torna-se um meio de agir sobre o caráter da criança, formando seus hábitos. "É bom que cada criança tenha o mais cedo possível seu próprio quartinho, onde adquira hábitos de ordem, preparando e cuidando do que é seu, brinquedos, livros e desenhos",[28] escreve Émile Cardon. O quarto de boneca, objeto de arrumações sem fim, o baú dos brinquedos ajudam nessa pedagogia da arrumação. Entretanto, respeitosa das fronteiras do privado, que a acusam de invadir, a República reserva seu esforço para a escola e deixa o quarto para a família, quarto esse que é, ao contrário, invadido

---

[26] *La maison Jaoul*, ibid.
[27] Condessa de Ségur, *La Santé des enfants*. Paris: Hachette, 1857, retomado in Colette Misrahi, *La Comtesse de Ségur ou la mère médecin*. Paris: Denoël, 1991.
[28] *L'Art au foyer domestique*. Paris: 1884.

pela moral cristã. A condessa de Ségur não era uma fanática do quarto. Nos castelos da *Bibliothèque Rose*, as crianças circulam livremente e preferem brincar no jardim. Elas raramente dormem sozinhas, geralmente duas a duas, com uma criada. Os quartos são no primeiro andar, sobe-se para o descanso, o trabalho, a oração e, eventualmente, um castigo. Para acolher seus primos, Camille e Madeleine põem flores no quarto, símbolo daquela "felicidade imóvel" que faz o encanto das férias.[29]

Há Berthe Bernage, cujas Brigittes (em todos os estados, solteira, casada, mãe) foram os best-sellers dos anos 1930, que guia as jovens esposas na arrumação do quarto do bebê. Roseline é a primogênita de Brigitte, que dispõe de três quartos alugados por uma tia idosa que decidiu dispor de mais um para a "pequenina", cujos balbucios e choros impedem seu pai de trabalhar: Um "belo quarto luminoso, grande o bastante para que se possa dançar". Brigitte vale-se da "moda inglesa" para nele realizar um "lindo ninho, agradável, divertido". "As paredes são creme, e nelas pintei, eu mesma, uma linda faixa com buquês de rosa." Cortinas creme de tecido sedoso, com uma larga barra cor-de-rosa, a cor das meninas. Todos os membros da família colaboraram para o quarto, que vai ser inaugurado com uma pequena festa: uma avó deu "uma encantadora caminha laqueada de cor marfim", a outra, um armário combinando; a madrinha presenteou-lhe com um baú para os brinquedos. Não há tapetes: um linóleo com grandes quadrados "protege o precioso assoalho". Mesa e cadeira no tamanho da criança, com almofadas recobertas de *toile de Jouy* creme e rosa, na qual "desfilam os animais de La Fontaine". "O lustre envia uma claridade rosada, muito doce e alegre." Nas paredes, algumas gravuras representando cenas infantis. "Não pensem que as comprei no bazar. Absolutamente! São pequenas obras de arte, concebidas e assinadas por bons mestres. Minha filha só deve ver coisas perfeitas." Boa cristã, Brigitte recusa-se a laicizar o quarto. Coloca "um belo Cristo de marfim" acima da caminha, em frente "à mais maternal das madonas", ladeada por uma imagem de Teresa de Lisieux, que ensinará a Roseline "os símbolos da rosa". Estamos no lar de um jovem casal católico dos anos 1930, reticente à "fraude", adepto da encíclica *Casti Connubii* mais do que do padre Viollet.[30] Brigitte "já vê em sonhos duas ou três caminhas de criança, e até

---

[29] Francis Marcoin, *La Comtesse de Ségur ou le bonheur immobile*. Arras: Presses Universitaires de l'Artois, 1999.
[30] Sobre esse assunto, consultar os trabalhos de Martine Sèvegrand: *Les Enfants du Bon Dieu*, op. cit; *L'amour en toutes lettres*, op. cit.; *L'Affaire Humanae Vitae, l'Église catholique et la contraception*. Paris: Karthla, 2008.

quatro. Quantos vierem! Há lugar no seu quarto e no meu coração." Esse quarto plural, ela o chamará *nursery*? Morre de vontade de fazê-lo, pois muito admira as práticas inglesas para os *babies*. Mas deseja ser "uma mamãe francesa" e se felicita por ter encontrado em Versalhes aquarelas representando grupos infantis. "O Grande Século tornará minha filha mais nobre." Essa jovem mãe "moderna", que recusou as sugestões da tia Marta, seus móveis estilo renascentista e suas cortinas grená, assim como a moda "negra" proposta por sua prima Huguette, pretende conciliar tradição e modernidade na escolha de uma decoração que lhe parece comandar o despertar dos sentidos e do espírito.[31]

O quarto de Roseline é a versão cristã de Ruskin e de William Morris. Uns e outros creem no poder do meio ambiente. Entre 1880 e 1914, a criação artística invadiu o quarto das crianças, ao menos nos países do norte da Europa. Primeiro as paredes, revestidas de papel, tão longamente contempladas durante as sestas intermináveis, serão a primeira paisagem da criança, aquela que será encontrada até no céu, segundo Henry James, e que evocam por tantas lembranças da infância.

Papéis de parede. A linguagem das paredes

A escritora George Sand é particularmente sensível a eles. Rememora "as longas horas sem dormir passadas na minha caminha, preenchidas pela contemplação de alguma prega da cortina ou de alguma flor no papel do quarto".[32] Em Nohant, a tapeçaria verde-escura excita sua imaginação. Em sua borda, sátiros e bacantes se perseguem; Flora e ninfas dançantes ornam os medalhões. Porém uma bacante com ar mais grave a perturba. Ela teme um certa posição da cama que dela a aproxima. "Ponho a cabeça sob as cobertas para não vê-la ao adormecer." No entanto, sonha com ela, e, à noite, receia encontrar essas figuras que saem do seu lugar. "Não ousava mais ficar sozinha no quarto. Tinha quase oito anos e ainda não podia olhar a bacante na hora de dormir."[33] Lembra-se também do tecido estampado que forrava o

---

[31] Berthe Bernage, *Brigitte maman*. Paris: Gautier-Languereau, 1931 (reeditado muitas vezes até 1951).
[32] George Sand, *Histoire de ma vie*, op. cit., t. 1, p. 530. Ela se lembra do voo e do zumbido das moscas, da chama das velas, dos objetos que vê de forma desfocada, "pálidas distrações de meu cativeiro no berço, e aquela vida no berço me parece tão extraordinariamente longa e mergulhada em um tédio macio".
[33] Ibid., p. 618-9.

quarto de sua avó, procura e encontra um semelhante: "Fiquei alegre como uma criança por guarnecer minha cama e meu quarto com essas ramagens, das quais cada galho e cada flor me lembram um mundo de devaneios e de lembranças."[34]

Essas imagens alimentam a imaginação infantil. Como a de Anatole France, por exemplo: "Ainda vejo aquele quarto, o papel verde com ramagens e uma linda gravura em cores que representava, soube mais tarde, Virgínia atravessando nos braços de Paulo o vau do rio Negro. Passei, nesse quarto, por aventuras extraordinárias."[35] O jovem Marcel Proust reencontra todo ano o príncipe Eugênio de dólmã, gravura ingênua, sem dúvida oferecida de presente pelo merceeiro do burgo e que o avô tinha pendurado no seu quarto, para desgosto da avó, que teria preferido uma reprodução da *Primavera*, de Botticelli, a única homenagem à beleza tolerada pelo despojamento higienista de William Morris, apóstolo das paredes brancas. Mario Praz revê a tapeçaria do quarto de uma senhora idosa vizinha de seus pais: um grifo em um motivo geométrico infinitamente repetido: "Tinha a curiosa impressão de já ter dormido naquele quarto, de ter visto aquele papel de parede horroroso na pálida luz noturna, como em um pesadelo, como se eu tivesse estado doente de cama. É uma das mais misteriosas lembranças de minha infância."[36]

Para inculcar nas crianças o sentido do belo, põem-se sob seus olhos reproduções de obras de arte, clássicas de preferência, que a fotografia de arte multiplica por volta de 1900, povoando as salas de aula e, em menor grau, os quartos. Incorporam-se aos papéis de parede episódios de contos, de lendas ou fábulas susceptíveis de distrair as crianças e instruí-las. "Quanto mais as suas *nurseries* forem alegres e calorosas, mais suas crianças serão brilhantes e felizes", segundo William Edis, para quem "a escrita na parede" é uma importante iniciação estética. Uma brilhante indústria britânica, dominada por Kate Greenaway e Walter Crane, comercializada por Jeffries e Cia., renova o estilo e o repertório dos papéis de parede. Aos heróis vindos do legado clássico, antigo e moderno — La Fontaine, Perrault, Grimm, Andersen — juntam-se personagens saídos das literaturas e dos álbuns ilustrados por desenhistas ingleses e americanos: Peter Rabbit, Ursinho Puff, Gato Félix e logo Mickey

---

[34] Carta de 7 de outubro de 1847, in id., *Correspondance*, Georges Lubin (org.), t. 8, julho 1847-dezembro 1848. Paris: Garnier, 1985, col. Classiques Garnier, t. 8, p. 98.
[35] Anatole France, *Le Livre de mon ami*. Paris: Calmann-Lévy, 1885. Retomado em *Oeuvres*. Paris: Gallimard, 1984, col. Bibliothèque de La Pléiade, t. 1., p. 437-8.
[36] Mario Praz, *La Maison de la vie*, op. cit., p. 378.

invadem as paredes e dão forma aos objetos,[37] começando uma formidável revolução visual e sensível do universo infantil, cujos efeitos ainda não medimos bem.

Na França, esse movimento foi sustentado pelos partidários da Arte para a Criança, como Champfleury, Émile Cardon ou Marcel Braunschvig. Ao contrário da Grã-Bretanha, é a escola que o adota, mais do que a casa. São mais dirigidos aos alunos do que às crianças sonhadoras. Entretanto, nos anos 1880, Émile Cardon admite, quase timidamente, que "não é indiferente ornar os quartos das crianças com imagens artísticas que encantem os olhos e mostrem o espetáculo de cenas divertidas".[38] E também de exemplos cívicos: a Terceira República aprecia os heróis positivos e prefere o Pequeno Polegar, salvador de seus irmãos, a Chapeuzinho Vermelho, desobediente e devorada pelo lobo.

Toda uma série de manifestações indica uma reviravolta. O impulso definitivo é dado pela exposição universal de 1900 e seu prolongamento em 1901 no *Petit Palais* sobre "A criança através do tempo". Os colecionadores de brinquedos Léo Claretie e Henri d'Allemagne, evocam o exemplo inglês e criam logo em seguida uma sociedade e uma revista: *A Arte e a Criança*, apoiada pelo pedagogo Marcel Braunschvig. "É primeiramente a casa que é conveniente embelezar", escreve ele. O esforço dirige-se prioritariamente aos objetos, como os animais de brinquedo de Benjamin Rabier, depois sobre a decoração do quarto, que suscita várias exposições sustentadas pelos poderes públicos. A "Arte pela Infância", organizada em 1913 no museu Galliera pelo Conselho Municipal de Paris, engloba todos os aspectos: mobiliário, painéis e quadros, brinquedos, tecidos, papéis de parede. André Hellé (1870-1945) imagina uma arca de Noé formada de figurinhas de madeira recortadas; ele cria um conjunto para quarto de criança editado pelo ateliê Primavera, da loja Printemps. Estilo apurado, móveis laqueados de branco, cores claras, ângulos arredondados conciliam estética e funcionalismo. O quarto de criança entra nos catálogos. Esse momento de graça, interrompido pela guerra, é decisivo para a tomada de consciência espacial da criança, o que prossegue mais discretamente entre as duas guerras.

---

[37] Annie Renonciat, atual diretora do Museu da Educação, de Rouen, renovou o assunto e prepara um livro sobre a decoração do quarto de criança. Agradeço-lhe por ter-me comunicado seus estudos.
[38] Émile Cardon, *L'Art au foyer domestique*, op. cit. Cf. Annie Renonciat, "Quatre murs à la page: le livre et la chambre d'enfant", in *Livres d'enfants, livres d'images, 1848-1914*. Paris: Dossiers du Musée d'Orsay nº 35, 1989.

O QUARTO DA JOVEM

Preocupa-se pouco com a adolescência, pelo menos até 1860.[39] É a idade de transpor o limiar, de partir. Nos meios populares, rapazes e moças já estão "empregados". As burguesias francesa e inglesa põem seus filhos no internato, no colégio ou no liceu. Menos escolarizadas,[40] as moças permanecem mais tempo em casa. A adolescência é, primeiramente, categoria de sexo antes de ser social.[41] Daí a distinção de "um quarto de senhorita", surgido desde o fim do século XVIII. Disto nos fala Rétif de La Bretonne, com olhar observador: "Vi chegar a nossa casa uma jovem que me pareceu muito linda. [...] Puseram-lhe um leito no quarto; já eu estava em uma antecâmara, sob um mezanino."[42]

A emergência da jovem, cujo corpo é examinado pelos médicos e cujos impulsos do coração e o futuro resignado pelos romancistas, é acompanhada do nascimento de um espaço para ela, ao mesmo tempo claustral e protetor, não longe de uma mãe vigilante. A meio caminho entre a cela e o *boudoir*, o quarto da moça toma por modelo o da Virgem Maria, tal como é representado pelos pintores da Anunciação, com sua cama estreita, junto à qual ela está lendo ou fiando, enquanto o anjo a visita. A jovem aí aprende a ordem doméstica. Nesse espaço de retiro, ela costura, lê, escreve: uma correspondência familiar, seu diário que os educadores católicos lhe recomendam como exame de consciência e os protestantes, como meio de controle de si mesma. Esse lugar, impregnado de moral e mesmo de religiosidade, tem o isolamento de um tabernáculo. Torna-se consubstancial a ela. A jovem deseja assim ter seu quarto, mobiliá-lo, enfeitá-lo, flori-lo, aí guardar seus bibelôs; quando está no internato, pensa nele. Julga-se uma moça pelo estado de seu quarto. Antes das revistas, os manuais de *savoir-vivre* lhe recomendam ter cuidado com esse laboratório que prefigura seu interior. Ela escolherá também papéis floridos, cortinas simples ou vaporosas, porém opacas; multiplicará os buquês, de preferência de flores do campo saudáveis e discretamente perfumadas. Fugirá do espalhafatoso, do luxo dispendioso, dos perfumes embriagadores. Piedosa,

---

[39] Não esquecemos Jean-Jacques Rousseau, que dedica um livro inteiro do *Émile* à adolescência. Trata-se aqui de espaço, não de educação.
[40] Embora... Sobre esse assunto, cf. Rebecca Rogers, *Les Bourgeoises en pensionnat, L'Éducation féminine au XIXe siècle*. Rennes: PUR, 2007.
[41] Cf. Agnès Thiercé, *Histoires de l'adolescence (1850-1914)*. Paris: Belin, 1999.
[42] Citado por Daniel Roche, *O povo de Paris. Ensaio sobre a cultura popular no século XVIII*. São Paulo: Edusp, 2004.

aí colocará objetos religiosos. Musicista, poderá ter um piano. Leitora, uma biblioteca "dignamente escolhida".[43] Fotografias lhe lembrarão a família, e sobretudo suas avós, modelos. Usará seu espelho com discrição. No seu quarto, receberá amigas, mas jamais um homem. Sua porta deve ficar fechada, como seu sexo virginal. Os conselhos de prudência têm sempre um quê erótico.

O quarto da jovem persegue de maneira fantasiosa o imaginário literário. Victor Hugo se demora no quarto de Cosette. Balzac descreve os de Césarine Birotteau, Eugénie Grandet, Úrsula Mirouët. A ascensão social do perfumista é acompanhada de uma transformação radical em seu apartamento. Dá um belo quarto à sua esposa, contíguo ao de Césarine, "muito feminino, com um piano, um lindo armário com espelho, uma caminha casta com cortinas simples e todos os pequenos móveis de que as jovens gostam".[44] Para Balzac, homem de correspondências, a disposição do interior é a da alma. A alma de Úrsula Mirouët é lida no seu quarto: "Respirava-se nesse quarto um perfume do céu. A arrumação ordenada das coisas revelava um espírito de ordem, um sentido de harmonia que certamente teria atingido todo mundo." O olhar do romancista se detém às portas do armário: "um armário grande, contendo sem dúvida sua roupa de baixo e seus vestidos,"[45] coisas que não se revelam. Quarto ideal para aquela moça ideal encarnada pela luminosa Úrsula, sempre vestida de azul e branco, cores de Maria.

As moças alemãs sonharam com o quarto de Margarida, "um quartinho bem-arrumado" que faz rir Mefistófeles: "Nenhuma moça é tão limpa e ordeira." Ela suscita a admiração de Fausto e excita seu desejo: "Sinto, ó jovem, teu espírito de ordem murmurar à minha volta, esse espírito que regula teus dias como uma mãe carinhosa, que te ensina a estender corretamente o centro de mesa e te faz salpicar com areia fina o assoalho [...]. A cabana torna-se para ti um paraíso."[46]

Diante desse quarto ideal, as jovens oscilam entre duas atitudes: nele retirar-se para fugir do mundo, retardar os prazos temidos, gozar este tempo de espera da crisálida, sonhar como Emma Bovary ou as heroínas de Jane Austen e até mesmo criar: era o desejo de Marie Bashkirtseff, que almejava chegar à autenticidade da pintura. Ou, ao contrário,

---
[43] *Journal de Clotilde: pages sérieuses commandées à son retour de pension par Mlle S.W.*, 7ª ed. Lille-Paris: 1864, citado por Agnès Thiercé, *Histoire de l'adolescence (1850-1914)*, op. cit.
[44] Honoré de Balzac, "César Birotteau", in *Oeuvres complètes*, op. cit., t. 6, p. 169.
[45] *Ursule Mirouët*, ibid., t. 3, p. 836.
[46] JohannWolfgang von Goethe, *Fausto: uma tragédia*. São Paulo: Editora 34, 2004.

fugir dessa prisão, se não pelo amor, ao menos pelo casamento. "Elas andaram em círculos no estreito quarto de bonecas onde as encerraram; deram-lhes uma educação imbecilizante, assassina",⁴⁷ escreve Hélène Cixous. Como sair dali, como estar em outro lugar? As jovens gostam das narrações de viagens, das aventuras missionárias em terras longínquas, das histórias de amor que lhes contam intermináveis folhetins; leem em seu quarto, à luz vacilante da lâmpada, mais tempo do que lhes era permitido. Algumas tentam explorar seu corpo, mas poucas o confessam. Marie Chaix evoca "esse prazer desconhecido, cujo nome [ela] ignora". "Atrás de minha porta fechada, conheço todo o horror do quarto de moça [...]. Em um quarto como esse, nem bonito nem feio, simplesmente um pouco sem graça, com seus cinzas, seus rosas e suas florzinhas, aprendi, paciente e triste, a me conformar com a adolescência."⁴⁸ Entre o internato e o quarto conjugal, é um lugar de transição, de aprendizagem, um tempo suspenso onde tudo é ainda possível.

Uma norma também que continua a moldar as práticas das jovens professoras, vindas de Sèvres ou da *agrégation*, exame para educação pública, nomeadas para um primeiro posto em alguma cidade do interior. Encontrar um quarto é sua preocupação inicial, bênção para as senhoras que preferem alugar um quarto a essas pensionistas decentes do que a um rapaz com amizades incertas. Marguerite Aron nos diz como tentou personalizar seu quarto, alugado por solteironas de pantufas. Ela evoca os "vasinhos azuis [...], o raminho seco, as cortinas de cretone da cama em sua alcova, a cômoda de nogueira, o carpete fininho com flores desbotadas. Acrescentei sobre a lareira minhas fotografias, nas paredes minhas gravuras [...]. É portanto minha *casa*".⁴⁹ Tristeza dos quartinhos de província onde essas jovens professoras passavam longas horas solitárias, preparando aulas, corrigindo deveres, apenas interrompidas pelo ritual do chá, herdado de Sèvres, de onde era o único luxo. Jeanne Galzy, Colette Audry, Simone de Beauvoir contaram essa experiência, da qual se emanciparam cada qual a seu modo.

"Nada é tão só quanto uma jovem", diz Kafka.

---

⁴⁷ Hélène Cixous, "Le Rire de la Méduse", *l'Arc*, n° 61, 1975.
⁴⁸ Marie Chaix, *L'Âge du tendre*, op. cit. *La Chambre de jeune fille*, p. 83-91. Um dos mais belos textos que existem sobre "essa paisagem ingrata".
⁴⁹ *Journal*, citado por Loukia Efthimiou *Les femmes professeurs dans l'enseignement secondaire public en France*, tese. Paris: VII, 2002, t. 1, p. 109. Grifo nosso.

O quarto de Lucia

Em *A casa da vida*, o livro que o grande colecionador e esteta Mario Praz consagrou a seu apartamento no palácio Ricci, em Roma,[50] uma centena de páginas descrevem "o quarto de Lucia", sua filha, o qual, de todos os cômodos, foi o que mais mudanças sofreu, tanto nos móveis quanto na decoração. Fora preciso dar um lugar àquela criança, que, visivelmente, sua mulher desejava mais do que ele: ela fez com que ele comprasse um berço, uma *barcelonnette*, que ainda está lá, inspirada na do rei de Roma (Praz gostava do estilo Império), esperando assim lhe dar o gosto pela paternidade, esperança que se realizou em 1936. Dez anos mais tarde, o casal se separou, mas Lucia conservou seu quarto, ocupado intermitentemente no palácio Ricci e transformado em função de sua idade. Para acolher a criança, o quarto foi forrado de rosa e dotado de móveis de bordo feitos sob encomenda, entre os quais uma caminha de grade segundo um modelo Diretório. Todos esses "móveis modernos" desapareceram, substituídos por móveis antigos, adaptados para uma moça: cama Império em estilo barco, sóbria, comprada em 1925 com sua mesinha de cabeceira em acaju, dotada de uma vela jamais acesa, mas que "poderia servir caso faltasse eletricidade", mesa de trabalho redonda, com múltiplos compartimentos, "bidê de campagne", análogo ao de Pauline Borghèse, escrivaninha, cadeiras etc. O autor descreve demoradamente a cama, que foi sua e que ele desejou legar a sua filha, apesar dos preconceitos: "A maioria das pessoas hesita em comprar uma cama antiga, um pouco por razões de higiene, temendo que esconda algum micróbio, porém mais ainda por superstição, pois certamente alguém morreu nela."[51] Essa cama de solteiro modelo Império, com um baldaquino "em coroa", cortinas combinando com a colcha, fruto de longas buscas nos antiquários, acompanhou-o a vida inteira. As paredes são saturadas de quadros, uns trinta: retratos de mulheres com crianças, cenas de gênero, *conversation pieces* inglesas do século XVIII, tão femininas. No quarto de Lucia havia também muitos brinquedos; ainda restam alguns, como as casas de bonecas em miniatura, bem vitorianas, no gosto Chippendale, que o autor lastima serem tão pouco apreciadas na

---

[50] Mario Praz, *La Maison de la vie*, op. cit. *La Chambre de Lucie*, p. 231-342.
[51] Ibid., p. 236. A menção à cama é objeto de longas descrições dos diversos modelos de cama Império tiradas do livro de La Mésengère, *Meubles et objets de goût*, encontrados principalmente no Museu das Artes Decorativas de Viena.

Itália.[52] Mas a criança era destruidora; ela quebrou uma "boneca adorável, de olhos azuis" que seu pai conservara de sua própria infância e que lhe dera "em um momento de imperdoável fraqueza", cuja perda ele lamenta como uma ferida. Essa história de um quarto fala também do amor de um pai esteta que não sabia exprimir sua ternura a não ser por um gesto de colecionador, a escolha de um objeto, sem compreender que nem sua filha nem sua mulher (aquela inglesa que o deixou porque ele se dedicava a *dead things*) os apreciavam realmente, neles vendo até mesmo uma espécie de tirania.[53] Quando, anos mais tarde, Lucia volta a seu quarto, ela lamenta que ele tenha retirado o lustre com guirlandas de cristal, que ela gostava tanto de ver cintilar: "ela me reprovou por ter substituído um objeto tão *cheerful* por algo tão *dull* quanto aquele globo, eu que pensara estimular sua imaginação com as estrelas que cobriam o globo cor de lápis-lazúli."[54] A incompreensão das coisas revela a incompreensão dos corações.

O QUARTO DO FILHO

Fala-se muito menos do quarto do rapaz. Pensa-se nele no exterior, fora de casa, ou ao longe, se é estudante; de modo um tanto suspeito, até efeminado ou doente, se fica em casa. No entanto, muitos deles confessaram ser este seu desejo. Anatole France descreve a voluptuosidade decisiva que foi ter acesso a "meu quarto", nem grande nem belo, com suas paredes creme semeadas de buquês azuis, à moda do Segundo Império, mas seu: "Desde que tive um quarto, não mais me reconheci. De criança que era na véspera, tornei-me um rapaz. [...] Desde que tive um quarto para mim, tive uma vida interior. [...] Ele me separava do universo e nele eu encontrava o universo. Foi nele que se formou meu espírito, que assomaram, a princípio vagos e longínquos, os simulacros amedrontadores do amor e da beleza."[55] François Mauriac detestava a promiscuidade do colégio: "Ter um quarto onde estivesse

---

[52] Mario Praz lamenta a ausência de um museu de brinquedos na Itália e cita os principais trabalhos, anglo-americanos, sobre as casas de bonecas e o sentido oculto da miniaturização.
[53] Mario Praz evoca sua esposa, Vivien, bordando: "Naquela época idílica, Vivien era uma mulher do Norte se deixando levar pelo encanto da vida meridional, a submissão lhe parecia leve e a aplicação com que bordava era disso o sinal exterior." Mas ele perde todo seu prestígio masculino começando a bordar também: "Foi como se eu tivesse descoberto em mim uma tendência inconfessável" (*La Maison de la vie*, op. cit., p. 363).
[54] Ibid., p. 295.
[55] Anatole France, *Le Petit Pierre*. Paris: Calmann-Lévy, 1919. Retomado in *Oeuvres*, op. cit., t. 4, p. 1.000 sq., *Ma chambre*. A cena se situa entre 1855-1860.

sozinho foi o desejo frenético e jamais satisfeito de minha infância e adolescência. Quatro paredes entre as quais eu seria um indivíduo, onde enfim me encontraria."[56] Desejo de solidão, de leitura e de calor não satisfeito – sua avó se recusava a acender a lareira. "É preciso fazer com que as crianças tenham uma natureza forte", dizia ela. "Ela tinha sido educada sem lareira e os resfriados não a tinham jamais acometido."[57]

Trata-se, é verdade, de futuros escritores, que antes foram grandes leitores, rapazes solitários, clérigos, teriam dito alguns. O quarto do adolescente contemporâneo não teria necessariamente este lado celular. Ele se povoa de pôsteres, de cartazes de shows, se enche de instrumentos de música, de aparelhos de som, de computadores, de parafernália de toda espécie; seus armários, mais ou menos aparentes, transbordam de roupas e de tênis de suas marcas preferidas, sucursais do consumo do qual ele é um dos alvos prediletos desde os anos 1960. O acesso ao quarto marca o adolescente dos Trinta Gloriosos.[58] É seu antro, cuja porta ele fecha com prazer. Aí recebe seus "amigos", para intermináveis conversas ou sessões musicais.

Os pais exigem um mínimo de ordem, mas respeitam a intimidade. O quarto do filho (título do filme de Nanni Moretti) revela a um pai prostrado pelo seu desaparecimento brutal uma parte desconhecida de sua personalidade, de seus gostos, de seus amores e de seus sonhos. O quarto do filho desaparecido é um túmulo. A experiência da Primeira Guerra foi sem dúvida decisiva, como mostra *Le Journal d'un père pendant la Première Guerre Mondiale* [Diário de um pai durante a Primeira Guerra Mundial], recuperado por Catherine Rollet. O filho está no *front*. A família organiza uma espécie de culto privado na casa, "cuidando minuciosamente do quarto do soldado para que ele fique pronto um dia" e criando, com fotos e objetos, uma vitrine "museu de guerra".[59] Em caso de desgraça, ela se tornaria museu da lembrança e o quarto, um altar dedicado ao luto do ausente, imobilizado em uma juventude eterna.

---

[56] François Mauriac, *Commencement d'une vie*. Paris: Grasset, 1932. Retomado in *Oeuvres, autobiographiques*. Paris: Gallimard, 1990, col. Bibliothèque de La Pléiade, p. 78 e 91.
[57] Id., "La robe prétexte", in *Oeuvres romanesques et théâtrales complètes*. Paris: Gallimard, 1978, col. Bibliotèque de La Pléiade, t. 1, p. 89.
[58] Cf. Anne-Marie Sohn, *Âge tendre et tête de bois. Histoire des jeunes des années 1960*. Paris: Hachette, 2001.
[59] Catherine Rollet, "Le journal d'un père pendant la Première Guerre Mondiale", in Jean-Pierre Poussou e Isabelle Robin-Romero (orgs.), *Histoire des familles, de la démographie et des comportements. En hommage à Jean-Pierre Bardet*. Paris: PUPS, 2007, p. 687.

Mas a partida comum daquele que cresceu e vai embora também é vivida como um luto.[60] Muitos pais temem esse silêncio, hesitam em entrar no quarto vazio, lamentam a antiga desordem, os chinelos espalhados. Conservam-no muito tempo como estava, como se o ausente fosse voltar de uma viagem, e custam a dar a ele outro uso. Necessária, assumida, a separação é difícil.[61] Aquele que parte definitivamente, mesmo que seja por sua própria vontade, também sofre por uma transformação em que sente o tempo e receia o esquecimento, a página virada irremediavelmente. "Era meu quarto", disse ele (ou ela, a filha, mais ainda), ligeiramente crispado diante da nova utilidade daquilo que fora seu: o escritório, a sala de televisão, a biblioteca, que mal se atrevem a visitar. Ele viveu entre aquelas paredes uma parte de sua existência, cujas marcas assim desaparecem de vez. Ele nem conservou seus bichos de pelúcia, o cão, o urso, seus primeiros companheiros, aqueles a quem fez as primeiras confidências, as testemunhas de suas primeiras dúvidas. "Se o cachorrinho se mexer, acreditarei em milagre", dizia um de meus familiares; o cachorrinho não se mexeu; ele parou de acreditar (sem dúvida também em Deus). Ser expulso de seu quarto, ou da lembrança de seu quarto, é ser expulso do paraíso, ou simplesmente de sua vida. Uma de minhas amigas confiou-me que decidiu se casar porque seus pais, sem consultá-la, deram seu quarto a uma avó. Expulsa de seu território, lançou-se em um casamento desastroso. Giuseppe Tomasi di Lampedusa não suportou melhor abandonar o lugar de sua infância. Durante toda sua vida vagou em imaginação pela imensa mansão de Santa Margherita di Belici e seus trezentos cômodos. "Guardou sempre o luto do quarto onde nasceu e onde não pôde continuar a dormir."[62] No quarto da criança, e mais ainda no do adolescente, tecem-se pactos fundamentais, alianças definitivas.

Experiências infantis

As condições cada vez mais urbanas do hábitat modificaram as relações de todos com o espaço; as das crianças também. A criança ocidental tem agora necessidades, amplamente culturais, e experiências com o quarto que

---

[60] Cf. Emmanuelle Maunaye, "Quitter ses parents". *Terrain*, n° 36, março de 2001, citado em *Libération* de 2 de fevereiro de 2007: "Na hora da partida [o quarto da criança] é reformado ou preservado como uma relíquia do passado."
[61] Cf. Lydia Flem, *Comment je me suis séparée de la fille et de mon quasi-fils*. Paris: Seuil, 2009.
[62] Pietro Citati, *Le Monde*, 11 de maio de 2007.

não tinha necessariamente outrora. O quarto, onde a confinam frequentemente, é espaço de brincadeira, de bricolagem, sala de leitura, local de trabalho, de sociabilidade, de isolamento e se torna indispensável. "As pessoas me chateiam", dizia Vincent, de quatro anos. "O que quero é ficar sozinho no meu quarto, com meu trem." Mais ainda que à brincadeira, que requer mais espaço e alguns parceiros, o quarto é propício a essas bricolagens ínfimas, em que bonecas e casas de bonecas miniaturizam o mundo. Que prazer essas arrumações acompanhadas de histórias intermináveis! As meninas ensaiam o que imaginam ser seu papel maternal. As revistas infantis prescrevem receitas. Assim, *Francs Camarades* dedica vários números de 1945 à edificação de uma casa, em um espírito bem "reconstrução". Os meninos construirão a casa, as meninas vão decorá-la. "As meninas manipulam o pincel tão bem quanto os meninos; elas vão então colaborar na decoração da cozinha e do banheiro. Mas será certamente o quarto das crianças que lhes dará mais trabalho."[63]

Os quartos se prestam às leituras infinitas, cujo prazer Proust tanto evocou. Sua paixão, sem cessar contrariada pelo emprego do tempo dos adultos — almoços intermináveis, passeios, jantares, o apagar das luzes —, se refugia em um pavilhão do jardim, mas sobretudo no quarto provinciano, lugar bendito da sesta, janela fechada, cortinas cerradas, deixando filtrar um raio de luz. Caso não se acabasse de ler o livro, "algumas vezes, em casa, na cama, muito tempo depois do jantar, as últimas horas da tarde abrigavam também minha leitura".[64] Horas roubadas, quase proibidas, por isso mesmo mais saborosas. Ler na cama, felicidade da infância, mergulhada no sono em que se prolongam as intrigas e que se povoa de objetos familiares de repente animados, de animais bizarros, de monstros surgidos da sombra, de fantasmas brotados de lugar nenhum. Às vezes, não totalmente adormecida, a criança percebe um rosto que se inclina para ela, um murmúrio vindo do quarto ao lado, talvez o dos pais, que sempre a espanta. O que está acontecendo? Se a porta está entreaberta, ela pode surpreender palavras e gestos estranhos, talvez a cena primitiva de que Freud faz a chave de sua sexualidade futura. O quarto da criança é assim antecâmara do sexo, o dos outros e o seu.

---

[63] *Francs Camarades* n° 36, 15 de novembro de 1945. Seguem-se conselhos precisos sobre a maneira de confeccionar colchas, almofadas, tapetes, cortinas, abajures, vasos, desenhos na parede. Informações comunicadas por Jacqueline Lalouette.
[64] Marcel Proust, "Journées de lecture", *Pastiches et mélanges*, op. cit., p. 172. Sobre o prazer da leitura, cf. François Mauriac, *La Robe prétexte*, op. cit. Ele se fecha em seu quarto para se entregar à "indizível voluptuosidade da leitura. O mundo então se apagava".

Muitas crianças sentem a angústia da tarde e o cair da noite como uma morte. Para Jean Santeuil, "o momento de deitar era todos os dias [...] um momento verdadeiramente trágico e cujo horror vago ainda era mais cruel". Dizer boa-noite, "deixar todo mundo por uma noite inteira", era para ele uma prova insuportável.[65] As crianças têm medo do escuro e choram para ir para a cama. Têm medo das trevas do quarto, de repente hostil, dos desconhecidos e das emboscadas que as espreitam. Mauriac se lembra de uma história de ladrão que uma empregada lhe contou: "*Ele sobe, ele sobe, ele sobe*. Eu ouvia os degraus estalarem e escondia minha cabeça sob as cobertas."[66] As crianças retardam o momento de ir se deitar, prolongam o beijo materno que o narrador espera em Combray como o viático indispensável. "*Longtemps je me suis couché de bonne heure*", por muito tempo, deitei-me cedo... A *Busca* se abre sobre a grande cena de desejo, de melancolia, de luto e de amor da qual o quarto é o palco. A ópera inicial da vida infantil, da vida simplesmente, ali é representada, no lusco-fusco, entre as quatro paredes do crepúsculo. "Claire! Claire! As crianças cantam a noite quando estão com medo."[67] Ou então pedem que falem com elas. Freud lembra um menininho de três anos que o fez compreender a angústia infantil: "Titia, fale comigo; estou com medo porque está muito escuro." A tia replicou: "De que adianta, se você não vai me ver?" "Não faz mal", respondeu a criança, "quando alguém fala, fica claro".[68] A voz dissipa a escuridão noturna.

Porém, para as crianças o quarto é um espaço onde se pode viver junto as aventuras. O dos *Enfants Terribles*, da qual Jean Cocteau faz o espaço fechado onde se desenrola um drama entre irmãos: o amor impossível, exclusivo, puro e aterrador, do irmão e da irmã, Paul e Elisabeth, prisioneiros voluntários do quarto onde Elisabeth cuida de Paul, ferido. "Aquele quarto era uma carapaça onde eles viviam, se lavavam, se vestiam, como dois membros de um mesmo corpo." Nele fabricam "arquiteturas

---

[65] Marcel Proust, *Jean Santeuil*. Paris: Gallimard, 1971, col. Bibliothèque de La Pléiade, "Le baiser du soir", p. 205. Esse rascunho da *Busca* é ainda mais explícito.
[66] François Mauriac, *La Maison fugitive*. Paris: Grasset, 1939, retomado em *Oeuvres romanesques et théâtrales complètes*. Paris: Gallimard, 1981, col. Bibliothèque de La Pléiade, t. 3, p. 909.
[67] Jean-Jacques Rousseau, "La Nouvelle Héloïse", in *Oeuvres complètes*, op. cit., t. 2. Legenda da 11ª ilustração, p. 770. Embora não esteja indicado, trata-se provavelmente de uma interjeição de Julie a Claire d'Orbe, sua prima.
[68] Sigmund Freud, *Três ensaios sobre a teoria da sexualidade*. Rio de Janeiro: Imago, 1997. A autora agradece a Lydia Flem, que lhe assinalou esse texto.

da desordem", que depois destroem. Sonham deixá-lo, mas sem poder. "Aquele quarto atraente, devorador, eles o mobiliavam de sonhos, acreditando detestá-lo. Projetavam ter quartos individuais e não pensavam nem em utilizar o quarto vazio" (o de sua mãe morta). Mesmo no hotel, para onde o tio os convida para estranhas férias, eles não conseguem se separar, voltando sem cessar a uma coabitação que execram e desejam. Os amigos que aceitam no quarto entram nessa trama e tornam-se atores de um teatro noturno, interpretando papéis em que eles se consomem. "Elisabeth e Paul, feitos para a infância, continuavam a viver como se tivessem ocupado dois berços gêmeos." Eles se adoram e se dilaceram. "Servidores de uma lei inflexível, eles traziam [tudo] para o quarto onde tudo faziam." Sair do quarto era abandonar o outro, ir para fora, para Michael, o noivo americano de Elisabeth, que ela jamais introduziu no quarto fraternal, esperando sem dúvida romper o círculo encantado. "O futuro dos dois quartos se realizaria. Uma velocidade surpreendente os empurrava para o absurdo, estimulando projetos de quartos semelhantes a projetos de futuro." Sabe-se que esse futuro jamais se realizará. Michael morre em um acidente na estrada e o quarto se reconstitui, até a morte de todos, a única capaz de dissolvê-lo.[69]

No quarto reencontrado, Paul "construía para si uma cabana como nas *Férias*, de condessa de Ségur", com biombos isolando um divã. A cabana no quarto, sob a mesa, com lençóis e cobertas, sob uma capa levantada em forma de tenda: era, mais ainda que o próprio quarto, espaço imposto, o sonho de todas as crianças, a maneira que têm de marcar seu território, esse lugar onde, enfim, estão entre elas, onde constroem seu mundo a partir de nada, como Robinson Crusoé em sua ilha ou o Robinson suíço em sua árvore.

Fantasma sexual, talvez, cujo alcance Robert Musil revelou: "A intrusão apaixonada no corpo de outro era apenas o prolongamento do gosto das crianças para os esconderijos misteriosos e criminosos."[70]

As crianças se apropriam de seu quarto, que se torna seu domínio, o lugar de seu segredo. Têm pressa em voltar para ele depois das refeições, nas quais o pesado ritual e a palavra dos adultos as reduzem ao silêncio. As crianças de Mrs. Ramsay "desapareceram da mesa do jantar, rápidas e silenciosas como cabritinhos, logo que a refeição acabou, e

---

[69] Pierrette Fleutiaux (*Nous sommes tous éternels*. Paris: Gallimard, 1900) compõe, com suas próprias sonoridades, os temas de uma ópera semelhante em torno de Estelle e Dan, seu irmão.
[70] Robert Musil, *O homem sem qualidades*. Rio de Janeiro: Nova Fronteira, 1989.

foram para seus quartos, suas fortalezas, os únicos lugares da casa onde poderiam ficar tranquilos para conversar sobre nada e sobre tudo".[71]

O que podem elas se dizer?, pergunta Georges a si mesmo, o herói adulto de Louis René des Forêts. "As vozes infantis o pegaram de surpresa." Uma "misteriosa curiosidade" o afasta do caminho do quarto e o imobiliza "atrás da porta entreaberta do quarto das crianças". Sob a direção de Paul, o jovem líder carismático do grupo, os outros lhe opõem uma estranha interpretação de papéis para obrigá-lo a intervir e se desmascarar. Diante de seu mutismo, se calam. E é o silêncio exasperante deles que o impele a falar, como se tomado pelo pânico. "'Vocês estão aí, crianças?', grita ele jogando-se contra a porta em um movimento desesperado. 'Vocês ainda estão aí?'" Mas o que Georges escuta, a não ser seu próprio diálogo interior, devolvido a si mesmo, à sua alteridade radical, pela crueldade infantil?[72]

Sem dúvida, as crianças sempre construíram sua identidade pela apropriação de um território. A cabana tornou-se quarto em nossa cultura. Daí o sofrimento das crianças divididas entre os apartamentos de pais separados, em caso de guarda partilhada: qual é verdadeiramente seu quarto?

Um território recente — seria preciso lembrá-lo? — e hoje inexistente para a maior parte das crianças do mundo.

---

[71] Virginia Woolf, *La Promenade au phare*. Paris: LGE, 1983, col. Le Livre de Poche, p. 21-2.
[72] Louis René des Forêts, *La Chambre des enfants* [1960]. Paris: Gallimard, 1983, col. Folio. Comentário esclarecedor de Jean-Bertrand Pontalis na *Nouvelle Revue de Psychanalyse*, n° 19, *L'Enfant*, primavera de 1979: "Primeiramente, manter-se à escuta do que se passa no quarto das crianças — que se fique plantado na porta ou que se invada o quarto — arriscamo-nos a ouvir apenas o som de nosso próprio diálogo interior."

6
O QUARTO DAS MULHERES

ERA EM SUA COZINHA QUE MINHA AVÓ Clémence se sentia verdadeiramente à vontade, dona da casa e das coisas. Dela excluía com prazer os homens, que, em sua opinião, nada tinham que fazer em tal lugar. De seu quarto, pouco falava. Viúva há quase meio século, no entanto, nele passava longas horas tricotando, fazendo contas, lendo romances da *Bibliothèque Blanche* ou *La Veillée des Chaumières*, até mesmo rezando distraidamente um terço. Guardei de seu quarto a lembrança de grandes poltronas confortáveis, de mesinhas cobertas de objetos e sobretudo de odores misturados de água de colônia, de lã, de tília e de cânfora, um santo remédio segundo Raspail, com que ela gostava de se esfregar.

O quarto seria por excelência o lugar das mulheres, seu tabernáculo. Tudo concorre para encerrá-las aí: a religião, a ordem doméstica, a moral, a decência, o pudor, mas também o imaginário erótico, que senta as mulheres sonhadoras à janela ou as reclina, leitoras lânguidas, mais ou menos despidas, sobre um sofá, um canapé ou uma cama.

Mas elas viveram nesses quartos, trabalharam, leram suas cartas de amor, devoraram livros, sonharam. Fechar sua porta foi a marca de sua liberdade. Olharam pela janela, viajaram em pensamento: "As mulheres ficaram em sua casa durante milhares de anos, por isso hoje as próprias paredes estão impregnadas de sua força criadora",[1] diz Virginia Woolf.

É por isso sem dúvida que as mulheres, mais que os homens, têm a memória, silenciosa, dos quartos que ritmaram as idades de sua vida, sua passagem do tempo.

A FEMINILIDADE FEITA QUARTO

Muitas culturas destinam a mulher ao interior. "Toda mulher que se mostra se desonra." "Uma mulher em público está sempre fora do lugar", dizem em

---
[1] Virginia Woolf, *Une chambre à soi*, trad. de Clara Malraux. Paris: Denoël, 1977, reed. Paris: UGE, 1992, col. 10/18, p. 131.

termos quase idênticos Pitágoras e Jean-Jacques Rousseau. O espaço público constitui o apanágio dos homens: o do comércio, o da política, o da arte da oratória, o do esporte de alto nível, o do poder. Uma mulher só pode aspirar a isso parcialmente. Questão de função, mas também de sexo, de corpo protegido, eventualmente velado.

A casa é a ocupação das mulheres, inclusive das nômades. Entre os tuaregues e os berberes, a tenda, âncora frágil num ambiente desértico, difícil e perigoso, se organiza em torno da figura feminina, segundo uma divisão sempre idêntica: homens e visitantes à direita, mulheres à esquerda.[2] A tenda pertence à mulher, que a recebe como dote e dela assume a responsabilidade. Em uma vida errante, ela encarna a estabilidade e a hospitalidade.

Kant, que via na casa "a única muralha contra o horror do vazio, da noite, da origem obscura", a raiz de uma identidade humana domiciliar, destinava à mulher um lugar ao mesmo tempo central e subordinado. "Ela é o centro ao redor do qual se organizam as crianças e os criados, e por isso ela é uma pessoa. Porém basta que ela escape para se tornar imediatamente uma rebelde, uma revolucionária." Daí a necessidade quase metafísica de domesticá-la: "A mulher deve ser submissa, domesticada e retida no lar, na doce penumbra dos móveis luzidios."[3]

O quarto representa uma forma de clausura, identificada com a própria feminilidade, literalmente nas culturas germânicas (*Frauenzimmer*), simbolicamente entre os latinos, segundo Freud.[4] Emmanuel Levinas faz dele o cristal da casa, "essencialmente violável e inviolável". "O modo de existir do feminino é de se esconder, e o fato de se esconder é precisamente o pudor [...]. A mulher é a condição do recolhimento, do interior da casa e da habitação", independentemente de qualquer presença singular.[5] Uma essência fora da existência.

A espiritualidade desenvolveu esse ideal de clausura. Santo Antonino recomenda às mulheres que "se mantenham reclusas no quarto, pois em seu quarto a gloriosa Virgem foi saudada e nesse mesmo lugar concebeu

---

[2] Cf. Pierre Bonte, *Le Monde*, julho de 2007.
[3] Bernard Edelman, "La femme apprivoisée", *La Maison de Kant*. Paris: Payot, 1984.
[4] Sigmund Freud, *A interpretação dos sonhos*. Rio de Janeiro: Imago, 1999. Nota 3: "Os franceses e os povos de origem latina, que não têm a expressão *Frauenzimmer* para significar a mulher, se servem, entretanto, em seus sonhos, do quarto para representá-la simbolicamente."
[5] Emmanuel Levinas, "La demeure", *Totalité et infini, essai sur l'intériorité* [1971]. Paris: LGF, 1990, p. 319, p. 162-203.

o filho de Deus".[6] O quarto da Anunciação, grande tema da pintura medieval e renascentista, com sua cama arrumada que nada deixa entrever do corpo daquela que dorme, se concebe como o modelo do quarto de moça. Esse quarto é o palco do maior acontecimento da história: a encarnação de Deus, do filho de Deus feito homem em um corpo de mulher. A vida da Virgem Maria, do nascimento à morte, é frequentemente associada ao quarto, embora ela tenha caminhado muito seguindo seu filho pelas estradas da Galileia.

Não cessaríamos de enumerar as imagens e as ladainhas dos preceitos acerca do quarto. Monsenhor Dupanloup, bispo de Orléans, especialista da educação cristã das jovens sob o Segundo Império, aconselha que as mulheres piedosas fujam do mundanismo e das dificuldades domésticas: "O estudo faz com que as mulheres amem sua casa, para onde a atração de um trabalho comum as traz sempre de volta. Como se tem então pouca necessidade de visitas e da vida mundana! Que alegria voltar para seu quarto e encontrar seus livros ou seu desenho! Como se caminha depressa, e com passos rápidos, para voltar para casa!" O digno bispo recomenda às mulheres que tenham a "ciência dos momentos perdidos"[7] e às jovens, que saibam fechar sua porta.

As instituições laicas compartilhavam essa preocupação de preservação. Quando, no fim do século XIX, sob a orientação do dr. Bourneville, os hospitais parisienses substituíram as irmãs de caridade por enfermeiras, organizaram para elas um internato quase conventual, que lhes pareceu preferível aos riscos dos quartos mobiliados.[8]

As romancistas inglesas do século XIX — sobretudo Edith Wharton, Alice James, Charlotte Perkins Gilman — descreveram, e às vezes denunciaram, a atmosfera confinada de seus apartamentos acolchoados, de seus quartos calafetados.[9] Porém essa recusa não proíbe o desejo ardente de ter "um quarto para si", o que, dizia Virginia Woolf num texto célebre, além de um mínimo de dinheiro para viver, era a condição necessária para a criação. Quarto reivindicado por tantas mulheres, de todas as idades e de diferentes condições, da que trabalha em casa à escritora, independentemente de sua escolha existencial. Emily Dickinson, poetisa americana, tranca-se em seu

---

[6] Danièle Régnier-Bohler, in Philippe Ariès e Georges Duby, *História da vida privada*, op. cit.
[7] Dupanloup, *Femmes savantes et femmes studieuses*, 5ª ed. Paris: Douniol, 1863, p. 76.
[8] Cf. Véronique Leroux-Hugon, *Infirmières des hôpitaux parisiens: Ébauche d'une profession, 1871-1914*. Tese de história, Universidade de Paris VII, 1981.
[9] Cf., adiante, o capítulo "Huis clos — a portas fechadas".

quarto em Amherst, casa de seus pais, que não deixará até o final da vida. Mas as viajantes também, e talvez mais do que as outras, apreciam a calma amiga do quarto. Como aquelas mulheres liberadas de pós-1968, a maior parte delas lésbicas, cujo testemunho autobiográfico[10] François Flammant recolheu. Sempre vagando por todos os lugares, elas investem muita energia nas casas de sua existência errante.

O pensamento do quarto das mulheres é, por conseguinte, tão complexo quanto a multiplicidade de suas funções e de suas práticas, oscilando entre pressão e liberdade, dever e desejo, entre real e imaginário, tão difíceis de distinguir na penumbra de representações que misturam as fronteiras.

Quartos destinados

Gineceu, serralho, harém, quartos das damas medievais... desfiam algumas das formas maiores de uma clausura cujo funcionamento nos escapa amplamente, para não dizer totalmente. Mais ainda que a companhia das mulheres, sua reunião suscita os fantasmas dos homens (o que elas podem estar fazendo?), aos quais devemos as imagens, materiais ou literárias, que os historiadores tentaram decifrar.

Segundo Paul Veyne, que analisa os "mistérios do gineceu", a partir dos afrescos de Pompeia, "o gineceu era, sem dúvida, menos misterioso para as mulheres gregas do que para seus esposos, que as fechavam ali e se preocupavam *a posteriori*, ou para os historiadores, que o imaginaram como um harém".[11] É uma noção fabricada sobretudo no século XIX, a partir do grego *gynaikeion*, para designar "o apartamento das mulheres", cuja realidade é imprecisa. A arqueologia não permite encontrar sinal de segregação, a menos que as mulheres tenham sido relegadas ao primeiro andar. Seus objetos estão espalhados em vários lugares da casa, atestando uma circulação difusa. As atenienses, assim como as romanas, não eram enclausuradas. A diferença dos sexos, ainda mais forte na Grécia que em Roma, não passa pela divisão do espaço e uma rigorosa disposição dos cômodos. Nos vasos gregos, principalmente nos píxides (caixinhas de perfume), mulheres são representadas entre elas, ocupadas com sua toalete ou com trabalhos domésticos, em um espaço delimitado por colunas, com alguns objetos, como o espelho — associado à beleza —, "que exprimem metaforicamente

---

[10] Françoise Flammant, *À tire d'elles: itinéraires de féministes radicales des années 1970*. Rennes: PUR, 2007.
[11] Paul Veyne (org.), *Les Mystères des gynécées*. Paris: Gallimard, 1998, p. 10.

um ponto de vista sobre as mulheres".[12] Não se trata absolutamente de um afresco realista dos trabalhos e dos dias, mas de uma representação do feminino. O gineceu, ao qual Penélope empresta sua imagem de esposa fiel e cuidadosa, tem uma reputação de austeridade cujas virtudes serão descobertas no século XVIII, ao mesmo tempo que as da Grécia. Ele serve de modelo à utopia de Rétif de La Bretonne, *Les Gynographes*. Para reformar os costumes e "colocar as mulheres em seu lugar", ele preconiza a reconstituição nas casas de gineceus onde as mulheres seriam livres e só os maridos e os pais pudessem penetrar.[13] A seus olhos, o gineceu encarna um ideal de harmonia dos sexos que se opõe à violência do Oriente lúbrico.

Com o harém (literalmente coisa sagrada, reservada) e o serralho (palácio do grão-senhor, sultão de Constantinopla), as coisas se complicam pelas referências religiosas (o peso do islã) e políticas. "Nutrido no serralho, eu conheço seus meandros", diz Bajazet. Nós não, e podemos apenas evocar os jogos de olhares cruzados pelos quais o Ocidente tenta penetrar um mundo opaco e fabricado por suas obsessões.[14] A partir do século XVI e sobretudo do século XVII, as narrativas de viajantes (Baudier, Tavernier, Chardin) se multiplicam e se repetem. Elas alimentam o pensamento político dos filósofos (Montesquieu, Voltaire), que veem no Grande Turco a figura por excelência do déspota. Esse despotismo monstruoso repousa sobre a ordem doméstica cujo coração é o serralho. "Centro misterioso, fechado sobre si mesmo, sem janelas, quase sem portas, um microcosmo onde se reflete o estado despótico inteiro", segundo Alain Grosrichard, que decifrou a "estrutura do serralho" na gradação de seus obstáculos e seu funcionamento sexual. Na sucessão e na articulação dos pátios, dos jardins e das salas herméticas umas às outras, cada parede representa uma barreira, cada lugar define uma função, e só uma. "Passar uma soleira é, cada vez, se engajar num destino novo e incerto, mas que sempre conduz de uma prisão a outra." Questões de portas, das mais humildes às mais "sublimes".[15] Questões de chaves e de guardas.

---

[12] François Lissarague, *Images du gynécée*. Ibid., p. 157 sq; e Françoise Frontisi-Ducroux, *Ouvrages des dames*, op. cit.

[13] Rétif de La Bretonne, *Les Gynographes, ou idées de deux honnêtes femmes sur un projet de règlement proposé à toute l'Europe pour mettre les femmes à leur place, et opérer le bonheur des deux sexes*. La Haye, 1777.

[14] Cf. Altan Gokalp, *Harems: mythes et réalités*, op. cit. Essa síntese, soberbamente ilustrada por um dos melhores artistas, foi publicada depois da redação deste capítulo.

[15] Alain Grosrichard, *La Structure du sérail. La fiction du despotisme asiatique dans l'Occident classique*. Paris: Seuil, 1979, principalmente a terceira parte, "L'ombre du sérail", da qual extraímos o essencial de nossa informação. Cf. Malek Chebel, *L'Esprit du sérail*, 2ª ed. Paris: Payot, 1995.

No centro do serralho, no harém propriamente dito, estão reunidas as mulheres que só o príncipe pode ver e desfrutar, e das quais ele espera sua descendência, objetivo essencial. Nem o médico deve vê-las; para auscultá-las, ele passa as mãos através das fendas das cortinas. As jovens virgens, objeto da escolha inicial, moram duas a duas em quartos semelhantes às celas das religiosas, com a diferença de que cada cama é separada da outra pela cama de um eunuco negro. Leitura, escrita, bordados ocupam seus dias, esperando o momento em que o sultão jogará seu lenço branco àquela que tiver escolhido para a noite. O poder é o acesso sem resistência, a livre disposição dos corpos das mulheres, em sua multiplicidade, sua disponibilidade, seu uso reservado e sem limites que faz do serralho "um lugar fantasmático, cujo poder de fascinação não podemos compreender [...] a não ser ligando-o a suas raízes profundas, que são metafísicas".[16] Poder quase divino do homem sobre a mulher, porta a arrombar, virgem a penetrar, oferecida, reservada, guardada. O erotismo europeu se apoderou do serralho, deu esse nome aos lugares de libertinagem parisiense do século XVIII, saciou-se, sem dar muita atenção ao texto, das *Mil e uma noites*, sinônimo de amores sem fim, nunca satisfeitos e de belas odaliscas que pintaram, cada qual melhor, Ingres, Delacroix e seus êmulos. Às vezes até a saturação da acumulação de corpos.

Dois aspectos são particularmente intrigantes: os eunucos e as relações das mulheres entre elas. Se sua castração, feita entre os sete e os dezesseis anos, parcial ou total, os eunucos são brancos — oficiais do serralho, preceptores das crianças — ou negros, e guardiães das mulheres, que devem vigiar o tempo todo. Os negros mais feios são os mais procurados por sua impotência e o destaque que dão à beleza do príncipe. São ajudados por mulheres velhas, comandadas por uma *odabachi*, sempre com um punhal ao lado e encarregada de espiar as jovens e de castigá-las. De possuí-las também, eventualmente.

Porque uma desconfiança perpétua pesa sobre a sexualidade das mulheres do serralho, presumidamente ardentes e dotadas de uma excitação orgástica quase histérica. Por precaução, são privadas da presença de animais domésticos, macacos ou cães machos, susceptíveis de cópula, ou de pepinos inteiros, semelhantes a falos artificiais. Seu "apetite vicioso" as conduz ao tribadismo, considerado consubstancial ao serralho e mais ainda ao *hammam*, que o prolonga. As mulheres empregam mil astúcias para se

---

[16] Alain Grosrichard, *La Structure du sérail*, op. cit., p. 178.

comunicarem umas com as outras: troca de bilhetes, de *salam*, pequenos objetos em forma de enigmas, para confessar seu amor, uso de disfarces facilitados pela presença dos eunucos, que complicam ainda mais a confusão dos sexos, e as intrigas das velhas preocupadas com seus próprios prazeres. Longe de serem passivas, elas parecem manifestar uma intensa atividade sexual que confere ao serralho uma densidade erótica da qual se nutre o orientalismo ocidental.[17]

Segundo Fatima Mernissi, muitas origens — contos, miniaturas (mas de onde elas provêm?) — mostram mulheres hiperativas, encouraçadas, armadas, móveis, montando cavalos velozes, ávidas.[18] O conto preferido de sua avó, *La Dame à la robe de plumes* (A mulher com o vestido de plumas), um vestido leve, propício à partida. "Uma mulher deve levar sua vida como uma nômade. Deve estar sempre alerta, pronta para partir, mesmo que seja amada. Pois, segundo Scheherazade, até o amor pode engolir você e se transformar numa prisão." Fatima contou sua infância em um harém marroquino contemporâneo, que certamente não tinha muito a ver com o serralho otomano. Era um lugar caloroso e conflitante de sociabilidade e de aprendizagem femininas, entretanto forma de clausura que regulava estreitamente o acesso das mulheres ao exterior. As portas e as janelas dão para o pátio, jamais para a rua. "Menina, lhe dizia sua avó Yasmina, é preciso aprender a desconfiar das palavras, se você não quiser ser para sempre idiota. Uma janela que não dá para o exterior, eu dificilmente a chamaria de janela. Uma porta que abre para um pátio interno ou para um jardim cercado de muros e barrada por outras portas vigiadas não é certamente uma porta. É preciso que você esteja consciente que se trata de outra coisa."[19] Uma experiência-limite, sobre a qual sua neta deu testemunho.

Nos castelos medievais, a separação é diferente, mais, por assim dizer, dual. O quarto das mulheres se opõe à "sala" dos homens, lugar de uma cultura cavalheiresca homossocial, cimento do feudalismo.[20] Ela provocou interpretações contraditórias. Jeanne Bourin, autora de um romance epônimo, faz desse lugar feminino caloroso o centro do ambiente familiar dos Brunel, de que Mathilde e sua filha Florie são as principais heroínas.

---

[17] Jocelyne Daklia: "Harem: Ce que le femmes font entre elles", in *Clio* n° 26. Clôtures, 2007, p. 61-87.
[18] Fatima Mernissi, *Le Harem et l'Occident*. Paris: Albin Michel, 2001.
[19] Id., *Rêves de femmes. Une enfance au harem*. Paris: Albin Michel, 1996, p. 71.
[20] Cf. Louis-Georges Thin, *L'Invention de la culture hétérosexuelle*, op. cit.

Fogo do coração, do corpo e da lareira, belos e bons sentimentos, diálogos íntimos: tudo concorre para dar uma imagem de um século XIII amoroso, sensual e feliz, que encantou os leitores, se julgarmos o imenso sucesso do best-seller (mais de um milhão de exemplares vendidos). Ele evoca em uma página inteira a doçura e a harmonia do lar: "No calor do cômodo no qual o odor da madeira queimada, aliado ao das velas perfumadas, criava uma impressão de intimidade que despertava na memória de cada uma delas as lembranças de uma infância e de uma maternidade cúmplices, lembranças trazidas por um passado comum ainda tão próximo, as duas mulheres se ajoelharam a fim de abolir, pela oração conjunta, a angústia e o tempo. Mais serenas, em seguida, começaram a bordar lado a lado, conversando sobre os projetos que faziam para a criança que ia nascer."[21] Régine Pernoud prefaciou uma das últimas reedições da obra, trazendo sua caução de historiadora reconhecida à visão tranquilizadora de uma Idade Média feminina e cristã.

Georges Duby não compartilhava este ponto de vista.[22] O quarto das mulheres era a seus olhos um "espaço inquietante", "um mundinho fechado, hipócrita, o campo de um evidente terrorismo interno", submetido ao domínio masculino, particularmente ao do senhor, cujas prerrogativas não estavam tão longe das do sultão, mas subtraído ao uso dos cavaleiros cujo poder, em princípio, acabava na porta, e que ficavam obcecados por essa clausura. De dia, as mulheres conversavam, bordavam, cuidavam das crianças e dos doentes, então admitidos a chegar perto delas. Cantavam *chansons de toile* compostas para esse fim. Mas à noite, o que faziam elas em leitos compartilhados? A literatura invoca uma intensa circulação noturna, atribuída a essas "fêmeas insaciáveis", concordantes, e provocando o desejo dos homens, que se esgueiravam no quarto, "campo amplamente aberto à violência viril". O adultério, o incesto, o estupro, a bastardia eram o resultado de um ardor sexual do qual o amor cortês é apenas uma forma estratégica, uma máscara e uma ilusão. A Idade Média, "idade dos homens", é de fato brutal e sombria, incandescente e escorregadia. Mesmo que, com o tempo, ele tenha nuançado esse ponto de vista, o

---

[21] Jeanne Bourin, *La Chambre des dames*. Paris: La table Ronde, 1979, p. 316.
[22] Philippe Ariès e Georges Duby, *História da vida privada*, op. cit., t. 2, p. 88 sq. Sobre a intensidade da controvérsia histórica e ideológica, que os livros de Jeanne Bourin suscitaram, principalmente com Robert Fossier, professor da Sorbonne, cf. Delphine Naudier, "Jeanne Bourin: une romancière historique aux prises avec les universitaires en 1985", in Nicole Pellegrin (org.), *Histoire d'historiennes*. Publication de l'Université de Saint-Étienne, 2006.

historiador das *Dames du XIIIe siècle* sempre se insurgiu contra interpretações julgadas por demais piegas.

Assim, o rosa e o negro submergem um quarto das mulheres entulhado, mas que não poderia, entretanto, ser confundido com o gineceu ou o serralho. O ar aí circula mais livremente, os homens também. As mulheres são mais liberadas, elas começam a ler e até a escrever. Certamente o pomar é mais favorável ao *fine amor*. O jardim fechado concede mais liberdade que a proteção de um quarto compartilhado. Pouco importa: o quarto das mulheres marca uma etapa na direção de uma conjugalidade mais igualitária.

O CONVENTO E A CELA

Muitas vezes o convento foi comparado ao serralho, do qual se aproxima por vários traços formais: virgindade das moças destinadas a um senhor supremo, clausura muito estrita, mundo guardado por clérigos, espécie de eunucos, mulheres entre elas, suspeitas de histeria, usando macerações e flagelações para dominar seus desejos e os impulsos amorosos que poderiam sentir por seu confessor ou suas companheiras. Outro lugar da literatura erótica,[23] a cela representa uma ilha de masturbação e de tribadismo, as mais novas sendo iniciadas no prazer pelas mais velhas, como a superiora do convento de Diderot, guia da irmã Suzanne. Entre mães e filhas, a aprendizagem é rápida. Velhas e jovens se entregariam sem freio aos prazeres do falo artificial. Os conventos teriam mesmo a função de marginalizar o lesbianismo, confinando-o, e assim proteger a sociedade. O que há de real nessa tebaida imaginária?

Do convento conhecemos melhor as regras que as práticas, eventualmente os excessos (místicos ou sensuais), mais que o cotidiano dos dias, dissolvido no murmúrio das orações. Obcecada pelo pecado, a reforma tridentina do século XVII reforçou o rigor da clausura, que se tornou uma questão da maior importância,[24] da qual é um símbolo a célebre *journée du Guichet* em Port Royal: agora os parentes não podem mais penetrar no convento. Mesmo quando viajam, as religiosas devem manter uma certa clausura, evitando descer em hotéis, preferindo o abrigo da diligência e sempre a decência do véu.[25]

---

[23] Cf. Alain Corbin, *L'Harmonie des plaisirs*, op. cit., p. 352 sq; Jean-Marie Goulemot, *Ces livres qu'on ne lit que d'une main*, op. cit.

[24] Cf. Marcel Bernos, *Femmes et gens d'Église dans la France classique (XVII-XVIII siècles)*. Paris: Le Cerf, 2003.

[25] Cf. Nicole Pellegrin, "La clôture en voyage (fins XVI, début XVIIIe siècle)", *Clio* n° 28, *Voyageuses*, 2008, p. 76-98.

Os regulamentos definem o equipamento e os limites da cela. Espaço minúsculo de mais ou menos 9m², ela só deve comportar o estritamente necessário: leito, genuflexório, prateleira para os livros, cadeira de palha, mesa. Nenhum objeto pessoal, apenas imagens santas ou relicários nas paredes, com autorização da superiora. A cama de tábuas recebe um colchão de palha costurado com pontos espaçados, coberto por dois lençóis e cobertores (um no verão, dois no inverno). Assim mesmo, é um luxo em relação ao comum dos mortais, um esboço do *studio*, e numerosas jovens lembram-se com prazer dos quartos de seus pensionatos (como George Sand, no convento das *Dames anglaises*). Aliás, algumas religiosas suportavam mal a vida em comum e recusavam-se a sair de suas celas, lá se trancando até a loucura.

Segundo a regra de são Bento, as religiosas devem dormir sentadas, e não "enfiadas na cama embaixo das cobertas, como os leigos". Almofadas e travesseiros são permitidos, mas algumas se contentam com uma grosseira cabeceira de lã grossa. Despir-se é limitado. O pudor proíbe desnudar-se e contemplar o próprio corpo. As religiosas podem tirar os sapatos e as roupas de cima, mas devem conservar as roupas de baixo, o véu e o escapulário. Para adormecer, estendem-se de costas, mãos postas, como as estátuas jacentes dos túmulos medievais. Terão pensamentos edificantes. Aliás, o sono é uma viagem semelhante à morte, o que pode surpreendê-las, um momento perigoso, que espreita a impureza dos sonhos. O mal vaga na escuridão da cela invadida pela tentação que, segundo os clérigos, ataca o corpo das mulheres, origem da lubricidade.[26] A noite das religiosas é um combate.

Certamente, uma cela não é um quarto. Mas, na austeridade de suas linhas, ele esboça algumas de suas disposições: a solidão, a separação, a disciplina, mas também a arrumação mínima, a proteção, a autonomia, o isolamento, a parte noturna da vida e de si mesmo. Entre pressão e salvação, ele ilustra as ambiguidades da clausura das mulheres.

O QUARTO HABITUAL

Do nascimento à morte, o quarto é o palco da vida usual das mulheres. No quarto comum, elas trabalham para outros mais do que para elas mesmas, ocupadas sem cessar com trabalhos domésticos e particularmente requisitadas em

---

[26] Cf. Geneviève Reynes, *Couvent de femme: la vie des religieuses cloîtrées dans la France des XVIIe et XVIIIe siècles*. Paris: Fayard,1987; Nicole Pellegrin, "De la clôture et de ses porosités. Les Couvents de femmes sous l'Ancien Régime", in Christine Bard (org.), *Le Genre des territoires*. Rennes: PUR, 2004; Odile Arnold, *Le Corps et l'âme: la vie des religieuses au XIXe siècle*. Paris: Seuil, 1984.

torno dos leitos que elas arrumam para preservar a dignidade do lar, dos doentes de que cuidam, dos inválidos que alimentam, dos mortos que velam e que enterram. É sua tarefa ancestral, transmitida de mãe para filha no mundo rural, interrompida pela desordem urbana, que é também uma libertação, propícia às escapadas. Nessas salas comuns, as mulheres conseguem marcar um lugar para si mesmas? Será que pensam nisso? Como nasce a necessidade do segredo? Onde pode ele se refugiar? Talvez em objetos, uma caixa, uma pilha de roupa, um lenço, um xale, um livro de orações, uma imagem, um espelho; um móvel predileto, um banco ou cadeira perto do fogo; um trecho de parede, um ângulo ou um recanto propício ao devaneio ou ao repouso. Como sabemos pouco sobre os desejos, os sofrimentos, as astúcias de nossas avós, expostas aos olhares do grupo, de sua indiferença, talvez, e de suas capacidades de exílio interior!

Na casa, as mulheres não têm um lugar próprio. A não ser em certas circunstâncias ligadas ao corpo, nas quais a diferença sexual se afirma com força. Duas essencialmente: o casamento e o parto.

O quarto nupcial deve consagrar a união de dois corpos, a fusão de dois sexos. Mas é a mulher — a virgem — que costumamos associar ao leito, lugar sangrento da penetração, que marca seu acesso ao estado de mulher. O quarto nupcial não é o quarto conjugal, mas um altar para a realização de um rito de passagem, ato muitas vezes público, ou semipúblico, ao qual eram necessários outrora arautos ou espectadores. Vergonha para o impotente que se mostra incapaz de consumá-lo, único motivo reconhecido pela Igreja para a anulação de um casamento. A privatização do casamento, grande fato da história do amor no Ocidente, afastou progressivamente as testemunhas, excluiu os olhares, fechou a porta, fechou o leito em cortinas. Horrorizado pelo ato da carne, santo Agostinho exigia sua total invisibilidade. A vergonha o inspira mais que o pudor ou o desejo, considerado impuro. Séculos mais tarde, esse momento, esse quarto, amedrontam a jovem Colette, que, aos treze anos, assiste a um casamento de camponeses: "O quarto dos jovens nubentes. Sob essa cortina de algodão vermelho, o leito, estreito e alto, recheado de penas, cheio de travesseiros de plumas de ganso, o leito a que conduz esse dia fumegante de suor, de incenso, de bafo de gado, de vapor de molho. Daqui a pouco, os jovens esposos virão para cá. Eu ainda não tinha pensado nisso. Eles mergulharão nessas plumas macias. Haverá entre eles aquela luta obscura sobre a qual a candura ousada de minha mãe e a vida dos animais me ensinaram tanto e tão pouco. E depois? Tenho medo desse quarto e desse leito, no qual jamais havia pensado."[27] Em breve, os recém-casados fugirão para o campo ou para o hotel, em viagens de núpcias cada vez mais longínquas, destinadas a preservar sua intimidade. Não há mais quarto nupcial, mas um momento nupcial, "a noite de núpcias", destacada dos lugares ou associada a lugares míticos — a Itália, sobretudo Veneza —, envolta em segredo; um ato considerado uma divisão desigual, relativamente indiferente para um homem que o dirige, essencial a uma mulher, para quem deveria ser uma realização, a entrada no "estado de mulher" no qual passará sua existência até a menopausa. A evolução dos costumes, o recuo do casamento como período inicial de um casal dissiparam felizmente o mal-estar desse quarto, que ainda flutua nas narrações das "intimidades" do entreguerras.[28] Recentes notícias de jornal nos lembraram brutalmente que, para alguns, a virgindade ainda continua a ser o selo e a soleira de uma integridade cujo domínio os homens pretendem conservar.[29]

De todos os atos da vida, o parto é o mais feminino. Até a entrada em cena dos médicos, com a cesariana, nos séculos XVII e XVIII, e depois com a obstetrícia, o nascimento pertence às mulheres e exprime sua sociabilidade. Matronas, parteiras e comadres cercam a parturiente desde as primeiras dores. Elas ajudam a criança a nascer, cortam o cordão umbilical, lavam e vestem o recém-nascido, agitam-se em torno do leito da mãe, trazendo bacias e jarros d'água, complemento essencial. Os homens não são admitidos e permanecem à parte. É de bom-tom demonstrar uma certa indiferença viril. A banalidade de um nascimento não poderia interromper os trabalhos no campo.

As pinturas medievais dão ao parto uma imagem etérea, de preferência alegre e amável. Em um quarto claro, mulheres elegantes se ativam em torno de um leito pacífico, onde reina uma mãe serena (frequentemente santa Ana, segurando a pequena Maria). O sangue e a dor são apagados. A realidade era muito diferente, como sugere o elevado número de mortes de crianças e mães, até uma época bem recente. O parto era de longe o

---

[27] Colette, "La Maison de Claudine" [1922], in Claude Pichois (org.), *Oeuvres*. Paris: Gallimard, 1986, col. Bibliothèque de La Pléiade, t. 2, p. 1012.
[28] Cf. Anne-Claire Reebreyend, *Intimités amoureuses*, op. cit. A autora utiliza as autobiografias depositadas na sede da APA, em Ambérieu-en-Bugey (Ain).
[29] Só podemos ficar perturbados, nessa primavera de 2008, ao verificar que a obsessão da virgindade atormenta a sociedade: o caso Fourniret, o "monstro" sedento de virgens que sua mulher decidiu lhe fornecer; o caso do casamento de Lille, cuja anulação foi pedida na Justiça pelo marido, sob pretexto de que sua esposa não era mais virgem e que, portanto, a seus olhos, havia ruptura do contrato matrimonial. A Justiça não concordou, preservando a intimidade do casamento, questão privada em que ela se recusa, com razão, a intervir.

momento mais perigoso da vida de uma mulher. Muitas morriam no parto, o que reduzia singularmente a esperança de vida feminina. Tudo concorria para isso: as más posições da criança, a falta de higiene, a contaminação das águas, a ausência de repouso e de cuidados *a priori* e *a posteriori*. As febres puerperais eram temíveis, a ponto de suscitar preocupação nos médicos do Século das Luzes. O perigo maior estava no campo. Os partos aí se realizavam em qualquer lugar: no estábulo, na sala comum onde, até no século XX, utilizavam a mesa e os utensílios de cozinha, no leito fechado bretão, apesar da estreiteza do lugar. As coisas praticamente não mudaram até a Segunda Guerra Mundial. Entretanto, a segurança de uma medicalização crescente conduzia um número cada vez maior de mulheres urbanas a preferir a clínica ou a maternidade a seu domicílio. Uma cena importante da vida feminina desaparecia para sempre, com suas práticas e suas personagens afastadas pelos progressos da ciência. O nascimento não era mais uma "questão privada, questão de mulheres", mas um caso público, sob a direção do médico. Estava feita a história dessa mudança considerável.[30] Só nos interessam aqui seus efeitos espaciais.

As maternidades foram os primeiros espaços hospitalares a prever quartos individuais (Paris, anos 1863-70), com o estímulo do dr. Stéphane Tarnier (1828-97), menos por razões de intimidade que de contágio, pois ele associava a febre puerperal à promiscuidade. Tarnier propôs, primeiramente, reduzir o número de leitos por sala: não mais de dez; depois propôs reagrupar pequenos quartos com um leito (minúsculos recantos), alinhados à volta da enfermaria, limitando ao máximo contatos e circulações internas. Entretanto, as pacientes protestaram. Julgavam que impondo "uma forma de sequestro às parturientes saudáveis", estavam-nas tratando como portadoras de peste ou delinquentes. Não estavam totalmente enganadas: os sanitaristas alemães recriminavam as mãos dos obstetras: mal lavadas. Finalmente, Tarnier teve de remodelar seus projetos.

Podemos seguir a genealogia do quarto feminino pelas plantas dos arquitetos. Na França, Jean-François Blondel, no século XVIII, foi o primeiro a prever "um quarto de moça", não muito longe do quarto da mãe. No século XIX, difunde-se o quarto da moça, à medida que se toma maior consciência

---

[30] Cf. os trabalhos de Jacques Gélis, Mireille Laget, Marie-France Morel, Scarlett Beauvalet-Boutouyrie, Françoise Thébaud e sobretudo Yvonne Knibiehler. Desta última temos *Accoucher. Femmes, sages-femmes et médecins depuis le milieu du XXe siècle*. Rennes: ENSP, 2007. Ela mostra a decadência de sua profissão de parteira e as mudanças contemporâneas; cf. cap. 1, "L'accouchement: affaire privée, affaire de femmes".

da adolescência. Uma suspeita erótica vagueia em torno do leito virginal. Daí a desconfiança de certos educadores, que recomendam às jovens não retornar ao quarto entre o levantar e o deitar — evitar a cama. Fato simbólico: o movimento de 1968 começou em Nanterre, em 22 de março, pela reivindicação dos estudantes de poder entrar nos quartos das moças na cidade universitária. Elas podiam reunir-se a eles, eles não, porque penetrar num quarto de moça é penetrar naquela esfera íntima, prelúdio ao amor. Era a vez de elas tomarem a iniciativa.

O casamento vai abolir essa solidão provisória. Mas antes de se tornar estritamente conjugal, o quarto feminino foi um espaço de recepção e de sociabilidade. É toda a história da *ruelle*.

Quarto azul e *ruelle* das Preciosas[31]

A *ruelle* é um espaço entre a cama e a parede, tornado lugar de recepção por obra e graça de Catherine de Vivonne e das Preciosas, suas discípulas. A célebre gravura de Abraham Bosse mostra sua disposição: sobre uma cama, reina uma mulher, enfeitada como uma imagem em dia de procissão, com um leque na mão; diante dela, nos três lados da cama, algumas damas e alguns senhores; conversa-se. Catherine de Vivonne, marquesa de Rambouillet, tinha se retirado da corte, cuja multidão detestava. Mandara construir uma bela mansão na rua Saint-Thomas-du-Louvre, apresentando "todas as comodidades de um palácio", inclusive duas banheiras, e suntuosamente decorada com esculturas e pinturas alegóricas. De saúde debilitada, frequentemente grávida (teve sete filhos, entre os quais a futura Julie d'Angenne, Mme de Montausier, sua parceira em mundanismo), ela recebia as visitas deitada, reclinada sobre uma cama de exibição com um baldaquino e submersa entre almofadas e fitas. "Penso vê-la em uma reentrância onde o sol não penetra", lembra-se Mlle de Montpensier, numa alcova semelhante a uma gruta, mas saturada de livros e de quadros. Só podem entrar dois ou três de cada vez. É o famoso "quarto azul", que aliás já não era mais azul na época do inventário de 1652, que detalhava seu mobiliário: uma pequena cama, dez cadeiras, dois bancos, almofadas para fazer renda, mesas, quadros, um gabinete contíguo.

---

[31] Cf. Nicole Aronson, *Madame de Rambouillet ou la magicienne de la chambre bleue*. Paris: Fayard, 1988; Myriam Dufour-Maître, *Les Précieuses. Naissance des femmes de lettres en France au XVII^{e}siècle*. Paris: Honoré Champion, 1999. Segundo Marc Fumaroli, a lenda dourada do quarto azul, idealizada, foi construída a partir do século XIX; cf. *La Diplomatie de l'esprit*. Paris: Hermann, 1994.

Mais tarde, a marquesa aumentou seu "círculo", desejosa de constituir uma "corte escolhida", "a corte da corte", um núcleo de fiéis, um "grupinho" cujos participantes aderem ao mesmo código de polidez e de refinamento. A conversa é seu meio de comunicação, a crítica literária e linguística, sua atividade comum. A paixão pelos livros e pela escrita une essas mulheres, muitas solteiras, fanáticas por romances, que cultivam uma elegante melancolia. Na tebaida com que sonham, "não haveria ninguém que não tivesse uma biblioteca". A marquesa teve discípulas que alargaram o círculo inicial e que recebiam convidados em seus apartamentos; ela sempre preferiu o santuário do quarto azul, uma companhia escolhida sob o magistério da senhora. Esta deve agir como rainha, ser casta como Ártemis, dominar-se, conduzir a conversa, preferir a elegância do sorriso à vulgaridade do riso. Ética e estética inspiravam o proselitismo das Preciosas, que desejavam fazer do amor um princípio de civilização. "Seu governo era pacífico, sua política era a de estudar meios de afastar de seu império todas as divisões e todas as guerras" e de atrair todas as pessoas de qualidade "para ter o domínio de todas as alcovas", diz Sommaize. Tem-se, em suma, os impérios que se pode. Não tenho o propósito de comentar a influência política e cultural das Preciosas. O que é fascinante é o tipo de poder, nesse caso feminino, exercido por um quarto que virou salão, que não pretendia substituir o príncipe, mas sim civilizar a sociedade pela conversa e a literatura. A cidade experimenta uma sociabilidade civil, logo abafada por Versalhes, mas destinada a ressurgir. As Preciosas anunciam os salões mundanos do Século das Luzes e as primeiras mulheres das letras.

A prática do quarto/salão perdurou durante muito tempo. A avó de George Sand recebia em seu quarto "as velhas condessas" que desejavam inculcar "a graça" na pequena Aurore, que preferia, no entanto, o modesto apartamento parisiense de sua mãe. Mme Recamier se reclinava num divã para receber seus visitantes. As mulheres de 1848, pequeno-burguesas com pouco dinheiro, se reuniam "na casa daquelas que tinham mais cadeiras". E até os anos 1860, os inventários após o falecimento enumeram uma grande quantidade de cadeiras em quartos que combinavam as funções de dormir e receber. A condessa de Bassanville recomenda ter uma *causeuse* (pequeno sofá de dois lugares), cadeiras e guardar de dia a mesa de cabeceira, móvel íntimo que só devia permanecer à noite. É o fim de um velho hábito, que a condessa na verdade desaprova,[32] mas que perdura. Nostalgia: em 1930,

---

[32] Condessa de Bassanville, *L'Art de bien tenir une maison*. Paris: Broussois, 1878.

Paul Reboux aconselha retirar o armário de espelho, disfarçar a aparência de cama, a fim de permitir a constituição de "um pequeno salão, comunicando diretamente com o grande salão e formando um lugar mais íntimo, uma sala de estar, onde as mulheres podem se retirar para conversar ou para fumar".[33]

O quarto conjugal se impõe, entretanto, no século XIX, na França, como quarto com uma só cama, destinado ao sono e ao amor. Não é especialmente feminino, mesmo que as mulheres aí se instalem por mais tempo, em sua penteadeira ou em sua escrivaninha. Em caso de viuvez, ele se torna "o quarto da mãe", evocado por François Mauriac como estação central de sua infância e adolescência.

PARTE DE SERVIÇO: O QUARTO DOS CRIADOS

As cidades modernas e contemporâneas abrigam muitas mulheres sozinhas ou chefes de família, alojadas em térreos sombrios ou em andares elevados, quartinhos, mansardas, sótãos, ou ainda em alojamentos de porteira. A solidão feminina é um fenômeno demográfico e social bastante amplo. Tem diversas origens: as migrações de trabalho que atingiram tanto as mulheres quanto os homens, embora de maneiras diferentes, principalmente para os serviços domésticos; o abandono das moças seduzidas, frequentemente acompanhadas dos filhos; a viuvez de mulheres dotadas de uma longevidade crescente, dependentes e sem recursos. A pobreza das mulheres enche os recantos das cidades.

A migração não é apenas masculina. Foi reavaliada no feminino no presente e no passado. Desde o século XVIII, sobretudo, as mulheres jovens iam tentar a vida na cidade. Vejam a Marianne de Marivaux e suas vicissitudes. Na maior parte das vezes, eram empregadas como domésticas, e por conseguinte tinham "casa e comida", basicamente. A princípio, contentavam-se com um colchão de palha num canto, numa passagem, num vão de escada. Depois apareceram os "quartos de empregada". No século XVIII, mais conscientes da combustão de seu contato, separavam-se os sexos. Rétif de La Bretonne ficou todo excitado porque havia uma jovem criada dormindo na casa de seu pai. A prática do quarto de empregada é, portanto, relativamente recente, mas se estende até a Rússia do século XIX. Pelo menos na cidade, porque no campo a promiscuidade, responsável por tantos casos

---

[33] Paul Reboux, *Le Nouveau savoir-vivre*. Paris: Flammarion, 1948, p. 191.

de gravidez e de infanticídio, continua habitual. Ter um quarto, para uma empregada de fazenda bretã, significa apenas ter sua cama.[34] Nos castelos, a situação é um pouco melhor. Os sótãos conservam ainda os vestígios de arranjos destinados sobretudo às criadas, mais favorecidas que os criados e os cavalariços.

A maior parte das criadas não ficava muito tempo no mesmo lugar. A criadagem era volátil e o *turnover* muito forte. As boas famílias tentavam, entretanto, ter uma criadagem mais estável, da qual as memórias (George Sand, *História da minha vida*) e a literatura (Flaubert, Proust) guardam uma lembrança nostálgica. As criadas têm quartos onde ficam confinadas pela idade e a falta de parentes. Françoise (a empregada da *Busca*) tem uma filha que ela vê regularmente; o narrador, tão eloquente sobre o modo de falar de Françoise, pouco fala de seu quarto, cuja soleira não transpõe, respeitando sua alteridade. Flaubert descreveu o quarto de Felicidade, no último andar da casa de Mme Aubin, em Pont-L'Évêque, onde ela trabalha há meio século. Uma lucarna ilumina esse cômodo onde os móveis — um grande armário, uma cama de vento, uma mesa de toalete — contam menos do que os objetos acumulados como tantas lembranças. "Esse lugar em que admitia pouca gente parecia ao mesmo tempo uma capela e um bazar, tão numerosos eram os objetos religiosos e as coisas heteróclitas que continha [...]. Nas paredes viam-se terços, medalhas, imagens da Virgem, uma piazinha de água benta em madeira de coco; sobre a cômoda, coberta por uma toalha, como um altar, a caixinha feita de conchas, presente de Victor (seu sobrinho já morto); um regador e uma bola, cadernos, a geografia em estampas, um par de botinas; e, no prego do espelho, pendurado por suas fitas, o pequeno chapéu de pelúcia!"[35] Cada uma dessas relíquias está ligada a um acontecimento ou episódio da existência de Felicidade, que tem o culto dos vestígios. Elas revelam suas devoções e suas curiosidades. Ela guarda todas as velharias que sua patroa joga fora: uma sobrecasaca de *Monsieur*, flores artificiais, o retrato do conde d'Artois e, sobretudo, Loulou, o papagaio, que Mme Aubin herdou de uma parenta e que Felicidade mandou empalhar depois que o animal morreu de frio no terrível inverno de 1837. Ele reina numa prateleira fixada na estrutura da lareira. Esse bricabraque, esse quarto-museu, é toda sua vida. Daí o drama quando ela é ameaçada de ter que ir embora. Seu

---

[34] Annick Tillier, *Des Criminelles au village. Femmes infanticides en Bretagne (1825-1865)*, prefácio de Alain Corbin. Rennes: PUR, 2001, p. 175 sq.
[35] Gustave Flaubert, *Um coração simples*, 2ª ed. São Paulo: Paz e Terra, 1996.

quarto era apenas uma propriedade ilusória, uma embarcação sem porto. Muitas velhas criadas tiveram de experimentar, no fim da vida, sua dependência e sua pobreza.[36]

A burguesia urbana no século XIX, desejosa de ser servida sem gastar sem muito comedimento, muitas vezes manda buscar jovens no campo, por meio de relações ou de um escritório especializado, empregadas faz-tudo. Anne Martin-Fugier[37] descreveu a condição dessas criadas, seus dias intermináveis, exploradas por patroas, às vezes agressivas, que mediam o que elas comiam, e frequentemente assediadas sexualmente pelos homens tentados por aquelas carnes jovens ao alcance da mão. Magistral epopeia de um prédio parisiense, *Roupa suja* (Émile Zola) conta o romance macabro do sexto andar, onde os "quartos de empregada" tinham sido especialmente planejados pelos arquitetos haussmanianos. A especulação imobiliária e o desejo de segregação social convergiam para esse uso do sótão. Chegava-se a ele pela escada de serviço e pelos estreitos corredores onde ficavam os quartos numerados. Eram servidos por um ou dois distribuidores de água e um lavabo notoriamente insuficiente e malcuidado. Eram mansardas minúsculas iluminadas por uma lucarna envidraçada que dava para o pátio interno, poço sórdido de onde subiam o cheiro forte das cozinhas e o odor de mofo das lavagens. Mal isoladas por divisórias muito finas e por portas que não fechavam direito, e das quais todo mundo tinha as chaves, elas eram barulhentas, abafadas no verão e geladas no inverno. Nenhum aquecimento era previsto (não tinham lareiras), e as moças geralmente usavam as pilhas de roupas em cima de suas camas de ferro para remediar a finura das cobertas. Uma cadeira e um jarro d'água completavam esse mobiliário reduzido. Eram ninhos de baratas e de percevejos, lugares malcheirosos, barulhentos, sujos e desprovidos de qualquer privacidade, onde as criadas estavam, ao mesmo tempo, sozinhas e expostas: às doenças contagiosas, primeiramente à tuberculose, que causava grandes estragos pela falta de higiene e cuja difusão era anunciada pelas pesquisas médicas. À sedução e à prostituição, favorecidas pela pobreza. Abortos e infanticídios, "o crime das criadas", dizia Victor Hugo, lhes concernia em primeiro lugar. As empregadas povoavam as maternidades parisienses. O desânimo e a depressão,

---

[36] Na novela de Flaubert, a casa não é vendida. Felicidade troca Loulou por um altar de procissão. Ela morre no seu quarto, encarnando a continuidade de uma família desaparecida.

[37] Anne Martin Fugier, *La Place des bonnes: la domesticité féminine en 1900*. Paris: Grasset, 1979, reed. Le Livre de Poche, 1985. Ver, principalmente, o t. 1, "Le logement". Sobre as relações interpessoais, cf. Geneviève Fraisse, *Femmes toutes mains. Essai sur le service domestique*. Paris: Seuil, 1979.

decorrentes do desenraizamento e da solidão, as espreitavam. Léon Frappié, em *La Figurante*, descreve o retrato de Armandine, vinda dos arredores de Orléans, de tal forma dependente de seus patrões que não sabia mais o que fazer dos seus momentos de lazer: nos domingos, durante catorze anos, desfaz e refaz sua mala interminavelmente.

É claro que houve quartos tranquilos e criadas preservadas, até mesmo vencedoras. Algumas evocaram seu tempo de serviço como um tempo relativamente feliz, de aprendizagem e de economia. Caso nada gastassem, suas garantias poderiam ser mais vantajosas que um salário. Os operários parisienses, dizem, procuravam as empregadas "sérias" por suas qualidades domésticas e suas economias: com elas, acabavam com suas dívidas e fundavam um lar. Eram, em suma, bons partidos. Tudo não era assim tão sombrio no sexto andar, pois lhes permitia escapar a destinos rurais miseráveis. Ofereciam riscos, mas também uma possibilidade de liberdade.

Elas constituíam, todavia, "uma questão social", levantada de forma recorrente por pesquisadores e feministas. O jornal de Marguerite Durand, *La Fronde*, em 1899, abre a questão entre as leitoras, às vezes elas próprias empregadoras, deplorando sua falta de consciência: "Nós não somos patroas bastante sociais." Jeanne Schmahl defende a criação de *homes* para as criadas, como na Inglaterra, abrir espaços de convivência para melhorar sua solidão e seu moral, até mesmo voltar a alojar os empregados nos apartamentos dos patrões. Mas se temia a falta de intimidade... e o mau cheiro! Mme Vincent, célebre feminista, voltou ao ataque diante do Congresso Nacional dos Direitos Civis e dos Votos das Mulheres em 1908. Apoiando-se em diversos relatórios, emitia uma série de aspirações. Era preciso preservar a independência das empregadas, que estavam definitivamente fixadas no sexto andar, garantia de uma liberdade relativa; mas era necessário reformá-lo: equipá-lo com água e banheiros, sala comum para escovar as roupas e esvaziar as escarradeiras; eventualmente, separar homens e mulheres por duas escadas diferentes; azulejar os quartos e colocar aquecedores; difundir as camas de ferro com estrados metálicos etc. Aspirações piedosas.

Diversos decretos e leis determinaram as obrigações dos empregadores, pelo menos no departamento do Sena. O decreto de 22 de junho de 1904 fixava as normas de um quarto: uma superfície de, pelo menos, 8m^2, cubagem de 20m^3, uma chaminé e uma ou várias janelas. Um banheiro para cada seis quartos. Essas prescrições são praticamente as mesmas na Rússia dos tsares.[38] Tudo isso indicava a tomada de consciência de uma situação intolerável. Só que, na prática, nada foi feito. "Nossos quartos são inabitáveis", dizem as empregadas, sondadas pela Liga Social de Compradores, em 1908. Augusta Moll-Weiss, em 1927, lamenta a inércia francesa relativa à criadagem: a Grã-Bretanha e a Suíça são muito mais evoluídas.

Os quartos dos criados não mudaram muito mais que sua condição. Mas cessaram de atrair as jovens migrantes. Assim, a Bretanha, que fornecera tantas criadas caricaturadas,[39] se recusava cada vez mais a empregar jovens na capital. Os empregos de auxiliares e de enfermeiras, abertos pela laicização dos hospitais parisienses, constituíram, mais tarde, um emprego mais atraente e mais digno. Depois da Primeira Guerra Mundial, houve uma crise da criadagem. "Não podemos mais ser servidos", queixavam-se as patroas, que tiveram de conceder algumas melhoras a essas moças. O crime das irmãs Pappin, cometido no quarto de sua patroa em 1933, lança uma luz crua, horripilante, sobre a condição doméstica. Esse tipo de relação pessoal, vestígio de feudalismo numa sociedade democrática, tinha se tornado inaceitável. A Segunda Guerra Mundial pôs-lhe um fim quase definitivo, pelo menos no modelo.

Os quartos de empregada tornaram-se, e são, muito procurados por estudantes que, sem dúvida, ignoram tudo a respeito de sua história primitiva.

Operárias em domicílio

O trabalho em domicílio desenvolveu-se muito nas cidades no fim do século XIX, no quadro de uma indústria da confecção cada vez mais racionalizada, apoiada sobre uma rigorosa divisão do trabalho e sobre a difusão da máquina de costura. Ter sua Singer[40] era a ambição de numerosas operárias que a compravam a crédito, por assinatura. Muitas mulheres casadas esperavam, assim, ganhar um pouco de dinheiro, enquanto se ocupavam de seu lar. Enquanto esse era um salário complementar, estava tudo bem. Mas quando ficavam sozinhas, por abandono ou viuvez, sua situação se degradava. Ainda mais porque, devido à grande concorrência, os salários nesse setor não pa-

---

[38] Katerina Azarova, *L'Appartement communautaire*, op. cit. Esses quartos de empregada serviram frequentemente de depósito nos apartamentos comunitários.
[39] Becassine foi criada pela *La Semaine de Suzette*, jornal destinado às meninas e editado por Gautier-Languereau, no início do século XX.
[40] Nome da marca americana mais difundida, ao lado de marcas alemãs, servida por uma vigorosa publicidade, cujos vestígios ainda podem ser vistos hoje nas paredes das cidades.

ravam de baixar. Seus dias se prolongavam, elas agora só saíam de casa para entregar ou procurar trabalho, caso pudessem se vestir convenientemente. A tuberculose as destruía e os sanitaristas se preocupavam tanto com elas quanto com suas freguesas, que elas arriscavam contaminar.

O Ofício do Trabalho, no início do século XIX, organizou pesquisas sobre as costureiras em toda a França e sobre as fabricantes de flores artificiais, sobretudo em Paris.[41] Pesquisas volumosas, precisas, quantificadas, contendo quadros, sínteses e centenas de monografias de grande interesse, inspiradas nos métodos de Le Play e levadas a cabo com os interessados, diretamente num campo que escapava habitualmente às investigações. Os investigadores quase quebravam o pescoço nos corredores escuros, afrontavam os latidos dos cães, frequentes companheiros das operárias, e esbarravam na desconfiança das mulheres que se esquivavam, resistiam, às vezes se recusavam mesmo a responder, sobretudo quando se perguntava sobre seus ganhos. Todavia a maior parte delas cooperava, felicitando-se mesmo por serem interrogadas – era tão raro que alguém se preocupasse com sua sorte. Os pesquisadores às vezes citam suas palavras e fazem-nos ouvir vozes habitualmente inaudíveis.

O objetivo das pesquisas era antes o nível de vida do que o alojamento; mas também dão muita importância ao "domicílio" onde se exercem essas indústrias. Prática outrora generalizada, quando os "empregados em domicílio", os *chambrelans*, eram coisa banal, porém tornada rara, e quase exclusivamente feminina. Interessam-se por razões de higiene e de economia. Qual a parte do alojamento no orçamento final? Em Paris, e nas grandes cidades, essa parte era considerável – às vezes, a metade da despesa anual. Como esse lugar não pode ser reduzido e os aluguéis aumentam constantemente até a Primeira Guerra Mundial, diminuem-se as despesas com o vestuário e até com a alimentação.[42]

As operárias que habitam um só cômodo, mais numerosas em Paris do que na província, representam 31% (ou seja, 135) das costureiras investigadas e 25% (ou seja, 42) das floristas: uma minoria especialmente necessitada,

---

[41] Ministério do Trabalho, ofício do Trabalho, *Enquête sur le travail à domicile dans l'industrie de la lingerie*. Paris: Imprimerie Nationale, 5 vol., 1911; id. *Enquête sur le travail à domicile dans l'industrie de la fleur artificielle*. Paris: Imprimerie Nationale, 1913. Sobre o ofício do trabalho, cf. Isabelle Moret-Lespinet, *L'Office du Travail 1891-1914: la République et la Réforme sociale*. Rennes: PUR, 2007.
[42] Cf. Anne Lhuissier, *Alimentation populaire et réforme sociale au XIXe siècle*. Maison des Sciences de l'Homme, 2007; Michelle Perrot, *L'Ouvrier consommateur: les Ouvriers en grève*. Paris: Mouton, 2 vols., 1974, t. 1, p. 216, sobre o aluguel.

ainda mais porque não estão sempre sozinhas, é encarregada de crianças ou idosos, a coabitação sendo mais comum do que se imagina. Os pesquisadores detalham a composição dos espaços. Dão a cubagem de ar, noção essencial naqueles tempos de preocupação com a aeração, às vezes as dimensões e excepcionalmente a superfície. Mencionam janelas, chaminés, modos de aquecimento e de iluminação (querosene predominando) e, rapidamente, o mobiliário, sempre sumário, no qual às vezes subsistem alguns vestígios de uma situação passada. Importam-se com a higiene e a limpeza mais do que com o conforto, inexistente, ou a decoração, ausente: papel de parede rasgado, azulejos imundos, excepcionalmente extravagantes.

Muitos fatores interferem. A estrutura da família. O nível social anterior, que deixa restos de mobiliário e hábitos de limpeza: viúva de um empregado do Crédit Lyonnais, Mme A., sessenta anos, ocupa no sexto andar do bairro Notre--Dame-de-Lorette uma mansarda de 18m³, "muito bem-cuidada. As lajotas vermelhas limpíssimas, o fogareiro negro, brilhante. — É meu único luxo",[43] diz ela. O bairro conta: é melhor ser costureira em um bom prédio de Saint-Germain ou de Notre-Dame-de-Lorette do que florista que trabalhe com plumas em Belleville, Charonne ou Ménilmontant. A qualificação também importa: as operárias das "pequenas flores", que fabricam miosótis, violetas de Parma ou mimosas para chapéus ou enfeites, menos qualificadas que as especialistas de rosas (que sofrem de doenças provocadas pelo vermelho da anilina), raramente ganham mais do que um franco por dia durante a estação — que dura apenas seis meses. Vigílias fatigantes, alternando com outras "mortas" (*estações mortas*) intermináveis, caracterizam essas profissões submetidas à moda e ao mercado. Cada alojamento é o resultado de um itinerário, a expressão de uma situação em que família e trabalho são indissociáveis.

Alguns exemplos nesta sombria reportagem da *Belle Époque*: Eis duas irmãs, de 45 e 56 anos, costureiras fabricantes de aventais para criadas e criados. Há trinta anos ocupam um único cômodo entulhado de caixas, revestido com um papel estufado, ao mesmo tempo ateliê e quarto. Cama de ferro para as duas, mesa redonda, baú, máquina de costura, algumas cadeiras. O vestuário, sobretudo, é problemático. Quando compram sapatos, as duas restringem a alimentação.[44]

---

[43] Office du Travail, *Enquête sur le travail à domicile dans l'industrie de la fleur artificielle*, op. cit., XLIII, p. 204; ela dedica a manhã ao trabalho doméstico, não come carne nem bebe vinho; vive das roupas que lhe dão.

[44] Id., *Enquête sur le travail à domicile dans l'industrie de la lingerie*, op. cit., t. 1, XLV, p. 329.

Em comparação, a vida dessa mecânica, viúva de 46 anos, parece até invejável. Em períodos de "alta", ela trabalha sem parar, não cuidando da casa nem fazendo sua toalete, limitada apenas pelos regulamentos que proíbem o barulho noturno da máquina. Ela consegue então ganhar cinco francos por dia. De vez em quando, ela explode e festeja. Para o noivado e o casamento de sua filha, gastou sem medir despesas e se endividou.[45]

As mais desfavorecidas são as mulheres sozinhas, viúvas ou solteiras, mas com filhos. Mme F., viúva de quarenta anos, costureira fabricante de corpetes, ocupa com sua filha de onze anos, por 120 francos por ano (ela ganha quinhentos), um quarto de 15m², muito escuro, com teto baixo, dando para um pequeno pátio, numa espécie de "casa de cômodos" cuja salubridade "deixa muito a desejar". Chega-se ao quarto por uma escada de madeira. O mobiliário é constituído por uma cama de ferro e uma caminha de criança, algumas cadeiras, um aquecedor, uma mesa e uma máquina de costura.

Pior ainda a casa de Mlle P., mãe solteira de uma filha de onze anos, anêmica e "pré-tuberculosa". Elas moram na rua de Charonne, em uma mansarda miserável de 7m² no quarto andar, à qual se chega primeiro por uma escada, depois por outra de madeira. Um só leito, mesa, duas cadeiras, aquecedor, lampião de querosene. Água e banheiro no pátio. Educada no convento, onde aprendeu a costurar, Mlle P. faz acabamentos em camisas masculinas. Está envelhecida, se priva de tudo pela filha e se alimenta de queijo *brie*, "a costeleta da camiseira".

As mulheres idosas, mais lentas no trabalho, têm mais dificuldade em equilibrar seu orçamento.

Uma velha costureira de 73 anos, viúva de um carteiro, vive reclusa com sua cadela Lili em um grande quarto, limpo e claro, nas vizinhanças do Bon Marché. O quarto lhe custa 230 francos por ano, o que é exorbitante para suas posses, mas ela insiste em conservá-lo. Obcecada pelo aluguel, só retira seu dinheiro na véspera do vencimento. Dois incidentes perturbaram o frágil equilíbrio do orçamento: a compra de alguns centavos de sementes de papoula e de malva; uma lente de óculos quebrada.

Mme S., 62 anos, paga sessenta francos por ano, por uma mansarda de 2,10m por 1,20m, limpa porém infestada de percevejos. A cama ocupa uma reentrância sob a janela, e nela não dá para ficar sentada. Acende o fogo e cozinha a sopa de três em três dias. Essa costureira com as juntas doloridas aspira ir para o asilo de velhos. Assim como Mme L., 69 anos, que, tendo

---
[45] Ibid., XVII, p. 661.

que cuidar de sua mãe doente, só pode aprender a fazer pequenas flores, mal remuneradas. "Ela faz o miolo das rosas em grãos, pregando com um pequeno arame as sementes sobre um pistilo." Come uma vez por dia ovos com toucinho. Aluga por cem francos por ano um quarto com duas janelas em Belleville. "Para chegar, é necessário subir agachado uma escada que é um verdadeiro perigo." Ela sonha em ser internada no asilo de velhos de Brévannes, mas não conhece ninguém que possa apoiar seu pedido.[46]

As operárias, às vezes, reúnem suas solidões e vivem juntas num quarto. Essas moradias femininas chamaram a atenção de observadores, como Villermé (1840), que insistiram na origem econômica dessas coabitações femininas. O Ofício do Trabalho menciona várias. Mme P., 48 anos, abandonada pelo marido, especialista de pequenas flores, ocupa nas Grandes Carrières um quarto de 28m^3 "muito limpo e bem-cuidado". Ela preferiria trabalhar num ateliê: "É mais alegre do que aqui no meu quarto. Mas quando a gente fica velha, os outros zombam de nós." Ao menos ela desejaria reparti-lo com alguém para reduzir os gastos. Mlle C., 48 anos, solteira, mora no mesmo bairro por 3,50 francos por semana, num quarto mobiliado no térreo, acima de uma boca de esgoto. "O aspecto desse quarto é repugnante: o assoalho é imundo, a desordem é tamanha que os utensílios de cozinha estão misturados com as roupas. Tudo abandonado na casa dessa operária sem saúde, desmoralizada, miserável. Quando ela não tem dinheiro suficiente para comprar o meio litro de querosene habitual, ela compra uma vela. 'É meu aluguel que me mata'", diz ela. Reunir-se a Mme P. a aliviaria.[47]

Esses quartos abrigam uma grande miséria. Essas mulheres não são, entretanto, mendigas nem pessoas sem domicílio fixo. Não gostam de vagabundagem nem da rua, tão perigosa para as mulheres. Agarram-se a seus quartos, refúgio e instrumento de trabalho, como um último recurso.

A decoradora de porcelana de Limoges tem mais sorte, e a *Société d'Économie Sociale* dedica, em 1903, uma monografia louvando essa trabalhadora-modelo, salva pela união familiar e a indústria em domicílio. Viúva de 57 anos, divide com as três filhas (34, 30 e 22 anos) um grande quarto de 48m^2, que serve para tudo. Nele se trabalha, se come, às vezes à volta de uma mesa móvel, porém mais frequentemente de pé, se dorme em dupla em duas grandes camas de madeira. Mesas de nogueira, lareira com louças,

---

[46] Id., *Enquête sur le travail à domicile dans l'industrie de la fleur artificielle*, op. cit., XXIV, p. 175.
[47] Ibid., XXX e XXXI, p. 187-9.

fotos e xicarazinhas; máquina de costura, fogão com forno. Uma grande poltrona de palha para a mãe, com uma almofada vermelha para o gato. As operárias gostam de animais domésticos. Sob o retrato de uma amiga, a cômoda onde estão as "elegâncias" da família: relógio, bibelôs, estatueta de Nossa Senhora, terço de Lourdes, quadros de primeira comunhão.[48] De acordo com o olhar moral dos pesquisadores, esse quarto é um condensado de virtudes.

Os quartos fechados do sexo

As prostitutas têm um quarto? Não. Já é muita sorte que tenham uma cama! Em Paris, uma lei de 1811 exige que "em nenhuma circunstância a mesma cama possa servir a duas moças ao mesmo tempo". Cuidar-se-á "para que cada mulher tenha um quarto individual inteiramente separado do das outras, o que não existia antigamente e dava lugar a inúmeras desordens".[49] Camas separadas, quartos distintos, dotados tanto quanto possível de roupa de cama e água, indispensável a uma higiene mínima. Esse é ao menos o desejo do dr. Alexandre Parent-Duchatelet.

Ele distingue, na Paris de 1836, local de sua célebre pesquisa, três tipos de prostitutas: uma categoria "livre nos seus móveis, que paga imposto e em nada difere, nas suas relações exteriores, dos outros membros da sociedade". Trabalhadoras do sexo, em suma, libertas de redes, independentes, como querem ser as *call-girls* de hoje. Esse resíduo de uma prostituição mais difusa, incorporada à cidade, está, na época, desaparecendo. Em segundo lugar, as moças também não inscritas, frequentemente ocasionais, domésticas, operárias e até mesmo donas de casa à procura de um complemento de seus recursos. Recorrem a lojas, sobrelojas, onde se mostram nas janelas apesar das cortinas impostas pela polícia. Alugam, em casas de tolerância, quartos muito caros, de três a dez francos por dia. Por esse preço, têm direito a uma cama limpa, um grande espelho e um canapé. Têm vantagens: dispõem do que ganham, escolhem seus clientes, que "conservam", e podem mudar de abrigo.

Parent-Duchatelet detesta essas clandestinas, adeptas de casas de passe, que escapam ao controle da polícia sanitária e espalham a sífilis e outras

---

[48] *Les Ouvriers des deux mondes*, 3ª série, t. 1, nº 98, observações recolhidas por L. de Maillard em 1903.
[49] Alexandre Parent-Duchatelet, *De la prostitution dans la ville de Paris*. Paris: Jean-Baptiste Baillière, 1836, I, p. 285-7.

doenças contagiosas. Uma chaga aos olhos do pai da regulamentação, que preconiza uma rede limitada e bem-identificada de casas de tolerância (o termo *maison close* data do século XX),[50] onde, sob a tutela das "senhoras da casa", aceitas pela chefatura de polícia, que as vigia, trabalham moças registradas, fáceis de serem submetidas a visitas sanitárias. Segundo ele, elas estão inseridas num grupo e gozam até mesmo de um certo luxo, que atrai algumas, fascinadas pelos dourados e os serviços de que beneficiam – nem fazem a própria cama. Aparências logo dissipadas, se julgarmos pela instabilidade de uma mão de obra que descobre rapidamente que é explorada.

O ápice é atingido pela prostituição colonial. As hierarquias sociais e étnicas se combinam para construir um sistema em que culminam coação e clausura. Não se trata mais somente de casas toleradas, mas literalmente fechadas, e até mesmo de bairros reservados, como o célebre Bouzbir, do Marrocos, concebido para as necessidades de uma clientela militar.[51] Christelle Taraud retratou sua gênese. Germaine Aziz desmontou seus mecanismos num testemunho autobiográfico excepcional, *Les Chambres closes*.[52] Judia, órfã, pobre, vendida a um bordel de Bône em 1943, onde é forçada a trabalhar e violada, ela se encontra presa em uma engrenagem próxima da escravidão, que a conduz de um estabelecimento a outro do Magreb colonial. Sua descrição no Chat Noir de Bône: "O cômodo não tem janela. Uma lâmpada suja de cocô de mosca a ilumina. Uma pia, um bidê esmaltado — é o primeiro que vejo —, um armário, uma cadeira": decoração mínima que ela encontra em toda a parte, na *Lune Rousse*, de Philippeville e até mesmo no *Sofá d'Alger*, mais confortável. O quarto não é apenas um local de trabalho estafante, mas uma prisão descrita do interior. "À noite, o quarto cheira a esperma, a suor, a chulé. Um cheiro que cola na minha pele." Fugir parece muito difícil e até mesmo perigoso. "Às vezes, quando não aguento mais, me entrincheiro no quarto, empurro a cama, o armário contra a porta e fico encolhida num canto, como um animal acuado,

---

[50] Cf. Danielle Poublan, "Clôture et maison close: les mots des écrivains". *Clio* n° 26, 2007, p. 133-44. Ela mostra que a expressão aparece no início do século XX, e se expande nos anos 1930, muitas vezes como uma forma já passada: "as mulheres do que antigamente se chamava *maison close*", escreve Proust na *Prisonnière*, op. cit.

[51] Cf. Christelle Taraud, *La Prostitution coloniale, Algérie, Tunisie, Maroc, 1830-1962*. Paris: Payot, 2003.

[52] Germaine Aziz, *Les Chambres closes. Histoire d'une prostituée juive d'Algérie*, prefácio de Christelle Taraud. Paris: Stock, 1980, reed. Paris: Payot, 2007. Germaine Aziz (1926-2003) conseguiu se libertar da prostituição e foi mais tarde jornalista do *Libération*.

trancada nesse quarto fechado, sem luz, sem ar, onde às vezes o cheiro de esperma é tão forte que me dá náuseas. Um cheiro que me perseguirá por muito tempo."[53] Ela acabará realizando a ambição de sair, cuja perseguição obstinada lhe valerá brutalidades e vexames de toda espécie.

O quarto afinal importa muito pouco nessa sexualidade expeditiva, onde o essencial é "trepar". Entretanto, ao longo do século, surge um desejo de refinamento e de conforto. Os homens da classe média abandonam os bordéis muito toscos, deixados para os soldados e os proletários, em troca de "casas de encontros" mais agradáveis, que lhes dão a ilusão de uma intimidade carnal.[54] O ambiente, os acessórios do sexo, a satisfação dos fantasmas mais variados vão ganhando importância num quadro mais personalizado.

Cortesãs e mulheres sustentadas

Torna-se de bom-tom sustentar uma dançarina ou uma atriz, instalá-la com "seus móveis" para gozar ao menos parcialmente de seus encantos.

É preciso ser muito rico para assegurar o monopólio dessa conquista. Assim o conde Muffat para Naná, ou, em um nível totalmente diferente, Charles Swann para Odette de Crécy, que ele termina por desposar. O interior da casa das atrizes e das *demi-mondaines* fascina a opinião pública e os romancistas. Em *Naná*, Zola lança um olhar de esguelha ao quarto e ao leito. O primeiro apartamento da vedete do teatro de variedades exibe "um luxo gritante, consoles e cadeiras douradas [...], bricabraque de revendedora". Entretanto Naná cuida de seu quarto. "O quarto de dormir e o gabinete de toalete eram os dois únicos cômodos que um tapeceiro do bairro tinha arrumado: o gabinete, sobretudo, era o 'cômodo mais elegante'." É ali que ela recebe seus visitantes, em meio a perfumes de patchuli. Quando se torna amante de Muffat, Naná se transforma em "mulher chique", que dita a moda em Paris. Muda-se para uma mansão particular, na avenida de Villiers, que transforma de alto a baixo, "sem desfigurá-la demais", pois domesticara suas inclinações de florista, que no entanto continuam a moldá-la. A maior parte do tempo ela abandona os aposentos solenes do térreo, para viver no primeiro andar, onde reservou três cômodos para si: quarto, gabinete e sala. "Já refez seu quarto duas vezes, a primeira em cetim cor de malva, a segunda com aplicações de renda sobre seda azul; mas não estava satisfeita: achava tudo

---

[53] Ibid., p. 77
[54] Alain Corbin, *Les Filles de noce. Misère sexuelle et prostitution au XIXᵉ siècle*. Paris: Aubier, 1978.

sem graça, procurando sempre, sem nunca encontrar. Havia 20 mil francos em bordado ponto de Veneza na cama acolchoada, baixa como um sofá. Os móveis eram laqueados de branco e azul, incrustados de fios de prata; por todo lado peles de urso-polar, tão numerosas que cobriam o tapete, um capricho, um refinamento de Naná, que não conseguira perder o hábito de sentar-se no chão para tirar as meias." A saleta de seda rosa pálido evoca o serralho com seus sofás voluptuosos. A porta do gabinete de toalete, onde o perfume de violetas tinha substituído o de patchuli, está quase sempre aberta e deixa entrever a bacia em mármore branco da banheira.[55] Porém, quando se apaixona, Naná volta à simplicidade: "ela sonhava com um bonito quarto claro, voltando a seu antigo ideal de florista, quando tudo o que desejava era um armário com espelho de jacarandá e uma cama forrada em azul."[56] Lindo sonho de costureirinha tornado impossível: ter um quarto para si como Mimi Pinson. Naná morre de sífilis, sozinha, num quarto do Grande Hotel, do qual Henry Céard, especialista em galanteria, dera ao autor uma descrição detalhada.[57]

Mais refinado, o esnobismo de Odette de Crécy revela as modas da época. À atração pelo Extremo Oriente sucedeu-se o estilo Luís XVI, à espera da brancura laqueada do *art déco*. Por volta de 1890, aquela que se tornou Mme Swann, relegou ao nível do "ridículo" o que alguns anos antes achava "chique". "No quarto onde se encontrava mais frequentemente, rodeou-se de porcelanas de Saxe [...] e por elas receava, mais ainda do que outrora por seus objetos chineses e seus potiches, a mão ignorante dos criados."[58] Aos quimonos japoneses prefere agora as sedas claras e macias de penhoares Watteau, símbolos da exigência de uma higiene corporal que ela coloca (como diz) acima da contemplação da Mona Lisa.

O mundo da galanteria é muito hierarquizado e as "mulheres sustentadas" não têm muito a ver com as prostitutas dos bordéis. Sobretudo quando são estrelas, livres para escolher seus homens e suas casas. Sonha-se em torno dos quartos sucessivos de Sarah Bernhardt, revestidos de peles de animais

---

[55] Émile Zola, "Nana" [1880], in *Les Rougon-Macquart*. Paris: Gallimard, 1977, col. Bibliothèque de La Pléiade, t. 2, p. 1.347. A mansão seria a casa de Valtesse de la Bigne, *demi-mondaine* conhecida, no bulevar Malesherbes, que Zola visitou conduzido pelo pintor Guillemet, e da qual podem-se ver fragmentos no Museu de Artes Decorativas na rua de Rivoli.
[56] Ibid., p. 287.
[57] Planta reproduzida. Ibid., p. 730.
[58] Marcel Proust, *À sombra das raparigas em flor*, op. cit. Verificar a descrição dos salões de Odette no tempo de sua atração pelo Extremo Oriente, p. 220.

ou acolchoados de cetim negro, com esqueleto humano, caixão de fantasia, grande leito com colunas mergulhado sob colchas bordadas com cisnes. Admira-se a cama barroca enfeitada de plumas de Cécile Sorel.[59]

Viver do sexo parece, em suma, mais normal do que viver para ele. Renée, a heroína de *O rega-bofe*, é louca pelo amor, uma histérica segundo a psiquiatria da época, ávida por um prazer reforçado pela ideia perversa do quase incesto cometido com seu genro. Aos olhos de Zola, republicano virtuoso e sensual, ela encarna a depravação e a degeneração da burguesia industrial, que se comprazia na exuberância orgíaca do jardim de inverno, "inferno dantesco da paixão". O apartamento particular de Renée é "um ninho de sedas e rendas, uma maravilha de luxo gracioso". Zola descreve longamente o quarto e o toalete, numa desordem de tecidos, de cores claras e de perfumes inebriantes, palco do amor cujo altar é o leito. "Um grande leito cinza e rosa, do qual não se via a madeira, revestida de tecido e acolchoada e cuja cabeceira encostava na parede, ocupava toda uma metade do quarto com sua nuvem de drapeados, rendas e brocados de seda florida, que caíam do teto até o chão. Parecia um vestido de mulher, arredondado, recortado, acompanhado de pufes, laços, babados, e essa imensa cortina, que se inflava como uma saia, fazia sonhar com alguma grande apaixonada inclinada, extasiada, pronta a cair sobre os travesseiros." A cama, "monumento cuja amplidão devota lembrava uma capela enfeitada para alguma festa", santuário do sexo, banha o quarto inteiro com uma luz de alcova. "Parecia que o leito continuava, que o quarto inteiro era um leito imenso", impregnado da marca — forma, calor, perfume — do corpo de Renée.[60] É seguramente um dos mais belos leitos da literatura, que precisaria do pincel de Courbet ou de Manet (*Olympia*) para lhe dar as volúpias que os homens imaginam.

Ter o próprio quarto

A aspiração das mulheres de dispor de um quarto brota de todos os lados. A adolescente não suporta mais a coabitação com uma irmã que tem horários diferentes.[61] A jovem que amadureceu aspira sair do casulo familiar. Simone

---

[59] Anne Martin-Fugier, *Comédienne. De Mlle. Mars à Sarah Bernhardt*. Paris: Seuil, 2001. Sobre os quartos das atrizes, cf. Séverine Jouve, *Obsessions et perversions dans la littérature et les demeures à la fin du XIXᵉ siècle*, op. cit., p. 181 sq.
[60] Émile Zola, "La Curée", in *Les Rougon-Macquart*, op. cit., t. 1, p. 477.
[61] Testemunho de Jacqueline Lalouette: "As brigas com minha irmã tornaram-se tão frequentes, tão graves, que durante nosso último ano de curso [...], meus pais procuraram para mim um

de Beauvoir descreve sua alegria ao se instalar como locatária num quarto na casa de sua avó, nas vizinhanças de Denfert-Rochereau, depois do concurso de *agrégation*, em setembro de 1929. "Eis que eu também tinha a minha casa!" Ela transformou a sala em quarto inspirando-se em uma revista, *Mon Journal*, que define o indispensável: divã, mesa, prateleiras desenham esse mínimo necessário a um quarto ao qual ela permanecerá fiel tanto tempo. Pouco sensível à decoração, o que aprecia antes de mais nada é a liberdade. "Bastava-me apenas poder fechar minha porta para me sentir realizada."[62]

As migrantes, rurais ou estrangeiras, necessitam de um quarto na cidade para entrar no mercado de trabalho: serviços de costura no século XIX, de escritório ou particulares no século XX. São todas candidatas ao sexto andar urbano. Jeanne Bouvier vai a Paris em 1879, para escapar à condição de operária tecelã, que era a sua no Isère desde a idade de onze anos. Conhece as mansardas das empregadas domésticas, sem aquecimento nem possibilidade de cozinhar. "Os quartos com lareira não estavam ao alcance de meu bolso." Ganhando um pouco mais num ateliê de costura, decide instalar-se com "seus móveis". Compra uma cama a crédito e pode enfim acender fogo na lareira, enquanto sonha com uma casinha no campo para a velhice.[63] Marguerite Audoux deixa a Sologne onde era pastora,[64] desembarca em Paris e passa por inúmeros ateliês até se estabilizar naquele que descreve em seu segundo romance.[65] Solteiras, jovens, muitas vezes seduzidas, abandonadas e acompanhadas de crianças, as operárias são também as clientes do topo dos edifícios. O quarto de Sandrine, uma jovem costureira tuberculosa, era "tão pequeno que o leito ocupava todo o comprimento de uma parede. A outra parede estava tomada por uma mesa e duas cadeiras; era difícil sentar na passagem do meio. Havia prateleiras em todos os lados, mas o que dominava no quarto eram as fotografias de crianças". Modo de se apropriar de um espaço que inscreve na cidade.

---

quarto no bairro em que morávamos, na casa de uma senhora divorciada que morava sozinha. Eu deixava a casa de meus pais toda noite após a ceia", até que com a mudança da família, as duas irmãs puderam ter cada uma seu quarto (carta de 2 de fevereiro de 2009).

[62] Simone de Beauvoir, *A força da idade*. Rio de Janeiro: Nova Fronteira, 2010. A descrição dessa instalação abre sua narrativa.

[63] Jeanne Bouvier, *Mémoires*. Paris: Maspero, 1983.

[64] Marguerite Audoux, *Marie Claire* [1910]. Paris: Grasset, 1987, romance que obteve o prêmio Femina.

[65] Id., *L'Atelier de Marie Claire* [1920]. Paris: Grasset, 1987.

"Não era só um quarto que a gente ocupava", dizem as imigrantes contemporâneas, vindas da Europa Central ou do Magreb, cujo testemunho foi recolhido por Perla Serfaty-Garzon no início deste século.[66] Era "uma concha", "um refúgio", um belvedere sobre os telhados de Paris. Na época caótica em que vivem, essas exiladas fazem de seu quarto uma morada. Os móveis — inexistentes — contam menos que os objetos que constituem um universo familiar, as fotografias das pessoas amadas. "Eu tinha um quarto para mim e comecei a decorá-lo [...]. Podia deixar as minhas coisas. Era na verdade a minha casa." Abrir sua mala ou sua valise de papelão, arrumar suas coisas, decorar as paredes, dominar uma vista da cidade era fazer uma pausa, marcar seu território, retomar fôlego num "entre lugar" antes de prosseguir seu caminho e seu projeto.

Como escrever sem um mínimo de dinheiro e sem um quarto para si?, pergunta-se Virginia Woolf em *A room of One's Own*, texto magnífico que mereceria ser citado na íntegra. A pretexto de uma conferência sobre as mulheres e o romance pronunciada em Oxbridge (condensado habitual de "Oxford" e "Cambridge"), ela se interroga sobre o silêncio das mulheres na história, sua ausência na criação. O que fazia a irmã de Shakespeare? Por que ela não escreveu? Teria podido fazê-lo? As mulheres do século XVI tinham um quarto? O que faziam ali? Virginia pensa em "todas as portas que se fecharam para as mulheres" e na diversidade de suas histórias, que só elas poderiam contar, como ela própria tentou fazer em muitos de seus romances.[67] Para exprimir sua experiência, elas precisavam de um mínimo: um pouco de dinheiro e um quarto para si. Virginia e Leonard, seu marido, tinham cada qual seu quarto, segundo uma prática muito britânica nos meios mais favorecidos – e ela fazia questão disso. Dava uma significação forte à privacidade. Um dia em que recebe os Webb, em Hogarth House, fica horrorizada com a falta de cerimônia de Beatrice: "Cúmulo do horror, a sra. Webb entrou no meu quarto no dia seguinte de manhã para se despedir e plantou-se no alto de sua impassibilidade na cabeceira de minha cama, evitando olhar para minhas meias, minhas calcinhas e meu urinol."[68]

---

[66] Perla Serfaty-Garzon, *Enfin chez soi? Récits féminins de vie et de migration*. Paris: Bayard, 2006. Essas migrantes passaram primeiramente pela França antes de se fixarem no Canadá.
[67] Os romances de Virginia Woolf, como *Mrs Dalloway* ou *Rumo ao Farol*, são romances da casa e do quarto — este último, aliás, mais evocado que descrito.
[68] Virginia Woolf, *Journal integral. 1915-41*. Paris: Stock, 2008, p. 190, 10 de setembro de 1918. Sidney e Beatrice Webb eram os fundadores de uma corrente socialista célebre, e os Woolf os encontravam regularmente.

Eis Christine de Pisan (1364-1430), no fim do século XIV, em seu *studiolo*, que lembra o quarto da Anunciação; está, porém, sozinha e escreve. Depois de sua viuvez, ela se retira. *"Volontiers suis solitaire/ Pour le deuil qu'il me faut taire/ Devant gent, a par moi plaindre/ Et pour moi aussi complaindre/ Un jour de joie remise/ Je m'étais a par moi mise/ En une estude petite."* (Tradução livre: Por minha vontade estou sozinha/ Pelo luto que devo calar/ Diante das pessoas não me lastimar/ E que por mim também não chorem/ Um dia de alegria reencontrada/ Eu me refugiei/ Em um pequeno estúdio.)[69] É assim que ela é representada nas miniaturas que ilustram seus escritos. Com ousadia, ela se apropriava da prática masculina dos clérigos.

E primeiramente a leitura, por tanto tempo pouco acessível às mulheres, julgada contrária à sua função e nefasta à sua imaginação. A leitora é um dos temas favoritos da pintura, associada ao erotismo graças ao divã ou ao leito.[70] Para inúmeras mulheres, ainda no início do século XX, a leitura era um prazer secreto, praticado quase clandestinamente na cama, à noite, à luz de uma vela ou de um lampião cuja chama fora diminuída.[71] "Você não vai apagar a luz?" Menos escolarizadas que os rapazes, as moças tiveram que se apropriar dos conhecimentos, recolhê-los aqui e ali pelo uso pessoal de livros e jornais em um imenso esforço de autodidatismo desenvolvido desde que a invenção da imprensa vulgarizou o livro e o Renascimento avivou sua sede. Gabrielle Suchon (1632-1703), ex-religiosa borgonhesa (saindo do convento, continuou cobrindo a cabeça com um véu), falava da "escola do quarto". Nele aprendeu sozinha o latim, língua dos clérigos proibida às mulheres, e ilustrou-se através de tratados que fazem dela a ancestral das mulheres filósofas.[72]

O caso da escrita é ainda mais delicado. As mulheres autoras têm dificuldade em conquistar espaço público e privado, em conseguir na família e na casa a solidão necessária à escrita.[73] Edith Wharton escrevia na cama, único lugar em que se sentia tranquila, sem corpete, com o corpo livre; enchia as

---

[69] Christine de Pisan, *La Cité des dames* [1404-05], tradução e apresentação de Thérèse Moreau e Eric Hicks. Paris: Stock, 1986, p. 19.
[70] Cf. Sylvain Maréchal, *Projet de loi portant défense d'apprendre à lire aux femmes*. Paris: 1801; reed. Paris: Fayard, 2007.
[71] Cf. Anne-Marie Thiesse, *Le Roman quotidien. Lecteurs et lectures populaires à la Belle Époque*. Paris: Chemin Vert, 1984.
[72] Séverine Auffret reeditou e apresentou vários de seus textos. *Traité de la morale et de la politique* [1693]. Paris: Éd. des femmes, 1988; *Petit traité de la faiblesse, de la légèreté et de l'inconstance qu'on attribue aux femmes mal à propos* [1693]. Paris: Arléa, 2002.
[73] Cf. Christine Planté, *La Petite soeur de Balzac. Essai sur la femme auteur*. Paris: Seuil, 1989.

páginas que uma secretária recolhia para datilografar.[74] Emily Dickinson jamais deixou a casa de seus pais. Um dia, levou sua sobrinha Martha a seu quarto, fechou a porta: *"Marty, here's freedom"* (Marty, aqui é a liberdade), lhe diz ela. Gesto familiar às heroínas de Jane Austen, prontas ao isolamento, sempre em busca do segredo. O gosto de George Sand pela escrita noturna é bem conhecido. O amante adormecido, todos já deitados, ela podia dar livre curso à sua paixão. Esse tempo lhe pertencia, ela não o roubava de ninguém. Seu escritório era a noite.

Os quartos de Simone de Beauvoir

Simone de Beauvoir, em seus quartos de aluguel, queria sobretudo uma mesa para escrever. Em Marselha: "Não era um quarto como eu gostaria: uma cama volumosa, cadeiras e um armário; mas eu pensava que na mesa bem grande seria cômodo trabalhar."[75] Como o Roquentin de *A náusea* (ao qual, aliás, ela serviu de modelo), ela desconfia das decorações graciosas. Em Rouen, ela deixa "um quarto delicadamente mobiliado, cujas janelas davam para o silêncio de um grande jardim". Prefere o hotel de La Rochefoucauld, "de onde escutava os apitos tranquilizadores dos trens".[76] Em Paris, habitua-se a trabalhar num café, como Sartre. "Eu nunca trabalhava no meu quarto, mas num espaço reservado no fundo de um café." No entanto, tem em relação ao quarto uma atitude diferente da dele, em parte ditada pelas necessidades da guerra. Nos hotéis sucessivos — hotel Mistral, La Louisiane, na rua de Seine, hotel Chaplain — ela procura um quarto com cozinha para poder alimentar a "família" — Olga, Bost, Wanda e outros — reunida em torno de Sartre e dela. Orgulha-se em tirar o melhor proveito do abastecimento concedido ou recolhido aqui e ali. "Eu não compartilhava a condição das donas de casa, mas tinha uma amostra de suas alegrias."[77] Às vezes, deseja isso. Durante muito tempo sonhou com "um apartamentinho mobiliado a meu gosto. *A priori*, não tinha a intenção de dar uma de boêmia."[78] Nos arredores de Lyons-la-Forêt, alugou uma choupana conforme seus sonhos de menina: "Ofereci-lhe o que ela sonhara tantas vezes, sob múltiplos aspectos: uma casinha só para ela." Mas ela não tem tempo nem dinheiro e o hotel se en-

---

[74] Alberto Manguel, *Uma história da leitura*. São Paulo: Companhia das Letras, 1997.
[75] Simone de Beauvoir, *A força da idade*, op. cit., p. 105. Em Marselha, 1931.
[76] Ibid., p. 140 (1932): "Eu tinha a impressão de estar vivendo em Paris e que morava num subúrbio longínquo."
[77] Ibid., p. 576.
[78] Ibid., p. 319.

carrega de tudo. "Eu tinha Paris, suas ruas, suas praças, seus cafés." Em 1945-46 o casal instala-se no hotel La Louisiane, em quartos separados. Uma completa desordem o quarto de Sartre, que ainda por cima estava doente. "No quarto se amontoam, dia após dia, louça suja, papéis velhos, livros, não se sabe mais onde botar os pés."[79] Instalar-se na casa de sua mãe, em 1946, libertará Sartre das preocupações domésticas. O tempo em que escreviam nos cafés terminou para esses dois que, famosos demais, não podiam ficar lá tranquilos.

Simone abandona o barulho do Flore e prefere agora escrever reclusa: "Há três semanas quase não saio do quarto [...]. Era repousante e proveitoso."[80] No entanto, disso também se cansa. "Já estava farta de viver no hotel: não me sentia protegida contra os jornalistas e as indiscrições." Ela mudou de situação e o espaço público não lhe dá mais o anonimato que deseja. No outono de 1948, instala-se na rua de la Bûcherie num quarto mobiliado que arruma a seu gosto. "Pus cortinas vermelhas nas janelas, comprei luminárias de bronze verde, construídas segundo projeto de Giacometti por seu irmão; suspendi nas paredes e na grossa trave do teto objetos trazidos de minhas viagens."[81] De sua janela, via o Sena e Notre-Dame. "Meu modo de viver mudou. Passava muito tempo em casa. Essa palavra adquirira um novo sentido. Durante muito tempo, nada possuíra, nem móveis nem guarda-roupa." Enquanto seu armário se enchia de roupas exóticas, seu quarto se enchia de "objetos sem valor, mas preciosos para mim", trazidos de peregrinações. Ela compra uma vitrola, monta uma discoteca e passa as noites com Sartre ouvindo música. "Gostava de trabalhar diante da janela: o céu azul enquadrado pelas cortinas vermelhas parecia uma decoração de Bérard."[82] Estava madura para ter "um quarto para si". Em 1952, deu-se o encontro amoroso com Claude Lanzmann. Ele evoca o único cômodo, totalmente revestido de vermelho, que ela ocupava no último andar da rua da Bûcherie, nº 11.[83] Início de uma longa união. "Vivemos como marido e mulher durante sete anos, de 1952 a 1959. Conseguimos mesmo coabitar durante mais de dois anos num único cômodo de 27m² e estávamos [...] legitimamente orgulhosos de nosso entendimento."[84] Em 1955, o sucesso de *Mandarins*, prêmio Goncourt e

---

[79] Ibid., p. 219.
[80] Ibid., p. 125.
[81] Ibid., p. 231.
[82] Ibid., p. 321.
[83] Claude Lanzmann, *A lebre da Patagônia*. São Paulo: Companhia das Letras, 2011.
[84] Ibid., p. 250.

best-seller, permitiu a Simone de Beauvoir comprar um pequeno apartamento na rua Schoelder, onde irá morar até o fim da vida (1986). Nesse *studio*, era assim que o chamava, abarrotado de lembranças, estava feliz por receber a "família", modificada e aumentada, seus inúmeros visitantes, no "divã amarelo" lembrado por Claire Etcherelli; e Sartre, quase sempre doente. A *força das coisas*, em surdina, tinha imposto sua lei.

Dispõem as escritoras, hoje, menos que os homens de um escritório? Escrevem, de preferência, no quarto. Segundo uma pesquisa de 1982,[85] já antiga e pouco sistemática, é verdade, elas, na maior parte, escrevem na cama, lugar preferido de Françoise Sagan, como fora de Anna de Noailles e de Colette. No fim de sua vida, esta não deixava mais sua "jangada-cama"; apoiada nos travesseiros, em sua "solidão nas alturas", escrevia sobre uma mesa adaptada, oferecida pela princesa de Polignac.[86] Marie Cardinal só pode "escrever deitada [...] em qualquer lugar: em quartos de hotel ou num saco de dormir". Não deseja se estabelecer. Mas é Danièle Sallenave quem faz o elogio mais eloquente do leito, apoiada no exemplo de ilustres predecessores: Joubert, Pushkin, Proust. "Enfim, só se escreve bem na cama [...]. Porque a cama não é um lugar como qualquer outro: outrora lugar de nascimentos, de sofrimentos, de morte, é também lugar de sonho e de prazer. Não é pouco. As paredes do quarto são porosas ao sonho e, como as das pirâmides, fechadas para fora e totalmente voltadas para seu interior resplandecente."[87] O corpo do escritor, homem ou mulher, é um corpo sofredor que os lençóis acalmam.

Sair do quarto

Simone de Beauvoir preferia, ao macio da cama, a solidez de uma mesa. Recusava o peso do doméstico e a alienação caseira. É um dos temas de *O segundo sexo*. Por ocasião de uma viagem à Tunísia, numa aldeia troglodita, ela "vê uma caverna subterrânea onde quatro mulheres estavam agachadas", quatro esposas de diferentes idades, e onde se encontra, soberano, "um jovem macho vestido de branco [...] sorridente, solar". As quatro mulheres só saem à noite, "silenciosas e cobertas por um véu". A autora discerne, nesse "antro escuro, reino da imanência, matriz e túmulo", o símbolo da condição

---

[85] Francis Davis, op. cit.
[86] Alberto Manguel, op. cit., p. 219.
[87] Francis David, op. cit., p. 176-7.

feminina.[88] Ela sofria ao ver suas jovens colegas exibirem, em seus quartos de província, um ardor doméstico que beirava a alienação.

Acima de tudo, essa andarilha infatigável amava o ar livre, os passeios a pé nos Alpes ou na Provença, que percorreu com uma mochila nas costas, de alto a baixo, quando ensinava em Marselha. Essas peregrinações lhe davam um sentimento de felicidade que faz a alegria de *A força da idade*. Numerosas foram as mulheres, principalmente no século XIX, que se emanciparam pela viagem, ávidas para explorar um mundo que lhes fora tanto tempo recusado. George Sand, passeadora urbana,[89] e sobretudo parisiense, amazona rústica, andarilha naturalista, exploradora europeia, celebrava as virtudes do "caminho sem dono" e via no pássaro seu símbolo. "Enquanto houver espaço à nossa frente, haverá esperança." "A vida é um caminho cujo fim é a vida." O que não a impedia de apreciar as doçuras de Nohant, seu refúgio e seu "paraíso", e de conceder muita atenção aos quartos reais ou imaginários.

As feministas contemporâneas contestaram vigorosamente a tese de uma clausura decorrente da "natureza" feminina. Reivindicam a prática da viagem e o nomadismo como filosofia e modo de viver.[90]

Por falta de coisa melhor, é possível evadir-se pelo sonho. Sentar-se à janela, como Emma Bovary. "Ela estava apoiada à sua janela, como fazia muitas vezes: a janela na província substitui o teatro e o passeio." Viajar pelo pensamento como todos os reclusos. Flaubert escreve à Mlle Leroyer de Chantepie: "Alargue seu horizonte e respirará mais à vontade. Se a senhorita fosse um homem e tivesse vinte anos, diria para embarcar e dar a volta ao mundo. Pois bem! Faça a volta ao mundo no seu quarto."[91] Não há limite para a imaginação.

O quarto das mulheres é o balcão do mundo.

---

[88] Simone de Beauvoir, *O segundo sexo*. Rio de Janeiro: Nova Fronteira, 2009.
[89] Em uma época em que as mulheres saíam tão pouco. Cf. Catherine Nesci, *Le Flâneur et les flâneuses. Les femmes et la ville à l'époque romantique*. Grenoble: Ellug, 2007.
[90] Cf. Rosi Braidotti, *Nomadic Subjects: embodiment and sexual difference in contemporary Feminist Theory*. Nova York: Columbia University Press, 1994.
[91] Gustave Flaubert, *Correspondance*. Paris: Gallimard, 1980, col. Bibliothèque de La Pléiade, p. 732, t. 2, 1851-58. Carta do dia 6 de junho de 1857.

7
Quartos de hotel

O quarto de hotel é, para o viajante contemporâneo, a condição necessária, se não suficiente, de uma boa estada. Dele, ele espera o isolamento, a separação do grupo, o silêncio indispensável ao sono, o leito favorável ao repouso, uma climatização eficaz, sobretudo o calor no inverno, uma mesa para escrever, uma iluminação agradável e não muito parcimoniosa, armários e gavetas para suas roupas, e, acima de tudo, um banheiro privativo completo. Um turista à procura de paisagens apreciará uma bonita vista mais do que janelas que dão para o pátio; o esteta, a madeira antiga de um mobiliário provincial; o solitário, o prazer de uma segurança discreta; os apaixonados, o refúgio de um leito macio, a intimidade protetora das paredes e das cortinas; o homem importante, a reverência de seus subordinados; o político, a conivência da recepção; o homem de negócios, a comodidade dos serviços e a garantia de um conforto mínimo. Este é objeto das regulamentações tarifárias, às quais as cadeias concorrentes dão respostas mais ou menos refinadas segundo o nível e o preço.

De um lado a outro do planeta o viajante sabe o que o espera, e para o homem de negócios, o representante de comércio ou o engenheiro essa uniformidade tranquiliza, mas também cansa. O viajante pode, em qualquer lugar, encontrar a ilusão do mesmo e acalmar suas angústias, arriscando-se a um sentimento de saciedade enfadonha e à confusão das referências. O quarto de hotel moderno nega a singularidade.[1] Ele se situa nos antípodas da aventura. Agora é o indivíduo que tem que levá-la em sua bagagem. O *wi-fi*, o acesso à internet podem compensar esse sentimento de um alhures idêntico.

Mas não foi sempre assim. O hotel se inscreve na longa sucessão de maneiras de hospitalidade oferecidas aos ambulantes, dos abrigos para

---
[1] Daí o esforço de alguns hotéis, de luxo geralmente, em criar quartos personalizados, com elementos tirados da história ou da cultura regionais.

caravanas aos mobiliados e aos palácios, passando pelos albergues dos quais Daniel Roche traçou a genealogia, desde a Idade Média até o século XIX, e Catherine Bertho-Lavenir analisou as mutações contemporâneas.[2] O hotel depende das modalidades de viagem, dos meios de transporte, dos quais cada um produz sua parada. O albergue estava ligado ao cavalo e o hotel, à estrada de ferro, como o motel à estrada de rodagem e ao carro. Os progressos técnicos condicionam seu conforto e a demanda individual, sua forma. A maior parte dos ocupantes passa. Outrora, alguns se demoravam mais ou menos tempo, pobres por necessidade, ricos por escolha. A variedade de necessidades se traduz na abundância dos lugares.

O quarto de hotel representa um luxo inacreditável em relação às formas anteriores. Obter um alojamento para seu cavalo, uma cama, até mesmo apenas um lugar numa cama limitavam as ambições dos mercadores e dos peregrinos. Lugar romanesco de encontros, de seduções e de intrigas, o albergue era o lugar de todos os perigos para seus pertences, se não para sua vida. Sua má reputação, tema literário recorrente, persiste, como o atestam, por exemplo, o *Livre d'or des métiers*,[3] publicação popular abundantemente ilustrada, que, em pleno século XIX, mostra a longa duração do imaginário das "classes perigosas". Ao longo das páginas e das imagens pitorescas, vagabundos, ciganos, mendigos e ladrões de toda espécie povoam o "refúgio habitual de todas essas raças odiadas, centro às vezes infecto de todas essas castas reprovadas", "esses lugares desde sempre mal-afamados, espeluncas para sempre estigmatizadas". Alguns acontecimentos trágicos, como o do albergue dos *Adrets*, repetido sem cessar em intermináveis folhetins, contribuíram para a epopeia sombria do albergue. Foi preciso muito tempo para que se tornasse respeitável, confortável, até mesmo charmoso. Foi necessário o aumento do fluxo e do desejo dos consumidores, a afinação das sensibilidades, das quais o quarto de hotel oferece um condensado. A partir do século XVII, mais ainda do século XVIII, tempo do desenvolvimento econômico, do progresso das trocas e dos mercados, os viajantes, cada vez mais numerosos, manifestam repugnâncias e novas exigências, visíveis em seus relatos.

---

[2] Daniel Roche, *Humeurs vagabondes*, op. cit. Principalmente o cap. 3, "Le voyageur en chambre"; Catherine Bertho-Lavenir, *La Roue et le stylo. Comment nous sommes devenus des touristes*. Paris: Odile Jacob, 1999.

[3] Francisque-René Michel e Edouard Fournier, *Le Livre d'or des métiers: histoire des hôtelleries, cabarets et courtilles, et des anciennes communautés et confréries d'hôteliers, de taverniers et de marchands de vin*. Paris: Adolphe Delahaye, 2 vol. in-quarto, 1859.

A evocação do albergue torna-se lugar-comum, como é no romance de Marivaux a Fielding e Diderot, o cruzamento de todos os possíveis. Entre os temas recorrentes, a oposição entre a habitual qualidade da mesa francesa e a extrema mediocridade do quarto, ao qual os viajantes ingleses, mais exigentes por seu progresso, estão especialmente atentos.

Os "buracos miseráveis" de Arthur Young

Assim, chega-se a Arthur Young, cujas *Voyages en France* constituem uma "reportagem" bastante precisa sobre a situação da hotelaria às vésperas da Revolução. Na verdade, Young só procura um hotel se não tiver coisa melhor, pois sempre prefere a hospitalidade de seus numerosos correspondentes. Ele distingue os hotéis, urbanos e mais bem-equipados, embora desigualmente, e os albergues, mais rurais, mais decepcionantes e mesmo infectos, mais frequentemente "horríveis buracos miseráveis", quase chiqueiros. Em Cherburgo, a Barque é "apenas melhor que um telheiro para porcos". Em Aubenas, seu equivalente seria "o purgatório de um de meus porcos". Em Aubagne, o albergue, embora renomado, não passa de "um buraco miserável", no qual um dos mais belos quartos "não tem vidraças nas janelas". Na Croix Blanche de Saint-Girons (no Ariège), ele encontra "o receptáculo mais execrável de lixo, de vermes e de trapaça que já pôs à prova a paciência ou feriu os sentimentos do viajante [...]. Deitei-me sem dormir em um quarto acima das cocheiras, cujos eflúvios que atravessavam as frestas do assoalho eram ainda menos terríveis que os odores produzidos naquele antro horroroso". Os albergues do Languedoc são agradáveis.

Discípulo racional de Adam Smith, Young atribui essa situação à ausência de circulação, à pobreza das trocas. As críticas aos quartos são verdadeiras ladainhas: sujeira, vermes, maus cheiros, barulho, falta d'água para se lavar, de campainhas para chamar a criada, o que obriga a chamá-la aos gritos, lugares ignóbeis: "as comodidades são templos de abominação." Mal dispostos, os quartos são entulhados de camas, chega a haver quatro; o abarrotamento é programado. As paredes são recobertas de várias camadas superpostas de papel ou de velhas tapeçarias, ninhos de traças e de aranhas, ou então caiadas. Portas e janelas não fecham direito. As correntes de ar provocam frio. O hábito de cuspir nos quartos é odioso. Ainda mais porque raramente fazem a limpeza. "Panos, vassouras ou escovas não figuram na lista de objetos necessários."⁴ Young louva, no entanto, o uso generalizado do bidê, encontrado em cada quarto, "assim como uma bacia para lavar as mãos, traço de limpeza pessoal" (e talvez prática contraceptiva?) que ele gostaria de ver espalhar-se na Inglaterra.⁵ A roupa de cama é talvez de melhor qualidade e ele aprecia que não se sequem, como na Inglaterra, os lençóis diante do fogo.

É claro que os hotéis das cidades (só eles merecem esse nome) são mais ricos, sobretudo ao norte e a leste, visivelmente mais adiantados que o sul atrasado. Em suma, a geografia hoteleira traduz o nível de desenvolvimento regional. Em Nice (Hotel des Quatre Nations), em Nîmes (Hotel du Louvre), em Rouen (Hotel Royal) ou em Nantes (Hotel Henri IV) há alguns excelentes, reparem nas apelações aristocráticas. No último, podem-se alugar quartos ou apartamentos e ele comporta "um quarto de leitura" comparável ao *book club* inglês. Exceção: habitualmente a carência e a mediocridade das partes comuns obrigam o viajante a voltar para o quarto, o que perturba o homem que gosta de conversar. "Temos tão pouco o hábito na Inglaterra de viver no quarto de dormir que parece estranho constatar que, na França, é aí que se fica. Em todos os albergues por onde passei, só fiquei dentro do quarto." O mesmo acontece nas casas particulares. Assim, na casa do duque de La Rochefoucauld, que o hospeda: "Aqui, todas as pessoas, sejam de que nível for, permanecem nos seus quartos."⁶ Ele atribui esse costume à parcimônia dos franceses, sua sociabilidade restrita. No final do século XVIII, e ainda durante muito tempo, o quarto francês permanece uma *ruelle*, um lugar de recepção, enquanto o quarto inglês se individualiza e se restringe ao isolamento e ao sono. O olhar do viajante percebe a diferença dos costumes na prática hoteleira do quarto.

STENDHAL: QUARTO COM VISTA

Quarenta anos mais tarde, as coisas teriam verdadeiramente mudado? Stendhal percorre a França "como turista", em busca do patrimônio, industrial por profissão e artístico por gosto, mas também como observador das mudanças que estavam ocorrendo. "Eis o porquê desse diário [...]. É porque a

---

[4] Arthur Young, *Voyages en France*. Paris: UGE, 1989, t. 1 (1787), p. 112-3, "Observations générales".
[5] Ibid., t. 2, p. 485 sq; sobre o uso do bidê, cf. Roger-Henri Guerrand e Julia Csergo, *Le Confident des dames. Le bidet du XVIIIᵉ siècle. Histoire d'une intimité* [1997]. Paris: La Découverte, 2009.
[6] Arthur Young, op. cit., t. 1, p. 114-5.

França está mudando rapidamente que ousei escrevê-lo."[7] O turista investiga, relata, dá testemunho sobre o estado de um país do qual os quartos de hotel revelam o atraso, se levarmos em conta a subjetividade do viajante.

Em seu diário, ele recrimina com veemência a estagnação hoteleira. Homem da cidade, Stendhal fala mais de hotéis que de albergues. Esse parisiense assumido execra a província, sobretudo o centro do país, o pior de tudo (nunca foi um íntimo frequentador da Nohant de George Sand). Bourges, cidade mesquinha, só se salva por sua catedral, sublime. Na rua Bourbonnoux, no Boeuf Couronné, ele ocupa "um quarto horroroso [...] no qual uma criada gorda me pôs na mão uma vela fedorenta num castiçal sujo; e estou escrevendo isso sobre uma cômoda". Nesse quarto, servem-lhe "uma sopa tão execrável que, para não ficar doente, fui obrigado a pedir um vinho da Champagne", remédio agradável. Felizmente é verão. Senão "a infame pequena lareira ao lado da janela" não o teria aquecido. Em Tours, alguns dias depois, no Grand Hotel de la Caille, ele morre de fome e treme de frio. Tem bastante dificuldade para arranjar água quente. "Toquei até cansar todas as campainhas, fiz barulho como um inglês, pedi fogo, consegui, isto é, meu quarto se encheu de fumaça e uma hora e meia depois de ter pedido água quente pude fazer um chá." É o que Young, desprovido de campainhas, não poderia conseguir chamando "a criada aos gritos".

Stendhal deplora o falso luxo dos tecidos adamascados e a ausência de mosquiteiros; no Hotel de Jouvence, em Lyon, no entanto bem recomendado, "não há", lhe disse a criada, "e ninguém nunca pede". A falta de mesas, o barulho e, sobretudo, a péssima qualidade das "abomináveis velas" de província que o obrigam a prover-se delas ele próprio, contrariam a leitura e a escrita de um conviva que a mesa comunitária e a mesquinharia da conversa desanimam.

"Ler em vez de olhar talvez não seja executar bem o trabalho do viajante; mas o que fazer, no entanto, nos momentos em que as pequenezes da província o enjoam?" Ao contrário de Young, refugia-se com prazer em seu quarto, que preferiria mais acolhedor, mais *snug*, segundo a expressão desse leitor anglófilo.

Por conseguinte, quando se fica mais tempo, dá-se mais importância à abertura para o exterior, à situação, à "vista". Stendhal dá muita atenção a isso. Em Grenoble, no hotel des Trois Dauphins, onde Napoleão ficou ao

---

[7] Stendhal, "Mémoires d'un touriste" [1838], in V. Del Litto (org.), *Voyages en France*. Paris: Gallimard, 1992, col. Bibliothèque de La Pléiade.

voltar da ilha de Elba, sua janela dá para "uma magnífica alameda de castanheiras", iluminada pela lembrança crepuscular do imperador: paisagem memorial. Em Nantes, ela dá para a praça Graslin, "bonita pracinha que seria notável até em Paris". Em Saint-Malo, descontente com um quarto que dá para "uma rua horrorosa", troca-o por outro, no terceiro andar, "de onde tinha uma linda vista sobre as muralhas. Embriaguei-me com essa vista, depois li a metade do volume que acabara de comprar". Em Honfleur, escolheu "o único quarto do albergue que dava diretamente para o mar", testemunha perfeita desse desejo de litoral que Alain Corbin detectou.[8] No Havre, no hotel de l'Amirauté, "de um lindo quarto no segundo andar [...], felizmente vazio", ele segue o movimento dos rebocadores, dos barcos a vela e a vapor que observa com o binóculo. Descreve longamente, à maneira de Turner, o pintor, seu contemporâneo, a "fumaça bistre" que invade a atmosfera: "Os grandes turbilhões dessa fumaça se misturam com os jatos de vapor branco que se lançam assobiando das válvulas das máquinas. Essa escuridão profunda causada pela fumaça do carvão me lembrou Londres, e verdadeiramente com prazer, nesse momento em que estou saturado das pequenezes burguesas e mesquinhas da França. Toda atividade me agrada, e, nesse gênero, o Havre é a cópia mais exata da Inglaterra que a França pode mostrar."[9] A cópia é, no entanto, muito inferior ao modelo: Liverpool libera 150 navios por dia e o Havre, doze ou quinze. A "vista", a paisagem enquadrada pela janela do hotel, ou, mais fugaz, pela do trem, torna-se uma forma de apropriação, talvez até de representação do mundo. A "linda vista" é aqui a atividade mercantil e sua fumaça embriagadora, sinônimo da circulação e do progresso que a Inglaterra encarna aos olhos de Stendhal, espontaneamente adepto de Saint-Simon e espectador satisfeito. Ele se lembrará desse momento difícil de se reter pela sua própria animação? "Só nos lembramos perfeitamente das paisagens diante das quais nos entediamos um pouco."[10] A objetiva do fotógrafo assegurará isso mais tarde.

O "QUARTO HIGIÊNICO"

O quarto "bom" tende a substituir o quarto "belo". Ele conjuga as qualidades interiores e exteriores. Ele deve oferecer uma estada agradável, uma exposição

---
[8] Alain Corbin, *Território do vazio: a praia e o imaginário social*. São Paulo: Companhia das Letras, 1989.
[9] Stendhal, *Mémoires d'un touriste*, op. cit., p. 337 (julho de 1837).
[10] Ibid., p. 189 (20 de junho de 1837).

satisfatória, uma situação conveniente no centro da cidade, e depois de 1850, ficar próximo da estação. Deve assegurar discrição, proteção e contato. Desde a metade do século XIX, o desenvolvimento do comércio e do turismo eleva as normas do conforto e da higiene de uma hotelaria que se organiza e se torna industrial. Guias (*Joanne*, depois *Michelin*), associações como o Touring Club (1900) e o Automóvel Clube contribuem para isso com questionários junto aos viajantes e pelo viés das classificações e das distinções (estrelas).[11]

Tudo estava por fazer. O guia *Joanne*, de 1861, lamenta que algumas regiões, "por falta de um hotel conveniente", permaneçam inacessíveis "às mulheres que gostariam de visitá-las". As companhias de estrada de ferro e seus "hotéis de viajantes", indispensáveis auxiliares das estações, enunciam as primeiras regras. A partir dos anos 1905-06, o Touring Club executa uma política sistemática, apoiada pelos grandes hotéis parisienses. Inacessíveis à maioria, os hotéis de luxo criam um ideal incitador. O Touring Club elabora um modelo de "quarto higiênico", cujo protótipo é exposto na Exposição Universal de 1905. Seus mandamentos: ordem, simplicidade, limpeza. Ele obedece a normas rigorosas de higiene: nas paredes, pintura laqueada ou papel envernizado, lavável (uma vez por ano), leitos sobre pés que facilitem varrer, edredons, colchas e cortinas espessas, mas desprovidas de pompons e babados. As "comodidades" à inglesa, mais numerosas (ao menos uma por andar), terão vasos de porcelana.[12] Guerra à poeira e aos micróbios, expulsos por uma limpeza regular e frequentes desinfecções.

Esses esforços se fazem primeiramente nas cidades grandes, mas o Touring Club dirige sua ação ao interior da França, tão desprovido de tudo. Desde antes de 1914, a elite restrita dos automobilistas começa a percorrê-lo. Em sua intenção, em 1907, o Touring Club faz a promoção de "lindos" albergues em plena natureza. Louva "a cama limpa e livre, os lençóis brancos, a vidraça transparente, o cômodo bem-fechado, a água abundante, a luz fácil. A ordem, a simplicidade, a limpeza; e eis que meu quarto alegre, onde se respira, é para mim um palácio". "Modelo bucólico e implacável",[13] comenta Catherine Bertho-Lavenir, que sublinha a força normativa e discriminadora dessa ideologia higienista, da qual os clien-

---

[11] Cf. Catherine Bertho-Lavenir, *La Roue et le stylo*, op. cit., principalmente *Réformer l'hôtellerie*, p. 127-239. Ela descreve detalhadamente essas transformações das quais dependem os próprios quartos.
[12] Cf. Roger-Henri Guerrand, *Les Lieux: histoires des commodités*. Paris: La Découverte, 1985; reed. 2009.
[13] Catherine Bertho-Lavenir, *La Roue et le stylo*, op. cit., p. 228.

tes viajantes são convidados a tornar-se agentes, através de questionários inseridos nos guias, relativos aos preços anunciados e à realidade dos serviços prestados. Essa é, em suma, uma das primeiras formas de ação organizada dos consumidores.

Um pouco mais tarde, por volta de 1920, o Automóvel Clube da França organiza o concurso *Quartos de dormir e banheiros*,[14] aliança significativa das novas exigências. O programa prevê três categorias: a) hotel de primeira categoria para cidade grande ou cidade balneária; b) hotel médio para cidades menores; c) albergue. Os quartos diferem por suas dimensões (de 40m^2 para "a" à 15m^2 para "c"), a presença de banheiros privativos e a organização de "instalações hidroterápicas". Água quente corrente obrigatória para a categoria "a", facultativa para "b", a categoria "c" (albergue) tendo "uma toalete fixa ou móvel, alimentada ou não, à vontade dos concorrentes". Só a primeira classe se beneficia da iluminação elétrica e do aquecimento "a vapor". As outras iluminam-se com álcool, o aquecimento não é mencionado. As ilustrações que acompanham mostram quartos bastante lúgubres, mas banheiros grandes e agradáveis, então critérios de conforto.

Assim, os hotéis se diversificam segundo os lugares e as funções: hotéis de viajantes perto da estação, administrados pelas companhias ferroviárias; hotéis balneários, dos quais o Grand Hôtel de Balbec e, nos anos 1950, o hotel de La Plage de M. Hulot tornaram-se figuras lendárias; hotéis de estações termais ou das cidades de peregrinação (ver *Lourdes*, de Zola, e seu hotel das Aparições),[15] hotéis de estada, de passagem ou motel. Obedecem a critérios diferentes e não oferecem o mesmo tipo de quarto e de serviços. Entre os grandes hotéis e "os dormitórios", que acolhem em condições muitas vezes miseráveis viajantes de diversas origens, a distância é infinita. O alojamento é uma marca social levada ao paroxismo na hotelaria. Um mundo separa o palace, hotel de luxo, e o "mobiliado".

Palaces

Substituto do palácio, o palace — palavra vinda do inglês por volta de 1905 — é o sonho terrestre do viajante, análogo ao transatlântico de cruzeiro, figura de luxo no imaginário europeu do século XX. Jean d'Ormesson

---

[14] *Chambres à coucher et cabinets de toilette*, concurso organizado pelo Automóvel Clube da França. Paris: P. Schmid, s.d., 24 ilustrações.
[15] Émile Zola, *Lourdes* [1894]. Ed. estabelecida e apresentada por Henri Mitterand. Paris: Stock, 1998.

cantou seus méritos: *"Palaces! Maisons de rêves pour gens venus d'ailleurs, foyers pour émigrés aux poches pleines de dollars, étapes toujours passagères sur les chemins du luxe, du calme, de la volupté."*[16] Eles encarnam a "parte da poesia ligada ao dinheiro [...], a beleza nos tumultos do Universo". Máquina de sonho, sempre única, célebre por seu fundador e seus clientes, seus fastos e seus dramas (mortes, crimes, suicídios, escândalos), "mundo de extravagâncias e de paixões sombrias", o palace não poderia pertencer a uma "cadeia" de onde estão excluídas a singularidade, declinada em nomes faustosos: Carlton, Ritz, Grand Hôtel... Sua vontade de distinção marca a nostalgia de uma idade aristocrática declinando nos anos 1880 (em Balbec, Mme de Villeparisis e o barão Charlus conservam a ilusão), moribundo um século mais tarde, o que o torna ainda mais delicioso aos olhos do escritor. Entre a diligência e a era nuclear, respira-se aí "uma espécie de doçura de viver, já congelada pela morte, um gigantismo ainda elegante, uma idade que não quer desaparecer mas que se sabe atingida pelo mal que a levará" e que já a corrói.[17]

Nascido da história e do mercado, o palace é um produto bastardo. Ele deriva dos hotéis nobres do século XVIII, tomados de seus antigos proprietários pela Revolução e tornados "aposentos de luxo" sob a monarquia censitária. Esta reabilita o nome de "hotel", anteriormente banido.[18] A essa reconversão acrescente-se a necessidade de acolher os fluxos crescentes de viajantes atraídos — a Londres, a Paris, a Viena — pelas exposições universais e pela circulação ferroviária. O Grand Hôtel du Louvre foi criado para a exposição de 1885 pela Société du Grand Hôtel du Chemins de Fer (Sociedade do Grande Hotel das Estradas de Ferro). O grande hotel Saint-Lazare dá para a estação e reúne diretamente os viajantes.

O século dos palaces vai de 1860 a 1960, quando em todas as capitais europeias, formam um universo onde circulam os viajantes afortunados, cujo intérprete é Barnabooth de Valéry Larbaud. Dois modelos se combinam: o modernismo técnico anglo-saxão, o gosto francês pelo cerimonial da corte, o primeiro mais atento ao conforto e principalmente aos banheiros, o segundo mais preocupado com a decoração e a recepção. O primeiro triunfa

---

[16] "Palaces! Casas de sonho para os que vêm de outras terras, lares para imigrantes com os bolsos cheios de dólares, etapas sempre passageiras no caminho do luxo, da calma e da volúpia." (N.T.)
[17] *Palaces et Grands Hôtels d'Europe*. Paris: Flammarion, 1984, prefácio de Jean d'Ormesson, obra suntuosamente ilustrada.
[18] Cf. *Du palais au palace*, catálogo de exposição, Museu Carnavalet, 1998 (a obra mais completa sobre esse assunto).

no Carlton e no hotel du Louvre; o segundo, no hotel Meurice. O palace bem-sucedido consegue reunir os dois, triunfo de Cesar Ritz no hotel do mesmo nome.

O que faz o palace, para começar, é em primeiro lugar a suntuosidade das partes comuns: majestade do hall de entrada, vestíbulos e escadarias com corrimãos decorados, sucessão de salões, altura e escultura profusa dos tetos, intensidade das luzes, cortinas pesadas, abundância de poltronas e sofás. É, em seguida, a qualidade dos serviços, a disponibilidade de um pessoal numeroso, discreto e alerta — porteiros, recepcionistas, camareiros — que pode ser chamado por campainhas, sinal elétrico e logo telefone, cada um procurando agradar de acordo com as formas de chamada. É, enfim, a reputação dos clientes, os que passam e os que ficam, numerosos nessa época, principalmente no Sul, onde se constitui um conjunto de habitués, que se reencontram a cada ano e cuja reputação cria o renome do hotel de luxo. O modelo da corte está onipresente no vocabulário e nos hábitos, aliança sutil de deferência e de familiaridade, de obsequiosidade e de respeito, segundo os códigos da polidez e os ritos cotidianos que tecem a "civilização dos costumes" do palace, dos quais o narrador de *À sombra das raparigas em flor* faz uma análise sutil. Mundo fechado de conhecimento mútuo, de rumores e de saudações, de gestos e de alusões, de fatos pitorescos e de boatos, de olhares e de intrigas, de amores e de desejos, dos quais *Morte em Veneza*, de Thomas Mann, é o poema dilacerante. Romanesco por excelência, o palace engendra uma imensa literatura. Disputam-se suas relíquias quando ele fecha as portas, como aconteceu recentemente com o Royal-Monceau (junho de 2008), retalhado, vendido em leilão e sistematicamente desmembrado pelos seus aficionados antes de dar lugar à criação contemporânea.

No universo dos palaces, o quarto não é o essencial. Nos álbuns de fotos que lhes são consagrados, ele ocupa um pequeno espaço, sendo muito menos representado que os salões, as cozinhas ou as adegas. Lugar do íntimo, ele também é menos espetacular, mais fixo em sua disposição e em seu mobiliário, menos visível, mais repetitivo, mais anônimo. Sobre a hierarquia dos "andares" velam as governantas, que reinam sobre um exército de camareiros e camareiras com papéis diferentes, que moram nos últimos "andares" até a Primeira Guerra Mundial, com os criados dos hóspedes, cada vez mais reduzidos a seus motoristas.

Os quartos mais suntuosos formam as "suítes", ou, pelo menos, eles são bastante vastos para comportar um "canto sala". Durante muito tempo, a cama, de casal na França e dupla na Inglaterra, se abriga em uma alcova; conserva baldaquino e cortinas, um ar Luís XIV. Mas o gosto pelo século XVIII em plena revitalização, da qual os Goncourt se consideram os zeladores, termina por vencer e se torna sinônimo de móveis de "estilo", que os artesãos do *faubourg* Saint-Antoine fabricam tão bem. Uma nostalgia do Antigo Regime, assimilada à "alegria de viver" plana sobre os palaces, formatados segundo um modelo aristocrático que continua a inspirar os códigos de *savoir-vivre* até no vocabulário e na curvatura das cadeiras.

A clientela anglo-americana adora os palaces, mas exige maior conforto, sobretudo banheiros. Todavia, esse demorou a ser individualizado. O Grand Hôtel du Louvre (1854), "o maior da Europa, bem no centro de Paris", aprega seus "seiscentos quartos e setenta salões". "Banhos a qualquer hora do dia", porém em instalações coletivas. Meio século mais tarde, dos quatrocentos quartos do Élysée Palace (1899-1919) apenas um terço dispõe de banheiros. No Carlton de Londres, todos os quartos têm banheiros privados. As condições de higiene permanecem medíocres atrás do aparato e durante muito tempo os camareiros continuam a esvaziar urinóis.

O Carlton serve de modelo a Cesar Ritz, que aí trabalhou. O hotel da praça Vendôme, inaugurado com grande pompa em 1º de junho de 1898, quer conciliar tudo: conforto, higiene, mesa (com o célebre Escoffier) e intimidade.[19] Banheiros e lavabos privativos são agora o apêndice obrigatório de cada quarto. Cesar e sua mulher, Marie Louise, o decoram com um extremo cuidado: banheira em porcelana esmaltada, pia em mármore branco e, curiosa reminiscência da *chaise percée* de Luís XIV, sanitários recobertos com um assento canelado. No quarto, pintura branca, tecidos que não acumulam poeira, cortinas triplas de tule, tecido leve e cetim de algodão filtrando o sol, grandes armários e guarda-roupas, gavetas profundas para guardar perucas, tranças e coques, carpetes de cor clara combinando com as colchas da cama, que é de cobre, preferido à madeira, com protetor de colchão, coberta leve, lençóis finos, trocados todo dia e passados a mão. Não há mais relógios nem candelabros em cima da lareira, enquanto a mesa-escrivaninha recebe mata-borrão e papel de carta com o brasão do hotel. A iluminação, indireta, difunde uma luz suave. Nada de telefone, muito agressivo, mas campainhas para chamar os criados. Não havia ainda processos de insonorização para

---

[19] O Ritz suscitou uma abundante literatura. Além do catálogo anteriormente citado, cf. Stephen Watts, *Le Ritz: la vie intime du plus prestigieux hôtel du monde*. Paris: Trévise, 1968.

abafar todos os ruídos — Proust ouvia o barulho da água de seu vizinho no chuveiro. Ele encontrava um certo prazer naquela relativa proximidade de corpos, que contribui tão fortemente para a erotização do quarto de hotel, lugar de sono e de amores, pessoais, compartilhados, adivinhados, temidos pelos vizinhos, imaginados pelo pessoal de serviço, testemunhas dos leitos desfeitos e dos lençóis, reveladores dos corpos.

O Ritz parece um hotel que teria começado com Luís XIV e terminado com Félix Faure, segundo um cronista. As reminiscências de Versalhes se apagam pouco a pouco, dando lugar a preocupações de higiene que comandam uma nova estética, da qual William Morris é o teórico e Proust, a testemunha. "Um quarto só é belo se contém coisas que nos são úteis."[20] Ele deve ser despojado, funcional, sem dissimulações, mostrando o prego se ele serve para alguma coisa, escreve ele, não sem saudades do caloroso acúmulo de outrora. No entanto, aprecia o Ritz a ponto de nele se instalar e receber os amigos, de sorte que vende sua prataria por não precisar mais dela.

Os palaces, nas grandes capitais (o hotel Adlon, em Berlim) ou na Riviera, vivem assim de seus frequentadores habituais, sua aparência e sua glória, sua preocupação às vezes, que os identificam com suas residências, nesse movimento de hábito e de apropriação que transforma o hotel em casa. Não se sabe se isso o desnatura ou o completa. Aí encontram "seus" quartos ano após ano, zangam-se quando está ocupado por algum importuno, o que um bom gerente deve evitar. Outros nele residem durante muito tempo, transformando o hotel em lugar de estada longa,[21] de cura ou de hibernação.

O palace, esse paraíso, é uma exceção, uma ilha emergindo na monotonia dos hotéis médios ou miseráveis que formam a essência dos "parques" hoteleiros dessa época. Os mobiliados constituem a antítese perfeita, porém estudos recentes convidam a reavaliar essa função. Durante mais de um século os aposentos, ditos *garnis* e às vezes *chambrées*, acolheram migrantes rurais, provincianos, estrangeiros, desejosos de trabalhar na cidade, principalmente em Paris. A maior parte estava "apenas de passagem" e retornaria a sua terra passada a estação, pelo menos na indústria de construção, ávida de braços temporários. Porém, sobretudo após 1880, uma proporção cada vez maior instalou-se definitivamente, trazendo suas famílias ou constituindo uma. Intensificou-se, assim, a procura de um alojamento maior e mais estável. Mobiliados constituem um modo de alojamento popular, num

---

[20] Marcel Proust, *Journées de lecture, Pastiches et mélanges*, op. cit., p. 164.
[21] Cf. Émile Litschgy, *La Vie des palace: hôtels de séjour d'autrefois*. Paris: Tac Motifs, 1997.

processo de integração e de fixação, nos antípodas da excursão hoteleira, luxuosa ou não, mas muito mais volátil. Voltaremos a isso.

O AMOR E A MORTE

É falar sobre a profundidade das distâncias, a variedade dos usos e das experiências hoteleiras. O que sabemos das mais modestas, das mais humildes, além da experiência comum e banal, a que Henri Michaux — "o homem dos mil hotéis" — empresta a um certo Plume? "Ele morava em um dos quartos mais modestos, um quarto verdadeiramente muito pequeno. Sentia que aquele quarto o enlouqueceria." Ele se muda, mas não melhora quase nada. "Porque os quartos para os menos afortunados têm sempre um defeito."[22] Verdade evidente que se aplica tanto ao hotel quanto ao quarto mobiliado.

Dos dias comuns em tais quartos pouco sabemos. Alguns fragmentos percebidos através de raras pesquisas, de autobiografias, de memórias, de instantâneos confiados ligeiramente por cartões-postais, de lembranças felizes ou de notícias trágicas de jornal. Ainda mais porque os clientes muitas vezes querem manter o anonimato que o quarto de hotel lhes permite, hoje totalmente, menos em outros tempos, quando era necessário preencher fichas de polícia e declarar uma identidade falsa, caso alguém quisesse ali se esconder. O segredo do quarto é uma garantia de liberdade. Daí seu papel de refúgio para os perseguidos, os exilados, os delinquentes em fuga, os fugitivos, os apaixonados, todos que, por qualquer razão, procuram escapar da perseguição ou da norma.

O quarto de hotel acolhe amores legítimos ou clandestinos. Outrora abrigava a noite de núpcias de jovens casais afortunados. Os amantes nele se encontram, alguns sempre no mesmo quarto que incorporam suas efusões, outros, ao contrário, mudando sempre para melhor dissimular seus encontros furtivos. Jean Paulhan e Dominique Aury selecionavam os hoteizinhos de Seine-et-Marne, de onde conheciam todas as estações de trem.[23] Uma chave entregue por um funcionário desconfiado e vagamente cúmplice, um número, cortinas cerradas em pleno dia, se possível paredes espessas que

---

[22] Henri Michaux, "La chambre. Un certain Plume" [1930], in *Oeuvres complètes*, op. cit., t. 1, p. 675.
[23] De acordo com seu biógrafo, Angie David, *Dominique Aury*. Paris: Léo Scheer, 2006, p. 313. "As noites de amor se passam em quartos de hotel, o mesmo muitas vezes seguidas, frequentemente no albergue do Cheval Blanc, ou qualquer outro, ao acaso." Mais precisamente, em quartos de aluguel dos hotéis de estação de Seine-et-Marne.

abafem suspiros, murmúrios e respirações ofegantes do amor conferem uma facilidade passageira, uma segurança relativa, um instante de eternidade. Amantes felizes dispõem de uma noite inteira, quase conjugal, para fazer amor, mas também dormir juntos como um casal comum. Mais frequentemente têm que se contentar com momentos roubados, reduzidos ao tempo de uma relação amorosa em um motel. Será que os amantes se lembram dos quartos de seus amores? E pouco importa a cama, contanto que não ranja muito. Os lugares têm tanta importância? Se têm, é porque se acalma o louco ardor do corpo, esquecido de tudo que não seja eles. Para Marguerite Duras, a paixão se realiza facilmente nos quartos de hotel, "na sombra de um corredor diante da porta aberta para o exterior". *"J'aurai voulu t'avoir pour moi tout seul avec/ Le monde en fait de chambre d'hôtel"*,[24] diz Aragon a Elsa.[25]

A sexualidade habita o quarto de hotel, o submerge às vezes. A morte também, um pouco menos, e não somente metaforicamente. Os hoteleiros da Riviera temiam a morte de seus hóspedes tuberculosos, alguns dos quais consideravam ali acabar seus dias. Os hotéis tinham previsto tudo para a liberação rápida do corpo. No Ritz, uma saída especial devia evitar qualquer encontro entre os vivos e o morto, cujos despojos obscureciam a reputação festiva do palácio. Sinal do apagamento da morte, escandalosa na sociedade contemporânea. Alice James, cancerosa incurável, "cai aos pedaços", em Londres, em um hotel de South Kensington: o quarto é agradável, tranquilo, mas para morrer, será transportada, pensa ela, para a casa de seu irmão Henry, pois "não é agradável morrer no hotel". Sua amiga Catherine a tranquiliza: nada a temer, tudo se passa "na maior correção"; o corpo é descido pela escada de serviço para não afligir ninguém. "Eles têm aqui costumes estranhos: fecham todas as portas e janelas quando morre alguém." Talvez para evitar que os cadáveres escureçam? É a interpretação de Nurse, a acompanhante.[26]

Improvisada ou programada, a morte é um acidente secreto contido em toda viagem. A morte dos pobres, lacônica, logo se fecha sobre eles. Uma menção no registro da delegacia mais próxima e eventualmente uma curta notícia no jornal local fazem alusão a esse incidente. Ao contrário, a morte de um escritor ou de um artista enche o hotel de glória.

---

[24] "Eu gostaria de te possuir só para mim com/ O mundo transformado em quarto de hotel." (N.T.)
[25] Louis Aragon, *Les Chambres*, op. cit., p. 13.
[26] Alice James, *Journal*, 1983, trad. Marie Tadié. Paris: Éd. des Femmes, p. 180 (7 de novembro de 1891).

Placas lembram a morte de Strindberg na pensão Orfila, rua d'Assas, de Joseph Roth, rua de Tournon, de Oscar Wilde no número 13 da rua des Beaux-Arts, para citar apenas o 6º *arrondissement* de Paris. Diane de Furstenberg sublinha a suntuosidade da decoração do último refúgio de Wilde — "alguns toques dignos de um dândi" — e a osmose que o hóspede pode sentir: "todos os que dormiram nesse quarto [...] puderam assim penetrar no universo do escritor."[27]

Fica-se deprimido no hotel. Encontrar-se sozinho entre quatro paredes depois de um espetáculo ou de um concerto é talvez para um artista um alívio ou uma provação. O contraste impressionante entre a apoteose do palco e o avesso às vezes sórdido do ambiente provoca uma brusca queda de tensão. Martha Argerich evocou a depressão que sentia em sua juventude, quando voltava para o hotel depois de um recital triunfante. Ninguém, então, a espera. Daí sua ação ulterior para acolher jovens músicos. "Tem-se tudo: a glória, o dinheiro, os aplausos do público, depois o vazio de se estar sozinho num quarto de hotel", dizia Rachmaninov. A melancolia vagueia nos quartos anônimos e vazios.[28]

Alguns se suicidam no hotel. Pela janela ou no quarto. A porta, trancada a duas voltas de chave, garante aos desesperados a solidão necessária ao ato, quer se trate de enforcamento, de revólver, de faca ou de veneno. Jacques Vaché dá fim a seus dias em 6 de janeiro de 1919, no hotel de France, em Nantes, quarto 34, segundo andar. Joseph Roth se mata no hotel. Na Alemanha nazista, foram numerosos os suicídios ligados às perseguições antissemitas. "Veronal em um hotel",[29] nota Victor Klemperer em seu diário, a propósito de Arthur Sussmann. Sabemos a sorte de Walter Benjamin, de tantos outros exilados políticos, cuja última residência foi o hotel. O trágico dos quartos de hotel da guerra, do exílio e da perseguição.

Mas também da simples depressão. Cesar Pavese engoliu vinte comprimidos de sonífero, em 27 de agosto de 1950, num quarto qualquer do

---

[27] Diane de Furstenberg, *Lits de rêve*, op. cit., p. 51, com a fotografia do quarto em questão. Na primavera de 2009, o quarto número 16 é restaurado novamente pelo decorador Jacques Garcia, que "reconstituiu exatamente como era o estilo de vida do poeta. Ele também revisitou os vinte outros quartos e suítes como lugares de memória. *Le Monde*, suplemento de 5 de março de 2009.
[28] Ibid., 17 de agosto de 2006.
[29] Victor Klemperer, *Mes soldats de papier. Journal, 1933-1941*. Paris: Seuil, 2000, t. 1, p. 696, nota 35 (25 de março de 1934). O autor lembra que o inventor do veronal, esse veneno mortal, o prêmio Nobel Emil Fischer (1852-1919), pôs termo às discussões relativas à sua denominação com essa frase espirituosa: "Meu trem parte daqui a meia hora, já reservei um quarto em Verona."

Albergo Roma, em Turim, sua cidade querida. "O silêncio, nele está nossa única força", escrevia ele.[30]

Experiências singulares

Alguns escritores escolheram o hotel como modo de vida e/ou como objeto literário. Muito ricas, se suas experiências não são necessariamente representativas, elas, pelo menos, são contadas. Cada uma, em sua singularidade, nos confins do biográfico e do romanesco, revela alguma coisa de uma história comum.

Barnabooth, o quarto do dândi

Valéry Larbaud, apreciador de hotéis, fez de Barnabooth seu herói e seu intérprete. Barnabooth era um dos homens mais ricos do mundo (o que o autor não era). Herdou de seu pai americano uma fortuna baseada na especulação e no jogo, principalmente nos cassinos. Viajante sem bagagem, compra, à medida que deles precisa, objetos que destrói ou distribui aos empregados no momento da partida, como outrora os moribundos davam suas roupas aos criados. Percorre a Europa como amante de arte, frequentador de museus e cosmopolita libertário. A viagem, de que faz a crônica, é para ele uma ética e uma estética. Ele procura se libertar do "demônio da propriedade imobiliária", essa "vergonha" da "casta em que o destino gostaria de aprisioná-lo".[31] Quer se desfazer da imagem do jovem milionário ocioso que lhe cola na pele e no espírito, trocá-la pela de um dândi asceta e voluptuoso. Pela viagem, quer descobrir o mundo, sobretudo a Europa, e ele próprio. Escrevendo um diário, quer "ver claro em si mesmo". Fala do "duelo mortal entre mim e ele (seu amor-próprio), na casa fechada de minha alma [...]. Eu o persigo de quarto em quarto, até o último reduto da adega".[32] Do quarto, metáfora da alma, aspira sair. "Sair de mim mesmo para ir aonde e a quem se dar?"

A viagem permite não ter laços nem raízes, escapar à casa e à mulher. "A mulher é um limite." Ela encarna o tédio da virtude. "As ligações começam com

---

[30] Lorenzo Mondo, *Cesare Pavese: une vie*. Paris: Arléa, 2009, citado no *Le Monde des Livres*, 2 de maio de 2009.
[31] Valéry Larbaud, "A.O. Barnabooth. Journal" [1913], in *Oeuvres*. Paris: Gallimard, 1957, col. Bibliothèque de La Pléiade, p. 129: "A propriedade imobiliária, que vergonha! Despesas domésticas, o luxo, a importância social, que ridículo para um rapaz solteiro!"
[32] Ibid., p. 117.

champanha e terminam com camomila."³³ A viagem e o hotel permitem essa liberação. Barnabooth vai de hotel de luxo em hotel de luxo. Em Florença, no Carlton, aluga um andar: "uma sequência de janelas sobre o Arno, sala de jantar, sala de fumar, banheiro tão grande quanto o quarto de dormir." O banho é um prazer supremo. "Preparam um banho para mim. O ruído da água quente caindo na banheira, o vapor que se espalha trazem-me sempre imagens voluptuosas", ao contrário da figura repulsiva de "solteiros sem banheira e que cheiram a mofo". No projeto de casa, futurista e científica, que ele pensa implantar em Kensington ou em Passy, detém-se primeiramente no banheiro. Prevê todos os detalhes, contrastando com a nudez do quarto. "O banheiro, sobretudo, duas vezes maior do que o quarto, uma simples cela de hospital, branca, azulejada e sem ângulos."³⁴

"Duzentos quartos, duzentos banheiros": essa deveria ser, segundo Valéry Larbaud, a "divisa orgulhosa da hotelaria moderna". Em um artigo de 1926, dedicado a Jean Paulhan, ele confia o resumo de sua experiência pessoal de grandes hotéis europeus, com início no Palace Hotel de Bussaco e término no Villa Blanca, em Rapaleo.³⁵ Sua juventude doentia estava familiarizada com os quartos onde seus pais o deixavam. Ninguém, sem dúvida, levou mais longe a reflexão sobre a vida de hóspede que foi a sua.

Do hotel, aprecia a possibilidade do isolamento. "Um quarto de hotel tem um poder isolante quase ilimitado." Como e por que tal poder em um espaço comum, "espaço banal, aberto a todos os que chegam e que parece aquele tempo que nunca passará depressa o bastante?" Nesse espaço-tempo suspenso, nos sentimos de passagem, em trânsito, à espera de um encontro, de uma felicidade obscura que talvez nunca venha. O hotel mantém uma distância, um afastamento da cidade que fatiga e na qual nos sabemos estrangeiro. "É como se ficássemos na estação, sempre na véspera de uma partida definitiva." Essa impressão de suspense, de lugar nenhum, é ampliada pelo fato de colocar a chave no quadro e não no bolso, o que lhe lembra sem cessar sua exterioridade. Larbaud se lembra de um grande hotel parisiense (o hotel do Louvre, sem dúvida), onde passou longos momentos de sua infância. Do seu quarto, onde um *maître d'hôtel* meticuloso e silencioso lhe trazia o jantar, percebia o

---

[33] Ibid., p. 156. A única maneira de se emancipar seria casar com uma moça pobre, do povo, talvez uma atriz. A que ele corteja recusa-se a perder a liberdade. "Prefiro ser pobre e livre a rica e presa", diz-lhe ela. Posição que ele entende perfeitamente.
[34] Ibid., p. 277.
[35] Ibid., p. 891-907.

movimento de uma multidão que passava sem que nunca ninguém lançasse um olhar para a janela de onde ele observava. Ver sem ser visto, essa visão panóptica de poder, também lhe dá uma extrema sensação de solidão.

Marcel Proust: a angústia de um novo quarto

A experiência de Proust é diferente e contraditória. Esse angustiado receia a mudança, e, por conseguinte, todo novo quarto a que tenha que se aclimatar: tema recorrente na *Busca*. Desde as primeiras páginas, o autor evoca sua ansiedade noturna: "É o instante em que o doente foi obrigado a viajar e teve de dormir em um hotel desconhecido. Acordado por uma crise, alegrou-se ao perceber sob a porta a claridade do dia. [...] Estava ansioso como em um quarto de hotel ou de chalé onde tivesse chegado pela primeira vez ao descer do trem."[36] Em Balbec, na primeira noite, impossível dormir. No quarto do Grande Hotel, tudo lhe é hostil: a altura do teto, as cortinas, as vitrines da biblioteca, "um grande espelho com pé, atravessado no meio do quarto", que ele não suporta. "É nossa atenção que põe objetos em um quarto e o hábito que daí os retira e cria lugar para nós. Lugar não havia para mim no meu quarto de Balbec (meu só no nome). Ele estava cheio de coisas que não me conheciam..."[37] Só o hábito pode vencer a opacidade das coisas e fazê-las esquecer. No fim da estada, o narrador tinha de tal modo domesticado seu quarto que deseja reencontrá-lo no ano seguinte e treme ante a proposta do diretor de lhe dar um melhor. Por conseguinte, receia retornar a seu quarto parisiense como a um novo exílio.

Em visita a Doncières, o narrador deixa com pesar o quarto de oficial em que Robert de Saint-Loup o recebeu, para ir para o hotel. "Eu já sabia de antemão que ali iria encontrar a tristeza. Ela era como um aroma irrespirável que desde o meu nascimento qualquer quarto novo exalava para mim, isto é, qualquer quarto..." Felizmente, esse velho hotel do século XVIII conserva "um excedente de luxo, inutilizável em um hotel moderno". Seu quarto, no fim de um corredor tortuoso, de escadas improváveis, dá para um pátio discreto; tem móveis antigos, uma boa lareira, uma cama na alcova, recantos. "As paredes estreitavam o quarto, separavam-no do resto do mundo." Sua solidão "continuava inviolável e não estava mais encerrada". Ele libera um charme que o acalma e lhe dá uma "sensação de liberdade". Ele se sente

---

[36] Marcel Proust, "No caminho de Swann", in *Em busca do tempo perdido*, vol. 1. São Paulo: Editora Globo, 2006.
[37] Id., "À sombra das raparigas em flor", in *Em busca do tempo perdido*, vol. 2, op. cit.

ao mesmo tempo isolado e protegido. O quarto lhe proporciona um sono poético, "aveludado", e um despertar sereno.[38]

O quarto de Doncières se parece com o quarto de Jean Santeuil, que Proust descreve de maneira quase etnográfica, como seu tipo ideal: grande, mas com o pé-direito não muito alto, dotado de tapetes espessos e macios, iluminação elétrica comandada por inúmeros botões, "leito amplo mas não muito comprido, nem um pouco triste e separado do quarto, mas mergulhado em sua felicidade silenciosa". A janela dá para um pátio atapetado de hera, que ele entrevê por uma cortina "logo cerrada para voltar inteiramente para o quarto [...], cheio de incitações poéticas".[39]

Afinal de contas, Proust aprecia os hotéis do interior, onde há vestígios de outras vidas que o inspiram. "Por mim, só me sinto feliz quando coloco os pés — avenida da Gare, no porto, na praça da igreja — em um desses hotéis de província com longos corredores frios onde o vento luta com sucesso contra os esforços do aquecedor [...], onde cada ruído do exterior serve apenas para fazer desaparecer o silêncio, mudando-o de lugar, onde os quartos guardam um perfume de mofo que o ar externo vem lavar, mas não apaga [...]; onde à noite, quando se abre a porta do quarto, tem-se a impressão de violar toda a vida que aí ficou disseminada [...]; de tocar em todo lugar a nudez dessa vida, com a intenção de perturbar-se a si mesmo por sua própria familiaridade [...]; tem-se, então, a impressão de fechar consigo essa vida secreta, quando se vai, tremendo, puxar o ferrolho."[40] Poeta dos quartos de hotel, Proust se nutre de sua substância. No fim da vida, vive em parte no hotel. Escreve à noite, na cama.

Jean-Paul Sartre: "o homem no café"[41]

Sartre é o antiquarto. Recusa a casa, a instalação, o casamento, o casal estável, a vida conjugal. Só se sente bem no café: "No café, eu trabalho [...]. O que me atrai no café? É um meio de indiferença onde os outros existem sem se preocuparem comigo e sem que eu me preocupe com eles [...]. O peso de uma família me seria insuportável", escreve ele em 1945 a Roger Troisfontaines.

---

[38] Id., "O caminho de Guermantes", in *Em busca do tempo perdido*, vol. 3, op. cit.
[39] *Jean Santeuil*, *Une chambre d'hôtel*, p. 554. O quarto que lhe inspirou essa descrição seria o que o autor ocupou em outubro de 1896, no Hôtel de France et d'Angleterre, em Fontainebleau.
[40] Id., *Journées de lecture. Pastiches et mélanges*, op. cit., p. 167.
[41] Segundo a expressão de Roger Troisfontaines, 1945. Cf. texto e entrevista de Sartre in *Oeuvres romanesques*. Paris: Gallimard, 1980, col. Bibliothèque de La Pléiade, nota p. 1.745.

E quase trinta anos mais tarde, a John Gerassi: "Até agora (1962), eu sempre tinha vivido no hotel, trabalhado no café, comido no restaurante, e era muito importante para mim o fato de nada possuir. Era um modo de salvação pessoal; eu teria me sentido perdido se tivesse tido um apartamento meu, com móveis e objetos meus."[42]

A seus olhos, o privado era sinônimo de vida burguesa. Ele repudiava o secreto, preconizava a transparência. A rua de Naples, seus interiores sem paredes e sem mistérios o atraíam como um modelo. "A rua inteira passa pelo meu quarto e escorrega sobre mim", diz o Roquentin de *A náusea*, seu *alter ego*. Esse historiador, que prepara uma tese sobre o marquês de Rollebon, passa a vida entre a biblioteca, os cafés — o Rendez-vous des cheminots para todo dia, o café Mably no domingo — e seu quarto no hotel Printania,[43] acima da rua dos Mutilés e das obras da nova estação. O canteiro de obras, o tapume, a antiga estação, o barulho dos trens, o dos caixeiros-viajantes, que ressoavam naquela casa de tijolos onde "o menor barulho se ouve de um andar para outro", compõem um mundo ao mesmo tempo cinzento e colorido (há um expressionismo de Sartre), regular e monótono, cujas repetições sonoras Roquentin identifica: a passagem metálica do bonde, os passos no quarto 2, "o que tem um bidê", as abluções e o ronco das criadas da cozinha, suas vizinhas do quarto 16 sucedem-se e encadeiam-se sempre na mesma ordem. "O que há para temer de um mundo tão regular?"

Roquentin teria podido morar em outro lugar. Visitara, em outros bairros poéticos e tranquilos, quartos mobiliados em casas burguesas de onde se via o mar. Ele descreve com precisão um deles, talvez o quarto do filho que se casou e se mudou. A dona da casa louva seus méritos: "O senhor sabe, é um verdadeiro pequeno lar, um pequeno *home*. O senhor iria certamente gostar. À noite, não se escuta nenhum barulho, até parece que estamos no campo. É muito agradável trabalhar nesse quarto: no verão, ao abrir as janelas, as tílias do jardim quase entram no quarto."[44]

Porém Roquentin recusa o "ótimo quartinho, o querido quartinho" que "existe por si só" e "se desfaz bem devagar". É justamente disso que ele foge,

---

[42] Entrevista de 1972 com John Gerassi. Ibid., introdução, p. LXIV. "Ter um apartamento representa um erro a meus olhos, e é por isso que dou um a Mathieu [em *A idade da razão*]: é o limite de sua liberdade."
[43] Era o nome do hotel onde Sartre morava quando era professor no liceu do Havre.
[44] *Oeuvres romanesques*, op. cit., p. 1.736. A longa nota, publicada nas p. 1.732-40, intitulada "Na noite de quarta para quinta-feira", não retomada no romance, é essencial para as relações de Roquentin com os quartos e sobre a filosofia de Sartre a esse respeito.

dessa quietude piegas, dessa tranquilidade campestre. Seu quarto de hotel não tem venezianas, as cores e os barulhos nele penetram. "Escuto tudo o que os homens fazem à noite." Além disso, esse quarto é um vazio, um buraco de peneira, um espaço impessoal. "Esse cômodo não tem cheiro de homem, dele não guarda marcas; eu poderia morar dez anos entre esses móveis que não passam de funções: eu não o marcaria, estaria sempre de passagem [...]. Outros virão depois de mim e não encontrarão nada de mim nesse quarto sem memória." "Eu escrevo [...]. Eu me sinto livre [...]. Eu *sou* essa leve casa de tijolos vermelhos, voltada para o nordeste [...]. O que tenho a perder? Sem mulher, nem filhos, nem missões especiais nesse mundo. Não sou um chefe, nem um responsável, nem outra qualquer espécie de imbecil."[45]

O quarto de hotel, escolha ética e existencial, condição de uma liberdade que se conquista pela escrita: essa é a filosofia de Sartre, impregnada de ascetismo cristão, mas também de fobias domésticas e de elitismo separatista.[46] Ninguém, em todo caso, aprofundou tanto a reflexão sobre o quarto, seu modo de usar.

Foi essa também, inicialmente, sua prática. Essa vida de hotel que ele apreciava durou de 1931 a 1946, no Havre, depois em Paris, em diversos hotéis da margem esquerda do Sena (6º e 14º *arrondissements*).[47] Em outubro de 1946, instala-se no apartamento que sua mãe comprou, no número 42 da rua Bonaparte, onde fica até os atentados a bomba de que foi vítima em 1962, represálias contra seu engajamento na guerra da Argélia. Muda-se para um *studio* no bulevar Raspail, onde fica até 1973. Data em que, tendo ficado cego, vai morar no bulevar Edgar Quinet, não muito longe de Simone de Beauvoir.

Essa última compartilhava de alguns de seus gostos. Ela também frequentou muitos cafés, restaurantes e hotéis. Em suas lembranças, fez uma crônica de suas vidas itinerantes, principalmente no hotel Louisiane, sede de uma verdadeira colônia de escritores e artistas, onde recentemente morreu, aos 94 anos, a última testemunha de um tempo acabado, Albert Cossery, famoso escritor egípcio, que lá vivera desde 1945.[48] Entretanto Simone, como

---

[45] Ibid., p. 1.738.
[46] A esse respeito, ver as observações de Michèle Le Doeuff, *L'Étude et le Rouet*. Paris: Seuil, 2008. Há, em Sartre, um desejo profundo de um quarto para si, separado, deserto. Ele tem fobia de misturas: receia a proximidade do doméstico e do trabalho do pensamento, p. 203.
[47] Hotel Mistral (16º), Welcome Hotel, rua de Seine, Grand Hôtel de Paris rua Bonaparte, Hotel Chaplain, rua Jules Chaplain, "durante a guerra", Hotel Louisiane, rua de Seine, de 1944 a 1946.
[48] Fim de junho de 2008. Ele foi encontrado morto em seu quarto de hotel. Cf. *Libération*, 23 de junho de 2008.

vimos, se cansou dessa vida. Com o tempo, fez do hotel um uso pragmático, conjuntural e menos ético, e do espaço, uma prática mais atenuada.

Jean Genet: vida e morte no hotel

Jean Genet foi mais radical e passou muito tempo mais pobre. Esse "mártir" que reivindicava sua marginalidade recusou até o "luxo" do mobiliado. Suas tentativas nesse sentido foram, aliás, um fracasso, como mostra Edmund White em sua cuidadosa biografia.[49] Tinha a quem sair: sua mãe, empregada doméstica e mãe solteira, tinha vivido às escondidas; morreu aos 28 anos, no hospital Cochin. Como um monge, ele passou a vida em uma série de celas, por uma opressão que moldou seu caráter e se tornou uma necessidade. Criança, em Alligny-en-Morvan, aldeia em que foi colocado, passava horas lendo e sonhando em depósitos no fundo do jardim. Adolescente, foi mandado para Mettray, casa de correção onde logo o encerraram em um calabouço totalmente negro, inclusive o teto. Aí ficou mofando três meses, na mais completa solidão, e nas diversas instituições em que foi preso esse rebelde foi um frequentador do calabouço. Tinha adquirido uma extraordinária aptidão para se comunicar. O que contara em alguns episódios em seu último texto, *Um cativo apaixonado*. Desenvolveu também uma grande habilidade de escrever em qualquer lugar.

A inconstância e a mobilidade sexual eram escolhas às quais o hotel convinha, associadas a suas viagens e a seus amores e também ao desejo de anonimato e de escapadelas. Perpetuamente em fuga, sentia-se sempre acuado e escondia sua identidade. Acontecia-lhe tomar um trem ao acaso e descer em uma cidadezinha sem maior interesse. Refugiava-se no hotel mais próximo da estação, geralmente horroroso. Relacionava-se às vezes com o garçom do bar da esquina, que voltava para visitar mais tarde. Carregava uma pequena valise repleta de manuscritos e de cartas de amigos. Pregava na parede a fotografia do criminoso Eugène Weidmann, o último a ser guilhotinado em público na França (1939). Mudava de paradeiro constantemente, sobretudo em Paris, que percorria de Montmartre à Butte-aux-Cailles, preferindo a margem esquerda mais popular, os 13º e 14º *arrondissements*. Cliente negligente — furava o colchão com o cigarro e deixava restos de comida espalhados —, não era benquisto pelos hoteleiros, aos quais deixava dívidas

---

[49] Edmund White, *Jean Genet*. Paris: Gallimard, 1993. Ver também Ivan Jablonka, *Les Vérités inavouables de Jean Genet*. Paris: Seuil, 2004; Albert Dichy e Pascal Fouché, *Jean Genet. Essai de chronologie, 1910-1994*. Paris: Bibliothèque de Littérature Française Contemporaine, 1988.

que Gallimard pagava quando ele se tornou famoso. Tendo enriquecido, não desprezava hospedar-se nos palaces e morou algum tempo no hotel Lutetia. Sua boemia aceitava o luxo e exigia uma extrema higiene corporal. Era bem-cuidado, tinha uma elegância de vigarista, segundo Jean Cau, com quem conviveu muito nos anos 1950. Suas veleidades de se estabelecer não duraram muito. Em 1950, aluga um imóvel de dois cômodos na rua Chevalier--de-la-Barre, que mandou repintar e mobiliar a crédito na loja Samaritaine — abandonou-o alguns meses mais tarde. Na primavera de 1957, ele recomeça: dois cômodos, rua Joanès, perto da Porte de Vanves. Suprime a cozinha, escravidão inútil, e decora o apartamento com seu amante Java. Nele recebe sua nova paixão, o jovem marroquino Abdallah, desertor, cujo uniforme ele esconde no porão. Mas não tarda a revender o lugar a uns americanos que herdarão o uniforme e as investigações (vãs) da polícia. Foge através da Europa, com Abdallah, que, abandonado, se suicidará alguns anos depois, no quarto de empregada em que Genet o colocou.

"Nasci vagabundo [...], minha verdadeira pátria é qualquer estação de trem. Tenho uma mala, roupa e quatro fotos: Lucien, Jean Decarnin, Abdallah e você [...], venho a Paris raramente", escreve a Java em 1962. Mais itinerante do que nunca, acontece-lhe sair precipitadamente do hotel, deixando até o pijama.

No entanto, esse errante sentiu um dia, ou melhor, uma noite, na Turquia, um desejo premente de um lugar para si, experiência paradoxal e quase mística, que relatou no *Cativo apaixonado*. "A preocupação de se livrar de qualquer objeto exterior foi o princípio do viajante; é preciso então acreditar no diabo, de diabo a Deus, quando, depois de um longo período, quando se acreditava livre dos objetos e de qualquer posse, brutalmente penetrou nele, perguntar-se-á por que orifício, um desejo de casa, de lugar fechado e fixo, um pomar cercado, e isso se fez em menos de uma noite, ele se viu grávido de uma propriedade [...]. Situação diáfana e burlesca. Eu continuava a recusar a propriedade real, mas devia desconstruir aquela que estava em mim, onde ela desenrolava seus corredores, seus quartos, seus espelhos, seus móveis. E não era só isso, pois ao redor da casa havia aquele pomar, ameixas na ameixeira, que eu não podia comer, já que, há algum tempo, tudo estava dentro de mim [...]. Carregar em si sua casa e seus móveis era bastante humilhante para um homem que resplandeceu uma noite com sua própria aurora interior. Essa humilhação me informava sobre *minha* casa, *meus* móveis, *minha* luz, *meu* interior. Essa última palavra queria dizer o interior de minha casa ou esse lugar incerto, vago, e aliás posto ali para dissimular um vazio total: *minha vida interior*, chamada às vezes, com a mesma precisão: *meu jardim secreto?"* Ele se emocionava, não sem ironia, com a imagem dos ícones ortodoxos que representavam a Virgem dormindo, subindo ao céu levada pelos anjos "com sua casa de pedra de cantaria".[50]

Sofrendo de um câncer na garganta para o qual recusava qualquer quimioterapia, volta a Paris. Nos Gobelins, o hotel Rubens, que ele frequentava, está lotado. Dirige-se então ao Jack's, um hotelzinho medíocre. Na noite de 14 para 15 de abril de 1986, ele tropeça no degrau do banheiro. Foi encontrado sem sentidos no dia seguinte. Morreu no hotel, como lá havia vivido.

Experiências femininas

E as mulheres? Quase não são vistas, embora tenham viajado cada vez mais no século XIX.[51] Um mulher sozinha em um hotel é sempre suspeita. Flora Tristan fez essa experiência durante seu *"tour de France"*. No sul, principalmente em Montpellier, muitos hotéis se recusam a aceitar "as isoladas", com medo da prostituição. No seu opúsculo de 1885, *Nécéssité de faire bon accueil aux femmes étrangères*, ela preconiza, para abrigá-las, a abertura de casas dotadas de uma biblioteca e defendidas por uma rigorosa *privacy*, ancestrais dos ulteriores "abrigos" para senhoras. Grande viajante, George Sand circulava sempre acompanhada e muitas vezes vestida de homem, fonte de quiproquós; assim, durante a alegre excursão que fez aos Alpes suíços em companhia de Liszt e de Marie d'Agoult, o albergueiro fingia confundir os sexos. Amante de jardins e de paisagens, mulher da estrada e do "caminho sem dono", George Sand se interessa pouco pelo quarto de hotel, do qual anota sumariamente a limpeza ou as baratas.

A mulher sozinha preocupa. Vê-se nela uma prostituta, uma jogadora, uma aventureira, heroína de romance de folhetim. Uma mulher do submundo, ou até mesmo coisa pior, e que se arrisca a acabar mal. Zola faz Naná morrer no Grande Hotel, quarto 401, no quarto andar, mais barato — "não se tem luxo para morrer" —, no abandono provocado pelo medo do

---

[50] Edmund White, *Jean Genet*, op. cit., p. 564-7.
[51] Ver Nicole Pellegrin, *Voyageuses*, art. cit.; Nicolas Bourguinat (org.), *Le Voyage au féminin: perspectives historiques et littéraires*. Strasbourg: PUS, 2008. O autor consagra um artigo à viagem suíça de Lizt e Marie d'Agoult em 1835.

contágio da sífilis que apodrece sua carne. "O quarto estava vazio. Um sopro desesperado subiu do bulevar e inflou a cortina. — Para Berlim! Para Berlim! Para Berlim!" O Segundo Império afunda ao mesmo tempo em que se desfaz, no palace frequentado pelas mulheres do submundo, a vida da cortesã que encarnou a luxúria.[52]

A viajante solteira não ousa sair à noite, ela se confina em seu quarto para proteger sua reputação e evitar os encontros inconvenientes. Daí a sensação de solidão que as mulheres sentiram, e que sentem, em viagens profissionais — congressos, simpósios, salões de toda espécie —, em um meio quase exclusivamente masculino, propenso ao flerte. Sabe-se que a melancolia ataca os artistas depois do concerto ou da representação, as escritoras depois da noite de autógrafos.[53] Colette, que conheceu as turnês provincianas do "Caf' conc'", apreciava, entretanto, esse retiro onde a errante mantinha a distância galanteadores e importunos. "Não gosto muito que venham a meu quarto desarrumado, malcheiroso. Tornei-me de uma intransigência física explicável, se não agradável." A heroína de seu romance *L'Entrave* escolheu a "vida de hotel" para fugir das convenções familiares, do peso de um casal do qual teme a escravidão e para analisar seus sentimentos. "O pouco que uma mulher possa perceber de si própria não é a calma e redonda luz de uma lâmpada acesa todas as noites sobre a mesma mesa que irá lhe mostrar." Ela faz amor na casa de seu amante à tarde, mas dorme sozinha no hotel. "A porta trancada a chave com duas voltas"[54] protege sua intimidade: na volúpia dos banhos quentes e perfumados, ela goza com o próprio corpo. O quarto de hotel assegura sua liberdade.

Os quartos de Freud

Também é suspeito o casal não conjugal. A amante se faz passar por esposa legítima para não levantar suspeitas. As viagens que Freud fez pela Itália com sua cunhada Minna, irmã de Martha, sua esposa, que se cansava com os deslo-

---

[52] Émile Zola, *Nana*, op. cit., p. 1.485. Segundo Gabrielle Houbre, em *Le Livre des courtisanes. Archives secrètes de la Police des moeurs*. Paris: Tallandier, 2007. As mulheres galantes são frequentadoras do Grande Hotel.
[53] Cf. Véronique Olmi, *Sa Passion*. Paris: Grasset, 2006. Uma mulher escritora encontra-se sozinha em um quarto de um hotel horroroso na Sologne e nele vive uma noite de ruptura amorosa.
[54] Colette, "L'Entrave" [1913], in *Oeuvres complètes*, op. cit., t. 2, p. 355. O desfecho desse romance é, por outro lado, muito convencional. Renée Néré, depois de tentativas hesitantes de independência, se submete ao desejo de seu amante, substituindo a ela mesma no papel de *vagabond*. Mais tarde, Colette renega esse fim.

camentos e que, para isso, enviava a irmã, suscitaram glosas infinitas, visando evidentemente à sexualidade de Sigmund. Tinham um ou dois quartos? Separados ou contíguos? Dormiam juntos? Freudianos e antifreudianos se digladiaram pela questão. Inspecionaram o apartamento de Freud em Viena, onde morava Minna, e seus hotéis de férias. Um pesquisador pensou ter encontrado a prova do delito explorando o registro de um hotel de Engadine, no qual Freud escreveu: "Dr. Freud e senhora", indício, segundo ele, da duplicidade de Freud, que fazia Minna se passar por sua esposa, e de uma ligação que beirava o incesto. O *New York Times* chegou a publicar a foto do quarto atual do dito hotel, com suas duas camas e a TV, como se o quarto não tivesse mudado. Depois perceberam que o pesquisador tinha se enganado, a numeração não era a mesma. Um psicanalista suíço que se hospedou no famoso quarto (11, que se tornou 23) descreveu a configuração do local: uma suíte de dois cômodos, separados e comunicantes. Estávamos tranquilizados. Elisabeth Roudinesco publicou um enfoque sobre essa história rocambolesca no *Nouvel Observateur* e dedicou um seminário bem argumentado "às cenas da vida privada" freudiana.[55] Por outro lado, ela publicou a correspondência de viagem de Freud, Minna e Martha, sob o título tirado de uma frase de Freud: *"Notre coeur tend vers le Sud"* (Nosso coração tende para o sul).[56] É uma crônica turística e hoteleira circunstanciada, principalmente sobre os preços, que preocupam Freud, e a gastronomia local, que ele aprecia. Tal correspondência alegre e amigável parece desprovida de qualquer elã amoroso. Esses cartões-postais de um burguês de classe média, preocupado com seu conforto e seu dinheiro, apaixonado pela Itália, pela Antiguidade e pelo brechó, nos informam sobre os hábitos de Freud em suas férias, turista bulímico e móvel que tudo quer ver, circula e não se atarda, sobre seus gostos, sua cultura e seu imaginário, mas não sobre seus comportamentos sexuais. Visivelmente, seu coração "tende mais para o sul" do que para Minna.

ROMANCE DOS QUARTOS DE HOTEL

Lugar de todos os possíveis, palco do imaginário, o quarto de hotel oferece o cenário ideal para as intrigas policiais ou sentimentais. Agatha Christie com o modo divertido de falar da praia inglesa, Simenon, com a monotonia dos

---

[55] Agradecimentos da autora a Elisabeth Roudinesco, que me comunicou o texto desse seminário e informou sobre essa controvérsia. Cf. Lydia Flem, *La Vie quotidienne de Freud et de ses patients*. Hachette: 1986, col. Pluriel, 2002.
[56] Sigmund Freud, *Notre coeur tend vers le Sud: correspondances de voyage, 1895-1923*, apresentado por Christfried Tögel, com prefácio de Elisabeth Roudinesco. Paris: Fayard, 2005.

hotéis de província onde se hospeda o inspetor Maigret, Raymond Chandler, sob as cores sinistras da loucura e do álcool, e Paul Auster, nas suas divagações nova-iorquinas, fazem do quarto de hotel um uso diferente e refinado. Ele é o centro de encontros, de rupturas, de fugas, lugar do crime, do amor e da morte. O quarto de Allan, o Belo tenebroso,[57] de Julien Gracq, desperta a curiosidade do grupo de amigos do hotel des Vagues. Eles o observam a qualquer hora do dia, para ver se as venezianas estão abertas ou fechadas, se a porta bate no corredor. Sobretudo Christel, que o ama sem esperança de ser amada, espia esse santuário de uma indecifrável intimidade no qual ele se move "como uma abelha em um quarto fechado, batendo na vidraça". Uma noite a janela fica tenebrosa como ele, sinal de sua morte iminente: ele se envenenou. "Novamente, ele ouviu a porta abrir, e, calmo, viu chegar a sua última hora." O quarto de Allan é a imagem de seu mistério insondável.

O quarto de hotel literário desafia a antologia, como todos os outros, e, mais ainda, por causa de sua infinitas possibilidades cênicas e textuais. Poderíamos nos perder em seu labirinto. Entre muitos outros, eis dois romances que o tomaram como palco, e mesmo como assunto principal: *Grande Hotel*, de Vicky Baum (1929), best-seller frequentemente relançado, e, mais recentemente, *Suíte no hotel Crystal*, de Olivier Rolin (2004).

O Grande Hotel de Berlim (sem dúvida inspirado no hotel Adlon) serve de pano de fundo às intrigas tramadas pelos protagonistas: o contador Kringelein, que sabe que vai morrer e quer realizar seu sonho de luxo; o diretor de empresa Preysing, o desprezível patrão, vindo para fechar um negócio que vai lhe custar sua reputação; o (falso) barão Gaigern, dândi sem dinheiro, escroque sedutor, um pouco Arsène Lupin; Grousinskaïa, dançarina decadente mas ainda bela, que vive com Gaigern uma última aventura, que vai lhe custar a vida; o dr. Otternschlag, mutilado da guerra de 1914, residente no hotel, "imagem petrificada da solidão e da indiferença", morfinômano, observador lúcido, analista pessimista do destino, que estabeleceu no hall seu quartel-general; os comparsas tecem a vida do Grande Hotel, verdadeiro herói do romance. De sua maquinaria complexa, o autor, sem realismo excessivo, esboça o ambiente, a atmosfera, os ruídos, os odores, os lugares, as circulações, as ilusões. "Todo hotel não passa de uma grande piada", diz o doutor ao contador, que considera o Grande Hotel a antecâmara do paraíso, porque é o mais caro. Nele dorme-se mal: "Há muitas insônias atrás das portas fechadas de um hotel adormecido." A igualdade

---
[57] Julien Gracq, *Un beau ténébreux*. Paris: Corti, 1945.

aparente dissimula uma hierarquia, visível na qualidade dos quartos. O 216 é horroroso e Kringelein, que deseja ter um quarto tão luxuoso quanto o do seu diretor, deverá se desdobrar para obter um outro; o 70, "com banhos", que, aliás, no início, ele não sabe como usar. "O quarto número 70 era bom. Tinha móveis de acaju, grandes espelhos de pé, cadeiras forradas de seda e uma escrivaninha esculpida, cortinas de renda; nas paredes, naturezas-mortas representando faisões abatidos. Sobre a cama, um edredom de seda [...]. Sobre a escrivaninha, um imponente tinteiro de bronze: uma águia, abrindo suas asas entalhadas, que protegia dois tinteiros vazios." Mas o hotel transforma seus clientes: "Estranho o que acontece com os hóspedes do Grande Hotel; nenhum deles sai exatamente como era quando entrou pela porta giratória." Essa porta que gira, gira, gira, como os fluxos mutantes de viajantes, como a vida.

Bem diferente é o ponto de vista de Olivier Rolin,[58] o Perec dos quartos de hotel. À moda do autor de *Espécies de espaço*, que tinha iniciado "o inventário, tão exaustivo e preciso quanto possível, de todos os locais onde já havia dormido", Olivier Rolin descreve o repertório de 42 quartos nos quatro cantos do mundo, de Buenos Aires a Nova York, de Tóquio a Helsinque, de Porto Saïd a Vancouver, passando por Nancy, Montélimar e Brive-la-Gaillarde. Eles hospedam o narrador desaparecido em busca de uma evanescente Mélanie Melbourne, heroína sem rosto. Cada quarto é descrito segundo um esquema idêntico: dimensões, disposição, paredes, chão, teto, pinturas, móveis, objetos, tecidos, cortinas, radiadores, gravuras e o que representam, janelas, vidraças, vistas; armários, cômodos anexos, banheiros são descritos com precisão meticulosa, que contrasta com a imprecisão da intriga e a indefinição das personagens: mulheres seduzidas, espiões em fuga, traficantes desonestos, conspiradores suspeitos de uma operação tenebrosa da qual o autor seria o pivô. Pouco importa, aliás. Não se trata de uma narrativa, mas de um poema, de um oratório dos quartos de hotel impossíveis de serem memorizados, cuja sucessão dá vertigem. A "suíte do hotel Crystal" de Nancy, que dá o nome ao romance, é o quarto esquecido, fora de alcance. "O hotel Crystal é um lugar vazio, depósito de mercadorias imaginárias, o hotel do romance, se você quiser." Vazio como estão todos os quartos descritos, indiscerníveis, que se confundem em uma uniformidade cujo véu recobre a história e o mundo. A ficção dissimula uma

---

[58] Olivier Rolin, *Suite à l'hôtel Crystal*. Seuil: 2004, col. La Librairie du XXIe Siècle; reed. col. Points. Na mesma coleção sobre o nome de Olivier Rolin, uma continuação à *La Suite* publicada com o título *Rooms*, em 2006. Vinte e oito autores narram "seu" quarto de hotel.

metafísica da viagem — de uma viagem sem exterior, sem paisagem — e do quarto de hotel com relação ao tempo e ao espaço confundidos na opacidade do mesmo. Tornado utilitário, similar, passageiro, serial, o quarto de hotel, apesar ou por causa do luxo dos detalhes, perdeu sua singularidade, sua poesia e as faculdades de apropriação, apreciadas por Kafka.

Kafka no hotel

"Gosto muito dos quartos de hotel", diz Kafka. "Em um hotel me sinto imediatamente em casa, realmente." Ele sofria com a promiscuidade do apartamento familiar: "Meu quarto é uma passagem, ou melhor, uma via de comunicação entre a sala comum e o quarto de dormir de meus pais",[59] escreve ele a Felice, sua eterna noiva. Esse quarto era frio, escuro, barulhento, desprovido de qualquer intimidade. Sua mãe revistava suas coisas. Ele não podia escrever. Isso reforçava sua fobia a contatos. "Sempre tive medo das pessoas, não das pessoas propriamente ditas, mas de sua intromissão no meu frágil ser [...]. Ver aqueles a quem sou mais ligado entrar no meu quarto sempre me deu medo; é mais do que um símbolo desse medo."[60]

Por isso o quarto de hotel era para ele o porto da salvação, a possibilidade de se isolar, calar-se, desfrutar o silêncio, escrever à noite inteira: "um lugar em que me sinto totalmente à vontade."[61] Ter a chave de um espaço só seu, mesmo provisório, dava-lhe uma profunda sensação de liberdade. Michael Walzer vê no quarto de hotel a forma mínima de inscrição democrática, o símbolo de uma modernidade encarnada por Franz Kafka e cuja globalização realiza a miragem, ao mesmo tempo que a dissipa.

---

[59] Franz Kafka, "Carta a Felice Bauer", 21 de novembro de 1912, in *Oeuvres complètes*, t. 4, op. cit., p. 76.
[60] Id., ibid., de 26 de junho de 1913, p. 423.
[61] Id., ibid., de 3 de novembro de 1912, p. 34.

8
Quartos operários

Os QUARTOS OPERÁRIOS SÃO ainda mais enigmáticos do que os outros. E isso apesar, ou por causa, dos romances que os exploraram e mesmo das pesquisas que os descreveram e do quadro de singularidade que eles apresentam. Atrás da vidraça da compaixão, do espanto ou da reprovação, o que se vê? O que se percebe das vidas através dos espaços minúsculos, dos amontoamentos, dos objetos anônimos, das acumulações bizarras das "pessoas de poucas posses"? O que percebemos do pessoal além do social, instrumento de compreensão, às vezes também máscara insidiosa das asperezas individuais?

Contudo, nesse caso, o social se impõe. Na verdade, não se pode falar de "quartos operários" como uma variedade de quarto, a exemplo do quarto do rei ou do quarto de criança. Eles fazem parte de um problema social: o da habitação, problema que se arrasta há mais de dois séculos, devido às migrações urbanas e industriais, desorganizadoras do hábitat tradicional. Por outro lado, o mundo operário não é homogêneo e a gama de quartos que ocupa traduz uma grande diversidade de situações. O quarto pode ser toda a habitação ou apenas um cômodo, no sentido inglês do termo, um momento na série de dificuldades encontradas pelo migrante. Onde morar quando se chega à cidade para tentar ganhar a vida? As empregadas domésticas tinham "casa e comida", mas não os assalariados confrontados com o mercado de trabalho, incumbidos de encontrar um leito ou "um quarto na cidade". É bem verdade que as migrações são raramente desconhecidas, seguem roteiros familiares ou vicinais. Os recém-chegados se arranjam graças a vizinhos ou parentes que os acolhem, ao menos provisoriamente. Mas sua acumulação no centro de cidades nem um pouco preparadas para recebê-los, ou no perímetro de fábricas indiferentes à sua sorte, criou densas zonas de hábitat degradado, para populações potencialmente "bárbaras", pelo menos no imaginário dos contemporâneos.

O "problema da habitação" suscitou, em todos os países da Europa, pesquisas de toda sorte, geradoras de saberes, ricas de informações, mas também transbordantes de representações, de fantasmas e da construção das normas. Embora nos revelando seus habitantes, tornam seu conhecimento difícil, tão opaco quanto o dos indígenas de regiões longínquas. Médicos, filantropos, especialistas em economia social, arquitetos, romancistas, mais tardiamente fotógrafos, cujo objetivo não é neutro, percorreram essas terras exóticas e nós somos tributários de seu olhar.[1] Os dados obtidos foram amplamente explorados pelos historiadores e sociólogos do urbano, desde o livro famoso de Louis Chevalier, a quem podemos censurar ter sucumbido ao romantismo das "classes perigosas", até os estudos recentes, mais preocupados em apreciar o funcionamento de um sistema e suas realidades.[2]

A VIDA EM DESORDEM

O pesquisador que vai a essas terras proletárias é primeiramente surpreendido pela pobreza e a promiscuidade, os cheiros e o entrelaçamento dos corpos. Em 1770, o dr. Lépecq de La Clôture horrorizou-se com o hábitat dos cardadores e tosquiadores de lã de Louviers, ao qual atribui a epidemia de febre pestilenta. Ao sair das oficinas, retiram-se em "salas baixas, estreitas, cavadas em parte abaixo do solo, onde muitas vezes o ar penetra somente pela porta, onde se acumula água quando chove muito. É nesse reduto que uma família inteira, pais, crianças, velhos, deita às vezes junta, como animais, sobre um leito de tábuas nem sempre coberto com palha suficiente [...]. Os sãos confundiam-se com os doentes e os vivos, com os mortos".[3] O olhar do médico normando é medicinal, nunca moral, pouco social, ao contrário do de seus colegas do século XIX, confrontados com o problema do pauperismo, objeto central das investigações que se multiplicam e dos pontos de vista que se afrontam.

Em 1835, em Nantes, o dr. Guépin convida a entrar nos sombrios quartos gotejantes de umidade da rua dos Fumiers: "Vejam essas três ou quatro camas pouco equilibradas e inclinadas porque o barbante que as amarrava

---

[1] Como bem nos mostra Jacques Rancière, *A noite dos proletariados. Arquivo do sonho operário*. São Paulo: Companhia das Letras, 1988.
[2] Barrie M. Ratcliffe e Christine Piette (*Vivre la ville*. Paris: La Boutique de l'histoire, 2007) contestam o ponto de vista excessivamente dramático de Louis Chevalier; eles sublinham o poder integrador da cidade e tentam encontrar os migrantes e suas práticas; reprovam também o estatístico do Ined por ter sacrificado o quantitativo em proveito de um literário submerso pelas representações.
[3] Louis Lépecq de La Clôture, *Collection d'observations sur les maladies et constitutions épidémiques*, op. cit., 1770, p. 228 e 252.

ao suporte carcomido não resistiu. Um colchão de palha, uma coberta de trapos, raramente lavada porque é a única; às vezes lençóis, um travesseiro, eis o interior da cama. Não se precisa de armário nessas casas. Às vezes um tear de tecelão e uma roca completam o mobiliário."[4] Ele recrimina a miséria mais do que a intemperança, que perturba mais o dr. Louis-René Villermé. Enviado em 1840 pela Academia de Ciências Morais, Villarmé percorre as regiões da indústria têxtil, para compor "um quadro do estado físico e moral dos operários" que aí trabalham. Mais que as fábricas, visita os domicílios, convencido, como a maioria de seus confrades, de que é ali que reside a chave da miséria. Em Mulhouse, os operários "se amontoam em quartos ou cômodos pequenos, insalubres, porém situados na proximidade de seu trabalho. Vi [...] algumas dessas habitações miseráveis, onde duas famílias dormiam cada uma em um canto, sobre a palha jogada no chão e contida por duas tábuas [...]. Um péssimo e único catre para toda a família, um pequeno aquecedor que serve à cozinha e ao aquecimento, um caixote ou uma grande caixa à guisa de armário, uma mesa, duas ou três cadeiras, um banco, algumas panelas de barro compõem habitualmente todo o mobiliário"[5] desses cômodos que serão alugados por especuladores judeus, segundo uma nota reveladora de um antissemitismo hesitante. Em Sainte-Marie-aux-Mines, "a família inteira dorme em um único quarto onde estão instalados os teares". Em Lille, rua dos Étaques, é ainda pior. Os mais pobres moram em porões onde comem, dormem e até mesmo trabalham. "Em muitas camas das quais acabo de falar, vi repousando juntos indivíduos dos dois sexos e de idades muito diferentes, a maior parte sem camisa e de uma imundície repugnante", cujos pés estão sempre tão pretos de sujeira que os tomaríamos por negros, último grau da decadência.[6] "Pai, mãe, velhos, crianças, adultos aí se apertam, se amontoam. Paro aqui... O leitor acabará o quadro, mas o previno que, se quiser um retrato fiel, sua imaginação não deve recuar diante de nenhum dos mistérios nojentos que se realizam sobre essas camas impuras no meio da escuridão e da embriaguez."[7] Cópulas perigosas, incestos que, segundo a polícia, eles

---

[4] Ange Guépin e Eugène Bonamy, *Nantes au XIX*ᵉ*siècle. Statistique topographique, industrielle et morale*. Nantes: Sébire, 1835, p. 485.
[5] Louis-René Villermé. *Tableau de l'état physique et moral des ouvriers employés dans les manufactures de coton, de laine et de soie*. Paris: Renouard, 1840, t. 1, p. 270.
[6] Ver as observações de Pap Ndiaye sobre o tratamento racista da cor negra in *La condition des Noirs. Essai sur une minorité française*. Paris: Calmann-Lévy, 2008.
[7] Louis-René Villermé, *Tableau de l'état physique et moral des ouvriers*, op. cit., t. 1, p. 83.

depois reprovam em suas conversas. A questão do dormir, sobretudo, preocupa Villermé, que anota com precisão o uso de lençóis (muitos não os possuem), o número de camas e seu grau de ocupação, a separação dos pais e dos filhos, dos sexos e das idades. Em Amiens, um quarto por família, mas muitas camas. "Os pais partilham a maior com as crianças menores, as meninas uma outra e os meninos uma terceira. É comum que crianças dos dois sexos durmam juntas até onze, doze ou mesmo treze anos, isto é, até que façam a primeira comunhão ou que o padre recomende separá-los",[8] como fazia com as famílias camponesas do século XVII.

A decência reprova essas práticas associadas à miséria. Nos *Mistérios de Paris*, Eugène Sue apresenta uma família (Morel), cujos cinco filhos dormem juntos no mesmo colchão de palha. Uma correspondente, horrorizada, pede seu auxílio para pôr fim a uma situação análoga com um casal conhecido: "A menina, já crescida, é obrigada a dormir com seu irmão no mesmo quarto que seus pais." Seria necessária "uma habitação salubre, composta de dois cômodos, para que as crianças não fossem obrigadas a dormir ao lado dos pais, e uma divisória para separar os irmãos, o que exigiria uma terceira cama".[9] Um casal operário que subloca um leito para viajantes, hábito comum no interior, mais raro em Paris, suscita muita desconfiança.

Atribui-se aos proletários uma sexualidade desregrada, exuberante, irreprimível, torrencial, quase selvagem, semelhante à dos negros, outros "primitivos" aos quais às vezes são comparados, nem que seja pela cor escura de sua pele, queimada pelo ar e pela escassez de banhos. O negro é sempre perturbador, noturno e satânico.[10] Os corpos operários nutrem fantasmas de agitação ruidosa, mas também de força e poder, acrescidos pela visão de desordem. Sexualidade desviada do incesto, que Fourier diz ser muito banal. Sexualidade reprodutiva sem freio, sem controle, pululante: "Só os operários botam filhos, como as galinhas [...], verdadeiras manadas de animais que me enojam nas ruas", faz dizer Zola uma das comparsas de *A roupa suja*.[11] Esse crescimento demográfico sem proporção com os recursos da Terra cria a angústia de Malthus. O pastor protestante, temeroso

---
[8] Ibid., p. 287.
[9] Citado por Judith Lyon-Caen, "Une histoire de l'imaginaire social par le livre", in *Revue de synthèse*, n° 1-2, 2007, p. 172. Carta de Ernestine Duval a Eugène Sue (13 de julho de 1843). A autora estudou as correspondências endereçadas pelos leitores aos romancistas de folhetim, como Balzac e Eugène Sue, testemunhas vivas das reações da opinião popular.
[10] Cf. Michel Pastoureau, *Noir*, op. cit.
[11] Émile Zola, *Roupa suja*, op. cit. palavras de Mme Vuillaume.

com a proliferação popular, preconiza uma sábia restrição dos nascimentos, submete a cama do casal à austeridade da "moral restrita". Sabe-se que Marx não concordava com essa solução burguesa da miséria operária. Os proletários devem ter todos os filhos que quiserem. "Crescei e multiplicai-vos": o socialismo toma para si a visão bíblica de uma humanidade em marcha. Zola se torna seu intérprete lírico em *Fecundidade*, epopeia da reprodução. Ele vê na fertilidade do povo, em oposição ao enfraquecimento de uma burguesia degenerada, a fonte do vigor nacional e humano. Louva as belezas do leito conjugal popular nesse estranho poema barroco da germinação e da reprodução, escrito na solidão de um quarto de hotel durante o brumoso exílio londrino que se seguiu a sua condenação por causa do famoso *Eu acuso* do caso Dreyfus.

Essas uniões fecundas supõem que os proletários tenham elementos de conforto suficientes. Ora, a falta de higiene devida à ausência de saneamento básico (nem água, nem esgoto, nem sanitários), a sujeira ligada à densidade de ocupação transformam os lugares onde moram em centros de doenças contagiosas, de vapores mefíticos e de miasmas. Mortalidade infantil, raquitismo, tuberculose, alcoolismo, difusão de epidemias (cólera,[12] varíola, rubéola, tifo) e, por conseguinte, baixa esperança de vida, encontram sua origem em um hábitat sórdido cujos maus odores assaltam o visitante. A Segunda República se preocupa com isso. Em 1848 são criadas comissões de higiene encarregadas, em princípio, de controlá-la. Mesmo não tendo sido eficazes, é um sinal da tomada de consciência da nocividade da insalubridade sobre a saúde do povo. A Terceira República faz da higiene seu credo e declara guerra ao pardieiro, ao qual são imputados todos os males, a ponto de obliterar os danos causados pela "fadiga no trabalho", talvez ainda mais temível.[13] Os pesquisadores estabelecem "um registro sanitário" das grandes cidades (principalmente Paris), fazem o inventário das construções a demolir, dos bairros a limpar. Os questionários tornam-se mais precisos, sobretudo quanto à cubagem de ar: "Qual é a capacidade dos quartos em relação ao número de camas que neles se encontram, indicando as dimensões, altura, comprimento e largura?" "Os quartos possuem meios de ventilação além das portas e janelas (como chaminés, canos etc.)?" E também como são

---
[12] A epidemia de 1832 originou uma pesquisa pioneira: *Rapport sur la marche et les effets du choléra-morbus dans Paris et le département de la Seine. Année 1832*. Paris: Imprimerie Royale, 1834, in-quarto, 51 planos.

[13] Alain Cottereau, "La tuberculose: maladie urbaine ou maladie de l'usure au travail? Critique d'une épidémiologie officielle: le cas de Paris", in *Sociologie du travail*, abr-jun de 1978.

iluminadas, qual é o estado do solo e das divisórias? É este, em 1878, o guia de uma pesquisa sobre os "mobiliados insalubres da cidade de Paris". O dr. Du Mesnil, que faz o relato,[14] menciona casos particularmente aberrantes. No número 9 da rua Sainte-Marguerite (próximo ao *faubourg* Saint-Antoine), em um prédio extravagante no qual o escoamento das águas deixa muito a desejar, contam-se 112 camas em quatro corpos do prédio e somente dois banheiros. "Os pátios, assim como as janelas dos corredores, estão cobertos em muitos lugares de matéria fecal. Os escoamentos das águas sujas são tão raros quanto os banheiros." E em que estado! Três ou quatro camas se amontoam em quartos muitas vezes desprovidos de lareiras, úmidos, sujos, com as madeiras carcomidas. Pior ainda no número 103, cais de Valmy: "O pátio, o banheiro, o corredor que lhe dá acesso, a escada, as duas galerias, os encanamentos, as moradias, tudo, em suma, está num estado de imundície indescritível. Papéis, pedaços de pano, urina, excrementos, encontra-se de tudo [...]. Os alojamentos estão cheios de bicho." As páginas seguintes desfiam uma ladainha de sujeira e fedor. O dr. Du Mesnil preconiza a intervenção dos poderes públicos, como se faz nos países estrangeiros, onde os mobiliados são objeto de medidas draconianas. São temíveis porque as afecções que geram "não só atingem o indivíduo, mas, alterando a vitalidade da raça, atingem a nação em suas obras vivas". O hábitat constitui um desafio à saúde pública no seio de políticas de higiene mais asseguradas, porém mais discursivas do que eficazes.[15]

É um desafio de ordem moral também. "Sem casa, não há família; sem família, não há moral, sem moral, não há homens; sem homens, não há pátria", escreve Jules Simon, pai da República, no que é seguido por Louis Rivière, membro da Sociedade de Economia Social de Frédéric Le Play, que propõe uma estética da habitação operária e sobretudo a presença de um jardim.[16] As monografias de família, realizadas por essa escola a partir do Segundo Império, dão a maior importância às qualidades da boa dona de casa e à harmonia do lar, fermento da paz social. Fontes incomparáveis de informação, as únicas a ultrapassar realmente a soleira

---

[14] Dr. Octave du Mesnil, *Les Garnis insalubres de la ville de Paris*. Annales d'hygiène publique et de médecine légale, 1878, BHVP 928027.

[15] Lion Murard e Patrick Zylberman fazem dessas políticas, das quais mostram a genealogia, um balanço muito atenuado: *L'Hygiène dans la République. La santé publique en France ou l'utopie contrariée, 1870-1918*. Paris: Gallimard, 1996.

[16] Louis Rivière, *L'Habitation, le mobilier et le jardin de l'ouvrier: la réforme sociale*, 1er octobre 1907. O padre Lemire tinha criado a Associação dos Jardins Operários.

e inventariar com precisão de tabelião a composição de um mobiliário, essas pesquisas privilegiam "a prosperidade honesta" dessas famílias suficientemente organizadas para servirem de modelos. Na casa do ebanista do *faubourg* Saint-Antoine, do marceneiro de Paris ou do fabricante de luvas de Grenoble, operários qualificados, estamos na frugalidade, não na extrema pobreza. E os pesquisadores nos apresentam deles um retrato exemplar cuja realidade nos escapa.

A habitação, enfim, é um sinal de sucesso ou de integração social. O quarto de Agricol Perdiguier, o companheiro marceneiro La Vertu, de Avignon, era um refúgio de intimidade virtuosa e sonhadora que suscitava a admiração.[17] Zola faz do quarto de Gervaise, *A taberna*, a parábola de sua ascensão e de seu fracasso. Seu projeto de formar um casal com Coupeau se estrutura em torno de um sonho de quarto. "Logo que tiverem uma cama, alugarão ali", é o que sonha ao visitar a "caserna" da Goutte-d'Or, onde notou um cantinho ensolarado. Depois do casamento, instalam-se, têm um cômodo para as crianças, uma pequena cozinha e um quarto grande, que lhes serve ao mesmo tempo para dormir e receber. "É mesmo um quarto bonito", e tomam cuidado para fechar as cortinas da cama e de decorá-lo com gravuras e fotos. Mas quando o casal se desfaz, o quarto se esvazia até o despojamento total. Despejada porque não pode pagar o aluguel, Gervaise se refugia no vão da escada, como um cachorro na sua casinha. Aí morre. Sua decadência se inscreve na dissolução do quarto.

A moralização e a normalização dos trabalhadores passam pela melhoria da habitação. É essa a convicção dos filantropos de todas as tendências, do patronato e dos socialistas, pelo menos dos adeptos do fourierismo, como Godin e seu familistério de Guise, os outros sendo mais indiferentes.[18] A necessidade de alojar uma mão de obra importada levou os grandes industriais (Koechlin, Dollfuss, Schneider etc.) a construir vilas operárias, que foram poderosos instrumentos de paternalismo disciplinador. Confiadas a arquitetos, racionalizadas, higienizadas, padronizadas, elas cristalizaram a noção de habitação mínima. A distinção entre a cozinha e o sono, a separação dos pais e das crianças contribuíram para uma definição mais estrita de

---

[17] Agricol Perdiguier [1805-75], autor do *Livre du Compagnonnage* [1839], tinha servido de modelo ao *Compagnon du Tour de France* [1840], de George Sand, de quem se tornou amigo. Deixou as *Mémoires d'un compagnon* [1855], exemplo relativamente excepcional, na França, de autobiografia operária.

[18] Jean-Paul Flamand (org.), *La Question du logement et le mouvement ouvrier français*. Paris: La Villette, 1981.

quarto de dormir, situado muitas vezes no primeiro andar, noturno e mais distante da vida cotidiana, próximo da rua e do jardim. Lugar essencial, todavia; é ali que se regenera e se reproduz a força de trabalho. É o lugar do sonho proletário.

Práticas operárias

Para além dos discursos, como entender as práticas? Como perceber os desejos operários? A primeira necessidade de um jovem que deixa a família, de um migrante chegando à cidade, quer ele seja do interior ou estrangeiro, é de se alojar, de ter, se não um quarto, pelo menos um leito em qualquer lugar. Daí o papel dos mobiliados e dos dormitórios, dos quais Alain Faure e Claire Lévy-Vroelant mostraram o funcionamento em Paris, de meados do século XIX até nossos dias.[19] É um sistema muito amplo, percorrido por fluxos incessantes, ondas misturando pessoas diferentes, repousando sobre milhares de locadores independentes ou donos de hotel. Por volta de 1880, havia mais ou menos 10 mil locadores para 200 mil locatários. Em 1930, perto de 350 mil parisienses, ou seja, 11% da população da capital, viviam em pequenos aposentos mobiliados. É também, afinal, um sistema integrador que desempenhou relativamente bem esse papel até os anos 1920. Um sistema flexível, adaptado a uma demanda móvel, ligada ao *turnover* da mão de obra, cuja necessidade varia em função da proximidade do trabalho, do desejo de se fixar e da situação familiar. Porque não se fica muito tempo em um dormitório ou em um desses aposentos, em todo caso fica-se o menos possível. Depois da Primeira Guerra, entretanto, a oferta diminuiu e o sistema entrou em uma decadência irremediável, reflexo de uma crise global da habitação popular. Os imigrantes, geralmente estrangeiros (portugueses, argelinos, africanos), ficaram restritos aos centros de acolhimento e aos subúrbios ou forçados a um amontoamento perigoso em hotéis sórdidos. Essa situação ainda perdura. Talvez esteja até pior: veja-se o caso dos "sem domicílio fixo".[20]

O mais impressionante nessa história é o papel dos consumidores, atores nada passivos, *"usagers faiseurs de leurs affaires"*, utilizadores que fazem

---

[19] Alain Faure e Claire Lévy-Vroelant, *Une chambre en ville: hôtels meublés et garnis à Paris, 1860-1990*. Paris: Créaphis, 2007, prefácio de André Michel. Um compêndio impressionante. Alain Faure prepara um livro sobre a história da habitação popular em Paris no século XIX. Claire Lévy-Vroelant é especialista no hábitat precário de hoje.

[20] O termo "sans domicile fixe", ou "SDF", é largamente utilizado na França para definir aqueles que moram nas ruas ou os sem-teto. [N.E.]

seus próprios negócios, segundo a expressão de Michel de Certeau, analista das "mil maneiras de desrespeitar a lei", que tecem a "invenção do cotidiano".[21] Eles desenvolvem verdadeiras estratégias locativas, cujo motor principal é o emprego. As pessoas se mexem no local de trabalho e de habitação. Utilizam as virtualidades do mercado, a princípio no centro da teia, depois na periferia, arriscando-se a voltar ao centro em um movimento browniano incessante, identificado na maior parte das grandes cidades.[22] Obrigados a aceitar o que encontram, em condições medíocres, procuram coisa melhor, mudam muito, saindo às vezes sem pagar, ansiosos para melhorar de vida e se instalar. Vamos segui-los.

Chambrées — quartos dormitórios

Primeiramente, confluem para "os quartos comunitários", como Villermé os chama e os descreve. Em Sedan, "como em todas as cidades manufatureiras, os homens solteiros procuram pensões. Por 25 ou trinta francos por mês, eles dormem a dois em um mesmo leito, mas têm casa, comida, roupa lavada, luz e um copo de cerveja em cada refeição".[23] Não são admitidos rapazes de menos de vinte anos e devem ter consentimento dos pais. Dois em cada cama é a regra na maior parte das cidades manufatureiras — Reims, Rouen, Tarare — que Villermé visita, inclusive para as operárias estrangeiras empregadas na fiação da seda.[24] Quantos leitos em cada quarto? Ele não diz, e aliás não usa a palavra *chambrée*, que só foi popularizada depois de 1840. O *Annuaire Statistique de 1878* define a *chambrée* como "um cômodo contendo diversos leitos, destinados a abrigar locatários *não tendo entre eles nenhum laço de parentesco*" (grifo nosso). Pelo menos quatro camas, cinco em média, por volta de 1880, às vezes muito mais, sobretudo em início de período.

Esse termo tem vários sentidos. No sul da França designa sociedades populares e masculinas de divertimento, conhecidas desde o século XVIII, mas talvez muito mais antigas, instaladas em quartos particulares, bastante rudimentares — uma lareira, uma mesa, cadeiras, copos — onde os homens se reúnem para beber, jogar e conversar. Clandestinas, situam-se no primeiro andar e têm um balcão para verificar a identidade dos visitantes e observar espiões eventuais. O diminutivo *chambrette* não se refere ao

---

[21] Michel de Certeau, *A invenção do cotidiano*, 8ª ed. Rio de Janeiro: Vozes, 2002.
[22] Maurizio Gribaudi identificou esse processo na cidade de Turim nos anos 1880-1920.
[23] Louis-René Villermé, *Tableau de l'état physique et moral des ouvriers*, op. cit., t. 1, p. 269-70.
[24] Ibid., p. 346.

tamanho, mas à origem modesta dos participantes, não significando quarto pequeno, mas sim de gente humilde. Trata-se de uma forma mediterrânea de sociabilidade viril, segundo Lucienne Roubin, "uma casa dos homens", da qual encontramos exemplo na *oda* turca. Os homens não se sentem à vontade em casa, dominada pelas manobras das mulheres. Maurice Agulhon mostrou a politização das *chambrées*, tornadas "círculos" no século XIX.[25] Mas nessas *chambrées* meridionais passa-se a noite, não se dorme. Ao contrário do Norte. De origem militar, a palavra aplica-se primeiramente aos soldados, com um sentido viril e bem jovial. "Os soldados viviam alegremente [...], associando-se por *chambrées*", escreve Voltaire. E Camus, magnificamente: "Os homens que partilham o mesmo quarto, sejam eles soldados ou prisioneiros, contraem um estranho laço, como se, ao tirar a armadura com suas roupas, se reunissem cada noite, esquecidas as diferenças, na velha comunidade do sonho ou da fadiga."[26]

As imagens dos dormitórios operários são menos gloriosas; suscitam reservas decorrentes das aglomerações de homens pobres, em farrapos e malcheirosos, com laivos de xenofobia contra os italianos famélicos e de antissemitismo dirigidos aos sapateiros e alfaiates judeus, geralmente piolhentos. No entanto, para além de seu aspecto miserável, eles representam formas de solidariedade comunitária análogas às dos centros de acolhimento de trabalhadores africanos hoje. Os operários se agrupavam de acordo com sua província de origem (Bretanha, Auvergne) ou com sua nacionalidade ou etnia. E mesmo segundo o bairro: na rua de Lappe, havia casinhas de imigrantes do Auvergne com cozinha coletiva mantida por uma mulher vinda da aldeia; também se reuniam ainda em função da profissão. Os operários de obra, durante um longo período temporários, dos quais Martin Nadaud descreveu a frugalidade, gostavam desse tipo de organização, muitas vezes criticada pelos mestres de obra; de um ano para outro, deixavam suas ferramentas em um depósito e reencontravam suas camas. A limpeza, embora feita regularmente, não impedia o mau cheiro desses corpos suados,

---

[25] Lucienne Roubin, *Chambrettes des Provençaux: une maison des hommes en Méditerranée septentrionale*, prefácio de Roger Bastide. Paris: Plon, 1970; Maurice Agulhon, *La République au village: les populations du Var de la Révolution à la Seconde République*. Paris: Seuil, 1971; id., "Les Chambrées en Haute Provence: histoire et ethnologie", *Revue Historique*, abr-jun de 1971, mencionado em *Histoire vagabonde*. Paris: Gallimard, 1988, t. 1, p. 17-59. Cf. também Pierre Chabert, *Les Cercles. Une sociabilité en Provence*. Aix-en-Provence: Publications de l'Université de Provence, 2007.

[26] Texto de 1957, citado em *Trésor de la langue française. Dictionnaire de la langue du XIXe et du XXe siècle*. Paris: CNRS, 1977, t. 5.

sumariamente lavados. Os operários se esforçavam para criar um cantinho para eles. Escreviam nas paredes o nome de sua aldeia, de sua esposa ou de sua "prometida": "por acaso, um pensamento de amor; tudo em desordem, como sua vida",[27] escreve Vinçard. Partidário da união livre, o futuro *communard* Eugène Varlin vive em uma comunidade de jovens encadernadores; seis homens compartilham a companhia — e os encantos — de uma mulher que administra suas roupas e seu sexo, dormindo ora com um, ora com outro, segundo um "rodízio" que seria fourierista se fosse igualitário.[28]

As liberdades do dormitório masculino contrastam com o rigor dos "conventos da seda" de Lyon, implantados a partir de 1840, segundo o modelo americano de Lowell.[29] Enquadram maciçamente (até 100 mil no apogeu do sistema) as moças do campo, empregadas desde os doze anos até o casamento nas fiações de seda e nas fábricas de tecidos. Elas trabalham 14 horas por dia, sob o controle de contramestras laicas, e vivem em internatos mantidos por religiosas de uma ordem criada expressamente para esse fim; à noite, dormem em dormitórios lotados, mas cada uma em uma cama, o que não acontece na aldeia nem em fábricas de menores dimensões. Em suma, a rudeza da vida rural nessa época tornava aceitáveis os internatos. Constituíam uma garantia de moralidade para os pais, considerados sortudos por terem filhas: com seu salário podiam pagar as dívidas e adubar suas terras; assinavam um contrato de três anos e pagavam uma multa de cinquenta centavos caso o rompessem, por isso eram hostis à greve. Ritmada pela oração, a missa, um trabalho monótono em princípio feito em silêncio, e raras distrações (só iam em casa uma vez por mês), a vida cotidiana dessas jovens era de uma austeridade conventual, que contrastava com a informalidade mais alegre dos dormitórios masculinos. No início do século XX, as jovens operárias não suportam mais. Fazem greves contra a longa jornada de trabalho e a insuportável disciplina. Surgem líderes, como Lucie Baud, que deixará uma autobiografia excepcional e, mais tarde, se suicidará de solidão. Não é fácil ser uma rebelde. Os internatos da seda finalmente desaparecerão entre as duas guerras.

---

[27] Pierre Vinçard, *Les Ouvriers de Paris* (por volta de 1850), citado em Alain Faure e Claire Lévy-Vroelant, *Une chambre en ville*, op. cit., p. 98.

[28] Michel Cordillot, *Eugène Varlin*. Paris: Éd. Ouvrières, 1991, p. 120. Qual era o grau de liberdade dessa mulher?

[29] Importado por um fabricante de Jujurieux (Bonnet), o sistema francês não passava de uma leve caricatura da cidade algodoeira de Lowell, perto de Boston, muito mais ambiciosa.

Em todo caso, os dormitórios são melhores. Eram um "asilo aberto aos mais pobres no próprio centro da cidade". Nunca foram, entretanto, o modo predominante de alojamento, como às vezes se imagina. Em Paris, em 1895, representam apenas 3% ou 4% dos pequenos aposentos. Aumentam temporariamente o número de camas — em média cinco em 1880, sete em 1895 — para responder a uma demanda crescente de leito individual. Mas declinam irremediavelmente, condenados pela higiene e minados pelo desejo de autonomia.[30] Os jovens, sobretudo, querem se libertar da autoridade dos mais velhos, inerente ao sistema, fazer amor livremente, arranjar uma companheira, ter um cantinho, um espaço próprio. Nadaud foi repreendido por seu pai, por causa de seu comportamento; troca sua *chambrée* no bairro de Grève por um quarto em Saint-Louis-en-l'Île. Émile Souvestre, um outro trânsfuga, celebra sua liberdade: "Uma cadeira, uma mala e uma cama de lona formavam toda a minha mobília; mas, pelo menos, estava sozinho; o espaço compreendido entre as quatro paredes só a mim pertencia. Não vinham, como na *chambrée*, roubar meu ar, perturbar meu silêncio, interromper minha cantoria ou meu sono."[31]

As *chambrées* não correspondiam mais às necessidades de uma população variada, juvenil, também mais feminina e sobretudo familiar.

Hotéis e quartos mobiliados

É isso que explica o sucesso dos quartos mobiliados, mantidos por locadores registrados ou não, até mesmo quase clandestinos, ou por hoteleiros declarados. Os hotéis mobiliados, dos quais se guardam muitas fotografias,[32] por falta de testemunhas muito duráveis, eram geralmente pequenos; anunciavam sua função (hotel, quartos ou gabinetes mobiliados) e seu equipamento ("água e gás", "todo o conforto", "conforto moderno"). Muitas vezes tinham no térreo um restaurante ou um bilhar, com "vinhos, café, licores". Tinham nomes variados: o do proprietário (Maison Margain, hotel Denoyez), o que supostamente inspirava confiança; o da província ou da cidade (hotels de l'Aveyron, du Nord, du Midi, de Périgueux), ou então se proclamavam Grand Hôtel, Eden, hotel de l'Avenir. Acolheram dezenas e mesmo centenas de milhares

---

[30] Cf. Alain Faure e Claire Lévy-Vroelant, *Une chambre en ville*, op. cit., p. 94-101. Faure considera excessiva a visão de uma Paris, cidade de *chambrées* operárias. Ele mostra a imprecisão da fronteira entre mobiliados e *chambrées*.
[31] Ibid., p. 38. Texto de 1852.
[32] Id., ibid., reproduz em seu livro cerca de trinta dessas fotografias.

de migrantes. Em 1856, 6,3% da população parisiense (mais ou menos 75 mil pessoas), viviam em mobiliados, quase um terço em determinados bairros (Belleville, Saint-Merri). Eram na maior parte operários, às vezes estudantes e, cada vez mais, estrangeiros (200 mil estrangeiros em Paris, em 1914). Isso mostra a proliferação de mobiliados de todo tipo, propostos por proprietários pouco escrupulosos: quarto, quartinho, mezanino, canto, até mesmo um simples leito em um ângulo ou no vão da escada. Oportunistas clandestinos, temporários ou permanentes, desafiam a nomenclatura e mais ainda o recenseamento.[33] Por isso exasperam a administração e a polícia urbanas.

As vantagens do mobiliado são múltiplas. Primeiramente, o sentimento de liberdade que dá o fato de ter uma chave no quadro, ou, melhor ainda, no bolso. Subir e descer a qualquer hora. Ter um lugar onde guardar seus pertences, mesmo modestos. Poder cozinhar. Dormir sozinho ou com quem quiser. Escapar à dominação da família, às vezes tão pesada quanto a da *chambrée*, sobretudo para os jovens, rapazes ou moças. Joseph Voisin, pintor de carros, a princípio hospedado por seu tio André, achou o ambiente mortal e alegrou-se ao descobrir na rua Galvani, "um quarto para mim. Livres todos os meus movimentos, livres minhas ações e minhas relações, sem ter de prestar contas a ninguém". Jeanne Bouvier, órfã, vinda da Savoia para Paris, foi primeiro empregada doméstica (com casa), depois operária de modas, morou algum tempo com seus primos, que lhe pediam 15 francos por semana com casa e comida; era caro. Ela os deixou por um quartinho mobiliado num hotel. "A família é bom. Um mobiliado é melhor [...]." Para gerações de provincianos, o hotel parisiense assegurou a aprendizagem da autonomia residencial. "O quarto mobiliado podia ser sórdido, mas era um quarto independente: cada um em sua casa."[34] Era muito. Mesmo que, na prática, as condições materiais pusessem muitas restrições a esse programa. Higiene mais que medíocre, barulho, ausência de privacidade, superpopulação, porque o quarto era raramente individual e, às vezes, nele se aglomeravam sete ou oito: *chambrée* familiar, talvez, mas *chambrée* ainda assim. Além disso, os hotéis ou os prédios que concentravam esses quartos eram vetustos, sujos, insalubres, barulhentos, desprovidos de privacidade. Decididamente, não era a felicidade.

Os quartos mobiliados propriamente ditos, os *garnis*, eram mais dispersos que os hotéis, embora se reagrupassem. "Um mobiliado nunca está

---

[33] Ibid., p. 66 sq.
[34] Ibid., p. 68.

sozinho", escreve Alain Faure, que descreve a morfologia do sistema.[35] Além do fato de que casas para alugar, e mesmo *cités* (habitações populares), foram construídas para esse fim, por exemplo, em Ivry. Os *garnis* agrupavam-se em colmeias, cujos alvéolos eram todos preenchidos; constituíam, principalmente no centro de Paris, "ilhotas insalubres" que os sanitaristas (Paul Juillerat, por exemplo, inventor da expressão), queriam ver demolidas, sem se preocupar com o destino dos moradores, que se agarravam desesperadamente ao centro salvador. Pois é esta sua maior preocupação: ficar no centro da cidade, mercado de trabalho, nó de relações, ninho de solidariedade. Ninguém veio de tão longe para partir, ninguém percorreu todo esse caminho para se exilar novamente em periferias de difícil acesso. "O mobiliado constituía uma forma de urbanização pobre para os pobres." A cidade, apesar de todos os obstáculos, que se acabava amando tanto quanto suportando. Mais distante, o subúrbio, a princípio, assustou, antes de se tornar industrial e residencial. Uma outra história de moradias, de loteamentos, de pavilhões, de quartos de outro tipo.

No século XIX, os que chegam a Paris — camponeses, provincianos, estrangeiros — procuram se estabelecer nas vizinhanças das Halles (mercados), do Marais, da Montagne Sainte-Geneviève. Sobem ao longo do *faubourg* Saint-Antoine em direção à Charonne, Belleville e Ménilmontant. Hesitam em se arriscar no 13º,[36] de urbanização recente e mais largada, pelas ruas Nationale, Baudricourt, até a ponta de Ivry, terra extrema dos mais pobres e dos últimos a chegar: mulheres, empregadas domésticas ou costureiras, exilados, como Lênin na rua Marie-Rose. Em último recurso, cai-se no pardieiro da famosa e sinistra "Cité Jeanne d'Arc", onde as donas de casa ainda tentam mascarar a miséria colocando cortinas nas janelas.

Um quartinho, um cômodo desenham o espaço estreito do mobiliado. Um ou outro; no melhor dos casos, um e outro, mas isso é o cúmulo do luxo. Solteiros, operários e estudantes sem dinheiro[37] se encolhem como podem em quartinhos sem lareira e sem janela. No Quartier Latin, Jules Vallès encontrou, na casa de um vendedor de frituras, uma "reentrância" sob uma lucarna, onde ele tem de entrar curvado, só pode se deitar, ainda assim em posição fetal. "Sou forçado a encolher os dedos quando quero me esticar.

---

[35] Ibid., p. 71 sq.
[36] Id., ibid., p. 89 (especialmente as imagens).
[37] Jean-Claude Caron, *Générations romantiques. Les étudiants de Paris et le Quartier Latin, 1814-1851*. Paris: Armand Colin, 1991, "Se loger", p. 131-5.

É um hábito a adquirir [...]. Posso entrar na hora que quiser. Tenho minha chave." E ironizando: "Poderia ter encontrado um daqueles enormes quartos tristes onde se tem todo o espaço que quiser para passear! Passear, e depois? Passear, andar à toa, em vez de refletir! Balançar-se, mexer as pernas de um lado para o outro em uma cama imensa! — como uma cortesã ou um saltimbanco!"[38] Ele conseguiu até acolher um camarada, que, para dormir, teve de deixar pender as pernas na escada. Nem todos os estudantes são rapazes de família rica. Os mais favorecidos rondam as pequenas pensões, estilo pensão Vauquer, os mais pobres cobiçam os quartinhos.

A unidade de base é o cômodo, a saber: "todo quarto grande o bastante para conter uma cama" (ou seja: 2m por 1,5m). Um quarto mínimo, pouco acima do quartinho. Em 1896, 91% das moradias só têm um quarto e quase 97% em 1911. O cômodo constituía, por conseguinte, a norma dos mobiliados. Provincianos — vindos de Corrèze, da Bretanha —, e mais ainda estrangeiros, se ajudam e alugam no mesmo prédio. Tentam se organizar, arranjar um jeito de cozinhar, obsessão dos pobres. Alugam por uma noite ou por uma semana, mais raramente por um mês, sem contrato nem garantia, sob o olhar de um locador desconfiado, conscientes de estarem ocupando um hábitat de segunda categoria. *Être en garno*, morar em um mobiliado, é desvalorizado e desvalorizador. Para os patrões, que não gostam de dar trabalho para fazer em casa às operárias que moram em mobiliados; para as moças, que hesitam em transpor a soleira. É por isso que se tenta sair. A população dos mobiliados é volátil. A ponto de a Segunda República se perguntar: "Podemos dar direito de voto a esses nômades?" A lei de 1850 exige três anos de residência. Isso mostra a eterna desconfiança que paira sobre os moradores dos mobiliados, fábricas de malfeitores e meio favorável à tuberculose. A partir da Segunda República se esboça um controle sanitário cujas normas se tornam mais precisas com o passar do tempo. O conselho de salubridade da chefatura de polícia preconiza a interdição de duas pessoas por cama e a redução do número de camas. O regulamento de 1878 exige 12m^2 por pessoa, 14m^2 em 1878; insiste sobre uma cubagem mínima de ar: 11m^3 por pessoa, em 1890, e 12m^3 para dois; bicas suficientes e um banheiro para cada 25 pessoas. Mesmo sendo raramente respeitados, tais regulamentos induzem controles potenciais dos locadores e hoteleiros, sempre em falta.

A oferta se reduz, embora continue considerável. Em 1954, são recenseados ainda 12 mil hotéis e casas que alugam quartos mobiliados no

---
[38] Jules Vallès, "Le Bachelier" [1881], in *Oeuvres*, t. 2, 1871-85, op. cit., cap. XVIII, "Le Garni", p. 567-74.

departamento do Sena, tendo uma capacidade de 204.240 quartos em Paris e 61 mil nos subúrbios, com uma taxa de ocupação de 1,4 e 1,6, respectivamente. O serviço dos mobiliados inventaria aproximadamente 400 mil locatários, ou seja, 7,5% da população. A maior parte dos hotéis é "desprovida de conforto", para não dizer sórdida. Abriga os mais desafortunados, os jovens, as mulheres agredidas, os recém-chegados, muitos argelinos. Nos anos 1950, a socióloga Andrée Michel[39] conduz uma pesquisa junto a 276 casais que habitavam hotéis mobiliados em Paris, barulhentos, vetustos e sujos. Os quartos só são reformados excepcionalmente pelos locadores, unicamente interessados no lucro, sejam eles do Auvergne ou não. Os locatários pintam eles próprios o seu interior, trocam as lâmpadas, fazem soldas em caso de vazamentos. Alguns compram móveis às escondidas. "Comer a essa mesa dá náuseas." Não há higiene; nem banheiros nem chuveiros, nem mesmo comuns; só 45% têm água corrente nas pias; alguns hoteleiros fecham a água durante o dia. Não há conforto: aquecimento central só em 45% dos casos. Espaço reduzido: quartos de 4m por 3m, não mais de 12m^2 por casal. O mobiliário, mesmo reduzido — sofá-cama, material de *camping* —, preenche todo o espaço. Divisórias finas; não há privacidade; as crianças cruzam com as prostitutas, que ocupam os quartos mais bonitos. Nenhuma segurança, as locações são consentidas apenas por alguns dias. Um jovem casal é levado de um hotel a outro. Uma mulher, deportada em 1941 e que perdeu tudo, desde que voltou, vive de maneira precária, um dia após o outro. Os locatários também se deslocam no interior do hotel, segundo as necessidades da clientela. Os proprietários, temendo acima de tudo que se incrustem em seu quarto, recusam a introdução de uma cama dobrável ou de um carrinho de bebê. Os conflitos são recorrentes. Alguns locatários que constituíram uma associação contra os aluguéis ilícitos são intimados a comparecer em juízo e acusados de "complô soviético" pelo advogado do proprietário. Argelinos, magrebinos, africanos são especialmente maltratados. Tudo serve contra eles. E a guerra da Argélia ainda não começou.

Meio século mais tarde, o número de mobiliados diminuiu e se deteriorou. Segundo Claire Lévy-Vroelant,[40] que descreve a decadência do sistema

---

[39] Andrée Michel, *Família, industrialisation, logement*. Paris: CNRS, 1959, principalmente o cap. 5, "Les conditions d'habitat des locataires de l'enquête".

[40] Alain Faure e Claire Lévy-Vroelant, *Une chambre en ville*, op. cit., 3ª parte: "Des années 1920 aux années 1990: grandeur et décadence des garnis parisiens". Essa socióloga é também membro do Observatório de Hotéis, criado pela prefeitura de Paris. Cf. Claire Lévy-Vroelant, *Logement, accueil et mobilité: contribution à l'étude des statuts d'occupation incertaine en France, 1831-1999*. Paris: s.l., 2002.

(mas também sua persistência), hoje restam em Paris apenas uns mil hotéis mobiliados, totalmente distanciados pelo melhoramento global de um equipamento seletivo voltado agora para o turismo. Testemunhas de um tempo passado, verrugas incrustadas em um tecido renovado, numerosos hotéis foram demolidos pelas máquinas que transformaram de cima a baixo os bairros populares. Suprime-se sem substituir. Os que sobram parecem "favelas no asfalto"; o incêndio do Paris-Opéra no verão de 2005, que fez diversas vítimas, mostrou como eram perigosos. Um breve instante — o tempo fugaz da emoção —, as câmeras mergulharam nos quartos onde se aglomeravam famílias numerosas, na maior parte das vezes africanas, que o emprego, principalmente nos serviços de limpeza, retém no centro de Paris.

Estão lá à espera, à espera de coisa melhor; como seus predecessores vindos do Limousin, bretões, italianos, poloneses, judeus da Europa Central e do Leste.

Instalar-se com os próprios móveis

O aposento mobiliado tem seus limites. Cansam por sua opressão, pelos caprichos e a rapacidade dos locadores; por seu mobiliário rudimentar. Aumentam a vontade de se instalar por conta própria. Charles-Louis Philippe, modesto funcionário da prefeitura do Sena, morando em um mobiliado da rua Saint-Dominique, escreve à sua mãe, em 25 de outubro de 1896, para se queixar do barulho, das promiscuidades vulgares e da sujeira: "A vida de hotel é lamentável, mora-se ao lado de pessoas de vida desregrada, que brigam e se batem a qualquer hora do dia e da noite. Os quartos são repugnantes de imundície, malcuidados. Para lhe dar uma ideia, há três meses não mudam os lençóis de minha cama. Minha bacia e meu jarro d'água têm camadas de sujeira que datam de tanto tempo que não querem mais sair [...]. Se quiser um quarto decente em um hotel decente, custará um preço louco, de modo que serei sempre obrigado a me hospedar em hotéis mal-afamados, tendo crápulas como vizinhos." Pede dinheiro para "comprar alguns móveis",[41] o que, afinal de contas, sairá mais barato que o mobiliado, argumento que não tocará sua mãe. Jules Vallès dirá a mesma coisa a seu pai: "Adiante-me o dinheiro para alguns móveis, o suficiente para mobiliar um quartinho, um canto onde eu viveria ao abrigo desses perigos." Ele encontrou um quarto vago na Contrescarpe, por um aluguel de oitenta francos, pagos adiantado.

---

[41] Citado em Alain Faure e Claire Lévy-Vroelant, *Une chambre en ville*, op. cit., p. 156.

"Eu lhe peço, por favor, faça esse sacrifício que me poupará muitas dores e perigos." Não terá mais sucesso junto a pais pobres e mesquinhos.

É melhor se arranjar sozinho, arriscando-se a comprar a crédito. É o que fazem inúmeros jovens que chegam a Paris ávidos de liberdade. Jean Grave, sapateiro, acha com facilidade trabalho na capital, nos anos 1875, mas mora mal. "Como não desejava continuar em um mobiliado, eu me inscrevi no estabelecimento Crépin. Quando tinha pagado a metade da quantia necessária para comprar uma cama, uma cômoda, uma mesa e algumas cadeiras, instalei-me em um quarto que tinha alugado na Cour des Rames. Estava em casa."[42] Eis a definição do mobiliário mínimo. Jeanne Bouvier, emancipada de sua família, sofre com a sujeira do mobiliado: "O hotel me repugnava ainda mais por ser sujo e mal frequentado. Eu não podia limpar esse quartinho como teria feito em minha casa [...]. Não sofria por me privar de doces e de prazeres, mas privar-me de limpeza era intolerável. Eu me impunha todos esses sacrifícios para conseguir comprar o necessário para me instalar em minha casa." Às "madeiras" indispensáveis, ela acrescenta roupa de cama e mesa e utensílios de cozinha; pinta as paredes de branco. "Não era confortável, mas estava em minha casa." Navel, operário em Ménilmontant entre as duas guerras, diz isso com veemência: "Empurrando a porta do quarto, o amor, a verdadeira vida começava, a vida em que encontrava razões para suportar a fábrica. Saíra da solidão. Anne ainda dormia."[43]

A "verdadeira vida" é amar livremente. Os jovens operários começam precocemente sua vida sexual. Fazem amor nas fábricas, nos fossos, nos bistrôs. Na Inglaterra, "há cabarés com quartos onde moças e rapazes sobem de dois em dois; geralmente o comércio do sexo começa aos quatorze, quinze anos".[44] Deixam a família cedo para constituírem uniões mais ou menos estáveis. O concubinato é prática corrente que irrita os bem-pensantes e que as sociedades de caridade (Saint-François-Régis, na França, e London Mission, na Inglaterra) se esforçam por regularizar. Efeitos das sujeições, das necessidades econômicas, da pressão dos olhares que acabam esculpindo modelos de comportamento: o casamento se impõe, se não como um ideal, ao menos como um objetivo socialmente desejável,[45] do qual o quarto é o meio. Procuram-se

---

[42] Ibid., p. 157.
[43] Georges Navel, *Travaux* [1945]. Paris: Gallimard, 1979, col. Folio, p. 104.
[44] Édouard Ducpétiaux, *De la condition physique et morale des jeunes ouvriers et des moyens de l'améliorer*. Bruxelas: Meline, 1843, t. 1, p. 337.
[45] Cf. Michel Frey, *Du mariage et du concubinage dans les classe populaires à Paris, (1846-1847)*. Annales ESC n° 4, julho-agosto, 1978.

espaço e equipamentos mínimos, que serão melhorados depois, em função da renda e da chegada dos filhos. A princípio um canto, depois um quartinho. A princípio uma cama, depois mesa, cadeiras, cômoda, cortinas. Alguns chegarão a constituir para si quase um "lar". Outros apenas amontoarão as coisas e as misérias.

É pelo menos o que sugerem as monografias de família da Sociedade de Economia Social fundada por Frédéric Le Play,[46] cujos pesquisadores não evitam o julgamento moral. Há as boas famílias que se saem bem. Elas têm moralidade, um pouco de religião, traduzida por um crucifixo, uma estatueta de Nossa Senhora, algumas imagens piedosas; têm hábitos de trabalho; uma aptidão para aproveitar as vantagens sociais oferecidas pelas fábricas, uma ligação constante com a terra, que fazem permutas em mercadorias e limitam os inconvenientes da condição de simples assalariado. Elas evitam o concubinato, e, acima de tudo, têm uma boa dona de casa, figura-chave no equilíbrio alimentar e orçamentário. Pois nas famílias francesas, mais do que nas inglesas, ela é "o ministro das Finanças" da família e, aliás, também seu médico. Engenhosa, sabe tirar partido das ofertas do mercado, aferventar carnes duras, cozinhar restos, preparar uma marmita, consertar roupas. Considera importante acrescentar ao salário do pai de família, fundamental, um "salário complementar" obtido graças a horas de limpeza, de guarda ou de lavagem de roupa, de compras ou de entregas; ou ainda do trabalho em casa. A indústria da confecção e a máquina de costura — a famosa Singer comprada a crédito, da qual já falamos — multiplicam as oportunidades, que a concorrência transforma em armadilha mortal. No início do século XX, os pesquisadores do Ofício do trabalho[47] medem os estragos do *sweating system* (sistema do suor) nos quartos das operárias.[48]

Para além de um olhar de benevolência normativa, os pesquisadores de Le Play têm grandes méritos: prática de campo, métodos de observação rigorosos, submetidos a um questionário uniforme extremamente preciso. Vontade de avaliar despesas e receitas dos casais, o orçamento sendo a seus olhos a expressão, o resumo da vida da família, preocupação com o detalhe, o que faz de suas descrições dos interiores visitados inventários quase de

---

[46] Sobre Le Play, cf. Antoine Savoye, *Les Débuts de la sociologie empirique, Études socio-historiques (1830-1930)*. Paris: Méridiens-Klincksieck, 1994; Anne Lhuissier, *Alimentation populaire et réforme sociale au XIX{e} siècle*, op. cit.
[47] Cf. Isabelle Moret-Lespinet, *L'Office de travail*, op. cit.
[48] Ver o capítulo "O quarto das mulheres".

tabelião, nos quais sem dúvida se inspiram, sem equivalentes na literatura social da época. O desejo, enfim, de sugerir o laço tecido entre a história da família e sua moradia, o que confere um aspecto pessoal, sensível, a suas observações.

Interiores operários

A conduta é sempre a mesma. As monografias dão a composição da família, com as idades do pai e da mãe e o sexo de cada um dos filhos; a situação da moradia no prédio; sua disposição, número de cômodos, dimensões, iluminação (número de janelas ou lucarnas), aquecimento (e o tipo). Em seguida, vem a nomenclatura do mobiliário. Em primeiro lugar, as camas (número, material) e seus complementos (colchão, estrado, lençóis), sempre tratados à parte, sinal de sua centralidade. Listam-se depois os diversos móveis, mencionando-se sua antiguidade e seu estado; os objetos utilitários ou pessoais que esboçam um início de decoração; o estado das paredes, pinturas ou papéis, cortinas. As roupas, como os móveis e os objetos, são também inventariadas e avaliadas detalhadamente, indício de seu valor patrimonial. Um julgamento global revela de modo lapidar as impressões do pesquisador, seu diagnóstico sobre a situação material e moral da família, legível a seus olhos no grau de "ordem e limpeza".

Abramos algumas portas. O carpinteiro de Paris[49] ocupa, por um aluguel anual de 180 francos, com sua mulher e os dois filhos, um menino de doze anos e uma menina de sete, uma habitação no quinto andar de um prédio mediocremente cuidado do 9º *arrondissement* de então; 62 locatários são submetidos à tirania de um porteiro, dotado de um alojamento exíguo (é quase sempre o caso) no primeiro andar, personagem essencial na vida popular de ontem e de hoje.[50] A habitação (21m² ao todo) é composta de dois cômodos: uma entrada minúscula e um quarto de dormir com lareira, iluminado apenas por uma janela e uma lucarna; há também um pequeno sótão sob o telhado, onde põem a roupa suja. Os pais dormem no quarto principal e as crianças, "cada uma separadamente, na entrada", que

---

[49] Société d'Économie Sociale, Les Ouvriers des Deux Mondes, t. 1, nº 1, *Le Charpentier de Paris*, observações recolhidas em 1857 por Le Play e Focillon, p. 27-68. Essa primeira monografia tornou-se um clássico. Um centena de monografias analisam as famílias operárias.

[50] Jean-Louis Deaucourt, *Premières loges: Paris et ses concierges au XIXᵉ siècle*. Paris: Aubier, 1992; Jean-François Laé, *Les Nuits de la main courante: écritures au travail*. Paris: Stock, 2008. (Capítulo sobre o porteiro, ao mesmo tempo controlador e testemunha do sofrimento social.)

também serve de cozinha, com mesa, aquecedor de ferro fundido e prateleiras. Os móveis, orçados em 868 francos, são desprovidos "desses refinamentos que denotam uma tendência para a vida burguesa". Três camas: a dos pais comporta um estrado de nogueira com lona, três colchões de lã, dois colchões de pena (comum) um travesseiro de rolo, dois travesseiros de pena, um edredom (comum), um cobertor de moletom de lã, uma colcha branca de algodão, um par de cortinas; uma cama de lona para o menino e para a menina, uma caminha de cerejeira com colchão de palha e duas cortinazinhas de algodão. O uso de cortinas traduz o desejo de isolamento. No quarto, todos os móveis são de nogueira: armário de duas portas, mesa de cabeceira, cômoda, uma mesa coberta com um oleado, seis cadeiras com assento de palha. Entre os objetos: um relógio em madeira esculpida, sob uma redoma de vidro, um quadro com uma imagem colorida, uma estatueta de Nossa Senhora, uma gaiola para o passarinho com seus complementos, alguns livros (de orações, de história, de cozinha); objetos de toalete e utensílios de cozinha. "A habitação é tão limpa quanto o permitem o tamanho do espaço e a necessidade de cozinhar os alimentos na lareira do quarto ou no aquecedor da entrada." No quarto vê-se uma gaiola: "O operário se ocupa de um pássaro que recebeu de presente e que sua mulher alimenta e trata cuidadosamente em uma gaiola elegante." Os operários, e mais ainda as operárias, apreciam a presença de animais domésticos — pássaros, gatos e até mesmo cães.

Em Gentilly, o tecelão de xales da "fábrica coletiva de Paris"[51] reúne, à moda antiga, como um *chambrelan* de outrora, oficina e moradia. Para seis pessoas (das quais quatro crianças de dez, oito, seis e quatro anos), ele dispõe de um grande cômodo separado em quatro compartimentos com divisórias: um recinto para a cozinha, uma sala de jantar onde dormem os meninos, o menor em um bercinho; um quarto de despejo para a cama das duas meninas. O "quarto dos pais" serve também para receber. Ele possui uma lareira com enquadramento de mármore, fechada por um biombo decorado com figuras pintadas. Esse cômodo preocupa a mãe, que gostaria de preservá-lo das crianças. O casal o fez decorar: renovou o papel de parede, mandou pintar de vermelho o assoalho de lajotas. Além da cama de nogueira cercada por cortinas brancas de algodão, alguns móveis foram trazidos como dote pela esposa, entre os quais o biombo e uma

---

[51] Société d'Économie Sociale, *Les Ouvriers des Deux Mondes*, op. cit., t. 1, nº 7, observações recolhidas em 1857 por E.F. Hébert e E. Delbet, p. 299-372.

cômoda. Apesar da umidade, o conjunto, bem-cuidado, "respira ordem e gosto pelo trabalho".

Contudo, há coisas piores. A família do trabalhador das pedreiras dos arredores de Paris[52] amontoa seis pessoas — os pais e mais quatro crianças pequenas — em um quarto de 15m², revestido com lajotas, com três camas e um berço, e, como único luxo, um baú de nogueira. O carregador de água[53] dispõe de um cômodo de 12m² para os pais e de um quartinho (6m²) para as crianças. Móveis pobres e malcuidados, em parte herdados; sujeira ligada à ausência de cozinha. O alfaiate de Paris[54] paga 140 francos de aluguel por ano por um quarto de 17m² em um corredor do quinto andar que alinha doze quartos análogos; o casal dorme com o filho de dois anos e dispôs, ao pé da cama, a caminha do mais velho. O comentário ressalta a indecência de tal situação, agravada pelo concubinato. Amontoado de móveis baratos, comprados de segunda mão e mediocremente cuidados: uma cômoda, um cofre, uma mesa de nogueira, quatro cadeiras desemparelhadas, um aquecedor de ferro fundido, um espelho, quatro vasos, duas gaiolas de passarinho. Esse bricabraque, aos olhos do pesquisador, traduz a desmoralização de uma profissão desprovida de previdência. "Os velhos operários morrem na rua", é o que dizem na profissão. Frequentadores assíduos das sociedades de cantores que se apresentam em tabernas, reprovadas pelo pesquisador, que acha que os alfaiates não são confiáveis.

Os interiores sugerem as trajetórias familiares. Sob este aspecto, o contraste é impressionante entre a costureira de Lille e a moldadora de cartolina dos brinquedos parisienses.[55] Jovem seduzida e abandonada por um serralheiro, a primeira vive com sua filha de sete anos em um quarto de 10m², desprovido de lareira, que ela aluga por seis francos por mês. Paredes nuas, móveis em mau estado: mesa capenga, cadeiras estragadas, cama de quatro tábuas, chamada de "cólera" por ter sido fabricada às pressas durante a epidemia de 1849 — a expressão de uma miséria feminina muitas vezes encontrada, que também marca, embora de modo diferente, a situação da moldadora. Com quarenta anos, separada de corpo de um operário alcoólatra, essa mulher que trabalha em casa mora com seus dois filhos, dezessete e treze anos, em uma série de cubículos arranjados em um sótão, aos quais ela tentou

---

[52] Ibid., t. 2, n° 11, observações colhidas em 1856 por E. Avalle e A. Focillon, p. 63-104.
[53] Ibid., n° 17, observações recolhidas em 1858 por E. Avalle, p. 321-62.
[54] Ibid., n° 13, observações recolhidas em 1856 por A. Focillon, p. 145-92.
[55] Costureira, ibid., t. 3, observações recolhidas em 1861 por L. Auvray, p. 247-84; modeladora, ibid., 2ª série, n° 73, 1893.

dar um "toque artístico miserável", segundo o pesquisador. No seu quarto (12m²), duas camas de ferro: uma grande, que ela divide com o filho caçula, e uma pequena, para o filho mais velho; móveis velhos de nogueira: cômoda-pia, enfeites de lareira à moda antiga, redoma com a grinalda de casamento, crucifixo, velhas gravuras, fotografias, serviço de café; esses objetos disparatados, restos de uma prosperidade passada, revelam a decadência da operária, sobre quem o pesquisador sugere ter sido arruinada por um "sublime"[56] e acuada ao *sweating system*.

O serralheiro-ferreiro de Paris,[57] operário qualificado, é mais favorecido. Aluga por 250 francos por ano no bulevar de La Chapelle, em um prédio relativamente recente com 108 locatários, três cômodos com assoalho de carvalho, dotados de lareira; 28m² ao todo. Não é demais para esse casal e seus cinco filhos. Mas o pesquisador se compraz em sublinhar o cuidado concedido ao quarto do casal, isolado no fundo da habitação. A cama de nogueira com estrado se fecha com cortinas brancas de algodão, mesa de cabeceira, toalete, armário de duas portas, duas cadeiras com assento de palha. Um berço de ferro para o bebê de 18 meses. Nada a criticar. Sobre a lareira, um relógio sob uma redoma, com figurinhas em bronze. Nas paredes, um espelho com moldura em madeira dourada, seis quadros com imagens e fotos. O papel de parede está um pouco desbotado pela umidade da exposição ao norte, mas as janelas têm cortinas de algodão estampado.

O marceneiro parisiense de alto luxo é quase rico com seus dois cômodos para cinco (pais e filhos de dezoito, treze e oito anos). A distinção de um cômodo de recepção, o mobiliário do quarto dos pais — leito de acaju, armário com espelho, canapé, ornamentos completos de lareira, grinalda de flores de laranjeira, gaiola de passarinho —, indica aspirações pequeno-burguesas. Tudo isso em 20m²: razão para irritar essa família preocupada com a higiene, que "trocou o padre pelo médico", segundo Pierre de Maroussem, observador sagaz do *faubourg* Saint-Antoine.[58]

Em comparação, a moradia do supervisor-mecânico do familistério de Guise[59] é um palácio: dois quartos e três quartinhos para cinco pessoas,

---

[56] Nome dado aos operários alcoólatras, principalmente por Denis Poulot, *Question sociale. Le sublime ou le travailleur commeil est en 1870 et ce qu'il peut être* [1870], 2ª ed. Paris: Lacroix, 1872.
[57] Société d'Économie Sociale, *Les Ouvriers des deux mondes*, op. cit., t. 5, n° 42, observações recolhidas em 1878 por Jacques de Reviers, p. 201-59.
[58] Ibid., 2ª série, t. 4, n° 74, observações recolhidas por Pierre du Maroussem, que consagrou muitas pesquisas aos operários da indústria do móvel.
[59] Ibid., n° 73, observações recolhidas em 1884 e 1890 por Urbain Guérin, p. 1-53.

um verdadeiro apartamento com cozinha e sala de jantar. Os pais têm uma cama grande com estrado, sinal de modernismo, sem cortinas; uma mesa de cabeceira, quadros, vasos, velhos tapetes, um espelho e fotografias, uma gravura representando "o grande familistério"; ainda não é tudo. Esse operário qualificado, escolhido por sua competência e sua moralidade, tem um modo de viver relativamente confortável: "gosta de decorar seu interior", observa o pesquisador, que concorda nesse ponto com as "soluções sociais" de Godin, para quem a habitação era fundamental: o primeiro "indício das riquezas" e o fundamento da moral do trabalho.[60]

A vida, "modo de usar" operário

Em matéria de habitação, os operários são submetidos a imperativos que modelam seus desejos. O que desejam? Primeiramente, morar perto do trabalho, o que os leva a procurar em primeira instância o centro da cidade fornecedora de empregos, inclusive para as mulheres, sempre em busca de horas de serviço que lhes proporcionem um apreciável "salário complementar". Na época de Haussmann, eles se agarram ao centro e recusam a "deportação para Caiena" (o subúrbio), arriscando-se a amontoar duas famílias no mesmo alojamento. Em seguida, procuram pagar um aluguel moderado, que não exceda a quinta parte do orçamento, devorado por uma despesa alimentar pesada (de 50% a 70%).[61] Por razões de sociabilidade e de representação no espaço público, estão prontos a gastar mais com roupas do que com um interior ainda inacessível. Não concluamos, por isso, que os operários não tenham interesse pela moradia.[62] Todos os estudos recentes (Magri, Faure)[63] desmentem essa representação apressada de uma resignação operária diante de condições insuportáveis. Não é nada disso.

---

[60] Michel Lallement, *Le Travail de l'utopie, Godin et le familistère de Guise*. Paris: Les Belles Lettres, 2009: o estudo mais recente em uma bibliografia abundante. A maior parte das moradias do familistério tinha dois cômodos e um quartinho.

[61] Cf. Anne Lhuissier, *Alimentation populaire et réforme sociale au XIXe siècle*, op. cit.

[62] A autora confessa já ter tido tendência a pensar assim, seguindo a opinião de Maurice Halbwachs, que via no desinteresse operário pela moradia a grande diferença com os empregados; cf. seu livro fundamental: *La Classe ouvrière et les niveaux de vie: recherches sur la hiérarchie des besoins dans les sociétés industrielles contemporaines*. Paris: Alcan, 1912. Michelle Perrot, *Les Ouvriers en grève*, op. cit., t. 1, "Logement, un poste modeste", p. 216-24; id., "Les Ouvriers, l'habitat et la ville", in Jean Paul Flamand (org.), *La Question du logement et le mouvement ouvrier français*, op. cit., p. 19-39.

[63] Suzanna Magri, "L'intérieur domestique: pour une analyse du changement dans les manières d'habiter". *Genèses* n° 28, 1997, p. 146-64; Alain Faure, "Comment se logeait le peuple parisien à la Belle Époque". *Vingtième Siècle* n° 64, 1999, p. 41-61.

Os operários procuram continuamente melhorar a moradia, e esta é a razão de uma mobilidade extrema. Cada dia de pagamento de aluguel, em Paris, é acompanhado de mudanças mais ou menos furtivas, que não são unicamente recusas de pagamento, mas também esforço para melhor instalar famílias que aumentam rapidamente. Os *diables*, essas carroças das quais os clichês de Atget captaram os braços riscando o céu parisiense nesses dias, transportam um mobiliário sumário e leve, cama, colchão, roupas, panelas. Os anarquistas da *Belle Époque* que declararam guerra a "M. Vautour" (apelido que davam aos proprietários) fazem do apoio aos mal-alojados uma ação militante.

Encontrar o quê, precisamente? Em primeiro lugar, um espaço separado onde instalar a cozinha: preparar, cozinhar, guardar os alimentos. É uma prioridade, por causa da fumaça, dos odores, o nariz proletário se apurando como os outros; mas também por razões de ordem e de higiene, por repugnância a misturar alimentação e sono. Em um espaço, mesmo estreito, colocam-se prateleiras onde guardar os alimentos e os utensílios; instala-se um fogareiro para não cozinhar na lareira do quarto, utilizada no inverno. A necessidade de uma cozinha vem em primeiro lugar.[64] Não necessariamente para comer: por falta de lugar, a maioria come em pé, de qualquer maneira. Mas a refeição familiar da noite ou do domingo, à volta da mesa, redonda de preferência, é um valor em alta. Os cartazes da CGT, Confederação Geral do Trabalho, para a jornada de oito horas (1906) ilustram esse ideal: eles opõem a família em farrapos do operário alcoólatra à família sentada à mesa em torno da sopa fumegante trazida por uma amável dona de casa cujo marido tem no bolso *La Bataille syndicaliste*. Sobre esse díptico, lê-se: "As longas jornadas tornam as famílias infelizes/ As jornadas curtas as tornam felizes" e reunidas para o jantar. Redução do tempo de trabalho e melhora da habitação andam juntas.

Em seguida, vem o desejo de um segundo cômodo, que permita diminuir a densidade do "quarto" e separar o lugar de dormir dos pais e dos filhos de um lado, dos meninos e das meninas de outro. Dupla segregação dos corpos, decididamente integrada no comportamento operário. Os trabalhadores interrogados no quadro da enquete parlamentar de 1884 lembram quanto essa modesta exigência é importante para eles, assim como a necessidade de um maior número de banheiros coletivos. Certamente,

---

[64] Anne Lhuissier, *Alimentation populaire et réforme sociale au XIXe siècle*, op. cit. *Cuisines et cuisinières: la préparation des repas au quotidien*, p. 65-8.

dizem eles timidamente, "o povo não pede para ter um banheiro em casa" — luxo ainda inacessível, impensável mesmo nessa data, quando as redes de esgoto e de distribuição de água ainda estão inacabadas.[65] Pelo menos seria preciso dormir convenientemente.

Dois cômodos é justamente o que permite ter um quarto, um verdadeiro, com "uma cama de casal", que une o casal e permite uma relativa intimidade sexual. É fácil imaginar as frustrações comuns que reduzem o ato amoroso, cercado de barulhos e de olhares, à brevidade de uma cópula rápida. Segundo a pesquisa do *Board of Trade* (1909), embora os operários franceses sejam os mais mal-alojados da Europa Ocidental, eles chegam, assim mesmo, no início do século, a esse modesto nível de vida. Nessa data, em Paris, esse seria o caso para cerca de 80% dos operários, 20% tendo ainda um só quarto. Segundo Charles Garnier, "um único cômodo sem lareira abriga a mais profunda miséria; um quarto com lareira, que serve ao mesmo tempo para dormir e cozinhar, é a habitação do operário pobre; se a cozinha for separada do quarto de dormir, já se sobe a um grau relativo de prosperidade. A existência de uma sala de jantar denota uma situação mais elevada ainda: é geralmente o máximo do conforto a que podem chegar as instalações das classes operárias".[66]

Por falta de coisa melhor, as crianças pequenas dormem ao pé da cama dos pais, as maiores no espaço-cozinha. Multiplicam-se as camas dobráveis, as camas leves de ferro. Penduram-se cortinas, lençóis. Usam-se biombos. Levantam-se divisórias. A divisão substitui a extensão. Como no apartamento comunitário russo, os cantos servem de cômodos ou copiam seus usos; assim aconteceu com as refeições, servidas em mesas portáteis, como no século XVIII. O que obriga constantemente a arrumar, modificar, transformar; assim fez Gervaise, no alojamento conveniente, perfeito mesmo — um quarto grande, um quartinho e uma cozinha —, que ela ocupa depois de seu casamento com Coupeau. "A cama de Étienne ocupava o quartinho, onde se podia ainda colocar uma outra caminha de criança. Quanto ao quarto grande, era o orgulho dos dois. De manhã bem cedo, fechavam as cortinas da alcova, cortinas brancas de algodão; e o quarto se transformava em sala de jantar, com a mesa no centro." Para manter as aparências, é preciso uma energia que se enfraquece com o tempo.

---

[65] Cf. Roger-Henri Guerrand, *Les Lieux*, op. cit.
[66] Charles Garnier e Auguste Amman, *L'Habitation humaine*. Paris: Hachette, 1892, citado em Anne Debarre-Blanchard e Monique Eleb-Vidal, *Invention de l'habitation moderne*, op. cit., p. 69.

No quadro difícil desses alojamentos apertados, detalhes ínfimos revelam um desejo de apropriação: a escolha da madeira, ou do papel de parede, de um objeto ou de uma imagem, a presença de livros. Os móveis, maciços, quase sempre comprados em um revendedor, são geralmente de nogueira. Ao conjunto "cama, mesa, cadeiras", acrescentam-se mesa de cabeceira (apenas uma, a cama nunca estava no meio por falta de espaço), toucador com seus complementos, a cômoda, que permanece o móvel favorito dos operários, agora sofrendo a concorrência dos armários (de duas portas antes de ser de espelho), como nas casas dos casais de empregados. Às vezes, uma poltrona, um cofre ou um baú, que remonta a uma herança rural. "Estar em seus próprios móveis" é o rompimento com o quarto mobiliado, a concretização de um amor, a formação de um casal, a entrada na vida, o projeto de uma família, o início de uma instalação. Gervaise "tinha uma religião para esses móveis, limpando-os com cuidados maternais, o coração partido pelo menor arranhão".[67]

A lareira, a cômoda servem de expositores para os objetos: relógio, buquê de noiva com flores de laranjeira sob uma redoma, porcelanas, bibelôs, brindes distribuídos por esta ou aquela marca para fidelizar os consumidores; estatuetas de santos, e não só entre os operários de Le Play. Em casa de Lise e de Agricol Perdiguier, de cada lado do espelho "estavam penduradas duas almofadinhas de veludo guarnecidas de festões, sobre as quais descansavam um medalhão de família e um relógio de bolso de prata, únicas joias das famílias pobres". Em cima do armário, Gervaise colocou dois bustos, Pascal e Béranger, "grandes homens" escolhidos ao acaso, comprados sem dúvida em algum brechó, indícios da vontade de ascensão cultural que, na época, anima o casal.

Único espaço livre, as paredes são alvo de uma ocupação ávida, ao mesmo tempo utilitária (pendura-se em ganchos ou pregos tudo o que não se pode guardar) e decorativa. Tomar posse de uma habitação é, antes de tudo, caiar, repintar, colocar alguns rolos de papel de parede sobre o antigo, numa sobreposição de camadas da moda e do tempo. Desde o século XVIII, o papel de parede, de uso popular antes de ser burguês, encarna um ritual de renovação. Charles Blanc (irmão do socialista Louis Blanc) ressalta seu caráter democrático: "A indústria do papel de parede responde agora, para os menos favorecidos, a uma atração dupla: a necessidade de se fechar bem e o desejo de esconder a nudez das muralhas que separam o homem do

---

[67] Émile Zola, A taberna, op. cit., t. 2, p. 472.

mundo".[68] Um papel de fundo claro dá ao quarto de Perdiguier um "ar de alegria". Com flores ou listras, esses papéis revestem os interiores fotografados por Eugène Atget. Sobre o papel salpicado de buquês, o operário de Romainville pendurou um espelho, quadros e colocou alguns ganchos.[69] Espelhos pequenos, pois os grandes ainda são um luxo raro, imagens religiosas ou históricas, cenas de gênero que os pesquisadores de Le Play rapidamente classificaram como "licenciosas",[70] fotografias de família, cujo uso se generaliza depois de 1880, invadem as paredes a ponto de submergi-las. É uma segunda pele. Os operários estão sedentos de imagens, deles mesmos ou da imprensa. Apreciam os cartazes coloridos dos jornais, em que os suplementos ilustrados do *Petit Parisien* e do *Petit Journal* são pródigos. O fabricante de luvas de Grenoble pregou na parede um retrato de Luís XVIII. Gervaise escolheu um marechal de França; ela admira a decoração de seu vizinho, o ferreiro Goujet: "imagens de cima a baixo, figuras recortadas, gravuras coloridas fixadas com o auxílio de quatro pregos, toda sorte de retratos de personagens tirados dos jornais ilustrados", uma profusão alegre e barroca, indício de uma curiosidade indiscreta.

Goujet, esse operário-modelo, que vive com a mãe viúva em um quarto de moça, também tem "uma pequena estante de livros pendurada na parede".[71] Ler, sinal de distinção, expressão do sonho operário. O assentador de assoalhos, Gauny, lastima "não poder viver até a morte com nossos livros".[72] Que livros? É raro conhecermos a composição das prateleiras proletárias. Segundo Gilland, "bons livros" guarnecem as de Agricol Perdiguier, que comportam, sem dúvida, muitas obras sobre as associações de operários. As monografias de Le Play, às vezes, fornecem listas. Trata-se de manuais profissionais (os famosos "manuais Roret"), de livros de cozinha, de história, livros religiosos, obras políticas. O carpinteiro independente de Paris, homem engajado, alinha, ao lado de tratados de sua profissão, obras socialistas, entre as quais *O capital*, de Karl Marx, *A organização do trabalho*, de Louis Blanc, e

---

[68] Charles Blanc, *La Grammaire des arts décoratifs*, 1880, citado em Joëlle Deniot, *Ethnologie du décor en milieu ouvrier: le bel ordinaire*. Paris: l'Harmattan,1995, p. 90, prefácio de Michel Verret.

[69] Atget, *Une retrospective*, op. cit., p. 212. Cf. Molly Nesbit e Françoise Reynaud, *Eugène Atget. Intérieurs parisiens: un album du musée Carnavalet*. Paris: Carré, 1992.

[70] O fabricante de latas de Aix-les-Bains (Société d'Économie Sociale, *Les Ouvriers des Deux Mondes*, op. cit., t. 2, nº 10, 1857, p. 1-53) colocou uma estampa representando a "surpresa no meio do trigo", considerada "licenciosa" pelo pesquisador.

[71] Émile Zola, *A taberna*, op. cit., p. 472.

[72] Gauny a Ponty, 1856, citado em Jacques Rancière, *A noite dos proletariados*, op. cit.

as obras de Eugène Sue e de Victor Hugo.[73] A elite operária era uma grande leitora de tais obras, como o sugerem as coleções da Biblioteca dos Amigos da Instrução, constituída sob o Segundo Império e conservada "no mesmo estado" na rua de Turenne.[74]

Cortinas por todo lado — nas camas, no toalete, nas janelas —, até nas miseráveis habitações da *Cité dorée*, fotografadas por Atget.[75] Elas revelam a procura desse equivalente de felicidade que é um lar, vitória sobre a adversidade, recriação de um universo. "Quase tudo que rodeava Agricol Perdiguier era repulsivo e odioso, mas uma vez chegado em casa, ele se encontrava como em um outro mundo."[76] Sua mulher, Lise, costureira (era costureira de George Sand), pôs nas janelas cortinas de musselina. Virginia Woolf observa a mesma coisa, não sem condescendência, nos subúrbios de Londres, em 1915: "as casas vermelhas mais infames estão sempre alugadas e nenhuma tem a janela aberta, nem janela sem cortinas. Suponho que as pessoas têm orgulho de suas cortinas e que a rivalidade é grande entre as vizinhas. Uma das casas tinha cortinas de seda amarela, listradas de entremeio de renda. Os quartos deviam estar mergulhados na penumbra e, sem dúvida, impregnados do odor de seres humanos. É preciso acreditar que ter cortinas é um sinal de respeitabilidade."[77]

ALOJAR OS OPERÁRIOS[78]

Para a grande indústria, alojar os operários tornou-se um imperativo. Era um modo de atrair a mão de obra, fixá-la, disciplíná-la, de fabricar o "pequeno trabalhador infatigável", necessário a sua expansão.[79] Às primeiras "casernas"

---

[73] Sociéte d'Économie Sociale, *Les Ouvriers des Deux Mondes*, 2ª série, t. 3, n° 70, "Le Charpentier indépendant de Paris", observações recolhidas em 1889 por Pierre du Maroussem, que insiste em sua politização, p. 325-68.
[74] Pascale Marie, "La Bibliothèque des Amis de l'Instruction du IIIᵉ arrondissement: un temple, quartier du temple", in Pierre Nora (org.), *Les Lieux de mémoire*. Paris: Gallimard, 1984, t. 1, p. 323-51.
[75] Exposição na sub-prefeitura do 13° *arrondissement*, na primavera de 1980, dessas fotos conservadas na Bibliothèque Historique de la Ville de Paris.
[76] Jérôme-Pierre Gilland, citado em Jacques Rancière, *A noite dos proletariados*, op. cit.
[77] Virginia Woolf, *Journal intégral, 1915-1941*, op. cit., p. 28, 2 de janeiro de 1915.
[78] Os trabalhos fundamentais são os de Roger-Henri Guerrand, *Les Origines du logement social en France*. Paris: Éd. Ouvrières, 1966; id., *Le Logement populaire en France. Sources d'une documentation et bibliographie*. Paris: École Nationale Supérieure des Beaux-Arts, 1979.
[79] Cf. os trabalhos do Cerfi: Lion Murard e Patrick Zylberman, *Recherches* n° 25, novembro de 1976.

sucederam-se conjuntos habitacionais mais amplos, concebidos por arquitetos que elaboraram projetos racionais de casas operárias, mínimas nos *corons* das minas, mais refinadas na metalurgia.

Como os mineiros eram, anteriormente, camponeses, preocuparam-se, em Camaux[80] e em outros lugares, em lhes dar um pequeno jardim, mais do que uma sala e quartos. Na região de *Germinal*, inspirado em Anzin (norte), a densidade é alta, dentro e fora: "No meio dos campos de trigo e de beterraba, o *coron* do 240 dormia sob a noite escura. Distinguiam-se vagamente os quatro imensos corpos de pequenas casas geminadas, corpos de caserna ou de hospital, geométricos, paralelos, separados por três largas avenidas divididas em jardins iguais." No número 16 do segundo corpo, na casa dos Maheu, "trevas espessas envolviam o único quarto do primeiro andar", que cheirava a dormitório. Quarto quadrado com duas janelas, paredes amarelo-claro, mobiliário rudimentar: armário, mesa, duas cadeiras de uma antiga nogueira, um jarro no chão ao lado de uma terrina servindo de bacia, roupas velhas penduradas em pregos. Três camas em que dormem, dois a dois, os seis filhos, meninos e meninas entre nove e 21 anos. Os pais dormem no corredor, junto ao berço de Estelle, de apenas três meses.[81] Quadro sombrio, baseado em grande parte nas pesquisas de um Zola etnógrafo.

A Sociedade Industrial de Mulhouse, emanação de um patronato têxtil protestante de influência germânica, é claramente mais inovadora. Para executar sua encomenda, o engenheiro Émile Muller inspirou-se nos *cottages* ingleses. Agrupadas de quatro em quatro, as casas do "canteiro de Mulhouse", geminadas ou contíguas, dispõem de um jardim, de uma sala comum no térreo, batizada "sala de habitação" (o *living-room*), e de um ou mais quartos no primeiro andar, tendo, além disso, sótão e porão. Os cômodos têm de 9m² a 12m². Um modelo luxuoso, raramente superado, que inspirou numerosas realizações análogas, pelo menos nas grandes fábricas.[82]

No Creusot, os Schneider desenvolveram uma política espacial e residencial bem-pensada.[83] Preferindo a estabilidade de operários proprietários a

---

[80] Rolande Trempé, *Les Mineurs de Carmaux de 1848 à 1914*, t. 1, p. 259. Paris: Éd. Ouvrières, 1971. Ela analisa as formas e a amplitude do alojamento operário no conjunto das regiões mineiras.

[81] Émile Zola, "Germinal", in *Les Rougon-Macquart*, op. cit., t. 3, p. 444-5.

[82] Cf. Émile Cacheux, *État des habitations ouvrières à la fin du XIXᵉ siècle*. Paris: Baudry, 1891; numerosas gravuras e plantas de casas operárias.

[83] Christian Devillers e Bernard Huet, *Le Creusot: naissance et développement d'une ville industrielle, 1872-1914*. Seyssel: Champ Vallon, 1981; *Les Schneider, Le Creusot. Une famille, une entreprise, une ville*

locatários inconstantes, favoreciam sua ascensão, promoção e reprodução. Escolas para as crianças e para as moças, "a boa dona de casa" eram elemento essencial de harmonia. Inspetores anotavam, aliás, suas performances na boa organização da casa. Ordem, higiene, moralidade eram os elementos de uma habitação destinada a promovê-los. O que impressiona nessas casas operárias dos conjuntos habitacionais é o lugar dado ao jardim, a privatização do espaço, o afastamento dos quartos para o primeiro andar e sua definição mais estrita de "quarto de dormir". Essa é, pelo menos, a épura das plantas, reveladoras de um projeto familiar e social, cujos efeitos em parte nos escapam. Os operários franceses detestavam o controle dos conjuntos e a isso opuseram certa resistência, acabando por se conformar. Sob esse aspecto, os conjuntos habitacionais foram uma propedêutica relativamente eficaz do hábitat operário moderno, que emergiu lentamente de diversos lados.

Muitas correntes contribuíram para isso, mas não são nosso objeto aqui.[84] Os HBM (habitações baratas) da primeira metade do século XX pouco concerniram aos operários, bem mais interessados nos HLM (habitação com aluguel moderado), posteriores à Segunda Guerra, no desenvolvimento dos subúrbios e no hábitat individual. Mudança decisiva: na segunda metade do século XX, os operários têm acesso à moradia e mesmo à propriedade. Dessa época em diante, interessa-lhes[85] mais a habitação que a cidade, diz Michel Verret, que analisou essa revolução. À cidade, demasiadamente distante, vão para se reunir. Mas sua maior reivindicação é a privatização do espaço. "Subtraindo ao olhar patronal o espaço de seu lar, o operário abre um campo de liberdade, tão precioso que ele está pronto a pagar o preço da distância e do cansaço." A fábrica, já veem demais. "Estar entre suas paredes é, a princípio, para o operário, não estar entre as dos outros, e em sua casa pode ser ele mesmo." Investem (a crédito) no equipamento doméstico, decoram a seu jeito, com uma preocupação dominante do "faça você mesmo", da reutilização, do belo barato, que se exibem mais nas salas do que no quarto.[86] Destinado ao sono, este abriga uma intimidade ao mesmo tempo

---

(1856-1960), catálogo da exposição no Museu d'Orsay. Paris: Fayard, 1995, principalmente Yves Lequin, *De l'usine à la ville, une politique de l'espace*, p. 342-52; o autor ressalta o sucesso global do sistema, apesar de um acesso minoritário à propriedade.

[84] Cf. Frédéric Moret, *Les Socialistes et la ville*. Grande Bretanha, França, 1820-1850. Fontenay-aux-Roses: ENS, 1999.

[85] Michel Verret, *L'Ouvrier français. L'espace ouvrier*. Paris: Armand Colin, 1979.

[86] Joëlle Deniot, *Ethnologie du décor en milieu ouvrier*, op. cit. A autora visitou setenta famílias operárias da região de Nantes e realizou 4 mil clichês. Ela insiste mais sobre os objetos do que sobre o espaço como tal.

adquirida e imposta. Ocorre, de uma certa forma, a dissolução dos quartos operários, tornados apenas quartos comuns por sua função, seu lugar, sua arrumação. Subtraídos ao olhar público, não são mais objeto de muita atenção, mas recolhem a parte mais pessoal: fotografias de casamento, imagens licenciosas, objetos religiosos, eventualmente um crucifixo acima da cama, encontram aqui seu refúgio, assim como a roupa de cama e mesa na cômoda e o vestuário pendurado no armário, no centro da intimidade familiar. Os operários têm um sentido agudo de um privado que lhes foi tanto tempo recusado. O pudor é sua honra reconquistada.

Ao fim de um esforço bissecular de reivindicações, de protestos individuais e coletivos, de gestos cotidianos, de muita persistência e de pequenos deslocamentos, o operário, enfim, se instala. Mais ou menos bem. Mas essa é outra história. Dissociou-se do pobre, fora do quarto, fora das paredes.[87] Os pobres se esfalfam em busca de um leito transitório, de um hábitat precário, até mesmo de um canto para dormir, que preferem à promiscuidade dos abrigos, para onde temem ser levados; erguem sua tenda, colocam seu colchão, estendem seu saco de dormir ou coberta nas margens do anel rodoviário periférico, em um vão, raramente sob os pórticos, agora fechados e codificados, nos limites ou no centro de nossas cidades. Apesar de todos os obstáculos, eles mantêm o direito de um espaço para si.

Quartos sem fronteiras, os lugares dos sem domicílio fixo assombram a cidade.

O HÁBITAT PRECÁRIO

Haveria hoje na França por volta de cem mil SDF, dos quais 8 mil estão em Paris, mesmo que desafiem a contagem.[88] Um pouco mais de 6% o seriam por escolha, a maior parte obedece a uma necessidade que a crise tornou opressora. Não estão fora da sociedade. Três em cada dez têm um emprego, quatro em dez estão inscritos no Anpe (Agência Nacional para o Emprego) e procuram trabalho. Mais do que itinerantes voluntários, são trabalhadores pobres,

---

[87] Jean-François Laé e Numa Murard, *Mémoires des lieux. Une histoire des taudis*. Seminário 1986-1988, policopiado, biblioteca do Cedias, 46336 V4. "De agora em diante, o operário não é mais um pobre; mil indícios permitem demonstrá-lo, o pobre não é mais um operário, mil escritos esclarecem essa verdade. Ser um operário não é mais um destino, é uma profissão, com diplomas, estatutos e empregos. Enquanto ser pobre não passa de um destino."

[88] L'ined tinha feito um primeiro recenseamento nos anos 1980. A pesquisa mais recente é a do Insee: Marie-Thérèse Jouin Lambert, "Une enquête d'exception, Sans-abri, sans-domicile: des interrogations renouvelées". *Economie et Statistique* n° 391-392, outubro de 2006.

privados de habitação, de aquisição impossível ou das quais não podem mais pagar as promissórias, os aluguéis ou os encargos. Aliás, há uma tendência a chamá-los apenas "sem-domicílio", a fixidez sendo um aspecto secundário, embora não negligenciado. Entre eles, há um terço de jovens, muitos estrangeiros, e cada vez mais mulheres (tantas quanto homens entre dezoito e 24 anos). Algumas testemunharam e até escreveram sobre as dificuldades da rua para as mulheres, muitas vezes com filhos.[89] A vida dos SDF exige muita engenhosidade, muita atividade, um conhecimento apurado dos recursos, dos lugares, dos cantinhos de uma cidade. Uma entrada de metrô, um parque, uma praça, um banco, uma mesa constituem uma referência em um espaço cada vez mais fechado e esquadrinhado. Há refúgios e abrigos mais aceitáveis que outros. Em tempo de frio, alguns os procuram todas as noites. Mas onde deixar a bolsa durante o dia? Para resolver esse problema, algumas associações abriram compartimentos análogos aos guarda-volumes existentes nas estradas de ferro. A vida errante não é necessariamente uma escolha, salvo para alguns milhares de irredutíveis ou de "sem filiação",[90] que correspondem aos vagabundos e mendigos de outrora.

A errância foi durante muito tempo um modo de vida. No século XIX, florestas e cidades são territórios incontroláveis, onde vagabundos, mais rurais, e indigentes, mais urbanizados, encontram abrigo, em um celeiro, em uma cabana, em uma entrada, no fundo de um pátio. São progressivamente marginalizados pelas normas de uma sociedade que se estabiliza e subordina a cidadania (o direito de voto, por exemplo) ao domicílio, além de perseguidos pela polícia. No século XX, as migrações aumentam a demanda de alojamento e multiplicam as formas de hábitat precário. Pardieiros, favelas, abrigos provisórios se amontoam às portas das aglomerações.

Em torno de Paris, houve os casebres da zona, as barracas dos catadores de papel, expulsos pelos bulevares exteriores e depois pelo bulevar periférico. Depois da Segunda Guerra Mundial, aparecem os *bidonvilles*, denominação (1953) das casas de latão surgidas no Marrocos, nos subúrbios de Casablanca. Traços característicos: construções de tijolo e uma certa densidade (do gênero trezentas pessoas em sessenta lares). O *bidonville* de Nanterre, para onde afluem portugueses e argelinos, é um

---

[89] Lydia Perreal, *J'ai vingt ans et je couche dehors: le combat quotidien d'une jeune SDF*. Paris: J'ai Lu, 2002.
[90] Robert Castel, *As metamorfoses da questão social. Uma crônica do salário*, 4ª ed. Rio de Janeiro: Vozes, 2002.

aglomerado de famílias, uma sociedade solidária e estruturada da qual Colette Pétonnet, sua etnóloga, mostrou o funcionamento engenhoso e a função de aculturação. "O *bidonville* assume um papel primordial, o de uma transição bem-sucedida."[91] É também um modo de resistência à obrigação de habitar em um abrigo provisório ou em um HLM. Invejável, mas primeiramente fora de alcance, os HLM são um espaço normativo onde só são acolhidas pessoas convenientes. A disposição dos alojamentos nem sempre agrada aos novos ocupantes, que sofrem pela ausência de espaços de depósito e pelo número e a disposição dos quartos; há sempre quartos demais ou de menos, mal-arranjados; e não são suficientes para todos. Denunciados pelo abade Pierre (inverno de 1954), visados pela política de Jacques Chaban-Delmas, que os julgava intoleráveis, a maior parte dos *bidonvilles* foi destruída. A reinstalação autoritária foi experimentada por alguns como um grande sacrifício, uma perda de identidade. *Bidonvilles* sobrevivem aqui e ali, nos arredores de Marselha, por exemplo, e até no bosque de Vincennes; no outono de 2007, duzentas pessoas, isoladas ou em grupo, aí teriam encontrado refúgio em abrigos de tijolos.

A indigência, mas também um desejo violento de autonomia, anima esses habitantes que procuram preservar sua independência espacial. O *trailer* não é unicamente o apanágio dos itinerantes, mas uma forma de resistência à proletarização. É o caso de uma família portuguesa (casal e dois filhos), em um *trailer* de aluguel, exíguo, limpo, até mesmo colorido, que ela decora como uma cabine de navio. Há um canto para a cozinha, com um fogareiro a álcool. "Durante o dia, toda a instalação da noite desaparece para deixar o espaço livre: é armada uma mesa e cadeiras dobráveis são usadas para se sentar. Reina uma ordem impecável e a exiguidade do local é compensada por uma organização racional da arrumação", que absorve o essencial do tempo da mãe de família (29 anos), cujo marido (depressivo) é operário de obra.[92] Essa agitação é o destino das donas de casa pobres. A Gervaise de Zola fazia o mesmo em seu quarto da Goutte-d'Or. Mas agora os móveis são mais leves que os de *A taberna*.

O material de camping é o mais adequado, e o *mobile-home* fornece soluções. O *camping-car* sucedeu à caravana dos anos 1950, destinada sobretudo ao turismo, com um sucesso fulgurante; surgido em 1967, passam de um milhão em 1994. Têm sempre essa função de hotel ao ar livre. São

---

[91] Colette Pétonnet, *Espaces habités. Ethnologie des banlieues*. Paris: Galilée, 1982, p. 25.
[92] Crépin-Massy, *L'Identité sociale*. 1980, p. 268.

cada vez mais confortáveis. "Em alguns veículos encontram-se verdadeiros quartos (sic), com uma cama em volta da qual se pode circular e uma divisória que o separa da sala",⁹³ diz uma descrição publicitária. Esse foi vendido por 35 mil dólares em 2005. Os velhos modelos são recuperados ou alugados a uma clientela pouco favorecida, que deles faz um substituto da casa. Segundo um relatório de 2006, 100 mil pessoas vivem em campings ou em *mobile-homes* o ano inteiro. Em Marselha, em seis campings abertos o ano todo, contam-se 250 locações permanentes, ou seja, 570 pessoas, das quais 197 famílias recebem auxílio social. Muitas associações apoiadas por parlamentares se empenham para que sejam reconhecidos como modo de hábitat permanente, com endereço postal, para permitir a comprovação de residência.⁹⁴

Pois a habitação continua a ser a chave da integração e, por conseguinte, objeto de desejo. É o que mostra a pesquisa de Xavier Godinot, que, no quadro *ATD-Quart Monde*, recolheu quatro narrativas de vida, nas Filipinas, em Burkina Faso, no Peru e na França.⁹⁵ Nas Filipinas, Mercedita mora embaixo de uma ponte, para onde volta repetidamente. No subúrbio parisiense, Farid e Celina, depois de muita luta, conseguiram obter um alojamento em Noisy-le-Grand, em um pequeno conjunto habitacional administrado pela ATD. É a sorte deles. "Sem casa, você não é nada. Você nem mesmo existe nessa terra", diz Farid recordando sua vida errante. "Não ter casa significa sair o tempo inteiro com um saco nas costas. Correr o dia inteiro e até de noite." Não se pode arranjar um trabalho, nem votar e muito menos criar um filho. Farid descreve a alegria do casal: "O último dia no hotel e, sobretudo, o dia em que entramos no apartamento, nem conseguíamos dormir! Eu não parava de olhar as paredes, de contar os cômodos, de olhar a cozinha. Era como se tivessem me dito: 'Venha, vamos dar uma volta no paraíso.' Fazíamos comida, café, acordávamos à hora que queríamos. Era uma mudança, uma grande mudança. Encontramos um equilíbrio: voltar para casa, ter uma pia, um banheiro. Eu nunca conhecera uma casa, nem vira um recibo de aluguel." Ter seu quarto, ter sua chave: é uma mudança decisiva. "A chave é algo inacreditável", diz Farid. "O dia em que tive uma chave e paguei

---
⁹³ Ouest-France, 12 de janeiro de 2009.
⁹⁴ Intervenção de Jean-Noël Guérini, senador pelas Bouches-du-Rhône, no Senado, em 10 de outubro de 2007.
⁹⁵ Xavier Godinot, *Erradiquer la misère. Démocratie, mondialisation et droits de l'homme*. Paris: PUF, 2008. Essas pesquisas de campo são baseadas no conjunto das narrativas de vida dos mais pobres, reconstituídas sob seu controle.

meu aluguel, reparei que as portas se abriam sozinhas. Eu estava sempre bem barbeado, com os olhos bem abertos, a cabeça descansada, minha roupa limpa. Tudo estava em seu lugar. Eu poderia me apresentar a um patrão. Poderia viver com a minha mulher." Em um processo de integração difícil, mas afinal bem-sucedido, o hábitat representa um papel importante. O casal acabou obtendo um apartamento em um HLM: "Tínhamos um quarto. Karim tinha um quarto." Pôde retomar o filho, que estava em uma instituição, e encontrar trabalho. Farid arranja um emprego de porteiro de edifício.[96] Esse relato de vida mostra como a questão da habitação é crucial, talvez hoje ainda mais, em razão da exigência de estabilidade e de controles sociais. O direito à habitação, base da cidadania, deveria, de agora em diante, fazer parte dos direitos do homem.

Ao mesmo tempo, as migrações aumentam. Nas portas de Calais, onde o campo de Sangatte foi fechado, clandestinos — afegãos, curdos, sudaneses — em trânsito para a Inglaterra (passariam cerca de 350 a seiscentos por semana) fabricam, com paletes de madeira, com folhas de flandres, com cobertores, com panos velhos, com roupas, com caixotes, com galhos, com cabanas improvisadas que a polícia rega com gás lacrimogêneo e queima de vez em quando, reduzindo-as a um mingau desforme e fedorento. O suíço Jacques Revillard fotografou durante dois anos esses abrigos efêmeros e fixou para sempre sua memória colorida.[97] Tornou-os visíveis e salvou-os do esquecimento.

Expulso de um lado, o hábitat precário surge do outro, de acordo com a mobilidade teimosa de seus habitantes, em busca de uma vida melhor. Atualmente, 6% da população urbana dos países desenvolvidos e 43% nos países em desenvolvimento vivem em *bidonvilles*. As *townships* da África do Sul, as favelas do Brasil, os *slums* de Bombaim rivalizam com as vastas aglomerações do Quênia, onde se encontra Kibera, uma das maiores *bidonvilles* do mundo. O sociólogo americano Mike Davis vê, no crescimento aumentado depois dos anos 1980, migrações da economia informal e da urbanização galopante, a chave do *"bidonville* global" ao qual nossas

---

[96] Ibid., cap. 3, *Résister pour exister. Histoire de Farid, Céline et Karim, entre l'Algérie et la France*, p. 141-91.
[97] "Cabanes des clandestins", *Le Monde 2*, 19 de julho de 2008. Essa reportagem obteve o prêmio World Press Photo 2008. Louis Mesplé criticou-a por ter estetizado a miséria. Ficamos felizes que ele a tenha captado. O filme de Philippe Lioret — *Welcome* (2008) — é uma outra forma de memorização.

sociedades estariam prometidas. "Se nada mudar, a humanidade futura morará em caixas de papelão."[98]

Persiste, portanto, o sonho de um quarto para si, tão tenaz quanto frágil.

---

[98] Mike Davis, *De l'explosion des villes au bidonville global*. Paris: La Découverte, 2006. Cf. também a entrevista do autor dada a Olivier Pascal Mousselard, *Télérama*, fevereiro de 2008.

9
Leito de morte e quarto de doente

A morte de George Sand

George Sand morreu a 8 de junho de 1876, às dez horas da manhã, em seu quarto em Nohant. Estava doente desde a primavera. No dia 8 de maio, escreveu a Buloz, seu editor, que relançava sua obra: "Sem estar doente, durante toda a minha vida me senti mal e há dois meses não estou em condições de trabalhar. Penso que conseguirei melhorar e recomeçar meu trabalho, mas não posso lhe afirmar nada ao certo."[1] Espera, todavia, ir a Paris, como faz toda primavera, dentro de mais ou menos 15 dias. Em 22 de maio (a Maurice Albert): "Estou bastante doente há alguns meses, porém espero superar mais essa crise e ainda rabiscar o papel." Propõe mesmo um resumo dos *Dialogues et fragments philosophiques* de Renan, de quem tanto apreciou a *Vida de Jesus*, trabalho que aparecerá após sua morte. Em 28 de maio (a Marguerite Thuillier): "Sua velha amiga está sofrendo muito com uma doença crônica do intestino que, aliás, não é perigosa. Trata-se apenas de ter paciência, e eu tenho muita." Ela escreve regularmente ao dr. Favre, que costuma consultar em Paris. Em 18 de maio: "Luto contra meu próprio mal com paciência. As crises são mais frequentes, porém menos agudas." Ela responde a suas perguntas (em 28 de maio): "Eu não sinto os danos da senilidade." Mas sofre de uma constipação tenaz: "Com as evacuações naturais tendo sido quase totalmente suprimidas há mais de duas semanas, me pergunto aonde vou e se não devo esperar uma partida súbita uma manhã dessas." Ela não se obstina em viver, mas fará tudo para se tratar. "Tempo delicioso. Não estou sofrendo muito", anota em 29 de maio, na última menção de suas *Agendas*.[2] E em 30

---
[1] George Sand, *Correspondance*, Georges Lubin (org.), t. 24. Abril de 1874-maio de 1876. Paris: Garnier, 1990, col. Classiques Garnier.
[2] Id., *Agendas (1852-1876)*, Anne Chevereau (org.). Paris: Touzot, 1990. Cinco volumes e índice de padronímicas.

de maio, em sua última carta, endereçada a seu primo Oscar Cazamajou: "Continuo ainda muito fraca." Restam-lhe nove dias de vida.

Estamos muito bem-informados sobre a morte de George Sand.[3] O dr. Favre, consciente de estar vivendo um acontecimento excepcional, deixou um relatório detalhado, escrito na noite de 8 para 9 de junho, enquanto a velava. "Sozinho, no silêncio recolhido da madrugada, eu lhes escrevo sobre a escrivaninha dessa mulher estranha que foi George Sand [...]. Neste castelo do século XVIII, ela está em seu quarto, no seu leito funerário semeado de flores e folhas do seu parque. Enquanto troveja a tempestade de um drama de família, os pássaros cantam no meio das árvores verdejantes." O drama se refere às divergências entre Maurice e Lina, sua esposa, sobre a redação das participações: Maurice queria aparecer sob seu título de "barão", ao que Lina se opunha: "Não quero me aproximar da nobreza que nos despreza [...]. Sou e quero continuar a ser a nora de Mme Sand."[4] De uma Sand que jamais transigiu com a aristocracia.

Favre evoca sua agonia "longa", mas suave no fim. Ele rezou por sua amiga e paciente, beijou sua fronte, pediu uma mecha de seus cabelos brancos. Montou guarda para que o padre não penetrasse no quarto, pois ela não queria. "O padre rondou em torno da vítima que ele devia marcar com seu sinal, pôde passear nas alamedas sob as árvores, sentar-se nas poltronas do salão; não tinha que esperar nenhum acesso, mesmo fortuito, no quarto da doente." Anticlerical e deísta, Favre se achava o "único representante de Deus" e grande organizador da morte e até mesmo da chegada desta "almazinha diáfana" ao mundo dos espíritos.

Henry Harrisse, jornalista e amigo íntimo, admirador "dessa escritora maravilhosa", efetuou uma verdadeira pesquisa junto aos médicos e às testemunhas, cujas "respostas foram comparadas e submetidas a um controle minucioso", preocupado em esclarecer o papel de uns e de outros. Ele descreve com uma precisão clínica a sucessão desses últimos dias, o balé dos seis médicos, locais e parisienses, e suas rivalidades na cabeceira da ilustre doente.

---

[3] Georges Lubin publica os relatos do dr. Favre (inéditos) e de Henry Harrisse (1904) em anexos III e IV do volume 24 da *Correspondance*, op. cit., p. 654-72. Ele julga contestável o resumo dos testemunhos dado por Vladimir Karénine em sua biografia. Existe igualmente um relato inédito de Solange, que fez o diário dos últimos dias de sua mãe. Esse documento, conservado na coleção sandiana de Dina Vierny, falecida recentemente, foi-me assinalado por Martine Reid.

[4] Georges Lubin dá (ibid., p. 650, nota 1) a troca de cartas entre Maurice e Lina a esse respeito. Maurice figura como "barão Dudevant" e Lina somente como "Mme Maurice Sand-Dudevant".

O estado de George Sand agravou-se em 31 de maio, após ter tomado um purgante — óleo de rícino e xarope de orchata — receitado pelo jovem médico de La Châtre, Marc Chabenat. Sem efeito. Dores e vômitos. Ela sofre muito com o que chamaríamos "oclusão intestinal". Seus gritos são ouvidos até o fundo do jardim. "Ela está perdida", diz o dr. Papet, a quem se junta o dr. Petsel, de Saint-Chartier. Este chama Favre, embora não o estime muito. Favre chega de Paris em 1º de junho e volta com a missão de trazer um cirurgião. No dia 2, o cirurgião Péan encontra-se em Nohant com o dr. Darchy, vindo da Creuse, onde Lina, que nele confia, o mandou buscar. A junta médica decide uma enterostomia com sonda esofagiana e injeção de doze sifões de água de Seltz: operação muito desagradável. "Mme Sand sofreu terrivelmente durante a operação, mas sentiu um grande alívio depois", segundo Chabenat. No dia 5, Favre retornou com Plauchut, homem de confiança de Sand, sem ilusões.

George Sand estava humilhada pela natureza de seu mal. "Uma doença tão feia", dizia. Essa mulher pudica, que não falava de seu corpo, temia infligir à família a vista de seus lençóis manchados. "E foi para que seus filhos e seus amigos não pudessem vê-los, que ela os afastou de sua cabeceira." Promover tal espetáculo a horroriza, especialmente junto a suas netas, que nunca estão muito longe. Lina as deixa entrar rapidamente para um último adeus; Sand lhes diz: "Sejam boazinhas. Eu amo vocês." Maurice chega à soleira da porta, ela lhe pede com veemência para sair.

George Sand estava deitada em uma cama de ferro, especialmente colocada no meio do quarto, defronte à lareira. Solange mudou a posição da cama, para que sua mãe ficasse em frente da janela. Para ver o jardim? Estava um tempo feio, frio e chuvoso. Um tempo de outubro. Junto dela, mulheres: sua filha Solange, vinda às pressas de Paris, apesar das reticências do irmão, que controla tudo, sua nora Lina, a "devotada" Solange Marier, uma "babá". Na noite do dia 7, ela se despede de Maurice, Lina, Lolo (a pequena Aurore). Insiste para ser lavada. Esse "arminho" (segundo Harrisse) era obcecada pela brancura. Pede comida: "Estou com fome", e não come. Murmura: "Deixem verdura", palavras enigmáticas que deram origem a infinitas interpretações.

Na noite de 7 para 8 de junho, ela sofre muito. Precisam constantemente mudá-la de posição para aliviá-la. "Tenham piedade", diz ela, como se implorasse a morte. Os médicos foram embora, receitando morfina para acalmar a dor. Muito abatida, ela quase não fala mais. Seu olhar torna-se fixo e sem brilho. Para recolher seu último suspiro, os homens entraram: seus primos, Oscar Cazamajou e René Simonnet, o dr. Favre; exausto, Maurice adormece, as crianças o acordam. Todos se ajoelharam. Ela morre por volta das 9h30 (dez horas, segundo o atestado de óbito). Quando ela expirou, o dr. Favre, sempre teatral, se levanta, estende as mãos sobre o corpo e jura: "Enquanto eu viver, sua memória jamais será manchada." Por que, Deus do céu, esse medo da impureza? Na noite seguinte, escreveu seu relatório, como tinham feito outrora os médicos de Luís XIV.

Solange fechou os olhos de sua mãe. Ajudada por Solange Marier e pela Thomas (uma empregada), prestou-lhe os últimos cuidados, vestiu-a (não sabemos como), transportaram-na para sua cama de acaju, onde o corpo fica exposto, com o rosto coberto de flores. Segundo Alexandre Dumas Filho, a mão direita, "pequena e lisa como o marfim", fica descoberta. Solange vela durante a noite de 8 para 9, com alguns mais íntimos que se revezam. Na noite seguinte, só as empregadas ficam, obrigadas, pelo cheiro do corpo em decomposição rápida, a permanecer no escritório contíguo. Dia 10, de manhã, o corpo é exposto no vestíbulo do castelo para a homenagem dos fiéis, que jogam folhas de louro à guisa de buxo.

Sand desejava ser inumada em seu jardim, junto de seus familiares, sem monumento, somente com "flores, árvores, vegetação". Ela queria, em suma, voltar a ser Aurore. Para seu enterro, não deixou nenhuma instrução. Foi um verdadeiro debate.[5] Solange quer um enterro religioso. Lina pensa firmemente que deve ser laico. Maurice também, mas ele se deixa convencer por sua irmã, que invoca os "sentimentos religiosos da população", o desgosto dos amigos locais, dos quais alguns — o dr. Papet e sua família — não virão a um enterro puramente laico. O dr. Favre, que todos acreditavam ser livre-pensador, se alia a essa posição. E se justifica: "É porque aqui me sinto em pleno território da raça céltica. [Os celtas eram sua mania.] Não haverá nenhuma pompa [...]. A Igreja nessa circunstância posta a serviço não é um triunfo." O padre Villemont, pároco de Vic, que fora por ele afastado tão veementemente durante a agonia, fica zangado. Mas o arcebispo de Bourges, monsenhor De La Tour d'Auvergne, consciente

---

[5] Georges Lubin dá as peças principais do dossiê. Sobre Sand e a religião, cf. Bernard Hamon, *George Sand face aux Églises*. Paris: L'Harmattan, 2005. Sobre a questão do livre-pensamento e dos enterros laicos nessa época, cf. Jacqueline Lalouette, *La Libre pensée en France, 1848-1940*. Paris: Albin Michel, 1997.

de tudo que está em jogo, dá seu consentimento. Gustave Flaubert, consternado, assiste na aldeia de Nohant ao funeral religioso de seu querido "trovador", de sua amiga agnóstica "morta perfeitamente impenitente". Funeral marcado pelo fervor popular, pela presença das camponesas com suas coifas, de alguns trabalhadores, pela afluência parisiense (o príncipe Napoléon-Jérôme, Renan, Dumas Filho compareceram), pela qualidade dos discursos, pela mensagem de Victor Hugo, lida por Maurice, que celebram uma mulher notável por sua vida, sua obra e seu engajamento republicano. Em suma, "uma grande mulher".

Tudo contribui para fazer dessa morte um roteiro exemplar das novas maneiras de morrer, em que a tradição hesita, atropelada pela modernidade. Nesse quarto-laboratório se encontram e se afrontam o público e o privado, o corpo e a alma, o padre e o médico, os homens e as mulheres, o irmão e a irmã, Paris e a província. Ele é atravessado pelos passos das crianças e pelos ecos do século: o conflito entre o Antigo Regime e a Revolução prossegue em torno desse leito de morte. Nele se ouve a voz da doente, que desejaria viver, mas não a qualquer preço. Ela recusa a degradação e o sofrimento e deixa-nos um mistério: o que Aurore queria para seus últimos fins? O que ela quis dizer com suas últimas palavras?

"Deixem verdura."

O LEITO DE MORTE

George Sand teve uma doença curta, uma agonia rápida. Morreu em casa. Seu quarto foi ocupado sobretudo pelos médicos. Eles amenizaram a dor e excluíram o padre. Apenas a família assistiu aos seus últimos instantes. Solange assumindo, mais do que sua mãe sem dúvida gostaria (ela desconfiava da filha), o papel destinado às mulheres na gestão do corpo e da alma. Seus amigos só intervieram mais tarde, hesitando às vezes a transpor a soleira. Os vizinhos penetraram apenas no vestíbulo e se aglomeraram no exterior, entre o pátio, a praça, a igreja. Sua morte foi relatada como se fazia outrora com a morte dos reis, sinal da "sagração da escritora" que coroa esse século literário. Excepcionalmente para uma mulher.

Essa "bela morte" se inscreve na genealogia das "artes de morrer" ocidentais, longamente elaboradas, das quais Philippe Ariès e Michel Vovelle[6]

---

[6] Philippe Ariès, *Essai sur la mort en Occident du Moyen Âge à nos jours*. Paris: Seuil, 1975; id., *L'Homme devant la mort*, op. cit; Michel Vovelle, *La Mort et l'Occident de 1300 à nos jours*. Paris: Gallimard, 2000.

descreveram a gênese e a codificação na época clássica. O encerramento terrestre de uma existência, a entrada solene no outro mundo, de que não se duvida, concerne tanto ao grupo, à comunidade, quanto ao indivíduo. O que explica a publicidade.

O "leito de morte" é o palco central e mesmo único. Durante muito tempo ocupou todo o lugar, abundantemente representado na iconografia medieval. É a "longa doença", resultado dos progressos da medicina, que engendra o quarto do doente. Socialmente, espiritualmente, a morte, certa, precede a doença, aleatória. É a morte que preocupa e ocupa os vivos.

E, em primeiro lugar, sua "hora". Teme-se a morte súbita, como um rapto com que Deus ameaça os homens. "Virei como um ladrão", diz Jesus.

Ainda hoje, ela nos desconcerta. Uma parada cardíaca, um acidente vascular cerebral provocam uma reviravolta brutal, como a que viveu Joan Didion, cujo marido morreu em segundos. "A vida muda depressa. A vida muda em um instante. Preparamo-nos para o jantar e de repente a vida, como a conhecemos, para."[7] Essa sideração escande o livro em que ela narra a sua experiência. A morte súbita surpreende, nos faz mergulhar em um desespero ainda mais profundamente ressentido em nossos tempos de morte adiada. Outrora, era a "morte ruim".

Ver chegar a morte, preparar-se para recebê-la, organizá-la, assisti-la, eis o que caracteriza a morte ideal. Deseja-se vivê-la em casa, rodeado pelos seus. "Eu gostaria de morrer em minha cama, cercada pela família em lágrimas", dizia Louise de Vilmorin. "Morrer em sua cama" é o sonho dos proletários, que sabem que na rua se morre cedo.[8] "Sim, pode-se no fim ter o desejo de morrer na sua cama... Eu, depois de ter trabalhado duro toda a minha vida, gostaria de morrer em minha cama, em casa",[9] diz Gervaise a Coupeau. Sabemos que não será assim: ela morrerá na rua, como um cão. É que não é tão simples realizar essa aspiração, é uma conquista recente. No quarto comunitário de outrora, não era fácil dar lugar ao agonizante. Em torno dele, cada um se agita. Os velhos acamados ocupam muito espaço. Os doentes gemem e gritam. Sem nenhuma espécie de calmante, os moribundos arquejam. Deseja-se o fim. A "boa

---

[7] Joan Didion, *O ano do pensamento mágico*. Rio de Janeiro: Nova Fronteira, 2006.
[8] Segundo o testemunho da Associação dos Mortos na Rua, a esperança de vida dos sem domicílio fixo é de quarenta anos, sendo o dobro a dos que têm domicílio.
[9] Émile Zola, *A taberna*, op. cit.

morte" também é aquela que não dura muito, que libera os vivos e expede dignamente, porém depressa, o cadáver, com uma rapidez que a superpopulação dos hospitais acelera ainda mais.

A morte é regulamentada, organizada como um concerto. É coletiva, pública, ativa. O "bom moribundo" não sofre demais, não gesticula demais, não se lamenta demais. Pensa na sua alma e nos seus. Diz a eles suas últimas vontades, apoiado em duas muletas, a oração e o testamento, e se volta para Deus, que o espera. É o ator de sua própria morte, que sentiu chegar e cujo relato espera que farão algum dia. "O bom moribundo" é um homem, de preferência a uma mulher. A diferença dos sexos marca o leito, o palco da morte. A das mulheres se faz discretamente. É verdade que há, na aristocracia, belas mortes femininas que Bossuet celebra e das quais Saint-Simon faz a crônica. São geralmente menos heroicas e mais suaves que as dos homens, sempre em pose de campo de batalha. A morte feminina deve ser santa para ser notória: a das religiosas, de Teresa de Lisieux ou das jovens devotas que aspiram morrer aos quinze anos.[10] A morte rompe a solidão do claustro; o convento inteiro, e até a aldeia, aflui ao quarto da agonizante para contemplar seu sorriso extático e ouvir suas últimas palavras. Como se a morte fosse o momento mais importante de sua vida.

O quarto é invadido, a ponto de no século XVIII alguns médicos, como Vicq d'Azyr, reclamarem de uma superpopulação que corrompe o ar.[11] Essa invasão às vezes decorre da vontade do agonizante. Mme de Montespan tinha medo de morrer sozinha. "Dormia com todas as cortinas abertas e com muitas velas no quarto, as lamparinas à sua volta", diz-nos Saint-Simon. No dia 27 de maio de 1707, sentindo que ia morrer, ela fez "o que devia fazer".

Essa publicidade vem também do desejo de acompanhar, por solidariedade, mas também por curiosidade, um parente, um vizinho, no maior ato de sua existência: seu fim, seu "juízo final", que condiciona sua passagem para o outro mundo. Como ele irá fazer essa passagem? Morrer? No quarto do moribundo entra-se, mesmo sem conhecê-lo. Os passantes que cruzam na rua o cortejo tilintante do padre podem segui-lo e juntar-se às orações. A morte solitária é uma morte ruim. A boa morte é um coro no qual cada um executa sua parte na divisão das tarefas, dos rituais e das emoções.

---

[10] Cf. Odile Arnold, "Devant la souffrance et la mort", in *Le Corps et l'âme*, op. cit., 3ª parte.
[11] Cf. Jean-Pierre Peter, *Annales*. 1967, p. 712.

Em primeiro lugar, o moribundo. Dele esperamos as últimas palavras de adeus e, principalmente, as últimas vontades, expressas de viva voz e, pelo menos nas classes mais abastadas, por testamento, do qual Michel Vovelle nos mostrou a generalização e a mudança de conteúdo. As disposições civis, relativas à transmissão dos bens, tornam-se progressivamente mais importantes que as preocupações religiosas (missas, orações, donativos), que recuam e chegam a desaparecer no século XVIII. Sinal de uma laicização do comportamento, do qual o quarto é testemunha. O testamento é geralmente assunto de vivo, ou pelo menos de pessoa saudável. Mas, em caso de imprevidência, ou de mudança, ele pode ser feito "deitado no leito do doente", segundo a fórmula consagrada, o tabelião ou seu representante garantindo a lucidez do testador.

Os costumes regem o balé organizado das entradas de uns e outros: família, parentes, vizinhança, padre obrigatório para a extrema-unção, médico chamado na esperança de uma melhora. O roteiro cristão, bem-preparado, perdura ao longo dos séculos. As principais mudanças residem na dosagem recíproca de uns e de outros e suas precedências. Três grandes transformações afetam a cena mortuária: privatização, medicalização, individualização da morte, que modificam o teatro do quarto. A família faz a vizinhança se retirar; o médico substitui o padre; o moribundo torna-se uma pessoa que não quer (ou aspira) partir e que se tem às vezes dificuldade em deixar.

O quarto do moribundo se medicaliza. Outrora o padre reinava sozinho. Era o grão-mestre de uma liturgia constituída essencialmente por sacramentos e orações. A presença e o poder do médico eram medíocres, até mesmo inexistentes. Eles se afirmam no século XVII, para os privilegiados, principalmente na corte. Na cabeceira de Luís XIV agonizante, os médicos rivalizam e o confessor faz triste figura. Eles ocupam o quarto de Sand, do qual se retiram quando não há mais esperança. Os médicos não gostam de assistir à morte de seu paciente: é reconhecer a sua impotência. Por isso retiram-se do local na ponta dos pés, deixando lugar para o padre em última instância. Durante muito tempo houve uma cumplicidade tácita, e mesmo orgânica e organizada, entre o médico e o padre. Sabe-se muito bem que este terá a última palavra, que ele é o único recurso, o único auxiliar para a grande passagem. Introduzi-lo significa renunciar. Ora, desde o século XVIII, as pessoas se resignam cada vez menos. Chama-se o médico, rosto humano da ciência. Ele se torna íntimo do quarto. Pelo menos entre os ricos. "Nós, os pobres, morremos sozinhos",[12] responde um camponês quando lhe perguntam por que não chamou um médico para sua mulher agonizante. O padre e as práticas ancestrais, que ditam o comportamento, lhe bastam. Preparar o corpo, velá-lo, pô-lo no caixão, conseguir um enterro decente já é muito. Deseja-se dar um destino o mais depressa possível ao corpo que obstrui a sala comunitária. Essa rapidez faz temer o enterro prematuro de mortos-vivos, por isso as precauções testamentárias impondo um prazo obrigatório de trinta a 36 horas. Em resumo, é preciso liberar o quarto e purificá-lo — abrir as janelas, mudar o ar, como Luís XIV ordenou que se fizesse em Versalhes, depois de sua partida, para seu bisneto. Como se fazia habitualmente, se não sempre. "Logo que (a condessa de Fiesque) morreu [...], fui embora para Ratilly [...]. Fiquei cinco ou seis dias nesse deserto para dar tempo de abrirem o corpo e levá-lo e de arejar o quarto, pois receio o cheiro da morte em uma casa e tenho dificuldade em ali dormir enquanto isso", escreve Mlle de Montpensier,[13] muito sensível, aliás, aos odores.

A história religiosa e a etnologia rural dão à morte de outrora uma imagem pacífica, que, sem dúvida, só tem uma longínqua relação com a realidade. O conhecimento em medicina, a falta de meios para atenuar o sofrimento deviam torná-la dolorosa, até mesmo atroz. O leito de morte era um leito de dor. No século XIX, começaram a usar morfina, o que acalmou a morte de George Sand. Mais tarde, foi o ópio que ajudou Joë Bousquet a viver. A ausência de regulamentação favorecia, de certa maneira, o uso de drogas.

O que se conhece é a encenação da morte: a morte vivida, na realidade incomunicável, sempre nos escapa. Essa encenação muda. Torna-se mais dramática nos séculos XVIII e XIX e se tinge de emoção. O relato da morte de Julie na *Nova Heloísa*[14] e o quadro de Greuze são quase contemporâneos. Os gritos, os gestos, os suspiros, os soluços orquestram o desaparecimento do ente querido, essa *"mort de toi"* (morte de ti) evocada

---

[12] Jacques Léonard, *La Vie quotidienne des médecins de province au XIXe siècle*. Paris: Hachette, 1977, p. 198.
[13] *Mémoires de la Grande Mademoiselle*, 1ª edição Chéruel, vol. 4, 1858-1859, edição apresentada e anotada por Bernard Quilliet. Paris: Mercure de France, 2005, p. 371. Ela não quer ficar no quarto da condessa agonizante porque "cheirava muito mal, e essa razão me impediu de ali entrar no dia seguinte".
[14] Jean-Jacques Rousseau, *La Nouvelle Heloïse*, op. cit., 6ª parte, carta XI, de M. de Wolmar, p. 703-40. Esse relato da morte de Julie comporta muitos detalhes sobre seu quarto de agonia que ela desejava manter sereno e florido.

por Philippe Ariès. As mulheres derramam "torrentes de lágrimas". Os homens se contêm, ainda que lhes seja permitido chorar, o que a "secura lacrimal" do século XX lhes proibirá.[15]

A família concentra seu domínio, misturando herança e sentimentos, como tão bem nos mostra La Fontaine: "Un riche laboureur, sentant sa mort prochaine/ Fit venir ses enfants/ Leus parla sans témoins."[16] É apenas a seus filhos e "sem testemunhas" que se dirige. Ele quer lhes transmitir o valor do trabalho, que julga essencial para o aumento dos bens que lhes legou. O lavrador é um empreiteiro frio e esperto, sua cabeceira, um conselho de administração.

O leito de morte se privatiza. Torna-se lugar de efusões, de perdões, de contrições, de últimas revelações: "Eu te direi no meu leito de morte", diz o pai, detentor de segredos que talvez não lhe revelará; um lugar de reconciliações, mas também de disputas irremediáveis sobre a divisão das colheres ou dos lenços. Trata-se quase sempre de mortes patriarcais, as do avô, do pai ou do tio, as únicas dignas de representação ou de relato. As mulheres morrem na sombra e em silêncio.

Há também quartos trágicos: aqueles em que se encontram os suicidas. Jules Renard descobre o corpo do pai no quarto em que este se trancou: "Dou um golpe na porta com o ombro e ela cede. Fumaça e um cheiro de pólvora [...]. Lá está ele, deitado de costas, pernas estendidas, busto inclinado, cabeça para trás, boca e olhos abertos. Entre as pernas, seu fuzil, a bengala entre a cama e a parede." Esse caçador virou a arma contra si mesmo. "Aquele homem sofria demais", disse um vizinho.[17]

Desse quarto mais dramático, tem-se tendência a excluir as crianças. Segundo Rousseau, elas não entendem nada. "Embora ensinemos às crianças o nome da morte, elas não têm a mínima ideia do que seja; não a temem nem para si nem para os outros; receiam sofrer, mas não morrer."[18] Marie d'Agoult se lembra de sua exclusão como de uma ferida. Em 1819, seu pai foi vítima de um ataque cerebral que o levou em três dias. "Não me deixaram entrar no quarto de meu pai [...]. Enquanto minha mãe se levantava e dava algumas ordens, eu me esgueirei, sem que me vissem, até o quarto de

---

[15] Anne Vincent-Buffault, *História das lágrimas*. São Paulo: Paz e Terra, 1988.
[16] "Um rico lavrador, sentindo a morte próxima/ Chamou seus filhos/ e falou-lhes sem testemunhas."
[17] Jules Renard, *Journal*, op. cit., p. 418-9, 19 de junho de 1897.
[18] Jean-Jacques Rousseau, *La Nouvelle Héloïse*, op. cit., p. 711. Wolmar tira as crianças do quarto de Julie, depois de tê-las confiado a sua prima Clara.

meu pai. Os médicos tinham saído e a acompanhante estava no quarto ao lado; aproximei-me da cama. Meu Deus! Que espetáculo! Meu pai entrara em agonia." Morreu pouco depois.[19] Pierre Loti também recorda ter sido afastado da cama de sua avó. "Mandaram que eu descesse. Sob diferentes pretextos, me mantiveram constantemente afastado durante o cair da tarde, sem que eu compreendesse por quê." Quando foi readmitido, sua avó estava morta. "Fui tocado pela perfeita ordem em que estavam as coisas, pela atmosfera de profunda paz que reinava naquele quarto." As cortinas da cama abertas, a cabeça repousando bem no meio, sua avó parecia adormecida, com "um sorriso infinitamente suave e tranquilo".[20] Em nome da inocência, querem preservar as crianças do trágico da morte, mas as crianças veem tudo. Para muitas delas, a morte de seus avós, sobretudo da avó, que geralmente sobrevive, é o primeiro contato decisivo com a morte. Uma cesura, uma mudança de época. Há um antes e um depois. Para a pequena Mona Sohier, o leito de morte, onde, aos quatro anos, ela veio beijar seu pai, é a "cena primitiva" de seu livro e talvez de sua vida.[21]

As mulheres, ao contrário, reinam no quarto do agonizante. Garantem o cotidiano. Os médicos as deixam compartilhar o cadáver. Elas fazem a toalete do morto, vestem-no com muito cuidado. Outrora, contentavam-se com uma camisola e um gorro limpos. Veio depois o hábito de pôr as roupas mais belas, como o vestido de noiva guardado no baú. As mortas, no século XIX, reencontram a alvura de seu vestido de noiva. Flaubert ficou transtornado ao ver o aspecto diáfano de sua irmã Caroline: "Puseram-lhe seu vestido de noiva, com buquês de rosas, de sempre-vivas e de violetas. Passei a noite inteira velando seu corpo. Estava rígida, deitada em sua cama, nesse quarto em que você a viu tocar música. Parecia bem maior, e muito mais bela do que em vida, com aquele comprido véu branco que lhe descia até os pés."[22] As mulheres, escravas até o fim da beleza e preocupadas em deixar uma imagem sedutora, às vezes dão orientações. A George Sand, sua mãe agonizante murmura: "Penteie meus cabelos." "Quero ficar bonita até

---

[19] Marie d'Agoult, *Mémoires, souvenirs et journaux*. Paris: Mercure de France, 1990 (memórias escritas durante o Segundo Império), citado no *Le dernier portrait*, catálogo da exposição do Museu d'Orsay, março-maio de 2002. Paris: Réunion des Musées Nationaux, 2002, p. 198.
[20] Pierre Loti, *Le Roman d'un enfant* [1890], ibid., p. 199. "Mantinha-nos afastados", diz Paul Klee a respeito de sua avó.
[21] Mona Ozouf, *Composition Française*, op. cit., p. 17.
[22] Gustave Flaubert, *Correspondance, 1830-1851*. Paris: Gallimard, t. 1, 1973, col. Bibliothèque de La Pléiade, p. 258. Carta a Maxime du Camp, 25 de março de 1846 (sua irmã morreu de parto em março de 1846).

no meu caixão", diz Louise de Chaulieu a sua amiga Renée de Maucombe, "deitando-se na cama para aí definhar esses quinze dias. No quarto, não há sinal de doença: as bebidas, as borrachas, toda a aparelhagem médica está escondida".[23] "Se eu puder prever minha morte a tempo", diz Martine Carol, que sofre de um câncer, "eu direi: ponha-me esse vestido de que gosto tanto. Penteie-me. Maquie-me. Quero que o público e todos aqueles que me conheceram guardem a imagem dessa Martine".[24] Martine Carol é uma estrela que espera sobreviver pela imagem. Mas também se enfeitam as religiosas para seu encontro com o Esposo celestial.

Proprietárias e arrumadeiras do quarto, que deverão arejar, limpar, arrumar, liberar, as mulheres deixam o morto na soleira. Colocá-lo no caixão é trabalho dos carpinteiros, e o funeral, dos homens. Durante muito tempo as mulheres foram excluídas das cerimônias fúnebres, na igreja e no cemitério. O costume perdurou no século XIX, nas famílias da aristocracia, que nem as menciona nas participações de falecimento. Depois, cobertas de véus pretos, elas entram pouco a pouco na paisagem fúnebre de que se tornam as principais figurantes.

Progressivamente, a câmara mortuária deixará de ser um lugar público, aberto a tudo e a todos. Na verdade, o desejo de um tempo privado para a agonia já é antigo. Georges Duby contou como, em 1219, Guillaume le Maréchal, desejando morrer em casa, pediu que fosse levado para um de seus castelos e, seu mal tendo se agravado, convocou todos os seus para participarem de suas últimas vontades. Após isso, foi velado. Enfim, despediu-se de sua mulher e de seus cavaleiros, confiando-os a Deus: "Já não posso me defender da morte." Esse relato raro da morte de um príncipe mostra o refinamento dos rituais de separação e a distinção entre o público e o privado, de que o quarto é testemunha.[25]

Ela se acentuou com o tempo e sem dúvida se generalizou. No século XVII, o jansenismo contribuiu para isso. "O homem morrerá sozinho", dizia Pascal. Mme de Sévigné louva a morte do "pobre Saint-Aubin": "Um quarto sem barulho, sem confusão, sem mau cheiro [...]. Uma cabeça livre, um grande silêncio, bons e sólidos discursos, nada inútil; foi, enfim, o que nunca se viu." Ela reprovava as manifestações fora de propósito de sua mulher: "os gritos daquela mulherzinha, sufocados e abafados pelo padre Morel, a fim de que não houvesse

---

[23] Honoré de Balzac, *Mémoires de deux jeunes mariées*. 1841-42.
[24] Louis-Vincent Thomas, *Anthropologie de la mort*, 3ª ed. Paris: Payot, 1980, p. 195.
[25] Philippe Ariès e Georges Duby, *História da vida privada*. São Paulo: Companhia das Letras, 1990. Duby publicou o relato do cavaleiro: *Guillaume le Marechal ou o melhor cavaleiro do mundo*.

nada de não cristão naquela casa santa."[26] Um século e meio mais tarde, julga arcaica a maneira de morrer na província: "Não sabem fazer nada direito na província, nem mesmo morrer", escreve ele. "Em Paris, fecha-se a porta, o doente fica na solidão e no silêncio."[27] Menos por Deus do que por ele mesmo.

Os progressos da medicina adiaram a morte, criaram a agonia, a "doença longa", o "leito de dores", a convalescença também, e deram ao quarto do doente uma existência material e literária muito mais forte. Furtivamente, nos hospícios de antigamente. Depois em casa, pelo menos nos meios mais favorecidos. Mais dificilmente no hospital, que, confrontado com as exigências do coletivo, dá lentamente lugar ao doente. O quarto do doente torna-se, no século XIX, mais raramente o quarto do moribundo. É então que se terão coberto os espelhos, fechado as venezianas, apagado o fogo nas lareiras, retirado os frascos de medicamentos, acendido as velas e os incensórios.

Leito de hospital

A doença foi, como a devoção religiosa e o nascimento, uma das primeiras causas de individualização do ato de dormir. As epidemias põem os corpos em quarentena e os isolam uns dos outros. Não só os hospitais distinguiam as categorias (em Tournus, os homens, as mulheres, os militares), mas se esforçavam para dar uma cama a cada doente moribundo para alívio. Os asilos de Beaune oferecem uma imagem medieval idílica, sem dúvida bastante afastada da realidade, mas que traduz, em todo caso, o ideal a atingir.

Entretanto asilos e hospitais permanecem um lugar de amontoamento. Em salas enormes, que são impossíveis de esquentar, alinham-se e superpõem-se leitos que, em caso de necessidade, ocupam os corredores e nos quais deitam-se ao mesmo tempo três ou quatro pacientes. Nos asilos laicos de Lyon, durante a Restauração, o espetáculo é aterrador. Transpostas as portas, visitantes e doentes deambulam em um espaço indistinto, onde estes últimos comem e urinam sem se incomodar; o pior sendo a sala dos loucos. Nem água, nem aquecimento, a não ser pelos canos do aquecedor. As camas são separadas apenas por 50cm e ocupadas geralmente por dois doentes, embora um regulamento de 1832 proíba essa prática, considerada "contrária à salubridade, à saúde e aos bons costumes".[28]

---

[26] Citado por Michel Vovelle, *La Mort et l'Occident de 1300 à nos jours*, op. cit., p. 325.
[27] Stendhal, *Mémoires d'un touriste*, op. cit.
[28] Citado por Olivier Faure, *La Génèse de l'hôpital moderne. Les hospices civils de Lyon de 1802 à 1845*. Lyon: PUL, 1982, p. 185.

À medida que os hospitais se tornam lugares de tratamento, cessam de ser "gerais", selecionam os que entram, enviam os incuráveis para o asilo, os loucos para o hospício e conservam apenas os "curáveis", para os quais reservam-se camas em cada seção, principalmente de cirurgia. Operar é um ato salvador (ou desesperado) que merece que a ele se dedique um espaço. Por outro lado, desenvolve-se a prática de "leitos pagos", que representam 10% dos admitidos por volta de 1835. Não só isso responde ao princípio liberal segundo o qual "a sociedade não deve nada por nada", mas ainda permite equilibrar o orçamento e receber uma clientela mais favorecida. Um relatório parisiense de 1842 propõe até mesmo a criação de quartos em dois hospitais, a exemplo do que é feito em Lyon e em Bruxelas. Ele fala de uma necessidade real: "Mais de uma vez, foram-nos feitas ofertas de pagamento, contanto, é verdade, que não fossem colocados em salas comuns." Ele sugere o uso de divisórias. "Os doentes pagantes seriam reunidos em uma ala especial do prédio, teriam cada um seu quarto e desfrutariam juntos um lugar distinto para passear."[29] Ao mesmo tempo, nos asilos, os anciãos penduram lençóis para se isolar:[30] sinal de um desejo geral de individualização do espaço nas sociedades ocidentais.

Mas as realizações são muito lentas e as concepções continuam tímidas. Isolamento e separação não significam forçosamente individualização. O Congresso Geral de Higiene Pública de 1852, em Bruxelas, prolixo a respeito da organização dos espaços, pouco trata disso. Em 1864, o novo Hôtel-Dieu de Paris, concebido segundo um projeto de pavilhões, prevê salas de quinze a vinte leitos, mais alguns quartos de isolamento para algumas categorias de pacientes; é generalizado o uso de camas de ferro e a supressão das cortinas.[31] Em seu *Tratado de higiene* (1869), o dr. Michel Lévy, sumidade no assunto, preconiza pequenas salas limitadas de 25 a trinta leitos; os doze leitos do dr. Trousseau lhe parecem utópicos. "Um leito para cada um; somente duas fileiras de leitos

---

[29] Relatório apresentado ao Conselho Geral de Hospitais e Asilos Civis de Paris, assinado por Blondel, BHVP 132594.

[30] Charles Coquelin e Gilbert Guillaumin, "Asilos". *Dictionnaire de l'économie politique*. Paris: Guillaumin, 1873.

[31] Cf. *L'Architecture hospitalière au XIXe siècle: l'exemple parisien*, exposição no Museu d'Orsay. Paris: Réunion des musées nationaux, 1988. Ver também Yannick Marec, *Accueillir ou soigner? L'hôpital et ses alternatives du Moyen Âge à nos jours*. Publicações das universidades de Rouen e do Havre, 2007. O livro de Marie-Christine Pouchelle, *L'Hôpital, corps et âme. Essais d'anthropologie hospitalière*. Paris: Seli Arslan, 2003, centrado nas relações interpessoais, comporta poucos elementos sobre o espaço propriamente dito.

encostados nos vãos entre as janelas, não embaixo delas, pois a friagem pode ser nociva aos doentes. Nenhuma fileira no centro da sala", eis um ideal que permite uma aeração razoável. Cortinas ligeiras protegerão o pudor das mulheres, são inúteis para os homens que nada têm a esconder, pois "se as cortinas interceptam a visão da dor e da agonia, não interceptam os gemidos e os estertores".[32] O dr. Lévy lamenta todavia que o medo do risco de "morte aparente" retarde a liberação dos cadáveres, que ele gostaria que fosse mais rápida. Exceto pelas parturientes, o dr. Lévy não pensa em quartos individuais; no seu *Tratado*, a palavra "quarto" não figura nem no índice.

Mesma carência em uma *Enciclopédia da arquitetura* de 1930, relativa às casas de saúde e aos hospitais. As 39 gravuras do álbum mostram quartos tendo, no mínimo, quatro leitos, geralmente sete, inclusive para os "quartos de isolamento" destinados aos tuberculosos do novo hospital Beaujon! A tuberculose e as doenças mentais são, no entanto, fatores de isolamento e de fragmentação do espaço hospitalar. O "tratamento moral" da histeria implica substituir a sala comunitária por celas, ou, ao menos, por boxes. O dr. Déjérine preconiza um regime láctico intenso (de quatro a seis litros por dia), silêncio, repouso absoluto no leito. "Cada leito é fechado por cortinas brancas, delimitando um pequeno quarto": regime aplicado desde 1895 na Salpêtrière.[33]

Em suma, o isolamento é ligado ao tratamento, à terapia, e, de certa forma, à esperança de restabelecimento, à vida mais que à morte. O hospital é a morte adiada. O desenvolvimento das técnicas operatórias e das anestesias permite sobretudo intervenções cirúrgicas cada vez mais bem-sucedidas e implica estadas cada vez mais longas sem modificar radicalmente a disposição do hospital.

Quarto do doente ou quarto vigiado

O quarto do doente foi antes o quarto do "grabatário". Em Roma, o "grabato" designa a cama de campanha dos soldados, a cama dos escravos, dos pobres e dos filósofos que fazem profissão de estoicismo: uma cama ruim, de lona, baixa e sem cortinas, a cama dos pobres e dos doentes desengana-

---

[32] Michel Lévy, *Traité d'hygiène publique et privée*, op. cit., t. 2, p. 531-5.
[33] Cf. Nicole Edelman, *Les Métamorphoses de l'hystérique. Du début du XIXe siècle à la Grande Guerre*. Paris: La Découverte, 2003, p. 254. Escuta, separação do meio familiar, persuasão são os aspectos desse tratamento, por outro lado muito autoritário.

dos. *Être sur le grabat*, nos séculos XVII e XVIII, significa "estar doente": "Eu estava sozinho, outro dia, no meu quartinho / Deitado no grabato, com dor em todos os membros", diz Scarron em sua *Épître chagrine*. E Voltaire se desculpa junto ao duque de Richelieu: "Permita-me que não lhe escreva a mão, quando minha saúde detestável me obriga a ficar na cama" (*me tient sur le grabat*),[34] o que lhe acontecia frequentemente. O "grabatário" é o doente, rico ou pobre, que não sai mais da cama; os médicos das Luzes estão mais atentos a isso; as associações beneficentes os inventariam — "grabatários" se torna uma categoria estatística.

A morte no fim do caminho fica mais incerta, mais longínqua, desfecho de uma afecção que dura e que se procura prolongar. "Morrer de uma longa doença" sugere que se lutou bravamente contra ela, que só se foi vencido após um combate inexorável. "A natureza só parece capaz de gerar doenças bem curtas. Porém a medicina se atribuiu a arte de prolongá-las [...], as doenças naturais são curáveis, mas nunca as criadas pela medicina, pois ela desconhece o segredo da cura",[35] escreve Proust referindo-se à "longa doença" de Bergotte; o escritor quase não sai mais de casa, ainda que não seja grabatário; morre subitamente, admirando um Vermeer. O narrador fala dessa morte estética exemplar em *A prisioneira*, como se a reclusão do doente parecesse com a do amor.

O eufemismo "longa doença" recobre também o desejo de não dar nome a um inimigo invisível e emboscado na sombra, que as palavras fariam existir. A tuberculose outrora, o câncer ou a aids hoje em dia são doenças quase vergonhosas, que não se confessa, como se fossem coisas erradas. O "afinco terapêutico" caracteriza de agora em diante a sociedade inteira, com um sucesso traduzido pelo aumento da longevidade e do número de grabatários. Definitivamente medicalizada, a palavra designa agora quem está de cama, no hospital ou em casa. Distinguem-se duas categorias: o grabatário "horizontal", constantemente deitado, o mais ameaçado, e o "vertical", que vai do leito à poltrona. A posição do corpo faz toda a diferença dos riscos e dos cuidados recomendados aos que cuidam deles.

Nessa perspectiva, o quarto do doente toma consistência. Refúgio, retiro, torna-se lugar de estada e de luta pela vida, que é preciso evitar medicalizar demais. Primeiramente em casa, seguindo o modelo proustiano de Léonie,

---

[34] Carta de 17 de agosto de 1767, citada em Émile Littré, *Dictionnaire de la langue française*, op. cit.
[35] Marcel Proust, "A prisioneira", in *Em busca do tempo perdido*, vol. 5, 11ª ed. São Paulo: Editora Globo, 1994.

tia do narrador, que pressupõe o espaço e o conforto relativo de uma casa de província, ao menos por sua domesticidade. Depois da morte de Octave, seu marido, tia Léonie quase não se levantava mais. Vivia em seu quarto, isto é, em sua cama, colocada perto da janela para observar a rua, vigiar as idas e vindas, receber algumas raras amigas, como Eulalie, que lhe dava notícias. Fingia, se necessário, que estava muito mal: "Lembrar-me que não dormi." "Era um desses quartos de província que nos encantam com mil perfumes" e mil sabores, como o do bolinho madalena mergulhado no chá de tília, chave da rememoração do narrador. Meio doente, meio reclusa, tia Léonie desaparece da vida (e da narrativa, que só menciona o fato de passagem), apagando-se como a chama de uma vela lentamente consumida, no seu quarto e provavelmente na cama do casal, da qual podemos imaginar que ela teria respeitado até o lado e o meio, como fazem em Noirmoutier as viúvas dos marinheiros mortos no mar. As anciãs de antigamente morriam em casa, avós tornadas grabatárias, que quase não se mexiam mais, indo da poltrona para a cama. Nos cômodos comunitários rurais, e mais ainda nas pequenas moradias urbanas, onde persiste a coabitação de várias gerações, lhes disputavam esse leito, às vezes partilhado com uma neta, que sem dúvida não apreciava muito tal promiscuidade. Enquanto podem fazer pequenos serviços, são toleradas; impotentes, inválidas, importunam. Em Gévaudan, são confinadas ao exterior, em uma espécie de cabana. A morte libera essas bocas inúteis. No século XIX, morrerão nos dormitórios dos asilos, nos quais os quartos individuais ainda são muito recentes: sinal de uma tomada de consciência tardia da velhice como idade de uma aposentadoria merecida.[36]

A tuberculose foi, no século XIX, a grande provedora dos quartos antes de povoar os sanatórios. A consumpção, seu nome usual, tão pertinente, faz deitar os corpos e fecha as cortinas. Nos primeiros tempos, a vizinhança se protege pouco de um contágio que não conhece bem: esposos e amigos continuam a partilhar a mesma cama; é até mesmo um sinal de afeição: Julie, agonizante, convida sua querida prima Clara a dormir em sua cama.[37] Mas os médicos, sejam eles sanitaristas ou "aeristas",[38] alertam sobre os riscos e

---

[36] Elise Feller mostra como a individualização foi tardia. O regulamento de 1926 prevê dormitórios com uns vinte leitos, distantes de 1 a 1,5m um do outro, leitos de ferro sem cortinas; nenhum espaço para os pertences; uma pia para cinco e banheiro para dez. Cf. *Histoire de la vieillesse en France, 1900-1960; du vieillard au retraité*. Paris: S. Arslan, 2005.
[37] Jean-Jacques Rousseau, *La Nouvelle Héloïse*, op. cit., p. 735.
[38] Médicos que acreditavam que a propagação de doenças e males se dava através da contaminação do ar. [N.E.]

separam os corpos. Confinados ao fundo de seu apartamento, os doentes tossem até não poder mais. A melancolia romântica favorece as correspondências elegíacas, a introspecção, a escrita de um diário, a expressão dos sentimentos, como o mostram os exemplos das famílias de La Ferronaye e Brontë, que trocam escritos de toda espécie.[39] A tuberculose é produtora da escrita, e, de certa forma, ela engendrou o romance do século XIX. "A morte e a doença muitas vezes são belas como [...] o brilho febril da tuberculose",[40] diz Susan Sontag.

O quarto do doente é, contudo, frequentado. Desde o século XVII, os médicos praticam consultas em domicílio. São, por isso, os primeiros observadores de um hábitat rural que os desola pela ausência de higiene, o que foi denunciado por Lépecq de La Clôture em suas topografias médicas.[41] Na cidade, seus colegas isolam, receitam, e os quartos se enchem de preparações, de utensílios, de vidrinhos e de frascos que entulham mesas de cabeceira e lareiras. As mulheres são encarregadas da observância das receitas, de tirar a temperatura, de arejar o local. Suas práticas tradicionais são cada vez mais definidas.

As acompanhantes

Ao lado dos voluntários, majoritários, as acompanhantes profissionais aparecem no século XVIII. Em 1860, Florence Nightingale, preocupada com sua formação, dá conselhos em *Des soins à donner aux malades*[42] (Cuidados a dispensar aos doentes). Nele se encontram as preocupações da época. Em primeiro lugar, a mania do ar. É imperativo renová-lo, mesmo se estiver gelado. "Ninguém se resfria na própria cama." Basta colocar cobertores e sacos de água quente. Seria preciso, aliás, que o doente pudesse ele mesmo abrir e fechar as janelas. Para lutar contra a contaminação, o livro aconselha lareiras abertas, ventiladores, "jamais cortinas fechadas em torno do leito, nada de venezianas nem cortinas nas janelas"; janelas com basculantes que possam ser abertas por cima durante a noite. Um aerômetro seria

---

[39] Cf. Philippe Ariès, *L'Homme devant la mort*, op. cit.
[40] Susan Sontag, "Illness as Metaphor", in Jean Strouse, *Alice James, une biographie*. Paris: Ed. des Femmes, 1985, p. 163.
[41] Louis Lépecq de La Clôture, *Collection des observations sur les maladies et constitutions épidémiques*, op. cit., 1770.
[42] Florence Nightingale, *Des soins à donner aux malades*, 2ª edição francesa. 1869; muitas vezes reeditado. Em 1851, contam-se na Inglaterra 22.466 acompanhantes profissionais e 39.139 acompanhantes domésticas, cuja formação preocupa sobremaneira a autora.

útil. "Resfriar não é arejar, arejar não é resfriar." Entretanto, é necessário evitar as correntes de ar, não secar as roupas de cama úmidas, abrir a cama, cobrir os urinóis, de preferência de louça porque são mais fáceis de lavar, proibir a entrada de baldes que exalam um odor insalubre, limpar o quarto todos os dias, evitando espanadores que espalham a poeira etc. O "cuidado com os pequenos detalhes" garante a boa higiene de um quarto, o qual não devemos "transformar em esgoto".

As acompanhantes devem evitar as visitas intempestivas, provocadoras de barulhos, e a isso ela consagra um capítulo inteiro. Cochichos, conversações à parte, o farfalhar dos vestidos das mulheres cansam o doente. "O barulho e o movimento da seda e da crinolina, o estalido das saias de baixo engomadas, dos sapatos, o tilintar das chaves fazem mais mal a um pobre doente do que todas as medicinas do mundo podem lhe fazer bem." Os visitantes devem sentar-se diante dele, nunca se apoiar em sua cama. Florence Nightingale tem uma percepção apurada da sensibilidade dos doentes. "Cada passo que se dá no quarto é para ele uma dor; cada pensamento que lhe atravessa o cérebro lhe faz mal." Há um capítulo sobre a cama: baixa, de ferro, separada das paredes dos dois lados, não longe da janela para que o doente possa ver o lado de fora. Outro fala da luz, a melhor exposição sendo a leste e ao sul. Que se deixe penetrar o sol: "Uma leve cortina branca ao pé da cama e, na janela, uma persiana verde que se possa abaixar à vontade são mais que suficientes." Pois, "onde está o sol, é lá que está o pensamento".

As acompanhantes não têm a seu cargo somente o doente, mas também o quarto, condição de seu conforto. Devem fazer-lhe a cama, colocar da melhor forma os travesseiros. "Os sofrimentos dos agonizantes aumentam muito pela negligência das acompanhantes nesses pontos." O pintor Edvard Munch tinha batizado a casa de sua infância, povoada de tuberculosos, de "casa dos travesseiros", que eram continuamente arrumados. Os travesseiros, suas dobras, seus côncavos formam, aliás, o fundo de vários quadros crepusculares.

Para Florence Nightingale o doente é uma pessoa que se deve conhecer e tratar como um adulto, mesmo que seja conveniente dosar a verdade sobre seu estado. Ela não é a primeira. É de espantar a personalização do doente nas observações de Lépecq de La Clôture, que, no reinado de Luís XV, menciona cada caso como se fizesse um fichário. As acompanhantes devem reconhecer os sinais da morte e acompanhar o doente nessa provação. Questão de profissão, não de religião, de que não se trata nunca, nem mesmo de pura humanidade, mas de conhecimentos e de psicologia. Na arte de morrer, a medicina e seu cortejo de cuidados substituíram a fé. E hoje, mais do que nunca, as enfermeiras são as auxiliares da "morte pacífica".[43] É assim a enfermeira de que Alice James faz sua principal interlocutora no seu diário de doente. Surpreendente mistura de autoridade e de indiferença, a "pequena *nurse*" tem sua maneira franca de se exprimir e ideias irrevogáveis sobre a maneira de arrumar o quarto: nesse ponto ela é intransigente.[44]

Mas a morte não é a única saída. Florence Nightingale dedica um capítulo à "convalescença" de que o dr. Michel Lévy fala longamente.[45] Ambos propõem uma mudança de regime e de local, nem que seja de um andar para outro. "Só o afastamento do que ele considera um quarto de doente bastará para lhe dar uma sacudida salutar." O convalescente passará algumas horas em uma poltrona perto da lareira, não longe da janela. "A vista do horizonte, dos jardins, da vegetação recria seu pensamento, liberta-o das preocupações entristecedoras." Modestos, esses primeiros passeios deverão ser dados à hora em que "o ar estiver mais puro". A calma e o silêncio do campo contribuirão eficazmente para seu restabelecimento. A cura agora já se inscreve, sem milagres, no horizonte das possibilidades.

Do quarto do doente é possível sair. Pelo menos provisoriamente.

Quartos particulares no hospital

Florence Nightingale se dirige tanto às acompanhantes do privado como às do público, setor que ela considera mais confiável. "Tomam-se melhor as precauções nas instituições públicas do que nas casas particulares." Nos anos 1860, essa profissional da saúde garante que o hospital é o lugar de cuidados pioneiros e de morte mais suave.

É este, realmente, nosso destino. No momento atual, na França, quatro em cada cinco pessoas morrem no hospital. Temos todas as probabilidades de lá "acabar". Na verdade, durante a vida, ele é apenas episodicamente "lugar de estadia". Estabelecimentos de "longa permanência" são previstos para os entrevados. Deveríamos também falar das casas de repouso para idosos, mais ou menos providas de medicação, em que o conforto do quarto e da individualização marcam as diferenças financeiras e sociais.

---

[43] Élise e Michaëlle Gagner, *La Mort apaisée*. Paris: La Martinière, 2007. Élise é enfermeira da noite em um serviço de cuidados paliativos, e se confia a sua irmã, jornalista.
[44] Alice James, *Journal*, op. cit., principalmente p. 188-9.
[45] Michel Lévy, *Traité d'hygiène publique et privée*, op. cit., t. 1, p. 249-60.

No hospital, os quartos particulares ainda são difíceis de conseguir, reservados aos operados, aos casos mais graves, com uma preocupação constante da brevidade da estada e da circulação dos fluxos. Lembramos o conto de Buzzati que evoca a descida gradual de um doente dos andares superiores de tratamento até o térreo mortuário, em vista de uma liberação rápida, obsessão dos hospitais, sempre sobrecarregados e envergonhados com a morte, que contraria seu papel de máquinas de curar.

Já não se "duplicam" mais as camas, mas se continua a "duplicar" os quartos, arriscando-se a coabitações mais ou menos conflituosas, a fricções às vezes engraçadas, que Gérard Aubert explora em sua peça criada em 1990, *Quarto 108*.[46] Três personagens: René, 75 anos, Charles, quarenta anos, e a enfermeira Janine. René é tagarela; ele irrita Charles, que pede um quarto sozinho. "Você sabe, sozinho, às vezes, é ainda mais sinistro. O silêncio é geralmente muito barulhento", objeta Janine. Os dois homens esperam o resultado dos exames, que, afinal de contas, depois de um suspense de angústia, se revelam favoráveis. Daí, uma espécie de confraternização: "Compartilhamos um quarto, escovamos os dentes na mesma pia, nos curamos de mãos dadas. Criam-se laços, é lógico", diz René. Há poucas possibilidades, entretanto, de se reencontrarem. Lugar de passagem, de contato, de cruzamento, o hospital separa mais do que aproxima.

A cama de hospital é também associada à esperança; é o que acontece com uma operação da qual se espera a salvação. É o exemplo de Isabelle, que recebeu o primeiro transplante de rosto, de quem Noëlle Châtelet reconstituiu a história.[47] Isabelle fora desfigurada por seu cão. Quarto para a espera de um transplante compatível, da intervenção que deve lhe restituir um rosto; um rosto diferente. Para esse quarto convergem médicos, cirurgiões, psicólogos. Para ela, confluem cuidados, olhares, angústias, interrogações de toda sorte, esperanças. Por isso lhe é tão difícil deixar esse quarto para ir a Lyon, onde se efetuará a operação decisiva. Em um quarto sem número. Mas ela também não quer mais voltar. "Qualquer quarto, mas não o nove." Os usuários têm necessariamente dificuldade em personalizar seu quarto de hospital, a não ser pelo número, como no hotel, e pelos fatos que nele viveram. Fatos importantes, que transformam esse lugar anônimo em lembrança durável. Daí o lugar que o quarto de hospital ocupa na narrativa contemporânea, autobiográfica ou romanesca, e a multiplicidade

---

[46] Gérald Aubert, *Chambre 108*. Arles: Actes Sud, 2003.
[47] Noëlle Châtelet, *Le Baiser d'Isabelle, aventure de la première greffe du visage*. Paris: Seuil, 2007.

das experiências que nele se vivem, contadas, a maior parte das vezes, por testemunhas sobreviventes.

Simone de Beauvoir foi uma pioneira a esse respeito. Em *Uma morte muito suave*,[48] ela relata a morte da mãe (dezembro de 1963), após seis semanas de hospitalização em uma clínica parisiense. Nessa crônica clínica e psicológica precisa, Simone de Beauvoir, sem privilegiar a descrição do espaço, fica atenta à sua mutação. E é bastante surpreendente. Em consequência de uma queda que provocou uma fratura do colo do fêmur, Mme de Beauvoir fora transportada à emergência do Boucicaut, que ela critica, e de lá para uma clínica de que louva os méritos: a calma, um jardim que pode ver de sua janela, os cuidados de que é objeto lhe conferem uma espécie de alegria, a impressão de ser alguém. Ela pediu que trouxessem vários objetos — frascos, remédios — para personalizar o quarto 114 que a abriga. Recebe visitas e presentes. "O quarto está cheio de flores, cíclames, azaleias, rosas, anêmonas; sobre sua mesa de cabeceira amontoam-se latas de pastas de frutas, de chocolates, de caramelos", essas guloseimas que se acredita dever dar aos doentes. Ela "descobria o prazer de ser servida, cuidada, enfeitada". Fazem-lhe massagens, trazem-lhe sua refeição em uma bandeja. A perspectiva de voltar para casa a apavora. "Não quero ir embora", diz ela.

Depois, a situação evolui. Os exames detectam um câncer. Decidem colocar-lhe uma sonda; a aparelhagem impõe uma nova arrumação. A cama, que estava ao longo da janela, "retoma sua posição normal no centro do quarto, com a cabeceira contra a parede. À esquerda, ligado ao braço de mamãe, havia um conta-gotas do equipamento de soro. De seu nariz saía um tubo de plástico transparente, que, através de máquinas complicadas, terminava num bocal". Os médicos decidem operá-la. Na porta do quarto, coloca-se um aviso: "Proibido visitas".

"O ambiente tinha mudado. A cama estava disposta como na véspera, deixando livres os dois lados. Os bombons tinham sido guardados no armário, os livros também. Sobre a mesa grande do canto, não havia mais flores, porém frascos, balões de vidro, provetas." A doente não usa mais nenhuma roupa. Seu corpo se despoja, ao mesmo tempo que o quarto. Simone o descreve com precisão, como se quisesse fixar a imagem: "Atrás da porta, encontro um garrote: à esquerda, o banheiro com a bacia, aquela com forma de rim, algodão, bocais; à direita, um armário onde estão guardadas as coisas de mamãe; em um cabide está pendurado o penhoar vermelho, sujo de

---

[48] Simone de Beauvoir, *Uma morte muito suave*. Rio de Janeiro: Nova Fronteira, 1984.

poeira." "Antes, eu atravessava esses lugares sem vê-los. Sei agora que farão parte de minha vida para sempre." A metamorfose do quarto acompanha a da mãe, que se encolhe, corta os cabelos, não quer mais comer, pede que abram a cortina azul que esconde a janela, pede "ar fresco".

Simone de Beauvoir substitui sua irmã, esgotada, e dorme quatro noites junto à mãe. "O quarto se tornava lúgubre ao cair da noite, quando era iluminado apenas por uma lâmpada de cabeceira." Ela descreve os cuidados da noite e os do dia, que ela assume, respeitando sobretudo o silêncio. "Operara-se definitivamente a transformação de minha mãe em um cadáver vivo. O mundo se reduzira às dimensões de seu quarto", que tinha virado câmara mortuária. Mme de Beauvoir morre uma noite, após uma agonia de semanas: "seis semanas de uma intimidade apodrecida pela traição", escreve Simone, que teve a impressão de estar representando a comédia do autêntico.

À tarde, a escritora e sua irmã passam de novo no quarto 114. "Como nos hotéis, o quarto devia estar liberado antes do meio-dia. Nós subimos a escada, abrimos duas portas: a cama estava vazia. As paredes, a janela, as lâmpadas, os móveis, cada coisa em seu lugar, e sobre a brancura do lençol, nada." Tinham retirado o aviso "Proibido visitas", à espera do próximo hóspede. Elas não vão ver o corpo no necrotério — para quê?

"Ela teve uma morte muito suave", escreve Simone. "Uma morte de privilegiada." A secura dessas palavras choca, mas sublinha as carências de então. O "privilégio" era justamente esse quarto "individual" que continua ainda hoje a ser o desejo de tantos doentes e a exceção, apesar de uma publicidade "hoteleira" superabundante,[49] cujas normas ideais têm apenas uma relação longínqua com uma realidade mais medíocre. Há, todavia, em certos hospitais, "unidades hospitalares de curta duração", onde podem ser admitidos doentes no fim da vida. A mãe de Jacqueline L. foi transferida para uma delas depois de ter estado na emergência, graças à iniciativa de um jovem médico. "Lá, escreve Jacqueline, ela ficou em um quarto pequeno mas muito calmo, onde faleceu, calmamente, creio, dois dias depois. Esse quarto ficará na minha lembrança como uma espécie de casulo suave, onde minha mãe, que havia recuperado a consciência [...], pôde se despedir das pessoas que amava. Depois, houve a anônima câmara mortuária."[50]

---

[49] Na internet, por exemplo, onde instituições concorrentes louvam o equipamento de seus quartos.
[50] "Nunca tive, dessa maneira, a experiência do quarto e da morte e, em meu espírito, não agradecerei jamais suficientemente ao jovem médico da emergência por ter permitido à minha mãe deixar seu

Em seu relato autobiográfico *Une parfaite chambre de malade* (Um quarto de doente perfeito), Yoko Ogawa conta seu último encontro com seu irmão caçula, que sofria de câncer na medula espinhal, e as lembranças de suas conversas no 15º andar da ala oeste de um grande hospital japonês, ala reservada aos casos extremos e onde todos os quartos são individuais. O que surpreende nesse quarto é primeiramente a centralidade da cama, "atarracada, como um gordo animal branco ali abrigado", cuja brancura sobressai tão claramente nesse cômodo de paredes recobertas com papel creme. "Toda espécie de coisas estavam colocadas em torno dessa cama de um branco ofuscante. Ao contrário de um quarto comum ou de um quarto de hotel, todas essas coisas me pareciam ter um significado muito mais profundo. Eu tinha a impressão de que esse quarto de doente se desenvolvia em torno de sua cama." Ela descreve a disposição do lugar: "Todos esses elementos eram sóbrios e precisos, mas sem frieza." O que impressiona é a clareza, a sobriedade, a limpeza, a funcionalidade, a ausência do orgânico; isso tudo encanta, ainda mais porque ela guarda a horrível lembrança de uma mãe louca que semeava pela casa detritos e restos de uma "vida indecente e desordenada". Aqui reina a pureza. "A clareza impecável do seu quarto bastava para minha felicidade."[51]

Nancy Houston visita, no hospital Curie, sua amiga Annie Leclerc, que agoniza. "Instalei-me em uma cadeira ao pé da cama. Impressão total de irrealidade." Ela também ressalta a austeridade do ambiente: "Luz azulada. Quarto despojado [...] Mobiliário mínimo. Nada de confusão: linhas retas, quase nada."[52] O despojamento, o ascetismo do quarto de hospital são um prelúdio do desprendimento final. Na cadeira ao pé da cama, fica-se, enfim, face a face. Já era tempo.

No sanatório

Lugar de tratamento médico, o sanatório foi um campo de experimentação do quarto de longa estada.[53] Os tuberculosos pobres tinham de se contentar com os dormitórios, que as tosses incontroláveis tornavam insuportáveis e as agonias, dantescas. Foi preciso esperar os anos 1920 para que, em Laennec,

---

serviço, um lugar entulhado, para morrer num pequeno abrigo", escreveu-me Jacqueline Lalouette (31 de janeiro de 2009), a quem agradeço por me ter autorizado a revelar sua experiência e citar suas palavras.
[51] Yoko Ogawa, *Une parfaite chambre de malade*. Arles: Actes Sud, 2003.
[52] Nancy Houston, *Passion d'Annie Leclerc*, op. cit. (fevereiro de 2006).
[53] Pierre Guillaume, *Du désespoir au salut. Les tuberculeux au XIX et XXe siècles*. Paris: Aubier, 1986.

por exemplo, divisórias separassem pequenos compartimentos de 1,90m por 2,30m. Léon Bernard louva essa iniciativa, que evita o espetáculo da morte e a invasão de piolhos. Deve-se isto à Cruz Vermelha americana.

Os doentes ricos se beneficiam, pelo contrário, de hotéis de luxo em altitude, experimentados desde o início do século XX na Suíça e na Alemanha. Os quartos, que comunicam com varandas compartimentadas, obedecem a regras de higiene muito estritas: mobiliário simples, de fácil manutenção em razão das formas arredondadas, paredes revestidas de tecido pintado, gênero Liberty, fáceis de lavar, assoalho de carvalho coberto de parafina para calafetar os interstícios, bibelôs proscritos, assim como cortinas e reposteiros, ninhos da poeira detestada. A nudez do ambiente, acrescentada ao frio da altitude, principal instrumento terapêutico, contribui para dar a impressão de pureza glacial erigida em tratamento. Opondo-se ao negro da morte, o branco, patética afirmação de uma higiene triunfante, é a cor do sanatório, bem como a do hospital.

Assim funciona o Berghof da *Montanha mágica* (1924) que Thomas Mann descreveu magistralmente através da experiência de seu herói. Indo a Davos para uma simples visita a seu primo Joachim, Hans Castorp descobre seu mal e permanece sete anos percorrendo todos os estágios, os tratamentos, os lugares e as ocorrências da doença. Passa muito tempo em sua varanda, reclinado na "excelente espreguiçadeira" tão confortável, enrolado nos cobertores numa precisão artística para suportar o frio, ponta de lança do tratamento; a pureza dos cimos, o imaculado da neve, recomeçada sem cessar, deveriam conjurar o mal. Porque Castorp está febril, os médicos o retém no leito, cuja brancura, em harmonia com a paisagem, é um exorcismo, e o travesseiro, uma garantia maior. Seu uso dos objetos, dos lugares, do corpo muda. A tomada da temperatura várias vezes por dia, *leitmotiv* obsessivo, as refeições na mesa adaptada, "essa maravilha de equilíbrio de um pé só", a visita do médico, seus comentários enigmáticos, a do massagista, as de seu primo, tornado em sua ausência o mediador das notícias da sala de jantar, lugar privilegiado do Berghof, ritmam os dias tão semelhantes que acabam por se confundir. A monotonia dos rituais cotidianos transforma o tempo em um fluxo indiscernível. Mais do que de repetição, "seria preciso falar de identidade, de um presente imóvel ou de eternidade. Trazem sua sopa no almoço como a trouxeram ontem e lhe trarão amanhã. E ao mesmo tempo um sopro o toca levemente, você não sabe nem como nem onde: você sente uma vertigem quando vê chegar essa sopa, as formas do tempo se perdem e o que se apresenta a você como a verdadeira forma do ser é um presente fixo, em que lhe trazem a sopa eternamente".⁵⁴ Assim se escoa o tempo no quarto do doente e talvez na vida.

A DOENÇA CRIADORA: O QUARTO DE JOË BOUSQUET

Muitos quartos de doentes foram criadores. Georg Groddeck[55] via neles um berço da arte, pelo menos da escrita, exercício noturno e solitário. Eterno doente, Proust escrevia na cama, à noite. A *Busca* se enredou no seu quarto, a ponto de lhe ser consubstancial.

Joë Bousquet transformou o seu em lugar de criação, mas também de sociabilidade intensa. Chegamos mesmo a hesitar: seria verdadeiramente um quarto de doente? Paraplégico, Joë Bousquet ficou paralítico em consequência de uma lesão de guerra na medula espinhal. No dia 27 de maio de 1918, em Bois-le-Prêtre, ele ficou de pé, nas linhas, exposto às balas alemãs, talvez as de Max Ernst, que estava na trincheira em frente. Braço estendido, cigarro nos lábios, era como se, conscientemente ou não, quisesse passar aquela imagem heroica ou fanfarrona de si mesmo. Enigma: o que realmente aconteceu naquele dia? O que ele percebeu, o que queria? O que escolheu? É o que se pergunta François Berquin,[56] como muitos outros médicos que se debruçaram sobre o corpo mutilado imediatamente no campo de batalha e nos 32 anos que se seguiram, até sua morte, em seu quarto, a 28 de setembro de 1950. Neurologistas, psicólogos, psicanalistas frequentam o número 53 da rua de Verdun, em Carcassonne, onde Bousquet instalou sua toca desde 1924, para tentar compreender, ou curar. Contra uma interpretação puramente traumática, alguns levantam a hipótese da histeria, cuja versão masculina foi descoberta e estabelecida durante a Grande Guerra.[57] "O senhor se compraz, inconscientemente, em um estado que reproduz exatamente a situação infantil", diagnostica uma sumidade. "O senhor é tratado, mulheres o põem para dormir, o alimentam. Bastou um ferimento grave para que seu organismo caísse em poder de seu coração de criança. Substitua sua

---

[54] Thomas Mann, *A montanha mágica* [1924]. Rio de Janeiro: Nova Fronteira, 2006.
[55] Georg Groddeck, *Conférences psychanalytiques à l'usage des malades prononcées au sanatorium de Baden-Baden, 1916-1919*. Paris: UGE, 1983, col. 10/18, 3 vol.
[56] François Berquin, *Hypocrisies de Joë Bousquet*. Lille: Presses Universitaires du Septentrion, 2000 (vasta bibliografia). Cf. Édith de La Héronnière, *Joë Bousquet. Une vie à corps perdu*. Paris: Albin Michel, 2006, principalmente o cap. 6, "Camera obscura"; Pierre Cabanne, *La Chambre de Joë Bousquet: enquêtes et écrits sur une collection*. Marselha: André Dimanche, 2005, prefácios de Pierre Guerre e Louis Pons.
[57] Cf. Nicolas Edelman, *Les Métamorphoses de l'hystérique*, op. cit.

enfermeira por um criado de quarto e o senhor reagirá instintivamente contra sua inércia."[58] De uma certa forma, Joë Bousquet escolheu seu ferimento; consentiu-o; fez dele um médium: "Devo a meu ferimento ter aprendido que todos os homens estavam feridos como eu." Ele "é" seu ferimento. "Eu não o lamento", dizia-lhe André Gide.

Não é tão simples. Bousquet sofre. Das pernas, da bexiga. Tem uma "ereção mole" que complica singularmente suas relações tão desejadas com as mulheres, que ele tem, às vezes, impressão de aviltar com suas carícias. Bousquet procura se tratar, consulta médicos. Recorre a seu primo, Adrien Gelly, oculista, discípulo do vitalista Barthez e apaixonado pela psicanálise; um homem modesto, atento, que evita o jargão, mas lhe comunica o vocabulário e as noções científicas. "Ele falava de minha afecção como doente, e eu dissertava a respeito como médico." Adrien faz reservas ao diagnóstico dos médicos, sem condená-los. Pensa que a cura não é o desaparecimento dos ferimentos, mas a "ascensão a uma existência que não seja definida pelas nossas restrições físicas". Ele trata o corpo como se a doença residisse na alma. Acalma as dores com a morfina e o ópio (até trinta cachimbos por dia), fornecidos pelos médicos, apesar das interdições oficiais.[59] Os vapores invadem o ar confinado do quarto sombrio, então coração de uma obra e centro do mundo.

Para chegar ao tabernáculo, toma-se um corredor estreito, levanta-se um pesado reposteiro no qual se prendem os pés, distinguem-se mal e progressivamente a forma dos objetos e a silhueta do mestre. É um percurso iniciático, quase aquático, que Pierre Guerre descreve: "Para chegar até ele, atravessam-se corredores escuros, patamares escuros, portas escuras [...]. Depois do reposteiro, entrava-se em uma espécie de grande cabine de submarino revestida de madeira, em uma capela subterrânea onde a sombra e o silêncio faziam desaparecer os ângulos e amorteciam as vozes",[60] que se modulavam em murmúrio.

O quarto é pequeno, com uma cama modesta, e a luz permanente das lâmpadas é atenuada por abajures dos anos 1930. Os postigos estão quase sempre fechados. Não chega nehum barulho da rua. As paredes são cobertas de quadros, frutos de aquisições de Bousquet ou presentes de seus amigos

---

[58] Joë Bousquet, *Exploration de mon médecin*. Toulouse: Sables, 1988. Artigo de 1943, prefácio de Pierre Nouilhan.
[59] Jean-Jacques Yvorel, *Les Poisons de l'esprit. Drogues et drogués au XIXe siècle*. Paris: Quai Voltaire, 1922.
[60] In Pierre Cabanne, *La Chambre de Joë Bousquet*, op. cit.

pintores: Max Ernst, Fautrier, Dubuffet, Miró, Bellmer, Dalí, Tanguy, Masson, Klee, Magritte... Muitos objetos, porcelanas: um cão, uma galinha, um cavalinho de vidro, peças frágeis que se arrisca a todo instante quebrar (o que acontece). Aqui, é preciso "andar pisando em ovos". Buquês de flores, cortadas, murchas, renovadas, como as moças que os trazem, com as quais ele troca galanteios e que inicia no amor, ele, o sedutor impotente. Sexo e coração oprimidos, esmagados, assombram os pesadelos daquele quarto.

Depois da morte de sua mãe, a velha acompanhante analfabeta, Cendrine, sempre de preto, um pouco feiticeira, cuida dele: toalete, refeições, cuidados com o corpo. Ela acalma suas angústias. Joë Bousquet aprecia e anota as respostas dessa Françoise do Languedoc. Ainda é o tempo das criadas abnegadas. Ela introduz os visitantes: Gaston Gallimard, André Gide, Jean Paulhan, Henri Michaux, Clancier, Simone Weil e tantos outros. Os íntimos sobem pela escada de serviço, os outros pela escada principal. Joë fica raramente sozinho. Ele recebe deitado, o busto para fora das cobertas, vestido elegantemente, sorridente, perfeitamente à vontade em seu quarto. Esse interlocutor prodigioso anima o debate político e filosófico. Ele "reinou pela palavra tanto quanto pela escrita". Corresponde-se com os ausentes: com Paul Eluard, por exemplo, quando esse está em tratamento no sanatório. A tuberculose cimenta a "montanha mágica" dessa geração.

Galeria, biblioteca, sala de leituras intermináveis, escritório de escritor, fumadouro de ópio, mesa de jogo, salão, círculo, o quarto de Joë Bousquet foi "um lugar vertiginoso onde tudo era possível e nada acontecia, sem dúvida o lugar privilegiado onde se elaboravam uma nova noção do homem e uma nova ideia do amor".[61] O espaço e o tempo estavam abolidos nesse cristal em fusão. "Ninguém entra no meu quarto sem que um raio de minha vida interior se coloque diante dele", dizia Bousquet, que se vangloriava de "ter arrancado [sua] consciência da tirania do relógio". "A noite lhe foi dada, sem que ele tivesse de conquistá-la", escreve Maurice Blanchot a respeito daquele que acreditava na eternidade da linguagem, "a faculdade pela qual um de nossos atos pode durar mais do que nós", e deixou *L'Oeuvre de la nuit* (A obra da noite).

Joë Bousquet passava muito tempo lendo, escrevendo e jogando paciência, e sempre perdendo. "Quem é o canalha que embaralha as cartas em meu lugar?", dizia ele. Queria ganhar o jogo e conseguiu. O doente tornou-se o ator de sua própria vida, invertendo as passividades habituais. Seu quarto foi o palco de uma

---

[61] Édith de La Héronnière, *Joë Bousquet*, op. cit., p. 96.

metamorfose, inversa daquela descrita por Kafka; um lugar de invenção, de troca, de criação, de resistência em todos os sentidos da palavra, principalmente durante a Ocupação, quando serviu de esconderijo.

"O mundo não quis saber de mim. Eu quero que o mundo seja meu" (carta a Carlos Suarès, 1936). Subversão magnífica, da qual o quarto é o eixo e o crisol.

Crônica de uma morte anunciada: o diário de Alice James[62]

Alice James (1848-92) sempre viveu à sombra do pai e dos irmãos, o psiquiatra William e o escritor Henry, igualmente célebres. Deprimida, sofrendo de nevralgia crônica, vítima das "doenças das mulheres", afecções nervosas, histeria, características de sua condição no século XIX, ela tentou conjurar sua angústia escrevendo; era uma correspondente diligente e escrevia regularmente um diário. Vivia na sombra à qual era condenada pela notoriedade de seus irmãos, afetuosos, atentos, mas condescendentes e convencidos dos limites inerentes a seu estado feminino de eterna doente; para dizer tudo, incapaz de chegar a uma verdadeira criação e ao status de escritora. Sofrendo de um câncer incurável, Alice decide escrever um diário e, durante os três últimos anos de sua existência (1889-92), fez a crônica cotidiana de sua doença e de uma vida reclusa nutrida de consultas médicas, leitura de livros e jornais; ela relata acontecimentos, crônica policial, conversas com uns e outros, seu irmão Harry (Henry) sua bem-amada Katharine Loring e aquela que chamava a "pequena nurse", a acompanhante ágil e cuidadosa.

Essa clausura enfim justificada lhe convém: "A sensação de lar (*sic*) que se pode criar entre quatro paredes; estou encantada de poder cada vez mais reencontrá-la em meus dois cômodos", a ponto de ficar contente com o mau tempo que a isenta de fazer seus passeios e a obriga a fechar a janela depois da indispensável ventilação. Prazer da sesta e da porta fechada. "Deitar-me no divã e ocupar-me durante algumas horas, em diversos períodos do dia, rabiscando anotações e lendo os livros que me interessam": eis o máximo da felicidade. "Os dias em que saio passam duas vezes mais lentamente do que aqueles em que fico reclusa."[63] Nenhuma tendência para exaltar a dor ou a infelicidade, pelo contrário, distância, causticidade em relação a uma sociedade britânica da qual detesta o "farisaísmo" e descreve as imperfeições,

---

[62] Alice James, *Journal*, op. cit. Cf. Jean Strouse, *Alice James: une biographie*. Paris: Éd. des Femmes, 1985.

[63] Alice James, *Journal*, op. cit., p. 73 (16 de dezembro de 1889).

indiferença e humor que fazem desse diário uma espécie de obra-prima. Porém, o projeto de Katharine de publicá-lo provocou uma viva oposição da parte de seus irmãos, William e Henry, chocados com a publicidade dada a essas "fofocas" e a sua privacidade. Henry chegou a destruir o seu exemplar. Certamente admira a energia de sua irmã: "Há heroísmo nessa individualidade, nessa independência, nesse face a face com o Universo por ela e para ela mesma." Mas ele julga o diário fútil e indiscreto: "Condenada a ficar no quarto, ela simplificava muito e exercia sua admirável vivacidade de julgamento sobre elementos bastante insignificantes de seu ambiente real."[64] O *Journal* apenas será publicado integralmente em 1982. Decididamente, não era mais fácil ser a irmã de Henry James do que ser a de Shakespeare.

Raramente uma aura agonizante viu chegar sua morte com tanta lucidez. Lucidez a seu respeito, "morta há muito tempo": desde o terrível verão de 1878, quando "mergulhou em um mar profundo". Lucidez sobre a redução do desejo que, mais do que a acuidade do sofrimento, marca o fim do tempo: "Essa longa e lenta agonia é sem dúvida instrutiva, mas de forma decepcionante, privada de sensações vivas, seu 'caráter natural' sendo levado à sua suprema expressão. Abandono uma a uma minhas atividades sem nem me dar conta, até que percebo que os meses passaram e que nunca mais me deitarei no sofá, que não leio mais o jornal da manhã ou não lamento mais a perda de um novo livro; gravitamos com igual satisfação no círculo que se estreita pouco a pouco, até atingir o ponto de não retorno, suponho." Todavia, ela sente prazer em "[s]e sentir dona de [si] mesma, como sempre".[65] Um mês depois (4 de março): "Estou sendo lentamente moída pela mó do sofrimento físico e durante duas noites quase pedi a Katharine a dose letal" de morfina, aconselhada por seu irmão médico para ser usada contra a dor. Ela aspira morrer sem sofrimento e com dignidade, esperando não ficar muito agitada. Escreve seu diário até o dia 4 e morre pouco depois.

O QUARTO DO LUTO

A morte lenta, as longas doenças propícias às visitas, ao vaivém no quarto do doente, as agonias que dão tempo de assistir à partida do ser próximo ou amado suscitam o desejo de conservar lembranças daquele ou daquela que

---

[64] Ibid. Introdução de Léon Edel, que fornece todos os elementos de história dessa difícil publicação.
[65] Ibid., p. 284 (2 de fevereiro de 1892).

vai desaparecer para sempre. Não o veremos mais. Seu corpo vai se retirar, se esconder, se dissolver na terra ou no fogo. Daqui a algum tempo, ter-se-á perdido o som de sua voz; será difícil recordar seus traços. É preciso guardar alguma coisa, uma última relíquia, uma mecha de cabelo. É preciso fixar sua imagem vacilante enquanto ainda é possível.

Pelo relato dos últimos instantes, que se tende a sublimar. Essas mortes, belas ou atrozes, eram ainda a palpitação da vida. A tradição religiosa medieval do *dit du trépas dit*[66] transformou-se em relação existencial, e mesmo clínica, que os familiares consignam em seu diário ou comunicam em sua correspondência. Aos parentes, aos amigos, contam como foi o falecimento, insistindo menos sobre seu fervor do que sobre seu sofrimento. Nos Estados Unidos, as mulheres relatam, em "livros de consolação", as últimas palavras e os últimos instantes do desaparecido.

Mais carnal, a impressão da máscara mortuária, costume muito antigo, perpetuara o rosto dos soberanos e as mãos dos artistas. Retocadas, idealizadas, destacadas de qualquer ambiente, tais máscaras, como as estátuas jacentes, eram destinadas à posteridade. Essa prática continuou até o século XX, sistematicamente para os políticos, mais episodicamente para os artistas (Proust, Gide, Charles-Louis Philippe...). Difundiu-se no privado. Flaubert manda moldar o rosto e a mão de sua irmã Caroline: "Vi as patas daqueles brutos manuseá-la e cobri-la de gesso. Terei sua mão e seu rosto. Pedirei a Pradier que faça seu busto e irei colocá-lo no meu quarto."[67] Edmond de Goncourt faz o mesmo com seu irmão Jules. Outros recusavam tal coisa: Delacroix proibira qualquer impressão e mesmo qualquer esboço; conhecia bem demais a prática do "último retrato", do qual uma recente exposição do Museu d'Orsay retraçou a genealogia.[68]

Foi em Flandres, em 1621, que se viu o primeiro desses retratos, provavelmente encomenda de uma família. Uma tela anônima mostra uma jovem mulher deitada em uma cama, boca aberta e olhar vago, mãos inertes sobre a colcha azul, bem-cuidada, calma, ainda flexível. No século XIX, os pintores fazem espontaneamente esboços de seus defuntos. Não sem emoção. Monet sente remorso em mostrar as manchas coloridas no rosto de sua esposa, Camille. Marie Bashkirtseff, chocada com a desordem do quarto de

---

[66] Poema destinado a ser lido e não mais cantado, que aborda questões morais, no caso, a morte. [N.T.]
[67] Gustave Flaubert, *Correspondance*, op cit., p. 258. A Maxime du Camp, 25 de março de 1846.
[68] *Le Dernier portrait*, op. cit.

seu avô, quis "arrumar" ela mesma o ancião. "Envolvi a cama com um xale de musselina branca; a brancura tem a honestidade da alma que se foi e a pureza do coração que não bate mais." Mas como traduzir essas impressões? "[...] esses travesseiros brancos, essa camisola branca, os cabelos brancos e os olhos semicerrados, isso é muito difícil de pintar." O branco é uma cor?

Os particulares encomendam. Para sua mulher, Pauline, morta em 24 de julho de 1839, Michelet faz o pedido a um jovem pintor local. Preocupado com o espetáculo, ele pusera em Pauline um lenço vermelho e uma touca branca, um pouco antes de sua morte. "Ela se destacava maravilhosamente [...] sobre o travesseiro branco." Ele mandou apagar as velas e o efeito foi surpreendente. Nunca Pauline estivera tão bela. Durante quatorze horas, ele orienta o jovem pintor que podemos imaginar extenuado. "Seu último esboço está verdadeiramente trágico. Ele exprime o caráter lúgubre daquela noite naquele quarto sepulcral."[69] O retrato é duplamente ritual de passagem, para o morto e para os vivos.

Nada é espontâneo nessas representações, obcecadas pelas regras da encenação: o desejo de ordem, de paz, de serenidade, de clareza. "O último retrato é autorizado quando tudo está em ordem": o quarto arrumado, os lençóis trocados, a cama feita, o morto limpo, vestido como deve ser, repousando sobre o travesseiro, calmo, com a aparência de sorriso fugitivo que precede a rigidez cadavérica. Apagam-se os tormentos da agonia, o *rictus* do fim, as marcas do acidente ou, mais ainda, do suicídio. O dr. Gachet transporta Van Gogh para uma cama mais apropriada. A morte deve ser bela. "Nos quartos mais banais das burguesias ocidentais, a morte acabou por coincidir com a beleza",[70] uma beleza que dissimula sua realidade. Uma beleza branca. "Todo esse branco tão triste, um desvanecimento do tom, o fim dos fins!"[71] A morte branca.

Edvard Munch e Ferdinand Hodler introduzem um expressionismo trágico. A pintura foi para eles busca da verdade e trabalho do luto. Munch era obcecado pela tuberculose, que dizimava sua família. Seu caderno é cheio de croquis de adultos e de crianças acamadas, dos quais ele tenta captar a degradação que as espreita. Em Paris, esse solitário passava muito tempo perto de cada falecido, meditando sobre a cidade-cemitério. Ficou, sobretudo,

---

[69] Extratos do *Journal* de Michelet. Paris: Gallimard, 1959, p. 208.
[70] Philippe Ariès, *L'Homme devant la mort*, op. cit., t. 2, p. 182.
[71] Émile Zola, *L'Oeuvre*, citado no *Le Dernier portrait*, op. cit., p. 207. Trata-se do último retrato de uma criança morta, feito pelo pintor Claude Lantier.

fascinado com a doença e a morte da irmã mais velha, Sophie, que povoam suas telas entre 1885 e 1896.[72] Ferdinand Hodler tinha uma amiga, Valentina, que morreu em uma clínica em Vevey, na Suíça, em 25 de janeiro de 1915, após uma longa doença de sete meses. Nos últimos tempos, ele não a deixava mais e seus esboços — mais de duzentos desenhos, guaches, óleos — constituem não somente um diário da agonia, mas um testemunho visual dos estragos do câncer tendo como fundo o lago Léman, do qual ele captava a luminosa indiferença.[73] Como uma prefiguração da Montanha mágica, em uma Suíça rodeada por uma Europa em guerra.

Veio depois a fotografia. Desde meados do século XIX, Nadar, Disdéri e uma plêiade de fotógrafos anônimos propuseram "retratos após a morte" em domicílio e até em estúdio, nesse caso num ambiente artificial onde eventualmente alguns objetos lembravam o ambiente do defunto.[74] Com sucesso, sobretudo para bebês mortos representados em seu bercinho ou no colo das mães. Entretanto, essa "imagem viva de uma pessoa morta" (Roland Barthes) suscita reticências. Man Ray detestava a foto que fizera de Proust. Catherine, a filha de Gide, pediu expressamente que as fotos de seu pai, por ela desejadas, não fossem utilizadas na imprensa. A fotografia introduz uma manipulação, uma distância e, sobretudo, uma publicidade potencial, quase obscena, que provoca mal-estar.

Lembramo-nos ainda do escândalo desencadeado pela fotografia de François Mitterrand. Em 16 de janeiro de 1996, *Paris Match* publica a foto do presidente no leito de morte. Fotografia muito composta, obtida de uma encenação assim descrita por *Le Monde*, que a reproduz dez anos mais tarde, em 18 de janeiro de 2006, a pretexto do aniversário: "ele repousa com um terno cinza-chumbo, uma gravata listrada de vermelho e preto sobressaindo sobre a camisa branca. Sua mão direita recobre a esquerda. Só sua aliança lança um reflexo brilhante. Em um recanto desse quarto despojado, as bengalas, provas do gosto pelas caminhadas, feitas inclusive nos últimos dias. Sobre cada uma das mesas de cabeceira, um livro encadernado. Acima da cabeceira, um quadro de Veneza." Ao lado, muito baixa, uma poltrona banal, estilo hospital. "No quarto nu, uma estátua jacente para a história" é o título do jornal que relata a controvérsia em torno dessa foto e lembra que Mitterrand tinha

---

[72] *Étude pour l'enfant malade*, 1885-86; *La Mort dans la chambre de la malade*, 1893; *Fièvre ou lit de mort*, 1896.
[73] Ferdinand Hodler (1853-1918). Exposição no Museu d'Orsay. Paris: 2007.
[74] Joëlle Bolloch, "Photographie après décès: pratiques, usages et fonctions", in *Dernier portrait*, op. cit., p. 112-45.

meditado, na exposição do Museu d'Orsay, diante da foto anônima de Léon Blum no leito de morte: "A conquista de um rosto como esse é o significado do socialismo", teria ele comentado. François Mitterrand, uma estátua jacente para a história do socialismo? Mazarine Pingeot confirma que sua mãe "achava muito bela a fotografia, digna de uma tradição do século XIX que inscrevia papai na linhagem direta de Victor Hugo". Numa tradição pictural ao mesmo tempo formal e memorialista.

O quarto, nesse caso, serve de pano de fundo ao morto. Pede-se que seja "nu", "despojado" dos sinais da vida tanto quanto dos vestígios da doença. É diferente com o quarto real. Este guarda durante um certo tempo a presença do desaparecido. Ao retornar do enterro da avó, Aurore Dupin (a futura George Sand) volta a seu quarto. "É neste leito abandonado onde eu acreditava vê-la ainda, neste quarto deserto onde ninguém ousara entrar depois do enterro e onde tudo estava no mesmo lugar de quando ela respirava ainda, que senti enfim rolarem minhas lágrimas." Ela abre as cortinas da cama, contempla o colchão que conserva a marca do corpo, observa os frascos, "poções semiconsumidas. Parecia-me que nada tinha mudado",[75] escreve ela, em 24 de outubro de 1825, a Aurélien de Sèze. Quarenta anos depois, em Palaiseau, depois do enterro de Manceau, seu companheiro, ela volta do mesmo modo ao quarto onde ele morreu e onde ela o velou. "Eis-me sozinha há duas noites junto deste pobre adormecido que não acordará mais. Que silêncio neste quartinho onde eu entrava na ponta dos pés a qualquer hora do dia e da noite!"[76] É como uma palpitação suprema, um último contato com o ser amado.

A volta à câmara mortuária após a inumação torna-se um ato memorial, um ritual, de que Flaubert captou a emoção transitória. Charles Bovary acaba de enterrar a mãe. "Quando tudo acabou no cemitério, Charles voltou para casa. Não encontrou ninguém embaixo; subiu ao primeiro andar, no quarto, viu o vestido dela ainda pendurado ao pé da alcova; então, apoiando-se na escrivaninha, ficou até a noite absorto num devaneio doloroso. Ela o tinha amado, apesar de tudo."

Depois de arrumar esse quarto, hesita-se em modificá-lo. Fecha-se a porta, a ponto de, às vezes, ele se tornar um mistério, antro dos fantasmas ingleses e dos espíritos que saem dos cemitérios preferindo os cantos do aposento e dos quais os espíritas fotografam às vezes as silhuetas diáfanas, os

---

[75] George Sand, *Correspondance*, op. cit., t. 1, n° 89, p. 217.
[76] Ibid., t. 29, p. 371, carta de 22 de agosto de 1865.

ectoplasmas improváveis.[77] Volta-se ali. "Habito constantemente o quarto das lembranças", diz Alexandrine de La Ferronays, que cultiva as lembranças de seu marido, Albert. Heroína de Balzac, que, para descrevê-la, inspirou-se em parte em sua avó, Mme de Portenduère (Ursule Mirouët) guarda a lembrança de seu marido no quarto em que ele faleceu. "Esse quarto do falecido sr. De Portenduère permanecia no estado em que ficou no dia de sua morte; só faltava o defunto." A marquesa dispôs sobre a cama o uniforme de capitão de mar e guerra. Trançou seus cabelos brancos em uma única mecha enrolada acima da pia de água benta da alcova. Todos os seus objetos tinham sido conservados. "Nada faltava [...]. A viúva tinha parado o velho relógio na hora da morte, marcada assim para sempre." Ela se veste de negro para entrar nesse quarto, altar e museu. "Entrar ali era revê-lo, reencontrar todas as coisas que falavam de seus hábitos."[78]

No segundo andar de sua casa, Edmond de Goncourt guardou intacto o quarto de seu irmão Jules: "É a mansarda de estudante onde meu irmão gostava de trabalhar, o quarto que ele escolheu para morrer e que permaneceu tal qual estava no dia seguinte de sua morte, com a cadeira de balanço na qual ele gostava de fumar depois de escrever um pouco",[79] ou de reler uma página das *Mémoires d'outre-tombe*. Nos dias de tristeza, Edmond sobe ali, senta-se na poltrona perto do leito vazio. Evoca a agonia de cinco dias, os gestos, os murmúrios e os gritos do irmão, além da transformação de seu rosto na máscara que o faz parecer uma figura de Da Vinci. "No recolhimento da semiobscuridade e entre o que guardam e lhe fazem reencontrar, de um morto muito amado, os objetos da câmara mortuária, eu me dou o prazer doloroso de me relembrar."[80] Tempo proustiano da rememoração infinita. Há algo de carnal no contato de um objeto que o desaparecido tocou, uma poltrona onde se sentou, um quadro que contemplou. Guardar seu quarto "tal qual" é guardar a ilusão de sua presença.

A rainha Vitória quis que o banheiro e o escritório de Alberto, seu esposo muito amado, ficassem no estado em que ele os deixou. Em compensação, ela fez de seu quarto menos um templo íntimo que "um quarto sagrado", impregnado das lembranças de Alberto, ornado de quadros, de bustos.[81] Um altar da lembrança, como se ergue em alguns quartos, reagrupando em um canto,

---

[77] Cf. Nicole Edelman, *Voyances*. Paris: Seuil, 2008.
[78] Honoré de Balzac, *A comédia humana*, 2ª ed. São Paulo: Editora Globo, 1989.
[79] Edmond de Goncourt, *La Maison de l'artiste*, op. cit., t. 2, p. 369.
[80] Ibid.
[81] Cf. Ginette Raimbaut, *Parlons de deuil*. Paris: Payot, 2004, p. 35.

um móvel, uma vitrine, objetos e fotografias, destinados menos a honrar do que a transmitir aos descendentes esquecidos o rosto e uns fragmentos da vida dos que partiram, que um dia foram jovens também. Há muitas maneiras de transformar o quarto em "lugar de memória". Roland Barthes, inconsolável órfão de mãe, quer marcar o lugar da falecida: "O lugar da cama onde ela esteve doente, onde faleceu e onde moro agora, na parede contra a qual se apoiava a cabeceira de sua cama, eu pus um ícone — não por fé — e ali sempre ponho flores sobre uma mesa. Chego até a não querer mais viajar, para poder ficar lá, para que as flores nunca fiquem murchas."[82]

Outros, ao contrário, temem essas ruminações mórbidas, essa tentação museográfica, o gosto ridículo das relíquias, e se apressam em modificar a disposição dos lugares, em dispersar os restos do falecido. Dominique Aury tinha conservado "tal qual", submerso em papéis e em uma grande desordem, o quarto de Jean Paulhan em sua casa de Boissise-la-Bertrand; ela convida para ir lá Régine Desforges, que se recusa a dormir em um túmulo e começa a jogar fora papéis e objetos; Dominique a observa, estupefata, compreende, aceita.[83] No século XVII, na corte, distribuíam-se as roupas do defunto aos empregados e mudavam-se os móveis após o falecimento. O "Grande Século" não apreciava as velharias e mal apreciava a lembrança, obcecado que estava pelas urgências do presente.

O hospital, por indiferença e por necessidade de dar lugar aos novos pacientes, radicaliza o esquecimento. A morte no hospital é a rápida abolição dos traços. Nesse espaço anônimo, onde não se é mais que um número, o indivíduo não deixará nenhum vestígio. A câmara funerária dessacraliza os corpos. Suas manipulações substituem a toalete fúnebre de outrora. Por isso o desejo da derradeira abolição. Para que um enterro? A cremação é, no fundo, a solução mais lógica. Ela tem uma terrível modernidade, imagem do destino comum.

Nossa época tenta conjurar o desaparecimento dos corpos graças a uma memória cada vez mais imaterial. Veem-se alongarem-se os obituários, multiplicarem-se os colóquios, as "jornadas", os livros da lembrança. Não se sabe como saudar aqueles que nos deixaram, como guardar deles alguma coisa.

O quarto fechado, o quarto abolido, permanece a interminável cerimônia do adeus.

---

[82] Roland Barthes, *Journal de deuil*, texto organizado por Nathalie Léger. Paris: Seuil, 2009, p. 204, 18 de agosto de 1978.
[83] Cf. Angie David, *Dominique Aury*, op. cit., p. 56.

10
HUIS CLOS — A PORTAS FECHADAS

"Todas as portas fechadas": é esta a definição de *huis clos*, do qual "o quarto à prova de som"[1] dos testes acústicos representa uma forma extrema. Poder fechar sua porta, abri-la a quem se quer; entrar, sair, ter a chave de um lugar, quatro paredes onde se refugiar, tece o desejo pelo quarto. "É preciso ficar em seu quarto e cultivar seu jardim. É lá que brotam as flores da imaginação",[2] diz Jean d'Ormesson ao entardecer de uma vida da qual escrever foi a melhor parte. "Não é necessário que saias de tua casa. Fica à mesa e escuta", diz Kafka. Esses escolheram sua toca, prontos a nela correr os riscos e a sentir as angústias. Outros aí se resignaram. Outros, por sua vez, suportaram as pressões de um mundo hostil.

Esses confins indecisos, obscuros, crepusculares entre escolha, consentimento e coerção vão nos reter. Eis, à guisa de introito, três figuras de sequestrados voluntários: a poetisa Emily Dickinson, o artista plástico Jean Raynaud e o artista esquizofrênico Jeannot. Emily Dickinson (1830-86) passou a maior parte da vida em Amherst (Massachussets), na casa de seus pais, o Homestead. "A casa é minha definição de Deus", dizia ela. Casa sem dúvida aconchegante, apesar de puritana, obscurecida pela morte do pai, a paralisia e o quase mutismo da mãe. "A eternidade sobe à minha volta como um mar." Depois da morte da mãe, Emily se refugiou no segundo andar, no seu quarto do qual não saía quase nunca. Seu horizonte físico não ultrapassava a cerca viva do jardim, que ela via de sua janela. Para quê? "Fecharmos os olhos é viajar." Como Proust, os nomes de países a faziam sonhar. A proximidade de seu irmão Austin e da mulher dele, Susan — "minha multidão" — lhe bastava. Até que se desentendeu com eles e deixou de vê-los. Não ia jamais ao vilarejo, onde a chamavam "o Mito". Desde a morte do pai, se vestia de branco. Sua

---

[1] *La chambre sourde* (quarto à prova de som) é um dispositivo de isolamento total feito para medir os efeitos acústicos.
[2] Jean d'Ormesson, *Qu'ai-je donc fait?*. Paris: Laffont, 2008.

irmã Vinnie experimentava em seu lugar os vestidos que ela mandava fazer. Descia apenas para receber seus raros visitantes. Uma amiga de infância, ao visitá-la, falou com ela do alto da escada. Só o amor platônico (mas intenso) que tinha por Bowles, seu editor, e mais tarde pelo juiz Lord, conseguiu fazê-la descer de seu poleiro; e ainda assim... Ao contato, sempre decepcionante, preferia as palavras, as cartas lidas em segredo, a portas fechadas. Dormia muito pouco, trabalhava à noite. "Escrevo-lhe do meu travesseiro", diz a um correspondente; nos seus poemas, celebra o leito solitário: *"Qu'ample soit le lit/ Faites-le avec révérenc/ Que droit soit son matelas/ Rond son oreiller"*.[3] Ela era obcecada pelo mistério da ausência, a ruptura, o hiato, o *blank*, perseguida, como Mallarmé, pela neve, a página em branco. Ela escreveu, no entanto, perto de 1.700 poemas. Reunia-os por cadernos de vinte, que costurava e guardava em uma gaveta, também fechada a chave. Pediu que fosse levada ao cemitério não pela rua, mas pelo jardim. Tinha obsessão pela clausura. Porém, segundo Claire Malroux, sua biógrafa, ela era mais "entrincheirada" que reclusa, "no seu quarto com vista para a eternidade".[4]

A escolha de Jean Raynaud, artista contemporâneo (nascido em 1939), é diferente. É um gesto arquitetural e simbólico, que se inscreve na conduta do autor, subversivo dos objetos e das formas. A partir de vasos de flores, placas de sinalização de sentido proibido, de bandeiras, ele fabrica "psico-objetos". Contra a luz intrusa e ofensiva, contra o exterior, fonte de agressão e de morte, ele decide construir uma *casa-bunker*, que seria ao mesmo tempo seu domicílio e seu ateliê, a realização de um espaço mínimo e um manifesto. Suprime todas as aberturas, à exceção de uma seteira. No centro do *blockhaus*, instala um quarto azulejado, de uma pureza absoluta, como o quarto de uma pessoa muito queimada em um hospital, com uma cama muito sofisticada. "O grau zero da solidão e do encontro cotidiano com a morte se realiza no quarto, que se torna uma simples cuba azulejada, guarnecida com um colchão."[5] Podia-se viver assim? Mais tarde, ele evolui, redescobre a luz, talvez na abadia de Noirlac (Cher), que lhe encomendou os seus vitrais. Em 1993, decide destruir sua casa, inaugurada em 1969. Expõe mil contêineres com fragmentos do edifício

---

[3] "Que o leito seja amplo/ Faça-o com reverência/ Que seu colchão seja firme/ Redondo seu travesseiro."(N.T.)
[4] Claire Malroux, *Chambre avec vue sur l'éternité*. Paris: Gallimard, 2005. Claire Malroux editou muitos de seus poemas, principalmente com José Corti. Cf. Christian Bobin, *La Dame blanche*. Paris: Gallimard, 2007.
[5] In Monique Eleb (org.), *La Maison: espaces et intimités* (colóquio). Paris: 1985. *In extenso* n° 9, 1986, p. 104.

no Centro de Arte Contemporânea de Bordeaux. Qual era o sentido daquela estrutura? Como situá-la na obra do artista e na genealogia do quarto? Qual foi sua posteridade?

O terceiro exemplo, muito mais dramático, nos conduz às fronteiras da loucura. Em 1972, Jeannot morreu em uma fazenda do Béarn. Esse filho de camponeses, engajado como paraquedista na Argélia após uma desilusão amorosa, ficou desequilibrado pelo suicídio de seu pai em 1959. Sujeito a acessos de demência, encerra-se cada vez mais em casa, com a mãe e a irmã. Quando a mãe morre, em 1971, recusa-se a separar-se do corpo, que consegue fazer enterrar embaixo da escada. Não sai mais do quarto e começa a gravar um texto no assoalho em torno de sua cama. Deixa-se depois morrer de fome (1972). Vinte anos mais tarde, quando morre sua irmã, um antiquário recupera o assoalho. Um psiquiatra, dr. Guy Roux, descobre-o, compra-o e o expõe como uma obra importante de arte primitiva. O texto gravado é um manifesto bastante delirante contra a religião que "inventou as máquinas para comandar o cérebro dos homens e dos animais", contra a Igreja que "fez Hitler matar os judeus" e inventou as "máquinas eletrônicas para comandar o cérebro".[6] O assoalho de Jeannot, atualmente propriedade de um laboratório farmacêutico, está exposto, desde 2010, na entrada do hospital Sainte-Anne, em Paris.

O que há em comum entre esses três seres isolados do mundo, a não ser a vontade de fazer do isolamento um modo de vida, um protesto e a expressão de sua liberdade? Seu gesto, em sua diversidade, levanta o problema dos limites. Quando se está encerrado? O que é uma parede? "O homem está fechado lá dentro, não cessa de estar ligado a todas essas paredes que o cercam, nem de saber que ele está isolado. Todas essas paredes formam uma única prisão e essa prisão é uma única vida, um único ato", diz Sartre. Michel Foucault também se preocupava com a fronteira entre "exterior" e "interior". Mas "o novo cartógrafo"[7] não dava uma resposta metafísica e abstrata à questão; ele refletia sobre os "dispositivos" históricos e concretos dos lugares de disciplina — escola, hospital, fábrica — e de clausura (o asilo psiquiátrico, a prisão), sua genealogia e sua articulação.

---

[6] Emmanuel de Roux, "Gravada por um louco, uma joia de arte primitiva". *Le Monde*, 21 de julho de 1972. Emmanuel de Roux escreve: "Um texto delirante, que deixa o leitor pouco à vontade, tanto é o sofrimento que brota dessa frase sem acento nem pontuação."
[7] Segundo a expressão de Gilles Deleuze.

Esses "quartos extremos", na fronteira da dominação e do consentimento, fascinaram os artistas contemporâneos, principalmente entre os anos 1950 e 1960. Para encenar *As criadas*, 1947, a ambiguidade do crime das irmãs Papin e a relação senhor/escravo, Jean Genet escolheu concentrar a ação, no início troca de papéis, depois crime, no quarto da senhora. "Estava escuro, os postigos da rua tinham sido fechados pela minha irmã", dirá Christine no momento de seu interrogatório.[8] A primeira peça de Harold Pinter, *O quarto* (1957), introduz o impossível diálogo de um casal em um cenário de épura. "Um quarto em uma grande casa. À direita, uma porta. À esquerda, um aquecedor a gás. No fundo, à esquerda, um fogão a gás e uma pia. No centro, ao fundo, uma janela. Uma mesa e algumas cadeiras no centro do palco. Mais à esquerda, uma cadeira de balanço. Os pés de uma cama de casal ultrapassam uma alcova, no fundo, à direita."[9] Os corpos contorcidos de Francis Bacon jazem sobre camas cercadas em quartos fechados, que impressionam pelas solidões encastradas (cf. *Estudo para retrato de uma cama dobrável*, 1963).[10] *Um homem dormindo*, de Georges Perec (1967), realiza o desígnio de Kafka, citado em epígrafe. Após uma derrota, o "tu" da narrativa se fecha em seu quarto minúsculo e nu de um sexto andar parisiense, "teu antro, tua jaula, tua toca". "Tu ficas em teu quarto, sem comer, sem ler, quase sem te mexer [...]. Tu acompanhas, no teto, a linha sinuosa de uma estreita fissura, o itinerário inútil de uma mosca, a progressão quase palpável das sombras. Isto é tua vida. Isto é teu."[11] Só se pode possuir o vazio.

HUIS CLOS AMOROSOS

"O amor é o espaço e o tempo tornados sensíveis ao coração."

Marcel Proust, *A prisioneira*[12]

O amor procura a solidão, o face a face, o corpo a corpo. Sensível ao isolamento, no fundo é bastante indiferente ao quarto. Uma cama lhe basta. Há, entretanto, formas de amor que conduzem à reclusão: reclusão voluntária de

---

[8] Citado in Muriel Carduner-Loosfelt, "Une affaire ténébreuse", in *Sociétés et Représentations*, n°4, maio de 1997, p. 240-9.
[9] Harold Pinter, "La Chambre" [1957], in *Celebration. La Chambre*. Paris: Gallimard, 2003, p. 102.
[10] Tela exposta na Tate Modern em Londres, no outono de 2008.
[11] Georges Perec, *Un homme qui dort*. Paris: Denoël, 1967, retomado em *Romans et Récits*, apresentados por Bernard Magné. Paris: Le Livre de Poche, 2002, p. 211-305.
[12] Op. cit., p. 385. Compreende-se como um eco de Pascal: "A fé é Deus sensível ao coração."

amantes apaixonados, desejosos de fugir do mundo, distração intempestiva de si mesmos, obstáculo a sua paixão. Marguerite Duras e Yann Andreas fecham as janelas, cerram as cortinas sobre seu encontro derradeiro, como o herói desarmado pela impotência de *A doença da morte*, em seu quarto à beira-mar: "lençóis brancos no meio do palco e o barulho do mar que irrompia pela porta negra",[13] indica Marguerite Duras para a representação desse texto. Há um encerramento do erotismo que exige a satisfação na possessão, na dominação e até mesmo na submissão do outro: "a felicidade na escravidão", escreve Jean Paulhan no prefácio de *Histoire d'O*.[14]

O "*savoir-vivre* libertino"[15] se inscreve nas dobras deliciosas da dissimulação, nas armadilhas de um jogo de esconde-esconde que exaspera o gozo. Os libertinos do século XVIII usam sutilmente o espaço. Longe de suas moradias oficiais, refugiam-se na periferia. Os arredores de Paris, ainda agrestes, abrigam "pequenas casas", as *folies*, onde é fácil escapar aos olhos e à polícia. Essas pequenas casas, de dimensões mais modestas que as habitações urbanas, têm uma disposição particularmente estudada pelos arquitetos (Blondel, por exemplo) que se mostraram mais preocupados com o conforto e a intimidade. Não são mais cômodos enfileirados, oferecidos à publicidade, mas corredores, ângulos, nichos, escadas secretas, cujas portas são ocultas por reposteiros, até mesmo por mecanismos secretos, e cuja sucessão desenha um itinerário da sedução, o caminho que toma Vivant Denon em *Point de lendemain*. "O preciosismo tinha imaginado a vida amorosa sob a forma de um mapa do Tendre. A libertinagem do século seguinte sugere um mapa do Desejo, cujos caminhos se dobram e se desdobram em curvas, arabescos e voltas para trás."[16] Da casa ao jardim, do jardim aos "fundos", dos quais o Versalhes de Luís XV tinha um conhecimento refinado, os caminhos são traçados para as surpresas do amor. "Os seres desejáveis precisam menos ser seduzidos que surpreendidos e apanhados." Penetra-se nas profundezas da casa ao mesmo tempo que nas de um corpo. O dédalo dos cômodos esboça um labirinto, uma espiral da conquista: antecâmara, salão, gabinete, *boudoir* marcam o itinerário de um corpo que se desfaz, se oferece, não sem a

---

[13] Marguerite Duras, *O homem sentado no corredor e A doença da morte*. São Paulo: Cosac Naify, 2007.

[14] Pauline Réage, *História de O*. Rio de Janeiro: Ediouro, 2007. Sabe-se que a autora desse texto é Dominique Aury.

[15] Michel Delon, *Le savoir-vivre libertin*. Paris: Hachette Littératures, 2000, principalmente o cap. 6, "Lieux et décors", p. 115-44.

[16] Ibid., p. 126.

resistência que aguça o apetite, e, enfim, se abandona na maciez de um sofá ou de um canapé, necessariamente baixos para acolher os desfalecimentos, os desmaios e as quedas. Certos quartos são dotados de espelhos, que multiplicam os ângulos de visão, é o que acontece na *folie* do barão de La Haye, cujo baldaquino, engenhosamente preparado, é um panóptico das efusões galantes.

O quarto, bastante identificado com o exercício conjugal, ocupa apenas um lugar secundário nessas brincadeiras libidinosas e nessas divagações encantadoras onde o movimento, o fingimento, a esquiva, a aproximação, a fuga, a apreensão contam mais que a realização. Por isso a circulação da casa para os jardins, onde a varanda equivale às salas e o pequeno bosque ao *boudoir*, local favorito da galanteria e do segredo, que o pudico século XIX transformará na banal saleta para senhoras.[17] No fim do século XVIII, Sade e Nerciat "levam ao extremo a confusão entre interior e exterior, entre a casa e o jardim, que é também a confusão entre o real e o imaginário".[18] A cama de casal, estável, instalada, regular, amedronta. Foge-se dela. Prefere-se o amor na carruagem, furtivo e misterioso, ao qual sucederão mais tarde a caleche de Emma Bovary e o carro onde, com as cortinas abaixadas, Swann "faz catleia" com Odette. A discrição e a mobilidade desse meios de transporte, sua impessoalidade, seu anonimato e o seu vaguear favorecem o abraço amoroso sem testemunhas, sem compromisso, talvez sem amanhã.

É em um táxi que O é inicialmente despida por seu amante.[19] No "castelo" para onde é levada, é introduzida em "um cômodo redondo e abobadado, muito pequeno e baixo", cheirando a prisão antiga e iluminado por uma luz artificial e quente. Cores: preto e vermelho; espaços reduzidos: um *"boudoir* vermelho" onde ela é preparada, uma "pequena cabine" onde lhe passam sua refeição por um guichê, um "grande cômodo com livros em prateleira nas paredes [...], fracamente iluminado", onde lhe fazem entender o que a espera, na total espoliação de si mesma a que ela aspira secretamente. Há, nessas representações, uma mistura de romance policial gótico e de filme de Hitchcock: "as lajotas vermelhas do corredor, no qual se sucedem portas discretas e limpas, com fechaduras minúsculas, como as portas dos quartos dos grandes hotéis." Paredes vermelho-sangue e tapete negro na "cela" que

---

[17] Id., *L'Invention du boudoir*. Toulouse: Zulma, 1999.
[18] Id., *Le Savoir-vivre libertin*, p. 135.
[19] Sobre a autoria de *História de O*, cf. Angie David, *Dominique Aury*, op. cit.

ela ocupa, dotada de um único móvel: uma grande cama quadrada, muito baixa, coberta de peles. O leito, sempre ele, altar indispensável, despojado, que O compara com a cama de dossel mais sofisticada que partilha normalmente com seu amante. Não se trata muito do lugar, mas bastante dos objetos e sobretudo das roupas, e mais ainda dos gestos, das posições, das palavras, dos tratamentos, dos golpes e das humilhações infligidas, que O aceita sem se enfastiar, consentindo, pedindo, extática. "Ela recebe seu amante como a um deus" e sua abjeção reforça sua sensação de gozo, em uma prostração quase mística, que não deixa nenhum lugar à paisagem, ao pitoresco, nem ao conforto. Somente a clausura, no texto e em volta dele. Pauline Réage/Dominique Aury o escreveu em segredo, no quarto que ocupa na casa de seus pais, à noite, na cama, onde, sujeita a enxaquecas recorrentes, ela trabalha habitualmente. Ela aprendeu com a Resistência o gosto pela clandestinidade, que protege sua existência dupla, seu amor por Jean Paulhan e seu romance escandaloso, em uma literatura erótica em que são raras as mulheres autoras. Sob anonimato, só muito mais tarde descoberto, ela esconde sua subversão. Uma vida subterrânea como sua obra, de um negro flamejante.

A PRISIONEIRA

O ciúme, mola essencial do romance proustiano, leva ao *huis clos*.[20] "[...] Eu conheci uma mulher que chegou a ser verdadeiramente sequestrada pelo homem que a amava; ela nunca podia ver ninguém, só saía com fiéis criados",[21] escreve Proust, resumindo a história da *Prisioneira*, no início do "O tempo reencontrado". Prendendo Albertine, o narrador espera controlar suas relações, saber mais sobre suas amizades e seus amores sáficos, vigiar suas idas e vindas, mas, sobretudo, apoderar-se dela, chegar à sua interioridade, dissipar sua opacidade irredutível, apropriar-se de seu passado obsedante. Com esse intuito, deixando-a supor um casamento possível, o narrador convida Albertine a partilhar seu apartamento parisiense, apesar da relutância de sua mãe. Durante alguns meses de um inverno incerto, ele a hospeda em um quarto vizinho ao de sua mãe ausente, como uma profanação, no fundo de um corredor; o banheiro é contíguo ao seu. "As divisórias que separavam nossos dois banheiros eram tão finas que nós podíamos nos falar enquanto

---
[20] Nicolas Grimaldi, *O ciúme. Estudo sobre o imaginário proustiano*. São Paulo: Paz e Terra, 1994.
[21] Marcel Proust, "O tempo recuperado", in *Em busca do tempo perdido*, vol. 7, 13ª ed. São Paulo: Editora Globo, 1998.

nos lavávamos cada um no seu",[22] em uma proximidade de corpos que só o hotel permite habitualmente. Segundo os biógrafos de Proust, Albertine seria Agostinelli, seu motorista e amante, morto tragicamente em um acidente na estrada (como aconteceria com Albertine). A identificação incerta das pessoas e dos sexos aumenta a intensidade do drama. Ela/ele, não importa. Trata-se do objeto do amor, do sujeito da paixão.

No quarto de Albertine, o narrador pouco entra, a não ser para vê-la dormir, perceber suas formas sob os lençóis, verificar que ela realmente voltou. Do exterior, observa as janelas iluminadas, como Swann fazia outrora com Odette, à espreita de sombras e ruídos. É ela que vem vê-lo em seu quarto, seguindo um ritual estipulado pela fragilidade e pelas manias de seu anfitrião: deve vir apenas quando ele tocar a campainha, evitar fazer barulho ao fechar as portas, eliminar as correntes de ar. Françoise, que desconfia de Albertine, que considera uma intrusa, vela para que essas normas sejam respeitadas. "Albertine compreendeu, estupefata, que se encontrava em um mundo estranho, de hábitos desconhecidos, regidos por leis de viver que não se podia nem sonhar em infringir."

Quando o narrador acorda, ele não a chama imediatamente, pois a acha mais bonita de longe. Considera-a, aliás, "um animal doméstico que entra num quarto e sai". Uma jovem que, como um gato, se joga na sua cama para jogos eróticos arrebatados: carícias íntimas, beijos profundos. "Toda noite, bem tarde, antes de me deixar, ela enfiava a língua na minha boca, como um pão cotidiano." Sem nunca chegarem à penetração: "Você não é meu amante", lhe diz ela um dia. Ele o admite.

Muitas vezes, ela adormece e é, talvez, o ápice do gozo. "Passei tardes encantadoras conversando, brincando com Albertine, mas nunca tão agradáveis quanto aquelas em que a observava dormir." Despojada de qualquer artifício, ela se tornava um vegetal, uma planta, sua longa cabeleira posta a seu lado, como um acessório da mulher liana do *modern style*. Não é preciso mais falar. "Eu sabia que ela não me olhava mais, que eu não precisava mais viver na superfície de mim mesmo", no simulacro da representação. O amor, então, se torna de novo possível. Marcel[23] pode acariciar, possuir, dominar. "Tendo-o [seu corpo] sob o meu olhar, em minhas mãos, eu tinha a impressão de possuí-la inteira, o que não acontecia quando ela estava acordada. Sua vida estava submetida a mim." Ele a toca, a beija, põe sua perna

---
[22] Essa citação e as seguintes vêm de *A prisioneira*, passim.
[23] Curiosamente, nesse texto, os nomes são, às vezes, expressos claramente: Marcel, Céleste Albaret.

perto da dela, goza com ela. "O som de sua respiração tornando-se mais forte, podia dar a ilusão da sufocação do prazer e, quando o meu terminava, eu podia beijá-la sem ter interrompido o seu sono." Ele também gosta de vê-la acordar. "Nesse primeiro momento delicioso de incerteza, parecia-me que tomava completamente posse dela, pois era meu quarto que ia encerrá--la, contê-la."

"Encerrá-la, contê-la", mantê-la cativa. Impedir qualquer outra relação. Vigiá-la, fazer com que pessoas que ele crê serem seus cúmplices a vigiassem: Andrée, o motorista. Saber mais sobre ela e seus amores sáficos. Impedir seus encontros, por exemplo, afastá-la de uma reunião perigosa na casa dos Verdurin, onde ela corre o risco de encontrar uma ou outra de suas amigas: Esther, Mlle Vinteuil. Fazê-la cair na armadilha daquelas perguntas insidiosas, fazê-la cair em contradição com ela mesma, confundir suas mentiras sucessivas. É uma verdadeira estratégia de suspeita e de espionagem que o narrador elabora, confinando cada vez mais Albertine no quarto fechado.

Albertine "gosta de bugigangas". Ele a enche de presentes, joias, vestidos, sobretudo robes, coisas para o quarto, para as quais ele pede conselho à duquesa de Guermantes, sua vizinha. Promete-lhe os presentes mais suntuosos, um Rolls-Royce e até mesmo um iate, imagens do luxo naquela época, símbolos irônicos do movimento entre as paredes.

O cativeiro de Albertine estreita-se por causa do ciúme e das suspeitas do narrador. A rememoração, a ruminação das palavras e das cenas em que a surpreendeu e que ele não sabe como interpretar desempenham um papel essencial, enchendo o quarto de rumores e de imagens que o torturam. "Há uma lógica do ciúme, que é a das caixas entreabertas e dos vasos fechados",[24] diz Gilles Deleuze. O ciúme conduz ao sequestro. "Aprisionar é justamente colocar-se na posição de ver sem ser visto, isto é, sem o risco de ser levado pelo ponto de vista do outro, que nos expulsava do mundo tanto quanto nos incluía nele." Sequestrar Albertine não é tentar "compreendê-la", mas explicá-la e, mais ainda, dominá-la.

É também tentar aprisionar, no quarto, Balbec e as jovens em flor. "No charme que Albertine tinha em Paris ao pé da minha lareira, vivia ainda o desejo que me havia inspirado o cortejo insolente e florido que se desenrolava ao longo da praia. [...] Nessa Albertine enclausurada em minha casa [...] subsistiam a excitação, a confusão social, a vaidade inquieta, os desejos errantes da vida dos banhos de mar. Ela estava tão bem-aprisionada que,

---

[24] Gilles Deleuze, *Proust et les signes*, 2ª ed. Paris: PUF, 1970, p. 152 sq.

certas noites, eu até não lhe pedia que deixasse seu quarto pelo meu." Basta-lhe saber que ela está ali, retirada, em segurança, ao alcance de sua mão. *Aprisionar* Albertine é dominar o espaço, o tempo, a memória. Pelo menos, esforçar-se para fazê-lo.

No centro da teia de aranha que o narrador tece em torno de Albertine, e onde progressivamente ele se enrola com ela, o quarto liga os fios. Para melhor controlá-la, ele renuncia às outras mulheres, às viagens, a Veneza, ao teatro, às noitadas. Como Swann no tempo de seu amor por Odette, ele "não é mais visto", torna-se invisível ao mundo de que teme as insinuações. Receando as curiosidades, as de Bloch, por exemplo, tão indiscreto, ele interdita sua porta para melhor enclausurar Albertine, de modo que é ele que acaba por se aprisionar. "Foi, aliás, sobretudo de meu quarto que percebi a vida exterior durante esse período." De seu quarto, vê Paris, o tempo que está fazendo, sentido desde a manhã através das cortinas, os rumores, os gritos da cidade soberbamente evocados. "Esses hábitos de vida em comum, essas grandes linhas que delimitavam minha existência e no interior das quais ninguém podia penetrar a não ser Albertine", desenhavam um "eremitério isolado". "Os dias tinham sucedido aos dias, esses hábitos tinham se tornado automáticos." Ele fala dessa "vida de isolamento na qual me sequestrava a ponto de não mais ir ao teatro".[25] Albertine ocupa o palco. Ele a envolve em tecidos preciosos: "ela passeava no meu quarto com a majestade de uma dogaresa e de um manequim. Entretanto, minha escravidão em Paris se tornara mais pesada para mim à vista dessas roupagens que me evocavam Veneza [...]. Porém, pouco a pouco, de tanto viver com Albertine, das correntes que eu próprio forjara, não conseguia mais me libertar."[26] "O carcereiro é uma outra espécie de cativo",[27] diz Nerval.

A princípio, Albertine parece submeter-se, aceitar sua reclusão para agradar a "seu querido", "seu pequeno Marcel". Ela parece aceitar facilmente as privações que ele lhe impõe, ao que parece, indiferente, prestar-se a suas exigências, receber com gratidão seus presentes. Mas esse confinamento atenua sua beleza: "Albertine perdera todo seu viço." Aquela "jovem magnífica", livre pássaro aprisionado, tornara-se a "sombria prisioneira reduzida a seu pálido reflexo". "Porque o vento do mar não mais enfunava suas vestes, porque sobretudo eu lhe havia cortado as asas, ela cessara de

---

[25] Marcel Proust, *A prisioneira*, op. cit.
[26] Ibid.
[27] Citado por Victor Brombert, *La Prison romantique*, op. cit., p. 136.

ser uma Vitória, era uma escrava pesada da qual desejava me livrar."[28] Ele não a deseja mais, recusando, todavia, perdê-la. Seu cativeiro se tornara o desafio e o motor de um prazer refugiado na dominação.

Na realidade, Albertine lhe escapa. Ela dissimula, finge, mente, maquina, se perde no emaranhado de contradições que ele passa o tempo a desfazer. Suas carícias são agora mais distraídas, seus beijos menos profundos; ela foge ao abraço. Triste e cansada, mergulha no silêncio.

Enfim, o abandona. "Mlle Albertine me pediu suas malas [...], ela partiu",[29] anuncia-lhe Françoise, lamentando (hipocritamente) que seu patrão tenha justamente se levantado mais tarde que de costume. Ela partiu quando ele planejava deixá-la, acreditando retomar o comando com a iniciativa. Partir, romper a prisão, é sempre possível. A escrava pode fugir de seu senhor para se libertar e deixar de ser escrava. Albertine desaparecida reencontra seu mistério, sua atração, seu brilho de jovem em flor.[30] "Como o dia custa a morrer, nessas tardes incomensuráveis de verão!", diz o narrador, sabendo que não mais ouvirá a campainha de Albertine. Nunca mais verá, no alto, seu quarto iluminado, "cuja luz apagou-se para sempre".[31]

O quarto é o palco do drama e o centro da intriga: dos encontros amorosos e de uma rememoração sem fim. Nele, o narrador evoca interminavelmente as palavras, os gestos, as mentiras, as imagens de Albertine entre as ciclistas da praia. O quarto é também um meio de envolver as coisas, de fixá-las, uma caixa onde conservar as lembranças,[32] tanto quanto uma estrutura da narrativa. Enclausurando Albertine, o narrador procura encapsular o tempo de Balbec e das jovens em flor. Conservar no quarto o tempo perdido.

Sequestros

Onde ficou o amor nessa história? História de um amor louco? Desejo desvairado de possessão? O amante é ávido, ciumento, obcecado. O pai quer dirigir sua mulher, governar sua filha. O irmão sonha em destruir a irmã.

---

[28] Marcel Proust, *A prisioneira*, op. cit.
[29] Ibid., p. 414-5 e *A fugitiva*, op. cit.
[30] Mas ela morre pouco depois, em um acidente banal (desmentido em seguida), como se não houvesse para ela, e para o narrador, outra saída, outra forma de terminar com aquilo. Começa, então, uma longa perseguição que constrói a trama de *A fugitiva*.
[31] Marcel Proust, *A fugitiva*, op. cit.
[32] Cf. Gilles Deleuze, *Proust et les signes*, op. cit., cap. 2, "Les boîtes et les vases", como estruturas da narrativa proustiana.

Roderick Usher se fecha no quarto melancólico de sua casa de trevas, do qual "ele não ousara sair há muitos anos"; ele quer enterrar sua irmã morta (ele a matou) em uma das cavernas situadas sob as muralhas do castelo, a grande profundidade. O conto de Edgar Poe cristaliza um embutimento de caixas negras, instrumentos de sequestro governados pelo medo.[33]

O sequestro — amoroso, erótico, sexual, familiar — dissimula um desejo de dominação. O senhor quer reservar para si os favores do ser amado, romper as relações que ele possa ter com outros, dos quais tem ciúmes, retirá-lo do mundo para dele se apropriar. Encerrá-lo em um espaço fechado — um quarto, um porão, um subterrâneo —, um lugar invisível, inacessível, do qual só ele tem a chave. Há uma lógica espacial do sequestro: a vontade de esconder implica o recurso a um espaço restrito, muitas vezes minúsculo, o mais estreito possível, para ser dissimulado do exterior. As crianças sabem disso: na brincadeira de esconde-esconde, encolhem-se em buracos, em cavidades, atrás de montículos, em depressões as mais inverossímeis para escapar ao olhar, fazendo de sua pequenez uma força, da qual o Pequeno Polegar diante do Ogro é a figura emblemática. Descobrir tais esconderijos constitui o principal motor das investigações policiais, hábeis em detectar indícios e pistas em lugares fechados, aparentemente lisos. *Le double assassinat de la rue Morgue*[34] ou, melhor ainda, *Le mystère de la chambre jaune*[35] fornecem disso exemplos clássicos.

O sequestro é um tópico da literatura sádica: sequestro sofrido, imposto a vítimas cuja disponibilidade, aviltamento, ligação, submissão aos caprichos do senhor são o motor de seu prazer. Os subterrâneos do castelo de Sade se prolongam ao infinito, dédalos sombrios onde a gente se perde, onde o imaginário não para de se desenvolver, de se bifurcar, de se ramificar, de proliferar. O sequestro sofrido é, às vezes, desejado, em um ato amoroso que supõe a anulação de si mesmo (como foi para O): pode ser também a expressão de um domínio dos corpos que exige o acesso ilimitado, o aniquilamento. O sadismo não é necessariamente criminoso. Ele se pretende liberação imaginária dos códigos e das normas. Mas faz recuar para longe as fronteiras do lícito e se exerce a maior parte das vezes contra os fracos: crianças, mulheres, sobretudo virgens. Por isso suscita tanto mal-estar.

---

[33] Edgar Poe, "La chute de la maison Usher, Nouvelles histoires extraordinaires", in *Oeuvres en prose*. Paris: Gallimard, 1951, col. Bibliothèque de La Pléiade, p. 349, trad. Charles Baudelaire.
[34] "Double assassinat dans la rue Morgue", in *Histoires extraordinaires*, ibid., p. 19-56.
[35] Gaston Leroux, *Le Mystère de la maison jaune*. 1908.

Relatos policiais recentes mostraram a que ponto puderam ir algumas perversões, quase sempre associadas à reclusão, até mesmo ao enterramento. Horrores do caso Dutroux, na Bélgica, do qual as "marchas brancas" gostariam de conjurar as atrocidades inexplicáveis. O recente processo de Josef Fritzl, que durante 24 anos violou e sequestrou sua filha, em Amstetten, na Áustria.[36] Mistério ainda mais estranho em razão da personalidade da vítima é o do caso Natascha Kampusch. Raptada com dez anos, encerrada em um quarto semienterrado, a jovem austríaca nunca aceitou sua reclusão e conseguiu alargar seus limites. Obteve de seu carcereiro, após seis meses de cativeiro, a permissão de sair do subsolo para subir ao andar superior do pavilhão onde estava presa. Precisou de mais dois anos para conseguir o uso de jornais e da televisão. Para ela, o mundo se reduzia à mídia, daí a importância que ela lhe deu após a fuga. Ela sempre imaginava fugir durante as "rápidas saídas" com seu raptor, Wolfgang Priklopil. Porém tinha medo que ele a matasse. Com dezoito anos, correu esse risco inaudito. Priklopil se suicidou pouco depois, jogando-se embaixo de um trem. Foi como se ela tivesse sentido remorso.

O quarto foi o horizonte de Natascha. "Eu me sentia como uma galinha confinada", disse ela. "Era horrível. Tive uma crise de claustrofobia naquele cubículo minúsculo. Bati nas paredes com as garrafas de água mineral ou com meus punhos. Se ele não me tivesse deixado subir para a casa para me dar mais liberdade de movimentos, acho que teria enlouquecido." Entretanto, ela não deixa ver esse quarto, que se tornou como uma segunda pele. "O que me contraria mais? [...] Essas fotos do meu esconderijo. Isso não interessa a ninguém. Por acaso olho o quarto dos outros? Por que, ao abrir o jornal, as pessoas devem encontrar meu quarto?"[37] A exposição brutal, depois de uma tão longa reclusão, lhe dá vertigem. Ela desmaia, como diante de uma luz demasiado intensa, a da mídia ávida de notícias. Ela desejou, contudo, falar com "sua querida opinião mundial", consciente de que seu silêncio arriscava separá-la ainda mais do exterior. Mas ela considera uma violação de sua intimidade ter o projetor apontando para o seu quarto, quarto de tantos anos solitários durante os quais ela construiu seu "eu", quarto cativeiro e abrigo ao mesmo tempo. O quarto, refúgio e prisão, epiderme e coração de sua vida.

---

[36] *Le Monde*, de 17 de março de 2009, dá uma descrição alucinante do *bunker* organizado no número 40 da Ybbsstrasse em Amstetten, ao sul de Viena.
[37] Ibid., 2 de setembro de 2006.

Tratamento por isolamento

Crianças, mulheres, sobretudo jovens meninas são as principais vítimas desses crimes sexuais em que o sequestro é uma forma de apropriação dos corpos. Forma alucinada, alucinante, de uma dominação, masculina no caso, que sonha secretamente em quebrar as resistências pela reclusão elevada à dignidade de tratamento. É toda a história que Charlotte Perkins Gilman (1860-1935) conta em seu relato autobiográfico, *O papel de parede amarelo*, traduzido em francês pelo título mais explícito *La Séquestrée* (A sequestrada), por Diane de Margerie, que nele vê a expressão da condição das mulheres "vitorianas" obrigadas a morar em um local determinado, destino que elas recusam e que as faz adoecer. As famosas "doenças da mulher" da psiquiatria do século XIX e a histeria de Charcot e de Freud traduzem seu mal-estar,[38] ilustrado por essa narrativa. Deprimida pela vida cotidiana — conjugal, maternal, doméstica —, Charlotte aceita submeter-se ao tratamento por isolamento proposto por seu marido, médico, que a vigia atrás da porta. Ele a ama, com a condição de que ela se submeta à sua vontade: homem de ciência, ele sabe o que lhe convém. Ela deve, por um tempo, renunciar à maternidade e às letras. O bebê é confiado a uma enfermeira, e tiram-lhe a tinta e a pena; ela esconde um lápis. Suas perturbações nervosas exigem uma solidão e um repouso absolutos. Ei-la sozinha em uma casa "magnífica", que ela tem a impressão de ser mal-assombrada, no meio de um jardim "maravilhoso" e inacessível, visto somente da janela do quarto que ela ocupa no primeiro andar, contra sua vontade (ela queria um quarto no térreo). Um antigo quarto de criança, a julgar pelas janelas com grades e o papel de parede amarelo, com motivos repetitivos e lancinantes, cuja cor "repulsiva ela detesta [...], um amarelo sujo que fermenta [...]. Uma cor de um alaranjado desbotado em certos lugares, em outros de um tom doentio e sulfuroso" que exala um odor "adocicado, fétido, um odor amarelo".[39] O papel tem pedaços inteiros rasgados: "deviam ser crianças cheias de animosidade e de ódio." Ela se aborrece, chora quando está sozinha, se revira na cama instalada rente ao chão e decifra o papel. "Eu fico estendida nessa grande cama irremovível [...] e, hora após hora, faço a ronda do motivo da parede." Ela distingue a princípio "uma cabeça cortada cujos olhos esbugalhados me fixam com seu olhar às avessas. Em cima, embaixo, do lado, em todo lugar, eu vejo arrastarem-se esses olhos absurdos e fixos". Depois

---

[38] Nicole Edelman, *Les Métamorphoses de l'hystérique*, op. cit.
[39] Charlotte Perkins Gilman, *The Yellow Wallpaper* [1890]. Paris: Phoebus, 2002, p. 17. Tradução francesa: *La Séquestrée*, trad. Diane de Margerie.

ela descobre coisas desconhecidas: "[...] as formas indistintas tornam-se cada dia mais precisas [...]. Dir-se-ia que uma mulher se inclina até o chão para ir se arrastar atrás do desenho." Uma noite, ela tem a impressão de que essa mulher se mexe, procura atravessar o papel de parede, que se torna imperativo rasgar para ver atrás, para ajudá-la a fugir. Solidária com a reclusa do papel, ela também se arrasta pelo quarto e arranca o papel, pedaço por pedaço. Termina esse trabalho na exaltação de uma noite de revolta insone. A seu marido estupefato ela declara, logo que ele entra no quarto na manhã seguinte: "Arranquei quase todo o papel, você não poderá mais me sequestrar."[40]

Charlotte execrava seu destino. Casara-se por fraqueza com um homem que não amava e que a enganava, suportava mal sua maternidade, tinha afeições femininas apaixonadas, e, acima de tudo, queria escrever. Lamentava não ser um homem para poder desposar a mulher amada, lésbica enrustida, sem dúvida,[41] escritora contrariada, certamente. Submeteu-se ao tratamento de repouso descrito em 1887: "Nem pena nem pincel, nem lápis", tinha lhe intimado o médico que a tratava, resolutamente hostil, como seus colegas, ao trabalho intelectual das mulheres, fator de emoção e suposta chave de sua histeria. Afastamento da família, isolamento, repouso na cama, alongamento, massagens, superalimentação à base de leite, alimento da feminilidade: essa terapia era prescrita pela maior parte dos neurologistas, sobretudo americanos: Silas Weir Mitchell na Filadélfia, Charles Fayette Taylor em Boston, William James, irmão de Henry. Foi aplicado em Edith Wharton e em Alice James, como em Charlotte Perkins Gilman, irmãs na depressão.[42] Leonard Woolf pensava nisso às vezes para Virginia, sua mulher, cuja paixão pela escrita, seu próprio gênio, lhe parecia loucura.[43] Parece que todas a viveram como uma forma de sequestro.

Reclusas

A cela, forma comum de retiro religioso, se adapta perfeitamente à vida comunitária, que geralmente lhe oferece um contraponto, um equilíbrio. Mas

---

[40] Ibid.
[41] Bissexual, em todo caso. Seu segundo casamento foi muito feliz.
[42] Sobre Charlotte, além do posfácio a *La Séquestrée* de Diane de Margerie, *Écrire ou ramper*, cf. Mary A. Hill, *Charlotte Perkins Gilman: the making of a radical feminist, 1860-1896*. Filadélfia, 1980. Sobre Alice James, cf. Jean Strouse, *Alice James*, op. cit. Sobre Edith Wharton, cf. Diane de Margerie, *Edith Wharton. Lecture d'une vie*. Paris: Flammarion, 2000.
[43] Cf. Viviane Forrester, *Virginia Woolf*. Paris: Albin Michel, 2009. "Contra a loucura que espreita, é preciso leite, alimento, sono" e renunciar a escrever (p. 308); é o regime preconizado pela psiquiatra Octavia Wilberforce.

será suficiente? Há, sobretudo no cristianismo primitivo ou medieval, um ideal de reclusão que responde a várias necessidades: vontade de ascetismo, de penitência, de despojamento, de anulação do corpo e dos apetites carnais para encontrar Deus. Cristo não ficou nove meses no ventre da Virgem? Ele, o maior, o incomensurável, não quis dar o exemplo de repouso nesse tabernáculo, *claustro materno*, triplamente fechado: antes, durante e depois do parto, cavidade totalmente fechada em que só o sopro de Deus penetrou?

Os homens fugiam para o deserto, como fará mais tarde Jean-Jacques Rousseau: "Eu ia então com passo tranquilo procurar algum lugar selvagem na floresta."[44] Mas esse eremitismo florestal não poderia convir às mulheres, frágeis, ameaçadas pela natureza e pelos humanos, igualmente ferozes. As reclusas foram mulheres urbanas, preocupadas com a segurança e a familiaridade das cidades. Jacques Dalarun mostrou seu sucesso surpreendente na Itália dos séculos XIII e XIV, em uma expansão geral da devoção feminina que explodia nos exércitos de beguinas e de *pinzochere*, e nas adesões às ordens terceiras.[45] Contam-se 260 em Roma, por volta de 1320, vinte em Perúgia, dezenas aqui e ali; cada localidade tinha sua ou suas reclusas. De diversas origens sociais, aristocratas mais que moças do povo, eram, na maior parte, virgens ou viúvas. Sua aspiração era um local de confinamento perto da igreja, se possível com uma abertura para poderem seguir os ofícios religiosos. Assim aconteceu com Humilité de Faenza: "Construíram para ela, junto à igreja, uma cela muito pequena, com uma janelinha para a igreja, por onde ela poderia ver e receber os sacramentos da sacrossanta Madre Igreja; e uma outra, aberta para o exterior, de onde ela podia receber esmolas e satisfazer livremente aqueles que vinham a ela por seu pedido";[46] a iconografia a representa indo de uma janela a outra. Humilité aí permaneceu doze anos, antes de sair para fundar uma ordem em Faenza, depois em Florença, onde morreu. Justine Arezzo (morta em 1319) entra, aos treze anos, em um mosteiro onde se reúne a uma outra solitária, Lucia, em uma cela "tão baixa e tão estreita" que não dava para ficar de pé e onde se tinha que rezar de joelhos. Um pouco mais tarde, ela se retira para um cubículo meio torto no flanco da igreja de Santo Antônio, com outras religiosas.

---

[44] Citado por Jean Starobinski, *La Transparence et l'obstacle*. Paris: Gallimard, 1971, col. "Tel", p. 59.
[45] Jacques Dalarun, *Dieu changea de sexe, "pour ainsi dire": la religion faite femme, XI-XVe siècles*. Paris: Fayard, 2008, principalmente o cap. 7. *Hors des sentiers battus. Saintes femmes d'Italie aux XIIIe-XIVe siècles*, p. 211-40.
[46] Ibid., p. 217.

Como foram assaltadas por bandidos, construíram para elas um pequeno abrigo mais seguro. Ficando cega, ela tem visões celestiais.

Claire de Rimini (que morreu entre 1324-29) é uma das mais célebres. Nobre e bela, depois de uma juventude frívola, casada duas vezes, ficando viúva, ela se converte e decide se consagrar a Cristo, "eleito como esposo". Ela se impõe duras penitências, anda descalça, usa roupas de tecido grosseiro, vive a pão e água, "dorme diretamente sobre tábuas", exagerada em tudo. Durante a Quaresma e o Advento, fica ao lado da antiga muralha romana da cidade, acusando-se em altas vozes de seus pecados. Troca Rimini por Urbino; em uma torre do palácio episcopal, ocupa um cubículo dotado de uma abertura dando para a igreja, para poder seguir o ofício da noite, de tal forma é inextinguível a sede de sagrado que anima essas mulheres. Mas seus gritos noturnos cansam os cônegos e os vizinhos; eles reclamam, e ela se lastima por não ter um lugar só seu. Voltando para Rimini, fica nas muralhas da cidade, a descoberto, sem teto, entre os marginais que povoam este *no man's land*. "Aqui, Senhor, posso possuí-lo", diz Claire, feliz por essa indigência salvadora. O Cristo da Paixão é seu modelo. Ela tem visões inspiradas pelos afrescos do Apocalipse. Chega a sentir um bebê se mexer em seu coração.[47] Funda uma comunidade de mulheres, que gostariam de retê-la entre elas; mas, no intervalo de suas viagens (essa fundadora se desloca muito), ela prefere reencontrar sua muralha.

A reclusão, coletiva ou individual, em casa ou nas dependências de um edifício público, foi uma forma bastante difundida de devoção, principalmente feminina. Houve reclusas em toda parte, como no sudoeste da França,[48] no Auvergne: Saint-Flour teve a sua.[49] O fechamento relativo das ordens religiosas não permitia acolher todas as mulheres que o desejassem. Por isso essa floração, que traduz ao mesmo tempo um desejo de ascese e de proteção. A respeito das reclusas, a opinião pública oscilava entre veneração e desconfiança. A hierarquia também desconfiava delas. Claire de Rimini foi acusada de ser uma *patarine*, uma herege. Todavia, a Igreja temia ainda mais as beguinas, dinâmicas, sociáveis, ativas, pregadoras. Elas se proclamavam mais de

---

[47] Ibid., p. 285. Estamos muito bem-informados sobre ela graças ao relato do irmão do convento que desejava dá-la como exemplo a "todas as mulheres vãs".

[48] Paulette L'Hermite-Leclercq, "Reclus et recluses dans le sud-ouest de la France", in *La Femme dans la vie religieuse du Languedoc (XIIe-XIVe siècles)*. Toulouse: Privat, 1988.

[49] Há alguns anos, a municipalidade de Saint-Flour tinha construído um *reclusoir* fictício na velha ponte.

Marta que de Maria, pretendiam se assumir pelo trabalho ou a mendicância, organizavam seu espaço, vestiam-se como religiosas, com um vestido com fenda, e tomavam a palavra em público. Beguina vem de *begge*, "falar".[50] Essas tagarelas eram mais perigosas que as reclusas, menos visíveis e mais solitárias.

TERESA D'ÁVILA, OU O CASTELO DA ALMA

Haverá uma solidão inerente à condição das mulheres, uma busca do jardim secreto, do "mistério da alma"?[51] O imaginário das religiosas atinge com Teresa de Ávila uma dimensão mística excepcional, da qual ela dá o exemplo e o sentido na sua fundação do Carmelo e na sua famosa obra: *As moradas* ou *O castelo interior* (1577).[52]

Teresa prega a clausura, a contemplação, o ascetismo, que põe no centro de seu mosteiro. As celas são austeras, exíguas, caiadas de branco; decentes, limpas, pobres, destinadas à solidão e à piedade. O inverno é rude em Castela; a neve cai sobre os breviários; nos verões escaldantes, é preciso constantemente fechar as janelas; e toda visita é abolida. Ela mesma não se confina e viaja muito, entre suas diversas comunidades. Acusada de ser "uma errante e uma rebelde" pelo núncio Sega em 1577, ela é condenada, como seu êmulo João da Cruz, que sofreu, da parte de sua ordem, vários anos de enclausuramento, durante os quais escreveu seus mais belos textos: *Noite escura* e *Cântico espiritual*. Esses "iluminados" constituem um desafio por seus excessos e seu individualismo religioso. Eles pretendem ter um contato direto com Deus no "castelo da alma", esse "interior" onde pensam encontrá-lo, no silêncio de sua cela, inclusive durante o sono, quando se reúnem ao amado, como em um abraço. O isolamento é uma condição para a oração, oração mental que não passa necessariamente pelas palavras da prece (as dos ofícios, as dos padres) e que permite a entrada no "castelo interior". Não é somente o corpo, mas também a alma que deve ser enclausurada para alcançar a interioridade, um percurso através das *moradas* que Teresa descreve em seu livro. Na verdade, não é preciso procurar aí uma topografia, como já se tentou algumas vezes de modo muito literal.

---

[50] Cf. Jean-Claude Schmitt, *La Mort d'une hérésie*. Paris: Mouton EHESS, 1978. As mais pobres eram nômades; os *béguinages* associavam as mais ricas, muitas vezes parentes, mães e filhas, juntas.
[51] Paul Vanderbroeck (org.), *Le Jardin clos de l'âme. L'imaginaire des religieuses dans les Pays Bas, depuis le XIIe siècle*. Bruxelas: Martial-Snoeck, 1994, catálogo de exposição.
[52] Teresa d'Ávila, *Le Château intérieur ou les demeures*. Citado em Julia Kristeva, *Thérèse mon amour*, op. cit.

Julia Kristeva insiste na fluidez, na liquidez do pensamento teresiano, do qual a água é o elemento de predileção: nascentes, fontes, lágrimas, fluir das águas, ligação entre o amado e a amante. A água corrente anula as fronteiras entre o interior e o exterior, como a escrita, paixão de Teresa. "Não acorrente uma alma de oração." Não há obrigação de permanecer em um único cômodo, mesmo que seja o conhecimento de si mesmo.

Qualquer itinerário, seja ele caminho de perfeição, passa entretanto necessariamente por metáforas espaciais. Como descrever de outro modo? Em uma viagem introspectiva, Teresa nos convida a "considerar nossa alma como um castelo feito inteiramente de um só diamante ou de um cristal muito puro, no qual há muitos quartos, assim como há muitas moradas no céu". As muralhas do castelo são nosso corpo, que é preciso abandonar para nele penetrar: "Esse castelo tem numerosas moradas, umas em cima, outras embaixo, outras ainda nos lados; e no centro, no meio de todas, se encontra a principal, onde se passam as coisas mais secretas entre Deus e a alma." "Lá se situa a sala, o palácio onde reside o rei." Para ali chegar, temos de vencer vários obstáculos, transpor muitas soleiras. Vermes e serpentes pululam. Das primeiras às sétimas moradas, passa-se por graus de iniciação. "Embora eu só fale de sete moradas, elas são numerosas em cada uma delas, embaixo, em cima, nos lados, com lindos jardins, fontes e coisas tão deliciosas que vocês desejariam se anular no louvor do Deus onipotente." Deus ocupa o centro. Deus que se atinge pelos "ouvidos da alma", pela compreensão no silêncio. "Sente-se, sem nem por isso ver, nem com os olhos do corpo nem com os da alma." O êxtase é uma forma de rapto; aquele que ora é raptado dele mesmo, de seu corpo, de seus pensamentos; é submergido por uma água viva, a invasão de Deus. O importante é amar, desejar. "Talvez nós ainda não saibamos o que é amar [...], pois não se trata de desfrutar o maior prazer, mas de ter a mais forte determinação para desejar sempre", diz Teresa. O amor não é a possessão, mas o desejo. Não é um estado, mas um movimento perpétuo. Interior. Em si. "Conduze-me, ó rei, ao teu quarto", diz o *Cântico dos cânticos*.

O CENTRO DA ALMA

A experiência mística teresiana e a do século XVII, florescente, são um conhecimento amoroso que se faz pela intuição. O místico experimenta a sensação da presença imediata de um ser transcendente. Opera-se nele uma dilatação da alma que se estende pelo centro. "Toda união de amor se trava no centro da alma ou então na zona mais próxima a ele [...]. Que a união se consuma no âmago da alma parece tão evidente ao contemplativo que, na descrição que faz de seus estados, ele nem pensa em *situar* seu amor extático. Nós só nos unimos no centro da alma, ou, pelo menos, bem perto dele, [...] no cimo do espírito",[53] escreve o padre Bremond, grande leitor e historiador do sentimento religioso no século XVII. A noite é uma prova, tanto quanto uma possível revelação. Para vencê-la é necessário se abandonar, mas sem passividade, entregar-se a Deus para encontrar esse "bem-aventurado centro da alma, onde, terminadas as provas, consumar-se-á a união mística, completar-se-á o puro amor". Numerosos místicos falaram desse momento noturno: Pascal evocou a "manifestação de fogo" de seu "êxtase". "É o coração que sente Deus, não a razão. Eis o que é a fé: Deus sensível ao coração."[54] A madre Agnès fala de um "fundo" onde Deus habita e onde ele se esconde nas trevas, que são na verdade "luzes inacessíveis". "É por isso que é preciso adorar esse Deus oculto no fundo de nosso espírito e dar-se a ele para carregar esse esconderijo."[55] Para encontrar esse Deus escondido em nós, convém primeiro se retirar para o interior de si mesmo, como o ouriço ou a tartaruga em suas carapaças, esvaziar de palavras esse interior, de imagens, de ruídos do exterior, para oferecer um lugar "vasto e vazio" a ele.

Mino Bergamo, após o padre Bremond e Michel de Certeau, analisou os escritos místicos do século XVII para aí delimitar a longo prazo "a anatomia da alma".[56] A mística cristã sempre procurou, pelo menos após Agostinho e o Mestre Eckart, delimitar "um lugar ou um espaço onde localizar as graças mais elevadas e a suprema união divina". O autor desenha as diversas configurações esboçadas ao longo dos séculos. A noção de *interioridade*, muito antiga, pertence ao pensamento agostiniano, revisitado, revalorizado no século XVII por Surin, Camus, Olier, Bernières, Pascal, Francisco de Sales, Fénelon e o quietismo de Jeanne Guyon. "Todas as linhas no seu centro são apenas um ponto, escreve Jean-Jacques Olier, e as almas se perdem todas em Deus e só em Deus se tornam uma. E como essas linhas naturalmente são apenas esse ponto, parece igualmente que essas almas em Deus são apenas uma entre elas. Daí vem essa unidade de vontade e de luz juntas, que faz com que elas não mais se ouçam e vejam as mesmas coisas em Deus."[57] Surin cita

---

[53] Henri Bremond, *Histoire du sentiment religieux en France*, op. cit., t. 1, p. 811 sq.
[54] Ibid., t. 2, cap. 9; sobre Pascal, p. 241-96.
[55] Ibid., p. 170.
[56] Mino Bergamo, *L'Anatomie de l'âme. De François de Sales à Fénelon*. Grenoble: Jérôme Millon, 1994; cf. principalmente a segunda parte, *La Topologie mystique*, p. 137 sq.
[57] Jean-Jacques Olier (1608-57), *L'Âme cristal. Des attributs divins en nous*. Paris: Seuil, 2008, p. 178.

uma carta de Marie Baron; essa santa mulher, ao despertar, acredita estar profundamente solitária em um país estrangeiro, porém sente-se como se estivesse "habitada". "Essa única palavra 'interior' a transportava para fora de si mesma. Ela aconselhava às pessoas espiritualizadas aumentar e dilatar incessantemente seu interior e não permitir que nada pudesse diminuí-lo ou limitá-lo." Pois Deus, ser infinito, habita nosso interior. Por isso que é preciso abandonar o exterior e "entrar, mergulhar em si mesmo".[58] "O repouso de espírito, a alegria, o contentamento sólido só se encontram no mundo interior, no reino de Deus que possuímos dentro de nós mesmos [...]. A paz só se encontra na vida interior",[59] diz o padre Lallemant.

A espiritualidade do século XVII é uma cultura da interioridade. Ela se inscreve em uma representação da alma assimilada ao interior de uma casa, onde se opõem alto/baixo, superior/inferior; uma representação geralmente binária, mas evoluindo para o ternário, dando lugar ao "centro" mediano, como se houvesse necessidade de uma estratificação mais complexa. Os termos que voltam mais frequentemente são "o fundo da alma", "o centro", "o cimo e a aguda ponta do espírito", lugar em que, às vezes, se sente Deus, segundo Francisco de Sales em *Tratado sobre o amor de Deus*, 1616. Esse inverte a representação, tradicional desde Mestre Eckart, do "fundo da alma": um fundo não necessariamente puro, pelo contrário, lamacento, que é sempre preciso drenar e purificar. Mas não se trata apenas de uma inversão topológica em favor da verticalidade: Francisco de Sales e, depois, Fénelon substituem a análise ontológica da alma por uma percepção mais psicológica. A união com Deus se consome na "oração da quietude", "amável repouso da alma". Essa experiência se pratica em qualquer lugar, não necessariamente ajoelhados na igreja, nem mesmo no silêncio do quarto, que lhe é, contudo, propício: o transporte a Deus pode acontecer na rua. Ele dispensa a liturgia do oficiante, do padre. O "discernimento dos espíritos" está ao alcance de qualquer fiel, diz Jeanne Guyon: e ela preconiza um "meio rápido", que permite a qualquer um "atingir seu centro": Uma tal autonomia espiritual parece suspeita aos clérigos, e valerá mais de sete anos de prisão: anos frutuosos de meditação e de escrita; em

---

Editado, apresentado e anotado por Mariel Mazzocco. Prefácio de Jacques Le Brun. Maurice Olender assinalou à autora esse texto do fundador da Compagnie de Saint-Sulpice, tirado de um livro que ele editou e que é por si só um tratado de interioridade.
[58] Mino Bergamo, *L'Anatomie de l'âme*, op. cit., p. 9.
[59] Ibid., p. 16.

seus *Relatos de cativeiro*, ela conta sua solidão, suas angústias; nas *Torrentes espirituais*, ela comunica sua experiência mística.[60]

Segundo Mino Bergamo, na longa gênese da interioridade, o século XVII marca um ápice. Uma forma bem-sucedida de concentração espacial, que pesa sobre as representações ulteriores da alma, tornada espírito, cérebro, consciente, inconsciente, em um movimento de laicização para o qual nos faltam pesquisas análogas às suas.[61]

A psicologia toma o lugar da metafísica; o Eu substitui Deus no centro da alma e a introspecção substitui a meditação. Como se estruturou o inconsciente? Sua gênese não dá muito lugar ao espaço. A psicanálise, que deita os pacientes em um divã, é rica em histórias de quartos; o dos pais tem um lugar importante na teoria da libido e na psicologia do inconsciente: veja-se o caso do pequeno Hans.[62] Entretanto, apesar de uma certa verticalidade que superpõe o id, o ego e o superego, ela não faz, me parece, nenhuma menção especial ao quarto em si, nem à metáfora espacial.[63]

É claro que muitas outras influências, principalmente científicas, interferem nas representações do foro íntimo, noção antes de tudo jurídica.[64] O século XIX fala "quartos do cérebro". Ele hesita entre as representações topográficas, entre as quais as localizações cerebrais de Broca são as mais representativas, e a crença em fluidos que percorrem o corpo, que os magnetizadores e os médiums podem captar, domesticar, concentrar em uma célula, "cuba" da penalidade.

A câmara escura da ótica explica ainda mais diretamente a visão da interioridade. Segundo Littré: "É o lugar onde a luz só pode penetrar por um orifício de uma polegada de diâmetro, no qual se aplica um vidro que, deixando passar os raios dos objetos exteriores sobre a parede oposta ou sobre um lençol aí estendido, deixa ver do lado de dentro o que se passa do lado de fora." Essa descoberta inspirou Descartes e talvez

---

[60] Jeanne Guyon, *Récits de captivité*, inédito, texto estabelecido por Marie-Louise Gondal. Grenoble: Jérôme Millon, 1992; *Les Torrents* [1683], texto estabelecido e apresentado por Claude Morali. Grenoble: Jérôme Millon, 1992; *Le Moyen court et autres récits spirituels*, (1685). Grenoble: Jérôme Millon, 1995.

[61] Henri-Frédéric Ellenberger, *Histoire de la découverte de l'inconscient*. Paris: Fayard, 1994.

[62] In Sigmund Freud, *Cinq psychanalyses*. Paris: PUF, 1979; resumido por Henri-Frédérik Ellenberger, *Histoire de la découverte de l'inconscient*, op. cit., p. 543 sq.

[63] A palavra "quarto" não figura nos diferentes dicionários de psicanálise consultados pela autora, nem no livro de Ellenberger citado. Mas a autora confessa sua incompetência.

[64] A autora emprega aqui em sentido figurado uma noção jurídica, implicando o julgamento da consciência, cf. Claudine Haroche (org.), *Le For intérieur*. Paris: PUF, 1995.

Rousseau, que, no início das *Confissões*, anuncia sua intenção de "trabalhar, por assim dizer, na câmara escura"; mas sobretudo os pensadores do século XIX — Marx, Nietzsche, Freud —, como mostra Sarah Kofman.[65] Para Nietzsche, a *câmera obscura* é a metáfora do esquecimento; um esquecimento que é importante preservar, e mesmo cultivar. "O quarto da consciência tem uma chave, e é perigoso querer olhar pelo buraco da fechadura: perigoso e impudente. Malditos os curiosos! É preciso jogar fora a chave." Na *Genealogia da moral*, Nietzsche recomenda "fechar de vez em quando as janelas e as portas da consciência [...]. Fazer silêncio, um pouco, fazer *tábula rasa* em nossa consciência para que haja novamente lugar para as coisas novas". Terapia, o esquecimento é um instrumento necessário, indispensável à inovação. A câmara escura e seletiva da ótica se opõe ao quarto repleto, ao depósito confuso da memória.

O espírito, realmente, é como um quarto que convém esvaziar, sob pena de ficar abafado pelas lembranças. Um lugar onde devemos evitar de nos enclausurar. "Minha alma é como um calabouço", diz Jean Richepin. Para Maeterlinck, o que enfraquece a vida de nossa alma "é permanecer noite e dia no quarto de nossos pequenos pensamentos sem generosidade".[66] Para outros, ao contrário, é preciso preservar esse tabernáculo precioso. "Cada um de nós tem no coração um quarto grandioso. Eu o isolei, mas ele não está destruído",[67] escreve Flaubert a Amélie Bosquet. É o lugar maravilhoso e inesgotável da memória, de que Proust e Perec se tornam os exploradores infatigáveis. "Eu me lembro", diz Perec como para exorcizar as águas negras do esquecimento, para dissipar a espessa fumaça dos fornos crematórios onde os seus foram aniquilados.

Esquecimento impossível. "Não consigo me livrar dessas imagens de minha mãe em uma câmara de gás. Não consigo superar isso",[68] confia Norbert Elias, que, para tentar se libertar, ligou-se mais do que nunca ao processo de civilização.

---

[65] Sarah Kofman, *Camera obscura. De l'idéologie*. Paris: Galilée, 1973. Ela dá em apêndice o texto de William Jacob S'Gravesande, "Usage de la chambre obscure".
[66] Maurice Maeterlinck, *La Sagesse et la destinée*. 1898, citado no *Trésor de la Langue Française*.
[67] Gustave Flaubert, *Correspondance*. 1859-1868. Paris: Gallimard, 1991, col. Bibliothèque de La Pléiade, t. 3, p. 61, novembro de 1859.
[68] Citado por Stéphane Audouin-Rouzeau, *Combattre*, op. cit., p. 51, "Evitar qualquer conflito, essa teria sido a minha escolha", escreve o pai da *Civilisation des moeurs*, obra publicada desde 1939.

"VÁ PARA O SEU QUARTO!": AS CRIANÇAS CASTIGADAS

Em todos os graus da família e do Estado, do público e do privado, o enclausuramento foi, e continua a ser, um modo privilegiado de vigilância e de punição. Não necessariamente na prisão: meio de segurança, esta só apareceu muito tardiamente como forma central de penalidade. Essa história foi feita por Michel Foucault e pelos historiadores.[69] Minha intenção não é voltar a essa longa e complexa genealogia, enredada à do poder, mas sim indagar sobre o lugar das quatro paredes do quarto ou da cela, na obsessão da configuração punitiva e securitária, hoje em franco desenvolvimento.

"Vá para o seu quarto!", diz a mãe exasperada à criança recalcitrante. Punir uma criança, nas famílias que rejeitam os castigos corporais, é enviá-la para o quarto e privá-la de sobremesa: aspecto doméstico da "suavidade das penas" que visam menos ao corpo que à alma. Victor Hugo, bom avô, achava exagerado que "Jeanne fosse deixada a pão e água num quarto escuro e lhe levava geleias". A condessa de Ségur não é contrária aos castigos. Mme de Fleurville, em *As meninas exemplares*, retém Sophie em um "quarto de castigos", sumariamente mobiliado, onde ela, aliás, começa a quebrar tudo; ela deve copiar dez vezes o Pai-nosso e terá como única refeição uma sopa, pão e água – uma verdadeira ração de prisioneiro; com isso, certamente impressionou seus jovens leitores. Sophie se acalma e se arrepende. A penalidade de Folcoche, a terrível madrasta de Hervé Bazin, "são três dias no quarto".[70]

O isolamento em um quarto escuro, não necessariamente o da criança, é amplamente praticado no século XIX. Do mergulho no escuro, definição do calabouço, espera-se que provoque a reflexão, o retorno à razão. As trevas são comparadas ao inferno, ao castigo, ao sofrimento. E as crianças têm medo do escuro. Alguns escritores se insurgem contra tal tratamento. Charlotte Brontë cita uma menininha que acreditava ver um fantasma no quarto em que estava trancada; o choque nervoso que sofre tem repercussões até na idade adulta. Atentado intolerável contra o direito das crianças, noção na época ainda muito vaga. Essa prática, entretanto, perdura no Québec até meados do século XX. Uma gravura da revista *L'Enseignement primaire* (*O ensino primário*, novembro de 1919), mostra uma mãe de família que, com ar calmo e resoluto, vai fechar em um quarto seu filhinho,

---

[69] Michel Foucault, *Vigiar e punir: história da violência nas prisões*, 36ª ed. Rio de Janeiro: Vozes, 2007; Jacques-Guy Petit, *Ces peines obscures: la prison pénale en France, 1780-1875*. Paris: Fayard, 1989; id. (org.), *Histoires des galères, bagnes, prisons, XIIIe-XXe siècles*. Toulouse: Privat, 1991.
[70] Hervé Bazin, *Vipère au poing*. Paris: Grasset, 1948.

enquanto a irmã exibe uma cara triste e a avó uma expressão resignada e desolada.[71] Ainda em 1941, os pedagogos, preocupados em "combater o medo", recomendavam "não colocar jamais uma criança de castigo no quarto escuro".[72] Nessa época, ainda era preciso alertar sobre a nocividade de um método como esse.

Existem também crianças mal-amadas. Jeanne Bouvier, então empregada doméstica em Paris, conta a história de uma menininha que os pais mantinham o dia inteiro no quarto, para onde lhe levavam as refeições. "Ela tinha que viver no seu quartinho",[73] prelúdio ao enclausuramento com o qual sonhavam seus pais. Notícias recentes nos jornais falaram das "crianças no armário", praticamente sequestradas em um *closet* durante muitos anos. Recentemente descobriram uma criança de sete anos que tinha passado toda sua vida em um cubículo, onde, além disso, era maltratada. Que vontade de negação, de destruição, inspira tais comportamentos? O amor pelas crianças, decididamente, não tem nada de natural.

Para vencer crianças ou adolescentes indisciplinados, as famílias do Antigo Regime podiam recorrer ao Estado para encarcerá-los por uma *lettre de cachet*[74] (carta lacrada do rei contendo uma ordem de prisão). A Revolução aboliu esse sistema, mas o substituiu pela correção paternal.[75] Os pais solicitavam às autoridades administrativas a colocação de seus filhos por períodos mais ou menos longos em uma casa de correção, destinada a puni-los e a discipliná-los. No século XIX, ocorreu uma dupla translação: social e sexual. Ao contrário das famílias burguesas, preocupadas com sua autonomia, as famílias populares recorriam de bom grado a tais medidas para suas filhas, cuja leviandade temiam, mais do que para seus filhos, mais livres. Bom Pastor e colônias penitenciárias variadas acolhiam umas e outros. Eles aí encontravam crianças condenadas, também numerosas a serem postas na prisão.[76] Em todas essas instituições, dormia-se geralmente em dormitórios, mas o recurso ao calabouço era frequente para dobrar os

---

[71] Citado por Marie-Aimée Cliche, *Maltraiter ou punir? La violence envers les enfants dans les familles québéquoises*. 1850-1969. Quebec: Boréal, 2007.
[72] *Nos Enfants*, nº 8, agosto de 1941, citado por Marie-Aimée Cliche, *Maltraiter ou punir*, op. cit., p. 169.
[73] Jeanne Bouvier, *Mémoires*, op. cit., p. 79.
[74] Arlette Farge e Michel Foucault, *Le Désordre des familles. Lettres de cachet des archives de la Bastille*. Paris: Gallimard, 1982.
[75] Bernard Schnapper, "La correction paternelle", in *Revue Historique*, abril-junho de 1980.
[76] Elise Yvorel, *Les Enfants de l'ombre. La vie quotidienne des jeunes détenus au XXᵉ siècle en France métropolitaine*. Rennes: PUR, 2007.

mais rebeldes. Essas punições eram arbitrárias: houve abusos, suicídios, mortes, sobretudo em Mettray. A célebre colônia agrícola da Touraine, fundada em 1840 por filantropos para regenerar pela terra e pela família a juventude corrompida das cidades, tornou-se cada vez mais um sombrio lugar de tensões e revoltas.[77]

As crianças se corrompem entre si: mania das autoridades. É preciso separá-las, isolá-las, dissociar essa massa que fermenta. A cela integral, diurna e noturna, foi até mesmo experimentada primeiro com eles na Petite Roquette.[78] Aberta em 1836 em Paris, essa prisão, construída pelo arquiteto Lebas de acordo com um modelo inspirado pelo Panóptico de Bentham, recebia os menores condenados por roubo ou vagabundagem, mas também as crianças da correção paternal. Ela se baseava em um isolamento radical, de noite e de dia. Era preciso evitar qualquer contato entre os jovens detentos, que só deviam relacionar-se com o guarda, o professor e o padre. As missas eram um momento temido, e a administração penitenciária as teria suprimido de bom grado! Para chegar à capela, situada no centro do edifício, as crianças deviam esconder o rosto sob "véus negros", imaginados pelo capelão, o padre Crozes, que se gabava de sua invenção junto a Tocqueville. Véus que mais tarde foram substituídos por um capuz; assim cobertos entravam em compartimentos distintos, análogos a caixões em pé. Um estreito passeio prolongava sua cela, único lugar em que podiam dar alguns passos. Além do estudo, trabalhavam o dia inteiro em sua cela, fabricando peças soltas, como braços de cadeira. É claro que seu entusiasmo para comunicar estava superexcitado pelo horror que tinham disso as autoridades. Sua engenhosidade era inigualável no uso dos ruídos, dos sinais, na troca de bilhetes, nas declarações de amor de que estavam sedentos. Esse confinamento, em um frio glacial e uma higiene rudimentar, associado à mediocridade da alimentação, provocou uma tuberculose galopante; de saúde frágil, muitas vezes raquíticos, esses sequestrados tornaram-se escrofulosos e tuberculosos e foram devastados por uma forte mortalidade. A opinião médica, filantrópica e política se comoveu. Hugo e Tocqueville, este no entanto partidário convicto do sistema celular, insurgiram-se contra a Petite Roquette. As crianças se revoltaram em várias ocasiões, sobretudo durante uma visita da imperatriz Eugênia. O sistema foi abolido e os ocupantes dispersados entre várias colônias agrícolas.

---

[77] Frédéric Chauvaud, *Justice et déviance à l'époque contemporaine*. Rennes: PUR, 2007, p. 362 sq.
[78] Michelle Perrot, "Les enfants de la Petite Roquette". *L'Histoire* n° 100, maio de 1987; retomado em *Les Ombres de l'histoire*, op. cit.

Por falta de meios e de convicção, a cela foi abandonada em troca de dormitórios superpovoados e sujos, e quando foi retomada mais tarde, por volta de 1950, em Fresnes ou em Fleury-Mérogis, adotou-se a moda dos "quartinhos" de estudantes: os tempos tinham mudado.[79]

O que foi o sofrimento dessas crianças, pouco sabemos. Algumas cartas provenientes dos presos por correção paternal manifestam um arrependimento esperado e um profundo sentimento de abandono. Philippe, treze anos, escreve ao pai para lhe contar sua vida: "Não é muito alegre, mas estou contente por não ser tratado a chicotadas, como tinham me dito. Fico o dia inteiro fechado em uma cela, cujo mobiliário se compõe de uma cama com colchão de palha, dois cobertores e dois lençóis; uma mesa com gavetas, um tamborete, um jarro d'água e uma terrina; um urinol, uma vassoura de madeira e uma escarradeira. Quando preciso de alguma coisa, tenho uma cavilha de madeira que introduzo no guichê para chamar a atenção dos guardas." Seu trabalho é de uma monotonia desanimadora, mas ele não se queixa. "Embora não seja tão ruim assim na Roquette, estou arrependido de ter merecido vir para cá."[80] É fácil abafar o gemido, o pranto de uma criança. Martine Ruchat, graças a arquivos raros, pôde reconstituir a história de Solon, "criança abandonada, profissão ladrão" (1840-96),[81] de quem os filantropos da casa de correção suíça de Garance, a despeito de seus princípios e de um uso reiterado do calabouço, não conseguiram vencer.

Vítima ao mesmo tempo excepcional e exemplar, o menino do Templo, o delfim Luís XVII encarna essa imagem de infelicidade infantil, de vítima absoluta. Françoise Chandernagor lhe consagrou uma admirável história romanceada, *La Chambre*.[82] Esse quarto, onde está confinado o delfim, desenha uma ilha destacada do continente de que ela descreve a geografia, o ambiente e o fechamento progressivo e obsecante. Portas, janelas, até a lareira, foram condenadas, vedadas; puseram em toda parte trancas e fechaduras, obstáculo a qualquer tentativa de fuga ou de rapto da criança,

---

[79] As *chambrettes* de Fresnes mediam 4m por 5m, tinham banheiro e um mobiliário sumário mas decente: "arrumar seu quarto" era, aliás, um artigo do regulamento. Em Fleury-Mérogis, as normas impostas são as dos quartos de estudantes na cidade universitária: 10m², armários em carvalho maciço e "nada de grades nem de muros".

[80] Carta de um detento na Roquette, 17 de maio de 1891. Esse bom aluno é um fujão inveterado; por isso seu pai, comerciante parisiense, o pôs em correção paternal.

[81] Martine Ruchat, *Le Roman de Solon: enfant placé, voleur de métier (1840-1896)*. Lausanne: Antipodes, 2008.

[82] Françoise Chandernagor, *La Chambre. Roman.* Paris: Gallimard, 2002.

verdadeiramente sequestrada e cada vez mais sozinha, rejeitada mesmo por seus familiares, se acreditarmos na carta acusatória, provavelmente ditada, de sua irmã Marie-Thérèse, futura duquesa de Angoulême; esquecido de todos, destinado ao desaparecimento e mesmo à dissolução. Ele, a criança, não chorou nem gritou. Mergulhou no mutismo, no silêncio, na noite, na morte. "Na origem do crime, o que havia?" Como funcionou o poder (consciente? cego?) que esmagou a criança? As relações centro/ periferia formam o horizonte político e a sinistra dinâmica dessa história. A autora diz, em epílogo, que gostaria de falar do mal e falar "dos quartos: nossas paredes, nossos ódios, nossas solidões e nossos túmulos". Caminho real, se ousarmos dizer, para um projeto de história.

Celas de prisão

O encarceramento é uma prática muito antiga, e mesmo habitual, de toda espécie de poder. Foi a princípio um castigo político. O suserano "joga" seus adversários, suas "presas", no calabouço, nas masmorras do castelo medieval, das quais nunca mais sairiam. O soberano bane, isola, encarcera seus inimigos e os anais da realeza contêm numerosos relatos de encarceramento, muitas vezes um metal: pesadas jaulas de ferro sob Luís XI, máscara de ferro sob Luís XIV; detentos arruinados nas fortalezas ou nos calabouços subterrâneos ou aprisionados na Bastilha por *lettres de cachet*. Apesar das regulações feitas ao longo do tempo, a Bastilha era o próprio símbolo do arbitrário real e sua queda marcou a entrada triunfal na Revolução. Essa revolução, que pretendia abater as paredes das prisões, ia, no entanto, generalizá-las.

Pelo estabelecimento dos códigos, ela põe fim à arbitrariedade. Coloca a prisão no centro da penalidade. "Punir menos, para punir melhor": é essa a divisa de uma modernidade hostil aos suplícios, aos castigos corporais (apesar da longa persistência da pena de morte, até 1982), preocupada com a regularidade e a uniformidade e favorável à dissuasão e à regeneração, ao menos em princípio. É então que se torna central a questão da "boa prisão", e com ela a da cela. Não imediatamente. Nem nos fatos, que deixam muito lugar à improvisação. Nem nos princípios, ainda hesitantes. No *Panóptico*, Jeremy Bentham acredita mais nas virtudes do olhar e da comunicação que nas da separação; a cela não lhe interessa. A penalidade prevista por Lepelletier de Saint-Fargeau (1792) estabelece uma gradação que mistura treva e isolamento. Distingue o calabouço, "solidão na escuridão", a tortura, "solidão iluminada", e a prisão, "isolamento e trabalho em comum". A escuridão, a privação da luz, é sinônimo de castigo.

Na cela, confluem experiências diversas. A do catolicismo, que se origina na tradição monástica; atenta, todavia, à conservação dos laços comunitários, ela se insurge contra o sistema celular integral, perigosa inovação protestante que limita a participação no sacrifício da missa.[83] A do puritanismo, mais rigorosa, orientada para a regeneração moral do indivíduo, como os quacres elaboram na Filadélfia e a desenvolvem em Cherry Hill. A da medicina, anticontagionista, que teme os contatos e que a epidemia de cólera em 1832 confirma em suas fobias: "A melhor prisão é aquela que não corrompe", diz Tocqueville. A do mesmerismo, que vê no fluido magnético um remédio eficaz, sobretudo se está concentrado no "compartimento" do detento, "cuba de cura do criminoso". Aliás, fica-se surpreso com a convergência, no século XIX, dos discursos penitenciários e das teorias psiquiátricas do tratamento por isolamento.[84]

A cela, eis a chave de todas as terapias, moral, religiosa, higiênica, penal. Ela assegura uma tríplice função: punição, defesa social, correção. Na América, laboratório carcerário, dois modelos se afrontam: Auburn, que conjuga isolamento noturno e trabalho em comum durante o dia, mas em silêncio, e Filadélfia, baseado no completo isolamento, dia e noite, na leitura da Bíblia e na reflexão sobre si mesmo, sua conduta, sua vida. Em Cherry Hill, os quacres tinham criado uma enorme prisão de planta radiante, inteiramente celular; hoje desativada e aberta à visitação, a obra do arquiteto John Haviland é o mais impressionante monumento carcerário que se pode ver. Tocqueville, cuja viagem de 1832 aos Estados Unidos tinha por principal objetivo fazer uma pesquisa sobre o sistema penitenciário americano, foi conquistado.[85] Ele se opunha a Charles Lucas, criminalista famoso, que insistia nos inconvenientes físicos e morais do isolamento,

---

[83] Cf. Jacques-Guy Petit, *Ces peines obscures*, op. cit., p. 53 sq. Mabillon (1632-1707) tinha criticado a severidade do isolamento em uso nas ordens religiosas e insistido sobre a importância do trabalho em comum ou no jardim; cf. *Réflexion sur les prisons des ordres religieux*. 1690.

[84] Cf. Marcel Gauchet e Gladys Swain, *La Pratique de l'esprit humain: l'institution asilaire et la révolution démocratique*. Paris: Gallimard, 1980.

[85] Não imediatamente. Ele, a princípio, preferira Auburn, porém depois converteu-se ao sistema celular integral. Cf. Alexis de Tocqueville, "Écrits sur le système pénitentiaire en France et à l'étranger", in *Oeuvres complètes*. Paris: Gallimard, 1984, 2 vol., t. 4. Ed. estabelecida e apresentada por Michelle Perrot.

apoiado por alguns médicos preocupados com o risco da loucura. Nos anos 1840, o debate estava aceso.

A cela venceu, tanto na França quanto nos congressos internacionais, que começavam a desenhar os projetos das prisões. Em 1846, o Parlamento adotou-a. Programas arquiteturais a prescreveram. O arquiteto Blouet concilia panoptismo e modelo celular em projetos que marcam o ápice da "utopia da célula".[86] Mas a revolução de 1848 os interrompeu e o Segundo Império, partidário da deportação dos condenados para as prisões de trabalhos forçados de além-mar, abandonou-os em benefício dos "quartéis". A Terceira República retomou o assunto. Em 1875, ela adotou uma lei prescrevendo o sistema celular nas casas de justiça e de detenção (para acusados e condenados a pequenas penas). Mas a execução foi freada pelas reticências financeiras dos conselhos-gerais: gastar com prisões era sempre excessivo. A República não teve uma política penitenciária muito ousada.[87] Preferia "se livrar" dos "irrecuperáveis", "inaptos a toda espécie de trabalho", como dizia a lei de relegação dos multirreincidentes (Waldeck-Rousseau, 1885), expedindo-os para a Guiana ou a Nova Caledônia. Teve contudo o mérito de adotar uma atitude deflacionária, preferindo as penas curtas e instaurando o *sursis* e a liberdade condicional. O número de efetivos caiu e atingiu seu nível mais baixo nos anos 1930: menos de 20 mil detentos nas prisões, um sonho.[88]

A construção de prisões não foi uma prioridade. Depois da Revolução, utilizaram-se como prisões as abadias nacionalizadas (Fontevraud, Clairvaux, Melun), sumariamente arrumadas, glaciais e mefíticas, matadouros sinistros. No fim do século XIX, o balanço era mais que medíocre. Os radicais retomaram, entretanto, o caminho do sistema celular, principalmente nas grandes cidades. Em Lyon, entre 1894 e 1896, a prisão Saint-Paul era dotada de 219 celas inseridas nos sete raios da estrela. Nessas celas, pintadas de "amarelo administrativo", sumariamente mobiliadas com uma prateleira e uma caminha, o detento dispunha de alguns pequenos acessórios: copo, gamela, bacia para lavar os pés e vassoura. Limpar a cela faz parte de suas obrigações. Em Paris, para desobstruir a capital, destinada às grandes exposições universais, o conselho-geral, do qual faziam parte antigos

---

[86] Cf. Jacques-Guy Petit, *Ces peines obscures*, op. cit., p. 244-5.
[87] Cf. Robert Badinter, *La Prison républicaine (1871-1914)*. Paris: Fayard, 1992.
[88] Esses números, a um dado momento, não devem entretanto nos iludir: por causa das penas curtas, passava muita gente pelas prisões; e era esse o objetivo procurado.

participantes da Comuna (1871), como Louis Lucipia, decidiu demolir Mazas, de que até Maxime du Camp tinha criticado a "implacável brutalidade", e criar em Fresnes uma prisão-modelo de mais de 6 mil lugares. Confiada a Poussin, promotor de uma nova arquitetura de pavilhões, foi inaugurada em 1898.[89] Situada a vinte quilômetros do centro, no campo, dotada de ar e luz, de planta retangular, chamada *telephone pole*, possuía os equipamentos mais modernos (água, eletricidade, aquecimento) e era rigorosamente celular. O detento ficava absolutamente sozinho, dava alguns passos em um passeio contíguo e gradeado e só assistia à missa dominical pela porta excepcionalmente aberta de seu encerramento. "A prisão é um túmulo",[90] escreve Louise, encarcerada na seção de mulheres em 1906, onde se entedia extremamente.

Cada cela de 9m², pintada de cores claras, cimentada, tinha uma larga janela com barras de ferro e um mobiliário chumbado: cama de ferro, mesa com aba, cadeira, prateleiras de madeira, cabides para a roupa; nas paredes, regulamento e textos administrativos; iluminação elétrica e banheiro que também serve como pia: era parcimonioso (e mesmo repugnante), mas único naquele tempo em que a maioria da população não tinha nem esgoto nem água corrente. Alguns denunciaram "o luxo" do "Fresnes Palace". "A filantropia que anima os atores da organização de Fresnes não ultrapassou os limites permitidos?", pergunta *Le Temps* de 21 de julho de 1898. A opinião pública adere à *loi d'airain* (lei que estipulava o salário mínimo vital), que deseja que o detento tenha sempre um nível de vida e de conforto inferior ao do proletário mais pobre, sob pena de tornar a prisão atrativa. Mínimo vital e cela mínima desenham o horizonte mesquinho e desconfiado da vida admitida. Nesse sentido, a cela ilustra os padrões nacionais de consumo. Como o operário francês era um dos mais mal-alojados da Europa, o prisioneiro devia ser um dos mais mediocremente encarcerados. Ele era e continua sendo.

Elaborados nos congressos penitenciários internacionais, que não incluíam a Rússia, cuja história carcerária permanece distinta, os projetos de celas tinham sido objeto de discussões sobre o grau de conforto desejável e aceitável. O norte da Europa se opunha ao sul, sobretudo no que concernia aos banheiros. Em matéria de higiene, a França estava muito atrasada. No congresso de Roma em 1885, seus delegados, renunciando completamente à eliminação das

---

[89] Christian Carlier, *Histoire de Fresnes, prison "moderne". De la génèse aux premières années*. Paris: Syros, 1998.
[90] *Le Journal de Louise*, ibid., anexo, p. 255.

privadas, tinham elogiado, apoiando-se em desenhos, os méritos de um "vaso de zinco, com fechamento hidráulico que rola sobre pequenos trilhos colocados no nível do chão e que pode ser retirado do lado do corredor, sem que seja preciso penetrar na cela".[91] O "urinol" francês provocou riso nos dinamarqueses e nos belgas. Ainda mais porque a ausência de conforto era compensada por uma abundância de textos afixados nas paredes: "*Inventários* dos objetos da cela, lista dos membros das comissões de vigilância e de apoio, nomenclatura das manufaturas existentes na prisão, horário anual do estabelecimento, lei sobre a repressão, regulamento interno, lista dos advogados, tarifas dos preços das substâncias alimentares vendidas na prisão" etc.: coisas que custam infinitamente menos que um sanitário adequado. Treze anos mais tarde, apesar de progressos incontestáveis, Fresnes continuava tímida em matéria de higiene, mesmo enquanto as autoridades penitenciárias faziam disso um princípio de regeneração: "fazer nascer o respeito de si mesmo pela limpeza corporal e os trajes", dissera o presidente do conselho-geral em seu discurso de posse.

Como sempre, em assuntos penitenciários, as realizações ficavam muito aquém dos discursos. Em 1913, das 370 prisões na França, apenas 62 eram celulares (42 novas e vinte restauradas). Reservado a acusados (um direito) e aos que receberam penas curtas (uma precaução), o sistema celular se inseria nas casas de detenção. As centrais, que seguiam o exemplo do regime de Auburn, limitavam-se ao isolamento noturno, colocando divisórias e grades e reduzindo "compartimentos de leito", verdadeiras gaiolas, fechadas a cadeado durante a noite e das quais os detentos não podiam sair.

A cela tornou-se, contudo, um princípio europeu, obedecendo a normas relativamente uniformes. Eis, em 1941, o testemunho de Victor Klemperer: Em Dresden, onde ele resiste passo a passo às perseguições nazistas antissemitas, das quais o preserva durante algum tempo o casamento com uma "ariana", ele é condenado a oito dias de prisão por infração à defesa passiva — ele tinha deixado, por inadvertência, filtrar a luz elétrica. Em seu diário, ele descreve com precisão a cela da chefatura de polícia onde foi detido de 23 de junho a 1º de julho de 1941: "À esquerda, indo em direção à janela, havia a cama. Dobrada, ela ficava pendurada na parede por dois pés, retidos por ganchos, como um morcego. A coberta, o cobertor de lã e o lençol estavam estendidos ao longo da borda e, acima, o travesseiro de rolo, em forma de canto, com as letras PPD, *Polizeipräsident-Dresden*, impressas com

---

[91] *Congresso penitenciário de Roma*, 1885, t. 3, p. 51, acompanhado de quatro ilustrações.

carimbo [...]. À direita, em frente da cama, também fixada à parede, uma minúscula mesa dobrável de um pé só, feita de madeira grosseira, e um minúsculo banquinho. Em frente da mesa, perto da janela, uma pequena estante", cujo material ele detalha: jarro d'água, cafeteira, bacia, um copo de cerâmica marrom-escuro, uma lata com sal; prateleira com três ganchos, dois vazios e o terceiro com uma toalha PPD. Atrás do banquinho, ao lado da porta, a mais ou menos dois metros da mesa onde se come, as latrinas. "Elas eram a única diferença em relação à imagem superficial de cela que eu tinha. Em lugar desses lavabos modernos e higiênicos, deveria haver um simples balde. Mas, justamente no que concerne ao banheiro, logo senti que estava preso: a descarga só podia ser acionada pelo lado de fora, o que só era feito duas vezes por dia, de manhã e à noite." O ar é respirável, "embora mofado e infecto". Acima da mesa está afixado o regulamento interno que ele custa a decifrar, porque lhe confiscaram os óculos, a pretexto de que não precisava deles na prisão. É menos o ambiente, em resumo, tolerável que o regime carcerário que lhe parece insuportável; menos o alimento, quase melhor que lá fora naquele período de restrições intensas, que a imobilidade: não se tem direito de deitar na cama, está-se condenado a ficar sentado o dia inteiro ou a andar de um lado para outro na cela: "a cama, ao longo da qual eu não parava de ir e vir, era para mim o traço de união entre o hoje e o amanhã"; a vigilância e a passagem do tempo, "o puro sentimento da jaula e do vazio".[92] Privado também de meios de escrever, pelo menos até que um guarda compreensivo lhe desse um lápis, Klemperer tenta compor textos que recita de cor, refletir em seu projeto de dicionário da "língua do III Reich",[93] sua grande obra. Redigiu seu relato carcerário logo após sua libertação, com uma minúcia à qual essa testemunha exemplar se obrigou.

Experiências celulares

Regime e vida celulares nos são revelados pelos regulamentos de uma administração penitenciária faladeira e esmiuçadora, pelas pesquisas que, de John

---

[92] Victor Klemperer, *Mes soldats de papier*, op. cit., t. 1, p. 582-618. "Cela 89, 23 de junho-1° de julho de 1941. Trecho de antologia em um diário que constitui, ao mesmo tempo que um ato de resistência, um dos testemunhos mais fortes dos judeus alemães confrontados ao nazismo durante a guerra. Klemperer e sua esposa, Eva, prontos a serem deportados, foram salvos pelo bombardeamento de Dresden, que, destruindo todos os documentos de identidade, permitiu-lhes encontrar um anonimato salvador."
[93] Id., *LTI: a linguagem do Terceiro Reich*. Rio de Janeiro: Contraponto, 2009.

Howard e Louis-René Villermé aos sociólogos contemporâneos, veem na prisão um revelador social e por uma literatura carcerária abundante, marcada por caracteres nacionais que dependem em parte do Estado de direito. Seria necessário dar um lugar à parte à literatura russa dos campos de prisioneiros e das prisões, tão imensa quanto o *gulag*, recentemente ilustrada por Édouard Limonov.[94] Literatura ao mesmo tempo rica e lacunar. Sobretudo masculina, em razão da dissimetria sexual que marca a prisão (na França, as mulheres representam hoje apenas 4% dos efetivos das prisões), ela emana dos políticos — Silvio Pellico, Nerval, Blanqui — mais que dos direitos comuns, e é certamente um limite. Os primeiros — intelectuais — se orgulham de um encarceramento que manifesta sua resistência e sua honra; eles se adaptam melhor a uma solidão que sabem aproveitar, principalmente pela escrita. Os segundos, menos alfabetizados, mais desfavorecidos diante da solidão, procuram se fazer esquecer, exceto alguns heróis do crime que, na tradição de um Lacenaire, se vangloriam de seus delitos. A opinião pública, talvez menos que antigamente, de tal modo a política securitária estendeu sua influência, gosta dos ladrões generosos, dos escroques de grande envergadura, dos audaciosos assaltantes à mão armada, dos que desafiam a ordem estabelecida (como Mesrine); ela reprova profundamente os delinquentes sexuais, como, aliás, o restante da própria população carcerária, que estigmatiza os "estupradores". O dr. Alexandre Lacassagne, em uma perspectiva de antropologia criminal da qual ele era, como o seu concorrente Lombroso, o promotor, tinha sistematicamente solicitado e recolhido as confissões de uma dezena de criminosos da prisão Saint-Paul, em Lyon. Suas autobiografias, recentemente exumadas e publicadas por Philippe Artières, constituem um surpreendente testemunho sobre as "vidas infames" e o cotidiano da detenção.[95] As últimas décadas liberaram uma literatura carcerária relativamente comum e revelaram escritores verdadeiramente talentosos, como Albertine Sarrazin e Claude Lucas.[96]

As experiências carcerárias de uns e de outros são concordantes e, no entanto, diversas. Dependem do sexo, do temperamento mais ou menos refratário ao isolamento, do regime e da heterogeneidade dos estabelecimentos.

---

[94] Édouard Limonov, *Mes Prisons* [1990]. Arles: Actes Sud, 2008. Tradução de A. Rouboichou-Stretz, prólogo de Ludmila Oulitskaia.
[95] Philippe Artières, *Le Livre des vies coupables: autobiographies de criminels (1896-1909)*. Paris: Albin Michel, 2000.
[96] Albertine Sarrazin, *L'Astragale*. Paris: Jean-Jacques Pauvert, 1965. Claude Lucas, *Suerte. L'exclusion volontaire*. Paris: Plon, 1995, col. Terre Humaine.

Mme Lafarge, condenada à prisão perpétua por ter envenenado o marido, não para de transformar sua cela em quarto. "Terei livros, canetas, uma mesa, quase nada, mas o bastante, entretanto, para recompor para mim a sombra de um lar." Alegra-se com os móveis que lhe prometeram: "Terei para mim uma cama de ferro, uma lareira, uma poltrona, duas cadeiras, uma estante de nogueira para colocar meus livros e, abaixo, uma pequena mesa para escrever. Uma outra prateleira dobrável servirá para minhas refeições. Terei ainda uma cômoda onde estarão escondidos uma pia, um espelho e alguns frascos":[97] uma toalete de mulher elegante. Um alívio. Mas, assim que lhe foram concedidos, tais móveis foram retirados (embora as prisioneiras, solidárias, tenham se recusado a descê-los) e só lhe deixam a cama de ferro e o banquinho de madeira. Mme Lafarge se enganava de época: ela não tinha direito a nenhum privilégio e o "pistolão" não existia mais.

Os políticos foram, a princípio, tratados mais severamente. Porque ameaçavam o poder, foram submetidos a encarceramentos intermináveis e arbitrários. Depois as democracias lhes reconheceram direitos, sobretudo o direito ao encarceramento individual,[98] durante muito tempo considerado fronteira com os direitos comuns. Os jovens esquerdistas aprisionados nos anos 1970 quiseram justamente eliminar essa linha de demarcação, obter os mesmos direitos para todos; e sua ação foi o detonador das revoltas dos anos seguintes.

Silvio Pellico, *carbonaro*, foi encarcerado dez anos, dos quais oito em *carcero duro*, principalmente na Morávia, no Spielberg, de sinistra reputação. Ele presta muita atenção aos "quartos" que ocupa, às vistas que tem deles (em Veneza, vê os telhados de chumbo do palácio de São Marcos, onde está aprisionado), a seus vizinhos e vizinhas, pois os sexos estão ainda muitas vezes contíguos, se não confundidos. Decifra as inscrições nas paredes que fazem da cela um palimpsesto. "Muitas indicavam apenas o nome e a aldeia de algum infeliz, com a data do dia funesto de sua prisão. Outras acrescentavam imprecações contra seu juiz; outras ainda continham sentenças morais." Ele fala da dureza física da pena: sujeira, vermes, frio, falta de exercício. No Spielberg, ele só tem direito a um passeio solitário, com ferros nos pés. Um companheiro de cela, Mazoncelli, doente de escorbuto, teve

---

[97] Marie Lafarge, *Heures de prison*. Paris: Librairie Nouvelle, 1854, 2 vol., t. 1, p. 199.
[98] Jean-Claude Vimont, *La Prison politique en France. Génèse d'un mode d'incarcération spécifique, XVIII-XXe siècles*. Paris: Anthropos-Economica, 1993. Está claro que não existe nunca "direito à insubmissão", daí o recurso às deportações maciças de insurgentes, junho de 1848, da Comuna, e mais tarde dos anarquistas.

uma perna amputada. Um outro, Oroboni, morre. Porém, na cela, Pellico lê a Bíblia e encontra Deus, ao mesmo tempo que encontra a si mesmo. Seu relato é a história de sua conversão e de sua resistência, tanto quanto de sua detenção. Daí a repercussão extraordinária de seu livro: *Le mie prigioni*,[99] verdadeiro best-seller, breviário de um irredentismo pessoal muito stendhaliano e profundamente romântico, segundo o qual nunca se é mais livre do que na prisão.

Outro herói carcerário, Auguste Blanqui (1805-81), "L'Enfermé", o prisioneiro, passou a maior parte de sua vida na prisão: 43 anos e oito meses.[100] Seu percurso ilustra as vicissitudes da condição dos políticos. No monte Saint-Michel (1840-44), nas "celas", as condições são arcaicas, dignas de Spielberg: nem colchão nem palha, mas uma esteira de pano infestada de bichos; pão e água; ferro nos pés. "O estado geral de meu corpo é deplorável. Não tenho mais sono, não posso comer." Ele fica mudo e mergulha em seus pensamentos. Quase morto, é liberado, exatamente para viver em Paris, de corpo e alma, a revolução de 1848, onde recupera o vigor. Na fortaleza de Belle-Île, onde é aprisionado em 1850, as condições são mais liberais; a cela 14, a sua, torna-se um lugar de reunião e de trabalho. Posto no calabouço, após uma tentativa de fuga, foi transferido para a Córsega, depois para a Argélia, e anistiado em 1859. Em 1863, ei-lo de novo encarcerado, mas os três anos que passa em Sainte-Pélagie, a "prisão dos príncipes", representam "o tempo mais feliz de minha vida". Seu "quarto", centro de estudos e de encontros, é um cadinho do socialismo. A República será bem mais dura com esse insurgente impenitente, responsável, aos seus olhos, pelas chamas da Comuna. Em 1872, ela o condena à prisão perpétua, que ele cumpre em Clairvaux (Aube), a princípio em um cubículo de 1,50m por 2,50m. "Nos dias de muito frio, permanece deitado, um gorro na cabeça; ele escreve, de costas para a luz da janela", nota seu biógrafo. Mais tarde, num grande cômodo com oito janelas, arruma para si um cantinho. "Ele habita um canto da sala, mobiliado com um leito de ferro, cadeiras, uma poltrona. Tem lenha, que ele mesmo corta." Vive como um eremita no alto da montanha, um monge no deserto. Como um sábio também, trancado como Descartes em seu quarto aquecido. Sobre a mesa, seus livros, dicionários, tratados de matemática, álgebra, ciências, história, geografia, que

---

[99] Silvio Pellico, *Mes prisons* (tradução francesa de 1843); constantemente reeditado, por exemplo, pelas Éditions de Septembre em 1990, por Alain Vuyet. Sobre a prisão romântica, cf. Victor Brombert, *La Prison romantique*, op. cit.

[100] Gustave Geffroy, *L'Enfermé*. Paris: Fasquelle, 1926, 2 vol., prefácio de Julien Cain, a quem a autora recorre para as informações e as citações.

suas irmãs podem lhe fornecer. Passa seus dias em cálculos e meditações sobre astronomia, sua outra paixão além da política. Libertado por anistia em 1879, mora com seu amigo e discípulo Granger na avenida d'Italie, mas "cada um tem seu quarto", e ele reconstitui sua "eterna cela", com sua mesa e seus papéis. Volta para o campo e morre de repente, em 1881. "Era o mais extraordinário animal enjaulado que já existiu", escreve Gustave Geffroy. "A prisão seguia o homem, reconstruindo-se a sua volta, onde quer que ele fosse, por um ato de sua vontade." Ela se tornara um modo de vida, uma segunda natureza. "Sempre houve dentro dele seu calabouço e seu túmulo. Aí viveu forte e feliz", diz seu epitáfio.

Louis Perego e Claude Lucas dão testemunhos extraordinários sobre a prisão dos "direitos comuns", onde esses dois assaltantes à mão armada, "profissionais", reincidentes, passaram longos anos.[101] Experimentaram todas as formas de isolamento: celas compartilhadas ou individuais, comuns ou disciplinares, e são sensíveis às nuanças que diferenciam os microespaços do cotidiano. Conheceram a dura condição dos DPS (detentos particularmente vigiados), a solitária, prisão na prisão, penalidade na penalidade infligida aos rebeldes. A solitária é a cela nua, reduzida a quatro paredes, outrora a um colchão de palha, hoje a uma cama baixa, com regime alimentar mínimo e, sobretudo, a solidão absoluta na noite glacial. Geradora de perturbações psíquicas e físicas, responsável por inúmeros suicídios, a solitária, sempre denunciada, continua a existir, porque é a expressão de uma administração penitenciária ciosa de sua autoridade. O encarceramento em solitária não deve, em princípio, passar de 45 dias. Mas descreveram recentemente o caso de um detento que passou quase treze anos na solitária em sessenta diferentes prisões e apresenta, em decorrência disso, segundo psiquiatras, uma "síndrome de privação sociossensorial".[102] Com muito menos já sentiríamos o mesmo.

Louis Perego está particularmente atento aos detalhes de um cotidiano cujos rituais, infinitamente repetidos, são destinados a ocupar a população de detentos. Claude Lucas descreve o vazio do dia carcerário, obstinado a "matar" literalmente o tempo, um tempo interminável que se trata de suportar sem esquecer. O dia na prisão é "um dia entre parênteses: ele não

---

[101] Louis Perego, *Retour à la case prison*. Paris: Éditions Ouvrières, 1990. Posfácio de Christian Carlier; Claude Lucas, *Suerte*, op. cit.

[102] *Le Monde*, 13 de dezembro 2008; parecer da Comissão Nacional de Deontologia da Segurança (CNDS).

pertence ao tempo social e, como tal, é abstrato ou fictício, pura vacuidade temporal". Ele introduz um corte radical com a realidade e fabrica a exclusão. "É o molde dessa exclusão. Suficientemente vazio para ser suportado como uma punição, mas bastante cheio para parecer normal, o dia não incita nem reflexão sobre si mesmo nem conscientização do real: imagem falsa do tempo social, ele cria no detento a ilusão de viver. Apogeu desse naufrágio: o *tête-à-tête* à noite com a televisão."[103] Uma televisão que Lucas considera uma espécie de alienação; ele a recusa. Louis Perego e Claude Lucas se salvaram graças à retomada dos estudos e à escrita.[104] Não se queixam particularmente da cela, de que ambos apreciaram, ao contrário, as possibilidades de isolamento e de relativa intimidade. "Foi um alívio inaudito ficar, enfim, sozinho entre as quatro paredes de uma cela", escreve Lucas após a partida de um companheiro simpático mas falador e insone, duas coisas obsedantes em um espaço de 9m². Como Blanqui, Lucas, em liberdade, necessita doravante de um lugar para escrever, um reduto de quatro paredes, tão forte é a força do hábito. Por esse ponto de vista, a penetração da palavra, livros e jornais, a possibilidade de estudar, lhe parecem úteis. Porém, ele e Perego denunciaram o comportamento antissocial que a prisão geralmente opera no indivíduo, não só pelas condições materiais degradadas, mas por sua própria essência, seu abismo, seu vazio sideral, a ausência de direitos individuais cuja existência foi negada até uma data recente.

Isso ultrapassa de muito a cela, engrenagem de uma maquinaria complexa, mas ela é seu palco e seu instrumento. Porque, é preciso insistir, a cela não é um quarto e não deve sê-lo. Anne-Marie Marchetti, autora de pesquisas precisas sobre as prisões de hoje,[105] mostra as tentativas dos detentos das centrais (estabelecimentos para longas penas) de criar para si "um lar", com fotos, bibelôs, pequenos objetos, algumas almofadas na cama, "móvel nº 1", principalmente da parte das mulheres concentradas na central de Rennes. Ao invés de serem encorajadas, como sinal de integração, essas medidas são contrariadas pelas autoridades penitenciárias, que temem uma grande adaptação e uma apropriação do espaço carcerário. A mudança brusca, não motivada, de cela, as revistas inesperadas, sistematicamente destruidoras,

---

[103] Claude Lucas, *Suerte*, op. cit. "La journée carcérale", p. 452-8.
[104] Não imediatamente, todavia, já que, no fim de seu relato, Louis Perego justamente volta à prisão, após uma tentativa de reinserção marcada por inúmeras decepções.
[105] Anne-Marie Marchetti, *Perpétuités. Le temps infini des longues peines*. Paris: Plon, 2001, col. Terre Humaine; *Pauvretés en prison*. Paris: Érès, 1997. Essa socióloga, falecida recentemente, efetuou numerosas pesquisas de campo.

sobretudo quando praticadas pelas brigadas especiais enviadas para esse fim,[106] o visor aberto de improviso: tudo é acionado para mostrar ao detento que ele não está em casa, mas sob controle, que não tem direito a nenhuma intimidade, luxo das pessoas livres (e honestas). A censura da correspondência, a ausência de parlatórios privados, as repetidas revistas de corpos para os mais suspeitos (suspeitas) concorrem a uma despersonalização que arruína os objetivos, entretanto alardeados, de readaptação.

A cela é uma penalidade. Durante muito tempo comparada ao calabouço, com o qual muitas vezes se assemelhava, ela suscitou originalmente a revolta das classes populares, que tinha quebradas as normas de comunicação e sociabilidade, e a recusa dos políticos, que reivindicavam estar juntos. O mergulho brutal na cela precipita na depressão. Os suicídios são frequentes, sobretudo nos primeiros dias de uma detenção devastadora. Em 2008, contaram-se 115 mortes, ou seja, um suicídio a cada três dias, realizado a maior parte das vezes na noite solitária, com a roupa de cama para se enforcar.[107] A coabitação também não é muito melhor. Os jovens, os fracos, os homossexuais, os "diferentes" arriscam-se a se tornar o bode expiatório dos mais antigos e dos mais fortes, na cela fechada onde os guardas evitam olhar a fim de fugir das confusões. Na casa de detenção de Nancy, Johnny Agasucci, 26 anos, simples acusado, foi massacrado por dois outros detentos da cela 118, que dele tinham feito seu "escravo".[108]

A leitura e a escrita permanecem, é verdade que para uma minoria, mas susceptível de aumento, uma evasão, uma descoberta, um recurso, uma realização. De Dostoiévski a Mahmoud Darwich, grande poeta palestino que encarcerado em Ramallah escreve *Estado de sítio*.[109] Os laços entre a prisão e a escrita são estreitos. Pellico decide escrever sua autobiografia: "Eu fazia a história de tudo o que se tinha passado, de bem e de mal, dentro de mim, desde a minha infância."[110] O papel sendo medido, ele escreve na madeira da mesa, que raspa progressivamente, como faria com uma ardósia. Victor Kemplerer renasce quando um guarda lhe devolve os óculos e lhe dá um lápis. "Naquele

---

[106] Louis Perego, *Retour à la case prison*, op. cit., p. 33; ele descreve uma revista de cela na prisão Saint-Paul de Lyon, efetuada por uma brigada especializada vinda especialmente de Paris, com a destruição sistemática de tudo o que pudesse personalizar o ambiente.
[107] *Le Monde*, 16 de janeiro de 2009, p. 3.
[108] Ibid., 14 de janeiro de 2008: "Na prisão de Nancy, Johnny Agasucci foi morto a pancadas durante horas, sem que os guardas nada notassem."
[109] Mahmoud Darwich, *État de siège*. Arles: Actes Sud, 2008.
[110] Silvio Pellico, *Mes prisons*, op. cit., p. 58.

instante, tudo ficou mais claro, sim, quase luminoso."[111] Os criminosos da prisão Saint-Paul, aos quais o dr. Lacassagne pede a autobiografia, fazendo-lhes vislumbrar alguma vantagem, aliás falaciosa (quase todos serão executados), às vezes se entusiasmam, como o jovem Émile Nouguier, que enche 28 cadernos de 850 páginas: "Qual foi o espírito maligno que me pôs uma pena na mão? Essa noite não pude parar: três vezes me levantei para ir para a cama, três vezes voltei a me sentar para escrever."[112] Esse apache de vinte anos, casaco preto da *Belle Époque*, descobre o prazer de escrever. In extremis: ele será guilhotinado em 10 de fevereiro de 1900. "Escrever é resistir e recusar ser negado pelos outros", diz Claude Lucas. "Isso é minha vida", escreve um condenado da prisão Saint-Paul, na primeira página de seu texto. Escrever é tentar se reapropriar de sua existência e imortalizá-la.

Resistir é também se lembrar. Meursault, "o estrangeiro" de Camus, escolheu rememorar seu quarto, dele fazendo o inventário: "No começo, foi rápido. Mas cada vez que eu recomeçava, ficava um pouco mais longo. Porque me lembrava de cada móvel, e para cada um deles, de cada objeto que aí se encontrava e, para cada objeto, de todos os detalhes, uma incrustação, uma rachadura, um cantinho quebrado, sua cor ou sua textura [...]. Eu poderia passar horas apenas enumerando o que havia no meu quarto. Assim, quanto mais eu refletia, mais coisas desconhecidas ou esquecidas eu tirava de minha memória. Compreendi, então, que um homem que só tivesse vivido um dia poderia passar sem dificuldade cem anos em uma prisão."[113] Pela poesia, pela escrita, pela memória, pode-se reconquistar sua liberdade.

Por um breve momento, roubado, ilusório sem dúvida, talvez salvador, a cela se torna seu quarto. Ora, esse espaço mínimo, do qual se mede, mais que em outros lugares, a necessidade está constantemente ameaçado por uma superpopulação carcerária que atinge, na França, altos índices (mais de 67 mil em 2008) e faz das prisões, sobretudo das casas de detenção, lugar de sofrimento intolerável e de revolta latente.[114] O supervisor-geral das prisões,

---

[111] Victor Kemplerer, *Mes soldats de papier*, op. cit., t. 1, p. 612.
[112] Citado por Philippe Artières, *Le Livre des vies coupables*, op. cit., p. 377. O autor, que trabalha mais amplamente sobre as escrituras carcerárias, mostra como a prisão tornou-se o ateliê da escritura.
[113] Albert Camus, *O estrangeiro*, 16ª ed. Rio de Janeiro: Record, 2007.
[114] A taxa de superpopulação é de 141% nas casas de detenção; cf. *Le Monde*, 19 de dezembro de 2008. Em Fleury-Mérogis, as celas são ocupadas por dois detentos e estão em péssimo estado. As vidraças quebradas são substituídas por pedaços de papel: gela-se. Ver Jean Bérard e Gilles Chantraine, *80.000 detenus en 2017? La dérive et l'impossible réforme de l'institution pénitentiaire*. Paris: Éd. Amsterdam, 2008.

Jean-Marie Delarue, visita a "prisão-modelo" de Villefranche-sur-Saône e faz inúmeras críticas. Deplora, em primeiro lugar o uso de grades espessas fixadas por fora das barras de ferro das janelas, para evitar qualquer comunicação com o exterior e, principalmente, o envio de mensagens e objetos para os andares inferiores. Isso resulta em "mergulhar as celas na quase escuridão durante o dia", o que reforça "a impressão de isolamento e de sombra" e "aguça os sentimentos depressivos ou de cólera".[115]

Pois o enclausuramento está cada vez mais na ordem do dia. Não mais SDF na rua. É verdade que estão com frio, mas sua miséria causa desordem. Seria preferível não mais vê-los, com o risco de embarcá-los para os centros de acolhimento, eventualmente contra sua vontade. Para a prisão, as crianças delinquentes de doze anos. Vamos chamá-las "menores", pelo tanto que cresceram. Uma criança de doze anos hoje é "um adolescente" e deve ser tratada como adulta. Para o xadrez! O projeto foi abandonado. Mas o fato de ele ter existido mostra a obsessão com a periculosidade. Prendamos também os loucos: volta aos asilos com os estritos quartos de isolamento. Pedófilos e estupradores ameaçam as vítimas reais ou potenciais que somos. Seria mais prudente retê-los na prisão, mesmo depois do término de sua pena. É o mais seguro. O encarceramento, entretanto, é uma solução arcaica, da qual as técnicas modernas deveriam permitir a economia. A vontade de segurança, então uma filosofia e um modo de governo, engendra o registro e o controle generalizado (excesso de fichários de toda espécie), que levantam com acuidade a questão dos limites.

ESCONDER, ESCONDER-SE

Podemos também sentir o desejo ou a necessidade de esconder, de se esconder. A célebre pintora Frida Kahlo, em sua casa na cidade do México, "a Casa Azul", tinha acumulado, no banheiro contíguo a seu quarto transformado em caixa-forte, papéis, cartas, correspondência amorosa, objetos, testemunhos de traição e de dramas que sua vida de reclusa, semienferma, lhe tinha imposto. Sofrendo de poliomielite, vítima de um terrível acidente que havia

---

[115] Jean-Marie Delarue, *Recommendations sur Villefranche-sur-Saône: dedans, dehors*, revista do Observatório Internacional de Prisões, seção francesa, n⁰ˢ 67-68, abril de 2009, p. 11. Esse texto precede o relatório tornado público no início de abril de 2009. Refere-se a 52 estabelecimentos, dos quais dezesseis prisões e onze centros de detenção para estrangeiros. Muito crítico, ele revela o arbitrário que reina e, em particular, os atentados intoleráveis à intimidade. Cf. *Le Nouvel Observateur*, 25-28 de abril de 2009. A autora ainda não pode ter acesso a esse relatório.

provocado a amputação de uma perna, ela dissimulava sua deficiência sob um corpete e longas saias típicas das índias mexicanas: "As aparências enganam", escreveu ela na margem de um desenho que a representava de pé, soberba em um suntuoso traje. Atrás da porta, escondida por um reposteiro e selada, amontoava-se um inacreditável e empoeirado bricabraque: dezenas de caixas, caixotes, pilhas de jornais e milhares de livros, armários com vestidos, os corpetes de Frida, cofres, uma pequena escrivaninha com as gavetas trancadas, segredos no segredo. Mais de 22 mil documentos, 6 mil fotos, centenas de desenhos. Nessa "caixa-forte" aberta em 8 de dezembro de 2004, meio século após a morte da artista (1954) e da de Diego Rivera (1957), seu infiel companheiro, jazem os arquivos de uma vida atormentada e criadora.[116] Estão agora expostos na casa que se tornou museu, no quarto devolvido a uma serenidade melancólica, que ele sem dúvida nunca conheceu.

As guerras, as repressões, religiosas ou políticas, obrigam a se esconder dos perseguidores. É preciso fugir para os bosques, refúgio ancestral dos fora da lei, dissimular-se em todos os nichos de uma casa: um cofre, um armário, um reduto, um sótão; se entocar em um porão; se esconder em buracos cavados na muralha ou no jardim. Os *camisards* deram prova de uma grande engenhosidade, que o Museu do Deserto, em Anduze, nos recorda. Durante a Ocupação, numerosos perseguidos, judeus, maçons, resistentes, ficaram confinados em um apartamento ou um quarto, com janelas e cortinas fechadas. Era necessário evitar qualquer vestígio ou ruído que revelasse sua presença, e para isso beneficiar da cumplicidade dos vizinhos e porteiros, escapando às denúncias, tão numerosas. Michel Bernstein, mais tarde livreiro famoso, membro da rede Defesa da França, viveu assim durante toda a guerra em Paris, sem sair de seu quarto onde fabricava documentos falsos.

Inúmeros judeus, em toda a Europa, tentaram escapar assim do terror nazista. Esconder-se era a condição de sua eventual sobrevivência. Em Amsterdam, Anne Frank e os seus conseguiram viver escondidos até 1944, mas foram então denunciados, apanhados e mortos no campo de concentração. Também aqueles "desaparecidos", de quem Daniel Mendelsohn encontrou vestígios na aldeia da Ucrânia onde seu tio-avô, antes da guerra, fora um próspero açougueiro, com sua esposa e suas três lindas filhas, e onde eles foram todos, por etapas, aniquilados. O autor de *Os desaparecidos* conta sua busca feita durante vários anos na Europa e nos Estados Unidos, para onde a

---

[116] Cf. Babette Stern, "La chambre secrète de Frida", in *Libération*, 6 de julho de 2007.

maior parte de sua família tinha emigrado no início do século XX. No ponto de partida, havia algumas cartas e as narrativas fragmentadas do avô, que falava de seu irmão desaparecido. Depois de uma longa perseguição na floresta, este teria tentado se refugiar em um *kessel*, que o autor, ignorando o iídiche, entendeu ser um *castle*, um castelo, inutilmente procurado na Ucrânia. Pista falsa. Tratava-se, na realidade, de um reduto. Depois de anos de investigação junto a testemunhas idosas e, às vezes, reticentes, descobriu-o, enfim, no fundo de um jardim de uma casa da aldeia. O tio e sua filha mais velha tinham sobrevivido ao massacre da comunidade judaica, no qual morreram sua mulher e suas duas outras filhas. Tinham se escondido em um porão, ou melhor, em uma cavidade dissimulada por um alçapão quase invisível. Uma mulher, professora de desenho, os tinha abrigado e alimentado com a ajuda de um jovem ucraniano não judeu, apaixonado pela moça. Denunciados, foram todos mortos na primavera de 1944. Meio século mais tarde, após uma busca desesperada e exemplar, Daniel Mendelsohn descobriu esse último abrigo. Nele penetrou, com muita dificuldade. Compreendeu então o sentido do *kessel* de seu avô: um "cofre". Sim, o esconderijo era tão estreito que parecia uma pequena caixa.[117]

Um último quarto cujas paredes não bastaram para a traição, esta atravessadora de paredes.

---

[117] Daniel Mendelsohn, *Les Disparus*. Paris: Flammarion, 2007.

11
QUARTOS FUGITIVOS

O QUE RESTA DOS QUARTOS DO PASSADO? Os quartos têm um futuro? Como as casas que os contêm, eles parecem duplamente incertos. "As casas são fugitivas, infelizmente, como o tempo", diz Proust.

VESTÍGIOS TÊNUES

Dos quartos de outrora, restam poucos vestígios. Às vezes, uma palavra assinala uma antiga ocupação: "Um cômodo que continuamos a chamar o quarto de criança." Essa indicação cênica abre o primeiro ato de *O jardim das cerejeiras*: "Seus quartos, o branco e o malva, continuam como você os deixou, mamãezinha", diz Varia a Lioubov Andréevna, que exclama: "Dormi aqui quando era criança! Sinto-me novamente como era quando criança", tão forte era sua identificação com o quarto. Mas não por muito tempo. A casa é vendida, ela terá de partir. Último olhar: "Parece-me que jamais olhei as paredes desta casa, os tetos [...]. Mamãe gostava de ir e vir nesse cômodo." Ela sai. "O palco está vazio. Ouve-se trancarem-se todas as portas, os carros partirem. O silêncio se instala."[1] Parábola das casas destruídas, dos quartos desaparecidos, das vidas submersas.

A vontade camponesa de exorcizar a morte apaga os vestígios. No campo, mudam-se os lençóis, a roupa de cama, até mesmo a cama. Violette Leduc ficou inconsolável ao ver, a pretexto de desinfecção, destruírem o colchão de sua avó. "Ele fora queimado em nosso jardim, depois do enterro. O cheiro implacável dos tufos queimados estava no ar. Para mim, esse será sempre o verdadeiro cheiro da morte [...]. Minha avó desaparecia pela segunda vez [...]. Ela se esvaía em fumaça."[2]

Na cidade, a pressão demográfica se exerce fortemente sobre a ocupação do espaço. Esse lugar pessoal por excelência, na sua disposição, nos

---
[1] Anton Tchekov, *O jardim das cerejeiras*. Porto Alegre: L&PM, 1983.
[2] Violette Leduc, *Je hais les dormeurs*, op. cit., p. 43.

pequenos arranjos, nos seus objetos, seus hábitos, se dissolve forçosamente com a partida do ocupante. Aliás, o que fazer do que ele deixou? Depois da morte de Jacob, morto na guerra (a Grande), seu amigo e sua mãe penetram em seu quarto e se surpreendem com a desordem encontrada: "Ele deixou tudo tal qual [...]. Mas o que é que ele pensava? Pensava que voltaria?" "O que vou fazer disso tudo?', diz Mrs. Flanders. Tinha na mão um par de sapatos, sapatos velhos de Jacob."[3] Restos supérfluos, herança incômoda, que era preciso eliminar para arrumar o quarto abandonado. Não sem sofrimento e sem perturbação. "Como esvaziar a casa de nossos pais sem liquidar seu passado e o nosso?",[4] pergunta-se Lydia Flem. Como entrar sem bater em seu quarto, intacto, em que foram preservados os dois lados da cama e, nas respectivas gavetas, suas lembranças pessoais?

Com a partida do habitante precedente, outros tomarão seu lugar, mudarão a arrumação dos móveis, suprimirão uma lareira, justamente aquela onde estavam o relógio, as conchas, os bibelôs. Darão novo destino ao cômodo, derrubando uma divisória. Pintarão de novo, trocarão os papéis, intrigados ou divertidos com as superposições das modas sucessivas: "Que gosto estranho!" — vagamente emocionados com esse folhear dos tempos passados. Sabe-se a decepção daqueles que voltam aos caminhos de sua infância. Quando encontram a casa onde viveram, os visitantes mal a reconhecem, e ainda menos o quarto onde dormiram. Afinal de contas, ele era apenas uma caixa. Esvaziada. Vazia, sem eles. Que outros a preencham por sua vez, com seu murmúrio que acreditam ser eterno. *Toutes le chambres de la vie au bout du compte sont/ Des tiroirs reversés/ On ne trouvera plus les chambres les maisons/ Seront démolies comme on sait maintenan/ Démolir que rien n'en subsiste pas la trace/ d'un pied*, diz Aragon.[5]

Os quartos só excepcionalmente são "lugares de memória", são muito particulares para isso. A piedade dos cônjuges ou dos filhos enlutados pode erigir altares provisórios em torno de algumas relíquias, fotos, objetos, mechas de cabelo; eles duram enquanto viverem. O culto do quarto só existe para "os grandes homens" (mais raramente mulheres), políticos, cientistas, escritores, encenação destinada à edificação de um público cada vez mais sensível à intimidade das *stars*. Jean-Paul Kauffmann sonhou muito, em

---

[3] Virginia Woolf, *O quarto de Jacob*. São Paulo: Novo Século, 2008.
[4] Lydia Flem, *Au bord du lit. Comment j'ai vidé la maison de mes parents*. Paris: Seuil, 2004, p. 67.
[5] "Todos os quartos da vida afinal de contas são/ Gavetas despejadas/ Não se encontrarão mais os quartos, as casas/ Serão demolidas como se sabe agora/ Demolir, que não subsista nem os vestígios/ De um pé". Louis Aragon, *Les Chambres*, op. cit., p. 99 e 101.

Santa Helena, em volta do quarto negro de Longwood,[6] no qual Napoleão também foi detido como refém; ele se interrogava sobre a autenticidade das coisas, sobre a morte enigmática do ex-imperador; meditava sobre as capacidades de resistência ao sequestro, que ele mesmo tinha sofrido no Líbano. Na verdade, Napoleão dava certa importância ao dormir. Primeiro cônsul, ele mandara instalar nas Tulherias um quarto de exibição, com uma cama sobre um estrado revestido de veludo vermelho e uma cômoda inglesa com enfeites de cobre. Estranha mistura de estilos: do sagrado e do doméstico.[7] Depois, adotou a cama de campanha, metálica, sóbria, leve, móvel, marca elegante e austera do chefe dos exércitos em luta, que se tornou a insígnia de sua memória: a de um homem sozinho com seus sonhos, amante apenas do poder, aquele que se possui de pé.

No segundo andar da Casa Branca, o quarto de Abraham Lincoln, objeto de veneração, santuário da República, jamais foi seu quarto. Era seu escritório e gabinete do Conselho; ali, ele assinou em 1863 a proclamação da libertação dos escravos. Harry Truman consagrou-o "quarto", Laura Bush restaurou-o em seu estado supostamente original, em estilo vitoriano. Um grande leito de casal em pau-rosa, dotado de uma cabeceira volumosa, constitui a atração principal. Autêntico, teria sido comprado por Mary Todd Lincoln quando, como boa dona de casa, se encarregou da decoração. Embora provavelmente Lincoln jamais o tenha usado, o fantasma do presidente assassinado assombra o quarto. Eleanor Roosevelt, Winston Churchill, Amy Carter, Maureen Reagan garantem tê-lo visto! O cachorro de Ronald Reagan sempre latia na porta do quarto, sem jamais entrar, o que as arrumadeiras só fazem com certa reticência. O presidente em exercício nele hospeda os visitantes importantes.[8] A Casa Branca é uma casa de família que guarda a lembrança de seus ocupantes mais famosos. O chanceler Kohl não viu o fantasma de Lincoln, mas falou de sua emoção por ter dormido nesse quarto prestigioso, lendário e, de certa forma, profético.[9]

A república francesa seria mais esquecida? Menos doméstica, em todo caso. Ela celebra seus heróis em templos apropriados, no Panteão. Seus ouros permanecem estritamente públicos. Os ocupantes do Elysée não poderiam deles se apoderar, mais preocupados em apagar os vestígios de seus

---
[6] Jean-Paul Kauffmann, *La Chambre noire de Longwood: le voyage à Sainte-Hélène*. Paris: La Table Ronde, 1997.
[7] Cf. Frédéric Masson, *Napoléon chez lui*, op. cit.
[8] Informações tiradas de notícia documentada (10 de janeiro de 2009) fornecida pela Wikipédia.
[9] Emissão do canal Arte, consagrada à Casa Branca, 17 de maio de 2008.

predecessores. Vamos encontrar a lembrança de François Mitterrand em Château Chinon, no hotel do Vieux Morvan, onde, de 1959 a 1986, o deputado da Nièvre, que se tornou presidente, passou todas as noites eleitorais. Desde 1946, o jovem deputado ocupava o quarto 15, com vista para o Morvan, não muito longe do monte Beuvray, onde, durante algum tempo, ele desejará ser enterrado com Danielle. É lá que, em 10 de maio de 1981, ele toma conhecimento de seu triunfo e redige sua declaração. Com sua grande chave no quadro, seus 10m^2 com ducha, sem muito luxo, etapa para viajantes de comércio, o quarto 15 foi um certificado de austeridade republicana até que, no início do segundo septenato, começou-se a reparar nas maneiras dispendiosas e monárquicas do presidente. "Quatro paredes monacais entre as quais foi construído um destino político, em um século longínquo, em que não existiam os subúrbios",[10] escreve Arianne Chemin. O quarto perdeu o edredom de plumas e o papel de parede com flores amarelas, mas guardou seu charme antiquado, sempre reservado, parada obrigatória dos circuitos temáticos (o circuito François Mitterrand passa pelo hotel do Vieux Morvan antes de subir à rocha de Solutré) organizados pelos operadores de turismo, arautos da memória.

Antes de se tornarem atrações turísticas em voga,[11] as casas de escritores, cuja aura não fora necessariamente avaliada pelos herdeiros, foram muitas vezes abandonadas e seus interiores negligenciados ou desmantelados. A sobrinha de Voltaire esvaziou conscientemente e vendeu os objetos do filósofo no castelo de Ferney, onde não resta quase nada dos longos anos em que ele ali viveu. Do quarto de Emily Dickinson, em Amherst, sua irmã caçula, Lavinia, última sobrevivente, não deixou subsistir muita coisa.[12] As restaurações, aliás, apagam a sensação de proximidade. Nada equivale às casas deixadas *in situ* e aos interiores não muito modificados. Tem-se a ilusão de encontrar Victor Hugo em Hauteville House, não na Place des Vosges. George Sand em Nohant, Mallarmé em Vulaines. Em Malagar, a casa de François Mauriac, menos "fugitiva"[13] que outras porque ele a quis querência

---

[10] Ariane Chemin, "Hotel du Vieux Morvan, chambre 15". *Le Monde*, 3 de janeiro de 2006.
[11] A bibliografia regional e nacional das casas de escritores é impressionante. Cf., principalmente, Georges Poisson, *Guide des maisons d'hommess et de femmes célèbres en France, 600 lieux: écrivains, artistes, savants, hommes d'État*, 7ª ed. Paris: Horay, 2003; Aliette Armel, *Marguerite Duras. Les trois lieux de l'écrit*. Saint-Cyr-sur-Loire: Pirot, 1998, col. Maisons d'écrivains; Evelyne Boch-Dano, *Maisons d'Écrivains*. Paris: Tallandier, 2005.
[12] Com grande prejuízo para sua biógrafa, Claire Malroux, *Chambre avec vue sur l'éternité*, op. cit., p. 131.
[13] François Mauriac, *Les Maisons fugitives*, op. cit., p. 889.

aberta sobre o futuro, oferece toda uma gama de quartos: de empregados, de hóspedes e um quarto de casal surpreendente, com duas camas sobre trilhos para aproximações eventuais. Em La Vallée-aux-Loups, um conservador zeloso substituiu o medíocre mobiliário de um Chateaubriand sem dinheiro por uma decoração de qualidade, digna do autor das *Memórias de além-túmulo*, que não iria se reconhecer ali. Sem dúvida esse viajante do século dava mais importância a seu túmulo que às suas moradias. Em Combourg, são os passos de seu pai que ficam em nossos ouvidos.[14]

Nessas casas da lembrança, o quarto nem sempre é o mais favorecido, a menos que tenha sido (o que acontece frequentemente) "quarto de escrita", gabinete de criação: a mesa, o tinteiro, aquele manuscrito cujas rasuras atestam que o gênio é o fruto tranquilizador do esforço, suscitam a admiração. No castelo de Wartburg, na Turíngia, onde, em 1521-22, Lutero proscrito foi acolhido por Frederico III de Saxe, veem-se ainda, nas paredes do quarto onde ele traduzia a Bíblia em alemão, as marcas do tinteiro que ele teria jogado na cabeça do diabo tentador, que o impedia de trabalhar. Bem mais tarde, veneram-se as mesas de Zola. Em Paris, na rua de Bruxelles, a imensa escrivaninha tantas vezes fotografada. Em Médan, conservou-se a mesa do mezanino de estudante, companheira de seus começos, e a grande, sobre a qual ele trabalhava no centro do gabinete, "espaço sagrado".[15] A cama atrapalha, ou, pelo menos, atrapalhava. Ela diz muito, ou muito pouco. No quarto do casal de Émile e Alexandrine, o grande leito de cobre desapareceu, substituído por um quadro, espécie de Sagrada Família, que reúne François (filho de Jeanne Rozerot) e sua esposa, Émilie, com o filho dos dois: a família verdadeira reinstalada nesse lugar onde era ilegítima.[16] Em Vézelay, a coleção Zervos foi instalada na casa de Romain Rolland, propriedade do Institut de France; o escritor impusera uma condição: que o quarto fosse conservado "tal qual"; a cama, entretanto, foi substituída pelo piano.[17] Foi um gesto essencialista do museu; queria sugerir o traço mais importante.

---

[14] François-René de Chateaubriand, *Mémoires d'outre-tombe*. Pléiade: 1946, I, p. 82. "Durante o resto da noite, o ouvido só distinguia o barulho ritmado de seus passos, os suspiros de minha mãe e o murmúrio do vento."

[15] Èveline Bloch-Dano, *Chez les Zola*, op. cit., p. 78; ela cita igualmente, na p. 54, a descrição bastante crítica dos Goncourt sobre Médan: "O gabinete tem a altura, a grandeza, mas é estragado por uma 'bibeloteria' infecta."

[16] Ibid., p. 113-4.

[17] Cf. Dominique Pety, "Maisons d'Écrivains du XIXe sècle: habitations d'hier et musées d'aujourd'hui", *Dix-neuvième Siècle* n° 25, junho de 1977.

A ânsia de fidelidade evocatória imobiliza forçosamente as coisas. É bastante raro que possamos exclamar, encantados, como fez Georges Poisson a propósito de La Brède: "Pode-se ver o quarto fielmente conservado de Montesquieu!"[18] As transposições, sobretudo, incomodam, porque alteram os laços que o autor tinha com um lugar ou com uma paisagem. Não se visita sem um certo mal-estar o quarto de Colette, levado do Palais Royal a Saint-Sauveur-en-Puisaye, não para a casa de Sidonie, sua mãe, mas para o castelo vizinho, local de seu museu. Ou, pior ainda, os quartos escrupulosos e impecáveis de Proust, Léautaud e Anna de Noailles no Museu Carnavalet.

Encontramos os quartos dos escritores em suas obras, ficções ou autobiografias, das quais eles foram o cadinho, a testemunha, um motivo. Lugar essencial para Marcel Proust, que os procura a todas as horas do dia e da noite, através das sombras e das luzes filtradas pelas cortinas, dos barulhos das portas, da escada, da rua, da evocação de suas sensações, angústias, insônias, despertares ansiosos, sensação da ausência das pessoas amadas. Local existencial, quase metafísico, para Georges Perec, que empreendeu, como arqueólogo imaginário, o inventário preciso dos mais de duzentos quartos em que descansou: "O espaço ressuscitado do quarto basta para reanimar, trazer de volta, reavivar as lembranças mais fugazes, mais anódinas, como as mais essenciais."[19] Ele sabe, entretanto: "meus espaços são frágeis: o tempo vai gastá-los, destruí-los: nada parecerá mais com o que era, minhas lembranças me trairão, o esquecimento se infiltrará em minha memória."[20] O próprio espaço é uma dúvida. Ele existe realmente?

Uma desconfiança análoga atormenta François Mauriac. Sua mãe, "modernizadora" infatigável, já havia transformado tudo na casa da família, cujas fotografias e paredes lhe lembram tão poucas coisas: "Ora, não são as pedras que guardam as marcas das mãos, o reflexo do rosto, a forma, a sombra dos entes desaparecidos, mas esses prolongamentos deles mesmos: reposteiros, cortinas, tapeçarias, pátina dos lambris, objetos e cores testemunhas de seus gostos, de suas preferências, e que os viram passar de um quarto para outro, sentar-se, deitar-se, fumar, comer, sonhar, morrer. Uma vez destruído esse cenário da vida cotidiana, resta uma carcaça que não nos revela mais nada."[21] Nesses lugares devastados, o esquecimento o submerge,

---

[18] Georges Poisson, *Guide des maisons d'hommes et de femmes célèbres en France*, op. cit.
[19] Georges Perec, *Espèces d'espaces*, op. cit., p. 46.
[20] Ibid., p. 179.
[21] François Mauriac, *Les Maisons fugitives*, op. cit., p. 888.

como Proust, que ele cita: "A lembrança de uma certa imagem é apenas a nostalgia de um certo instante." Para que disso subsista alguma coisa, é preciso transformá-lo em escrita, única guardiã de uma história, doméstica ou trágica.

Encontramos nossos quartos em nós mesmos. Cadinhos de nossas experiências, eles habitam nossa memória. Cada um que se lembre de escrever sua própria história, noite e dia.

HOJE: "QUARTOS EM SUSPENSO"

Nas plantas dos arquitetos, testemunhas e demiurgos, multiplicaram-se os traços, dividindo o espaço doméstico ou coletivo em diversos cômodos, permitindo dar a cada um sua cama, a cada um seu quarto. O quebra-cabeça da "vida, modo de usar" complicou-se e enriqueceu. Os quartos proliferaram como os alvéolos de uma colmeia. Mudaram de lugar, protegidos, mas também relegados ao primeiro andar da casa ou ao fundo do apartamento, com janela para o pátio, sem "vista", deixados ao privado, à noite improdutiva, escura e inquietante, temida ou desejada. Alguns foram ampliados, em nome da cubagem de ar a ser respeitada; a maior parte diminuiu consideravelmente. Perderam a multiplicidade de suas funções, se especializaram, foram destinados ao sono, passando de *rooms* a *bedrooms*, simples recintos para dormir. Por isso, foram negligenciados. E é sempre sua superfície que sofre. Eles atrapalham, em suma.

Os "quartos em suspenso" serão quartos em *sursis*?[22] O que aconteceu com os quartos? O que dizem a respeito os arquitetos e os usuários de hoje? Os primeiros confessam seu embaraço. Não sabem muito bem o que fazer dos quartos, exceto nas casas de veraneio, onde tais aposentos têm uma compensação espetacular. Eles propõem ora individualizá-los ainda mais, sobretudo para as crianças, ora abri-los até uma transparência que os dissolve. Fazem dele anexos dos cômodos comunitários, ou mesmo dos banheiros, que lhes interessam mais, chegando mesmo a neles colocar a cama, para fazer um "quarto de banho". Ou então, em uma fábrica de calçados que virou *loft*, pousam-no em um mezanino, aéreo como uma "cabana californiana".[23]

---
[22] Monique Eleb e Anne-Marie Châtelet, *Urbanité, sociabilité, intimité*, op. cit. "Les chambres en souffrance", p. 175-91. Ótimo resumo, com plantas e ilustrações, da evolução dos quartos; Monique Eleb, "L'habitation entre vie privée et vie publique", in Marion Segaud, Sandrine Bonvalet e Jacques Brun (org.), *Logement et habitat*, op. cit., p. 68-74.
[23] *Journal du Dimanche*, 23 de maio de 2009.

Nos antípodas do confinamento de outrora, entre quatro paredes protetoras, alguns imaginam um cubículo de vidro, oferecido à penetração dos olhares. Para os adultos, o quarto não tem mais importância; em último caso, dormem em outro lugar. O quarto de hóspedes, até recentemente símbolo da intimidade na hospitalidade, desapareceu há muito tempo. As viagens se fazem durante o dia; alojam-se os convidados no hotel ou em um canto da sala; eles se vão rapidamente, graças a trens e aviões cada vez mais frequentes. Apenas as crianças se beneficiam de uma solicitude em relação aos quartos, sobretudo na França, onde, em razão de uma natalidade sustentada, o mercado está em expansão. Ele oferece modelos cada vez mais personalizados e refinados. "A casa inteligente, tal como a esperamos para 2012", preocupada sobretudo com proezas técnicas, propõe um "casulo do bem-estar", espécie de bolha onde, sob o olhar dos adultos, a criança, encolhida em sua cama, está constantemente vigiada e em segurança, em companhia de seus brinquedos e de sua televisão. "Com uma entrada constante de oxigênio, esse [casulo] garante um ambiente sadio para noites sem problemas."[24] O quarto do avô é mobiliado com uma cama equipada com um sistema de alerta em caso de queda. O princípio de precaução, auxiliado por uma robótica eficaz, reina sobre o quarto futuro.

O quarto ficou mais leve.[25] Perdeu seus móveis e seus bibelôs. Não há mais armários, mas nichos abertos sobre pilhas de toalhas coloridas, uma acumulação de camisas ou de roupas em seus cabides: um *closet*. Móveis escamoteáveis, transformáveis, gavetas embutidas. Apenas uma cama: nada de baldaquino ou cabeceiras atravancadoras: quatro pés, escondidos por uma coberta, mergulhada em almofadas onde é possível reclinar-se sem se deitar; até mesmo um *futon* jogado no chão, leve e móvel. Iluminação indireta e suave. Um material dobrável, inspirado no camping, concebido para usuários sempre prontos a levantar acampamento. Interrogados, estes se declaram muitas vezes insatisfeitos com seus quartos, mas indecisos quanto a seus desejos.[26] Em busca, de preferência, de espaços indiferenciados,

---

[24] "Visite de la maisor intelligente telle qu'on l'attend pour 2012. Pris de Bruxelles, une bâtisse témoin fonctionne avec les technologies de demain". *Le Monde*, de 8 de agosto de 2008.

[25] Marie-Pierre Dubois-Petroff, *La Chambre. Recettes d'architecte*. Paris: Massim, 2004. Para personalizar esse espaço sacrificado, "um espaço a explorar", a autora sugere o recurso às cabeceiras e aos baldaquinos, "que parecem ter saído diretamente dos contos de fadas".

[26] SREP, *Histoire de cellules. Étude d'anthropologie sociale sur le vécu de certains logements*. Paris, 1975; estudo preciso sobre seis conjuntos da região parisiense, essa pesquisa, já antiga, testemunha a insatisfação das famílias quanto ao tamanho e à disposição dos quartos.

maleáveis e moduláveis, como os *lofts*, à imagem de suas vidas. "Antes, consumíamos móveis; hoje, consomem-se divisórias."[27] A casa japonesa, com divisórias móveis, fluida, circulante, desprovida de móveis, de cortinas, apenas com tapetes e esteiras para uma existência vegetal, escorregadia, rente ao chão, para pessoas flexíveis, vestidas com quimonos vagos, desenha o ideal da pós-modernidade do quarto, tão longe do "quarto de dormir" maciço e rígido dos catálogos das grandes lojas, com seu indispensável armário de espelho, ambição atribuída aos jovens casais de ontem. Esses interiores sugerem uma outra visão do corpo, da pessoa e do amor. Revanche do Oriente sobre o Ocidente?

Como explicar esse "desaparecimento" relativo?[28] A princípio, por motivos econômicos ligados à urbanização, à crise de moradia e a seu preço elevado. Trata-se de "aumentar o espaço, sem empurrar as paredes", pela sua organização interna e sua divisão. Os quartos, às vezes, são as vítimas dessas divisões e se encontram reduzidos ao mínimo. Atualmente, parece necessitarem de redefinição.

Há, porém, razões mais profundas. Encontrá-las é percorrer às avessas, subir novamente os caminhos que confluíam para o quarto. Seus fundamentos familiares, sociais, espirituais e materiais se desagregaram ou desmoronaram. Ele perdeu sua dimensão antropológica. Não se nasce mais em casa, mas em maternidades. "Fica-se" pouco no quarto quando se está doente. Não se morre mais em casa. A doença e a morte conduzem ao hospital, onde morrem atualmente três quartos dos franceses; daí a demanda insistente de dispor de um quartinho por alguns dias, algumas horas, a fim de morrer dignamente. Não se envelhece mais necessariamente em casa. Nos quartos anônimos das casas de repouso, alguns raros objetos mantêm com dificuldade os vestígios de uma vida anterior. O casal e seu grande leito matrimonial, que suscitava ainda recentemente a meditação de François Mitterrand sobre a presença materna e a permanência na casa de infância em Jarnac, não são mais a base da habitação. As recomposições familiares fogem dos quartos perenes e inventam quartos complementares para acolher as crianças dos casamentos anteriores, na ocasião das guardas divididas e dos fins de semana

---

[27] Philippe Demougeot, *SOS Maison. Libérons l'espace*. Paris: Hoëbeke, 2007. Citado em *Le Monde* de 30 de maio de 2008: "Aumentar o espaço sem empurrar as paredes." O autor intervém no canal 5, no programa *Question Maison*, 18 de fevereiro de 2009: "SOS Maison." Adaptar uma casa para uma criança e um adolescente.
[28] François Jollant-Kneebone, "La Chambre contemporaine ou la disparition", in *Rêves d'alcove*, op. cit., p. 154-74.

muitas vezes problemáticos. As maneiras de fazer amor tornaram-se mais indiferentes ao quarto e à cama. Os parceiros procuram lugares mais fugazes e menos estáveis para um encontro de corpos discreto e efêmero, cuja improvisação, pressa e ardor se satisfazem com o hotel, o *backroom*, o carro, a tenda, a praia ou a floresta. Mais romântica, a aventura erótica não passa necessariamente pelo quarto rotineiro, que ela chega a temer, como o perigo de um horizonte de tédio ligado à vida conjugal. Na torre do castelo, a Bela Adormecida não esperará mais cem anos por seu príncipe encantado.

Os fundamentos intelectuais e mesmo espirituais do quarto também se enfraqueceram. "Onde há o sagrado, há uma muralha. E onde a cerca se apaga — linha, soleira ou desnível —, o sagrado desaparece",[29] escreve Régis Debray a propósito dos espaços públicos. Em uma sociedade onde a transparência, a abolição dos limites e das fronteiras são valores supremos, as cortinas se rasgam. "É pouco dizer que uma sociedade voyeurista que aspira ao diáfano e ao escorregadio não sente mais afinidades eletivas com as conchas, os escrínios, as bolhas e os nichos sacramentais."[30] Isso poderia ser aplicado ao quarto. O nós do casal e o eu se expõem muito. Eles aspiram mesmo se mostrar. Os chefes de Estado, de direita ou de esquerda, abrem a porta de sua intimidade.

O recuo da leitura na cama, sob uma lâmpada, delícias de outrora, abalou a aliança do livro e do quarto, refúgio dos leitores e, sobretudo, das leitoras, das quais a *liseuse* vaporosa era o traje vesperal. A televisão, sua concorrente, mais coletiva, reina na sala de estar, diante do sofá e da mesa de centro. Assim como o computador, ainda desigualmente individualizado no espaço privado. Os educadores recomendam, aliás, não deixá-lo no quarto das crianças, para permitir um controle dos pais sobre eventuais malfeitores, nem no dos adolescentes, cujas noites são encurtadas por YouTube, Facebook, My Space ou Twitter.[31]

O genuflexório desapareceu — a oração solitária se calou. A contemplação não é mais o modelo dominante da vida religiosa. A urbe e a urgência das tarefas captam as energias. O humanitário substitui a efusão mística. O abade Pierre, madre Teresa, irmã Emmanuelle, o padre Joseph Wresinski são os heróis dos tempos modernos. Como Coluche e os *french doctors*, estão sempre, por vias ou caminhos, presentes no palco da miséria do mundo. As

---

[29] Régis Debray, *Le Moment fraternité*, op. cit., p. 41. "Enclore".
[30] Ibid., p. 50.
[31] "Les adolescents en manque chronique de sommeil: la faute aux écrans". *Le Monde*, 7 de abril de 2009.

odisseias dos viajantes, o espetáculo das multidões indianas, das aglomerações africanas, a expansão das favelas e a multiplicação dos sem-teto tornam o quarto derrisório. Desejável também.

Ele resiste.

12
Sair...

Há séculos, a cultura ocidental procurou e encontrou no quarto o lugar de seu repouso. A *kamara* grega, o *cubiculum* romano, a cela do claustro, a sala do torreão senhorial, o leito fechado do camponês, a *ruelle* das Preciosas, a alcova, o nicho, os beliches das internas ou dos vagões de primeira classe... esboçaram formas de isolamento flutuantes como passos de dança de um balé. Segui os diversos caminhos que levam a esse receptáculo dos corpos, sem esgotar todas as suas virtualidades. Não visitei as cabanas de pastores, nem as habitações dos universitários ou (muito pouco) outros quartos de estudantes, nem os alojamentos dos porteiros nem — o que lamento — os quartos dos crimes que, de Edgar Allan Poe e Gaston Leroux a Raymond Chandler ou Paul Auster, a literatura policial explorou, com o olhar meticuloso do detetive, perito na interpretação das pistas. Um modelo de investigação que exige uma cultura que não domino. Mais do que de suas fontes, o historiador é tributário do olhar que lança sobre elas. Há outras portas para serem abertas, outros quartos para inventariar, e cada um poderia ser assunto de um livro. Este é um convite para a viagem.

O quarto foi um cadinho de civilização, ao mesmo tempo produtor de normas, lugar de criação e terreno de experiências. Em uma longa genealogia que vai do quarto do rei ao quarto do hotel de luxo, da cela do monge à do condenado, da sala comunitária ao quarto particular, ele responde às representações que fazemos do corpo e de suas necessidades. Lugar de observação para os pesquisadores, ele é meio de vigilância, modo de regulação e de disciplina para seus ordenadores. Padres, moralistas, médicos, sanitaristas, psicólogos dele se apoderaram, definindo suas disposições e seus horários, sua cubagem de ar, seu modo de ocupação, as maneiras de dormir. Arquitetos e decoradores fixaram seu lugar, coloriram suas paredes, atapetaram-no, enfeitaram-no e mobiliaram-no com estilos variados. O leito, caverna do sono, altar do amor, tabernáculo da reprodução, suscitou uma atenção especial, em sua materialidade e suas práticas, principalmente quanto ao tempo que devemos nele passar. O quarto-caixa condensa as preocupações e até mesmo as obsessões de uma sociedade. A ordem do quarto reproduz a ordem do mundo do qual ele é a partícula elementar.

Por isso, seu aspecto duplamente cênico. No teatro, onde seu rigor e suas possibilidades de entrar e sair forneceram o cenário de inúmeras peças, sobretudo na época contemporânea, que não hesita em mostrar uma cama (a primeira provocou escândalo). Na vida, onde, ninho e nó, ele constitui um lugar de encontros e de trocas, de poder e de atração, de ternura e de violência. Pais e filhos, moços e velhos, ricos e pobres, homens e mulheres nele se encontraram, se amaram e, às vezes, se confrontaram. O indivíduo nele se retirou e se abandonou.

O quarto foi um local de experiências, semelhantes e diferentes, universais e singulares. Intemporal pela generalidade das necessidades que assume, ele é também profundamente histórico nas suas formas e nos seus usos. Marcado pelo tempo que se infiltra em cada um de seus recantos, identifica seus objetos e modela nossa memória, ele se inscreve também na imobilidade de "um tempo que não passa", em que a repetição atinge uma dimensão de eternidade para pessoas de todas as idades e de todas as condições. A infância e a velhice, idades do sono, da doença e da morte, nele se refugiam sempre mais que os outros. Os adolescentes, as mulheres, os escritores mantêm com ele laços profundos. E hoje são os jovens, juntamente com os exilados e os imigrantes, os que mais o desejam. Para eles, o quarto não está "em suspenso": eles sofrem por não ter um.

O quarto representa um acesso à urbe, um primeiro passo na inclusão, o mínimo democrático, ao mesmo tempo que uma capacidade de isolamento protetora e fundadora de autonomia. "É preciso que uma porta esteja aberta ou fechada",[1] diz a marquesa; ela fala de seu salão, que desejaria proteger do mundo e das correntes de ar. A porta tem um poder de admissão e de eleição. O quarto está bem mais protegido. Do interior, não se pode entrar sem bater; nele penetrar clandestinamente é uma violação intolerável da intimidade. E do exterior, filtrado por venezianas, postigos, cortinas, mesmo que, segundo Baudelaire, iluminadas, as janelas revelem mais coisas que quando simplesmente abertas: "O que se pode ver ao sol é sempre menos interessante do que o que se passa atrás de uma vidraça."[2]

---

[1] Alfred de Musset, "Il faut qu'une porte soit ouverte ou fermée, comédie-proverbe" [1845], in *Théâtre complet*. Paris: Gallimard, 1947, col. Bibliothèque de La Pléiade.
[2] Charles Baudelaire, "Les fenêtres", *Le Spleen de Paris* [1869], XXXV, in *Oeuvres complètes*. Paris: Gallimard, 1976, col. Bibliothèque de La Pléiade, t. 1, p. 470.

Em uma sociedade cada vez mais esquadrinhada e controlada, o quarto mantém um último direito ao segredo. Ele é a possibilidade de uma ilha, cujas potencialidades são acrescidas pelas técnicas de comunicação que põem o mundo na tela do computador. A viagem à volta do quarto torna-se viagem à volta do Universo. Assim conectado e revivificado, o quarto ainda tem belos dias pela frente e infinitas explorações. Porta aberta ao desejo, aos outros, ao mundo, ele incita a descobri-los. A sair.

Esses quartos abundantes, enigmáticos, eu os amei pelas cicatrizes de suas paredes, por seus murmúrios abafados, suas emoções contidas, suas intrigas, sua densidade existencial e as trilhas florestais de seu imaginário. Tributária das confidências e das "revelações do romance", surpreendida por seu poder de sugestão, e mesmo de confissão para cada um de nós, tive às vezes a impressão de estar sendo indiscreta. E, mais ainda, de ir de encontro ao efêmero e ao inescrutável. O segredo protetor no qual se envolviam os habitantes dos quartos, seu silêncio, também se opõe à intrusão do historiador. O quarto é um objeto-limite cuja opacidade frustra as curiosidades do pesquisador, assim como as do poder.

É essa, sem dúvida, uma das razões de sua sedução.

Índice

A

Adler, Laure 88n
Agacinski, Sylviane 55n
Agasucci, Johnny 309, 309n
Agostinho, santo 34, 55, 141, 290
Agoult, Marie d' 190, 244, 245n
Agulhon, Maurice 22, 206
Alain-Fournier (dito Henri Alban Fournier) 92
Albert (dito príncipe Albert de Saxe--Cobourg-Gotha) 269
Albert, Maurice 235
Alembert, Jean Le Rond d' 19
Allemagne, Henri d' 119
Ambrière, Madeleine 26n
Amiel, Henri-Frédéric 90
Ana de Áustria 43
Ana, santa 142
Andersen, Hans Christian 118
Andreas, Yann 275
Antelme, Robert 80
Antonino, santo 132
Aquitânia, Eleonora 87
Aragon, Louis 56, 180, 316
Arezzo, Justine 286
Argerich, Martha 181
Ariès, Philippe 16, 23n, 62n, 73n, 133n, 138n, 239, 244, 246n, 252n, 266n
Armel, Aliette 13, 318n
Arnold, Odile 140n, 241n
Aron, Marguerite 122
Aronson, Nicole 144n
Artières, Philippe 13, 58, 304, 310
Atget, Eugène 27, 221, 224, 225
Aubert, Gérard 255
Audouin-Rouzeau, Stéphane 76, 293
Audoux, Marguerite 92, 160
Audry, Colette 122
Auffret, Séverine 162n
Aury, Dominique 179, 270, 275n, 276n, 277
Austen, Jane 74, 121, 163
Auster, Paul 193, 327
Azarova, Katerina 52
Aziz, Germaine 156

B

Bachelet, Théodore 20n
Bacon, Francis 274
Badinter, Robert 300n
Bakhmeteva, Maria 74n
Balbien, Nanon 41
Baldwin, James 82
Balzac, Honoré de 25, 56, 63, 64n, 94, 121, 162, 200, 246, 269
Bard, Christine 140n
Bardet, Jean-Pierre 125
Baron, Marie 291
Barret-Ducrocq, Françoise 110n
Barthes, Roland 27, 267, 270
Barthez, Paul Joseph 261

Bashkirtseff, Marie 121, 265
Bassanville, Anaïs, condessa de 145
Bastide, Roger 206n
Baud, Lucie 207
Baudelaire, Charles 25, 79, 83, 97, 282n, 328
Baudier, Michel 135
Bauer, Felice 76n, 91n, 92, 195n
Baum, Vicky 193
Bazin, Hervé 294
Beaumarchais, Pierre Augustin Caron 47
Beaumont, Gustave de 68
Beauvalet-Boutouyrie, Scarlett 143n
Beauvilliers, Marguerite de 36
Beauvoir, Françoise de 256, 257
Beauvoir, Simone de 9, 92, 122, 160, 163, 165, 166n, 187, 256, 257
Beldegreen, Alecia 64n
Bellet, Roger 71n
Bellmer, Hans 262
Benjamin, Walter 17n, 72, 181
Bentham, Jeremy 78, 79n, 296, 298
Bento, são 84, 140
Bérard, Jean 164, 310n
Bercovici, Rivka 61
Bergamo, Mino 290, 291n, 292
Bergé, Pierre 100
Berger, Virginie 24n
Bergson, Henri 78
Bernage, Berthe 116, 117n
Bernard, Léon 259
Bernays, Minna 192
Bernhardt, Sarah 158, 159n
Bernières, Jean de 290
Bernos, Marcel, 139n
Bernstein, Michel 312
Berquin, François 260
Berry, Marie Louise Elisabeth d'Orléans, duquesa de 44
Bertho-Lavenir, Catherine 168, 173

Biasi, Pierre-Marc de 26n
Bin Aycha, Abdallah 31
Birnbaum, Pierre 42n
Blanc, Charles 223, 224n
Blanc, Louis 223, 225
Blanchot, Maurice 262
Blanqui, Auguste 304, 306, 308
Bloch-Dano, Évelyne 67, 280, 319n
Blondel, Jean-François 19, 143, 248n, 275
Blouet, Guillaume Abel 300
Blouin, Louis 34, 44
Blum, Léon 268
Bobin, Christian 272n
Boilly, Louis Léopold 27
Bois, Jean-Pierre 69n
Bollmann, Stefan 88n
Bon, François 102
Bonamy, Eugène 199n
Bonnard, Pierre 27
Bonnet, Jean-Claude 97n, 207n
Bonte, Pierre 132n
Bontemps, Alexandre 34, 35
Bonvalet, Catherine 58n, 321n
Borghèse, Pauline 123
Borisovitch, Viktor 54n
Bosquet, Amélie 293
Bosse, Abraham 27, 144
Bossuet, Jacques Bénigne 241
Botticelli, Sandro 62, 118
Bourgeade, Pierre 93
Bourgogne, dr. P. de 58, 59
Bourgogne, duquesa de 40
Bourguinat, Nicolas 190n
Bourin, Jeanne 137, 138n
Bousquet, Joë 10, 243, 260, 261, 262, 266n
Bouvier, Jeanne 160, 209, 214, 295
Braidotti, Rosi 166n
Braunschvig, Marcel 119
Bremond, padre Henri 85, 86n, 87n, 290

Breteuil, Louis Auguste Le Tonnelier, barão de 31
Broca, Paul 292
Brombert, Victor 72n, 97n, 280n, 306n
Brontë, Charlotte 252, 294
Bullat, Corinne 108n
Buloz, François 235
Burguière, André 54n
Bush, Laura 317
Buzzati, Dino 255

C

Cabanel, Patrick 97n
Cabanis, Pierre Jean Georges 66
Cabanne, Pierre 260n, 261n
Cabantous, Alain 17n
Cacheux, Émile 226n
Cain, Julien 306n
Camus, Albert 310
Canetti, Elias 110
Cardinal, Marie 165
Cardon, Émile 115, 119
Carduner-Loosfelt, Muriel 274n
Carlier, Christian 301n, 307n
Carlos V 20
Carol, Martine 246
Caron, Jean-Claude 210n
Carruthers, Mary 84n
Carter, Amy 317
Castel, Robert 229n
Catteau, Jacques 105
Cau, Jean 189
Cazamajou, Oscar 236, 238
Céard, Henry 158
Certeau, Michel de 72n, 205n, 290
Chaban-Delmas, Jacques 230
Chabenat, Marc 237
Chabert, Pierre 206n
Chaix, Marie 13, 80n, 122
Chaline, Jean-Pierre 61n
Champfleury (dito Jules Husson, depois Fleury) 119

Chandernagor, Françoise 297
Chandler, Raymond 193, 327
Chantraine, Gilles 310n
Chardin, Jean 135
Chardin, Jean Siméon 27
Charlotte Élisabeth de Bavière (princesa Palatina) 36, 39n
Chateaubriand, François René, visconde de 319
Châtelet, Anne-Marie 58n, 321n
Châtelet, Noëlle 255
Chatenet, Monique 30n
Chaulieu, Louise de 246
Chaussinand-Nogaret, Guy 38n
Chauvaud, Frédéric 296n
Chauvin, Louis 93, 94n
Chebel, Malek 135n
Chemetov, Paul 115
Chemin, Arianne 318
Chevalier, Louis 198
Chevereau, Anne 235n
Choiseul-Praslin, duquesa de 68
Chombart de Lauwe, Marie-José 114n
Christie, Agatha 192
Churchill, Winston 317
Citati, Pietro 126n
Cixous, Hélène 122
Clancier, Georges-Emmanuel 262
Claretie, Léo 119
Claverie, Élisabeth 69n
Cleópatra 76
Cliche, Marie-Aimée 295n
Cocteau, Jean 128
Colette (dita Sidonie Gabrielle Colette) 89, 114, 141, 165, 191, 320
Collin, Françoise 55n
Coluche (dito Michel Colucci) 324
Connes, Alain 90
Coquelin, Charles 248n
Corbin, Alain 17n, 65n, 66, 67n, 139n, 147n, 157n, 172n

Cordillot, Michel 207n
Cornette, Joël 29n, 31n, 32n, 35n, 38n, 39n
Corrozet, Gilles 62
Cossery, Albert 187
Cottereau, Alain 201n
Coupry, François 93
Courbet, Gustave 159
Courtine, Jean-Jacques 25n
Covin, Michel 78n, 101n, 105n
Crane, Walter 118
Crépin-Massy 230n
Créqui, Charles Marie, marquês de 31
Crozes, padre Abraham Sébastien 296
Csergo, Julia 170n

D

Daklia, Jocelyne 137n
Dalarun, Jacques 286
Dalí, Salvador 262
Daly, César 57
Daquin, Antoine 42, 43n
Darwich, Mahmoud 309
Dauphin, Cécile 83n
Dauphiné, Claude 28n
David, Angie 179n, 270n, 276n
David, Francis 92n, 165n
Da Vinha, Mathieu 34, 35n
Davis, Mike 232, 233n
Deaucourt, Jean-Louis 216n
Debarre, Anne 23, 56, 57n, 61n, 112n, 114n, 222n
Debray, Régis 31n, 324
Decarnin, Jean 189
Déchanet-Platz, Fanny 79n, 80n
Delacroix, Eugène 80, 88, 136, 265
Delarue, Jean-Marie 112, 311
Delattre, Simone 17n
Deleuze, Gilles 273n, 279, 281n
Delon, Michel 275n
Demougeot, Philippe 323n

Deniot, Joëlle 224n, 227n
Denon, Vivant 275
Descartes, René 101, 292, 306
Deschamps, Eustache 73
Desforges, Régine 270
Deslandes 66
Desmousseaux de Givré, Antoine 21, 22
Devillers, Christian 226n
Dézamy, Victor 72
Dezobry, Louis Charles 20n
Dibie, Pascal 23n, 47n, 70n, 73n
Dichy, Albert 188n
Dickinson, Emily 95, 133, 163, 271, 318
Diderot, Denis 19, 20, 21, 91, 96, 101, 139, 169
Didion, Joan 240
Disdéri, André Adolphe Eugène 267
Dollfuss, família 203
Domício 76
Dostoiévski, Fiódor Mikhailovich 309
Dubois, Marie 34
Dubois-Petroff, Marie-Pierre 322n
Dubuffet, Jean 262
Duby, Georges 23n, 60n, 62, 73n, 133n, 138, 246
Du Camp, Maxime 245n, 265n, 301
Ducpétiaux, Édouard 214n
Dufour-Maître, Myriam 144n
Dumas (filho), Alexandre 238
Dünckel, Wilhelm 27
Dupont, Florence 18, 55n
Duquesnoy, Cyprien 79n
Durand, Marguerite 149
Duras, Marguerite 180, 275, 318n
Duval, Ernestine 200n

E

Eckart, Johann (dito mestre) 290, 291
Edel, Léon 264n
Edelman, Bernard 132n

Edelman, Nicole 249n, 269n, 284n
Efthimiou, Loukia 122n
Egill, Laurence 107
Eleb-Vidal, Monique 56n, 57n, 61n, 112n, 114n, 222n
Elias, Norbert 33n, 293
Elisabeth I 29
Ellenberger, Henri-Frédéric 292n
Eluard, Paul 262
Émile-Zola, Brigitte 67
Emmanuelle (dita irmã Madeleine Cinquin) 324
Ernst, Max 260, 262
Etcherelli, Claire 165

F

Faenza, Humilité de 286
Fagon, Guy-Crescent 42, 43n, 44
Falguières, Patricia 99n
Farge, Arlette 27n, 83n, 295n
Faure, Alain 204, 207, 208n, 210, 212n, 213n, 220n
Faure, Félix 178
Faure, Olivier 247n
Fautrier, Jean 262
Favre, Henri 235, 236, 237, 238
Fayette Taylor, Charles 285
Féau, Daniel 108n
Félibien, André 29
Féline, padre 55
Feller, Elise 251n
Fénelon, François de Salignac de La Mothe- 290, 291
Fernandez, Dominique 93
Fielding, Henry 169
Fiesque, Marie de Gilonne d'Harcourt, condessa de 243
Fillon, Anne 63n
Fine, Agnès 63n
Fischer, Emil 181n
Flamand, Jean-Paul 203, 220

Flaubert, Caroline 203n, 220n
Flaubert, Gustave 19n, 25, 26, 88, 91, 94, 95, 147, 148, 166, 239, 245, 265, 268, 293
Flem, Lydia 13, 126n, 128n, 192n, 316
Flesselles, Madame de 97
Fleury, André Hercule de 46
Fleutiaux, Pierrette 129
Fluchaire, Paul 76n, 78n
Focillon, Adolphe 216n, 218n
Forêts, Louis-René des 130
Forrester, Viviane 285n
Forster, Georg 71
Fossier, Robert 138n
Foucault, Michel 16, 72, 109n, 273, 294, 295n
Fouché, Pascal 188n
Fourier, Charles 200
Fourniret, Michel 142n
Fragonard, Jean Honoré 82
Fraisse, Geneviève 148n
France, Anatole 118, 124
Francisco de Sales, são 65, 290, 291
Frank, Anne 312
Frappié, Léon 149
Freud, Martha 192
Freud, Sigmund 9, 79, 80, 110, 127, 128, 132, 191, 192, 284, 292n, 293
Frey, Michel 214n
Fritzl, Josef 283
Frontisi-Ducroux, Françoise 62n, 135n
Fumaroli, Marc 22n, 144n
Furet, François 109n
Furstenberg, Diane de 64n, 181

G

Gabriel, anjo 26
Gachet, Paul 266
Gallimard, Gaston 189, 262
Galzy, Jeanne 122
Garcia, Jacques 181n

Garnier, Charles 222
Gauchet, Marcel 299n
Geffroy, Gustave 306n, 307
Gélis, Jacques 143n
Gelly, Adrien 261
Genet, Jean 92, 188, 189, 274
Gérando, Jean-Marie, barão de 110
Gerassi, John 186
Giacometti, Alberto 164
Giacometti, Diego 164
Gide, André 78, 105, 261, 262, 265
Gide, Catherine 267
Giorgio, Michela de 60n
Godin, Jean-Baptiste André 203, 220
Godinot, Xavier 231
Goethe, Johann Wolfgang von 76, 100n, 121n
Gokalp, Altan 27n, 135n
Goncourt, Edmond de 17, 25, 61, 93, 97, 177, 265, 269, 319n
Goncourt, Jules de 93n, 97, 177, 269
Gondal, Marie-Louise 292n
Gontcharov, Ivan 103, 105
Goubert, Jean-Pierre 59n
Gourdon, Vincent 70n
Gracq, Julien (dito Louis Poirier) 193
Granger, Ernest 307
Grave, Jean 214
Gréco, Juliette 81
Green, Julien 29
Greenaway, Kate 118
Gretchanaia, Elena 74n, 79n, 90n
Greuze, Jean-Baptiste 27, 243
Gribaudi, Maurizio 205n
Grimaldi, Nicolas 277n
Grimm, Jacob e Wilhelm 64, 118
Groddeck, Georg 260
Grosrichard, Alain 135, 136n
Grün, Karl 93n
Guadet, Julien 57

Guéhenno, Jean 51, 52
Guépin, Ange 198, 199
Guérin, Urbain 219n
Guérini, Jean-Noël 231n
Guerrand, Roger-Henri 170n, 173n, 222n, 225n
Guerre, Pierre 261
Guillais, Joëlle 63n, 74n
Guillaume, o marechal 246
Guillaumin, Émile 49
Guillaumin, Gilbert Urbain 248n

H

Halbwachs, Maurice 220n
Hamon, Philippe 17n
Haroche, Claudine 25n, 292n
Harrisse, Henry 20n, 60, 63n, 64, 73n
Havard, Henry 60, 64
Haviland, John 299
Hébert, Ernest François 217n
Hélias, Pierre Jakez 51
Hellé, André 119
Heródoto 18
Heurtin, Jean-Philippe 21n
Heuzey, Léon 18, 19n
Hicks, Eric 162n
Himelfarb, Hélène 29, 39
Hodler, Ferdinand 266, 267
Hoock-Demarle, Marie-Claire 71n, 91n
Houbre, Gabrielle 191n
Howard, John 304
Huet, Bernard 226n
Hugo, Victor 121, 148, 225, 239, 268, 294, 318
Huguier, Françoise 54
Huston, Nancy 110n
Huysmans, Joris-Karl 72, 97, 98

I

Ingres, Jean Auguste 136

J

Jablonka, Ivan 188n

James, Alice 10, 133, 180, 254, 263, 285
James, Henry 117, 264
James, William 285
Jesus Cristo 235, 240
Jollant-Kneebone, François 323n
Joubert, Joseph 165
Juillerat, Paul 210
Jünger, Ernst 92n

K

Kafka, Franz 9, 28, 72, 75, 91, 92, 95, 105, 122, 195, 263, 271, 274
Kahlo, Frida 311
Kampe, Joachim Heinrich 71
Kampusch, Natascha 283
Karénine, Vladimir 236n
Kauffmann, Jean-Paul 316, 317n
Klapisch-Zuber, Christiane 54n
Klee, Paul 245n, 262
Knibiehler, Yvonne 143n

L

La Fontaine, Jean de 116, 118, 244
Lallement, Michel 220n
Lalouette, Jacqueline 13, 127n, 159n, 238n, 258n
Lamaison, Pierre 69n
Lamirault, Henri 20n
Langlois, Claude 65n
Lantier, Claude 266n
Lanzmann, Claude 164
Lapallus, Sylvie 69n
Larbaud, Valéry 175, 182, 183
Larsson, Carl 113n
La Tour d'Auvergne, monsenhor de 238
Léautaud, Paul 320
Lebigre, Arlette 39n
Le Camus de Mézières, Nicolas 57, 113
Leclerc, Annie 110, 258

Leduc, Violette 76, 315
Léger, Nathalie 270n
Lejeune, Philippe 68n, 90n
Lênin (dito Vladimir Ilitch Oulianov) 210
Léonard, Jacques 48n, 49n, 58n, 243n
Lépecq de La Clôture, Louis 47, 198, 252, 253
Lepelletier de Saint-Fargeau, Louis--Michel 298
Le Play, Frédéric 28, 110, 151, 202, 215, 216, 223, 224
Lequin, Yves 227n
Leroux, Gaston 22n, 282n, 327
Leroux-Hugon, Véronique 133n
Leroyer de Chantepie, Marie-Sophie 166
Le Roy Ladurie, Emmanuel 30n, 32n, 59n
Levesque, Catherine 65n
Levinas, Emanuel 132
Lévy, Michel 58n, 76, 248, 249, 254
Lévy-Vroelant, Claire 204, 207n, 208n, 212, 213n
Lhuissier, Anne 151n, 215n, 220n, 221n
Liguori, Afonso de 65
Limonov, Édouard 304
Lincoln, Abraham 317
Lincoln, Mary Todd 317
Lioret, Philippe 232n
Lissarague, François 135n
Liszt, Franz 190
Lombroso, Cesare 304
Loring, Katharine 263
Loti, Pierre 98, 245
Louvois, François Michel Le Tellier, marquês de 37, 41
Lubin, Georges 94, 110n, 118n, 235n, 236n, 238n
Lucas, Charles 299

Lucas, Claude 304, 307, 308, 310
Lucipia, Louis 301
Luís-Felipe I 58
Luís XI 298
Luís XII 20
Luís XIII 34, 61
Luís XIV 29, 31, 34, 36, 40, 41, 42, 46, 99, 111, 177, 178, 238, 242, 243, 298
Luís XV 33, 39, 41, 46, 98, 111, 253, 275
Luís XVI 31, 61, 158
Luís XVII 297
Luís XVIII 224
Lyon-Caen, Judith 200

M

Maeterlinck, Maurice 293
Magri, Suzanna 220
Magritte, René 262
Maintenon, Françoise d'Aubigné 30, 34, 38, 39, 40, 41, 42, 44, 45, 46
Maistre, Xavier de 17, 101, 102
Mallarmé, Stéphane 97, 272, 318
Malraux, Clara 131n
Malroux, Claire 272, 318n
Malthus, Thomas Robert 200
Manceau, Alexandre 268
Manet, Édouard 159
Manguel, Alberto 87, 89, 163n, 165n
Mann, Thomas 176, 259, 260n
Man Ray (dito Emmanuel Rudnitsky) 267
Marchetti, Anne-Marie 308
Margerie, Diane de 284, 285n
Maria Antonieta 38, 67, 108, 112
Maria, Virgem 26, 52, 120, 133
Marivaux, Pierre 169
Maroussem, Pierre Du 219, 225n
Martin-Fugier, Anne 13, 68n, 148, 159n
Marx, Karl 105, 201, 224, 293
Maupassant, Guy de 25

Mauriac, François 124, 125n, 127n, 128, 146, 318, 320
Mauss, Marcel 76n
Mazzocco, Mariel 291n
McCann, Maddie 24n
Mendelsohn, Daniel 312, 313
Mérimée, Prosper 22n, 48, 68
Mernissi, Fatima 137
Mesnil, Octave du 202
Mesplé, Louis 232n
Mesrine, Jacques 304
Meysenbug, Malwida Von 91
Michaux, Henri 77, 179, 262
Millet, Jean-François 60
Miró, Joan 262
Misrahi, Colette 115n
Mitterand, Henri 174n
Moheau, Jean-Baptiste 65
Moll-Weiss, Augusta 150
Mondo, Lorenzo 182n
Monet, Camille 265
Monet, Claude 265
Montaigne, Michel de 73
Montalban, Charles 67
Montausier, Jule d'Angennes, duquesa de 144
Montespan, Françoise 38, 39, 40, 241
Montesquieu, Charles de Secondat, barão de La Brède e de 97, 135, 320
Montesquiou, Robert de 98, 99
Montgolfier, Bernard de 27n
Montpensier, Anne Marie Louise d'Orléan, duquesa de 144, 243
Morand, Paul 96
Moreau, Frédéric 19
Moreau, Gustave 98
Morel, Marie-France 143n, 246
Moret-Lespinet, Isabelle 151n, 215n
Morisot, Berthe 109
Morris, William 61, 117, 118, 178

Mossé, Claude 62n
Muel-Dreyfus, Francine 94n
Munch, Édvard 253, 266
Musil, Robert 129
Musset, Alfred de 328n

N

Nadar (dito Félix Tournachon) 267
Nadaud, Martin 206, 208
Naudier, Delphine 138n
Navel, Georges 214
Ndiaye, Pap 199n
Nerciat, André-Robert Andréa de 276
Nesbit, Molly 224n
Nesci, Catherine 166n
Newton, William R. 30n, 33, 38, 111, 112n
Nietzsche, Friedrich 293
Nightingale, Florence 252, 253, 254
Noailles, Anna, princesa Brancovan, condessa Mathieu de 165, 320
Nordon, Pierre 23n
Nouguier, Émile 310
Nouilhan, Pierre 261n
Nouvel-Kammerer, Odile 54n

O

Ogawa, Yoko 258
Olender, Maurice 15, 95n, 291n
Olier, Jean-Jacques 290
Oulitskaia, Ludmila 304n

P

Pagès, Alain 67n
Pamuk, Ohran 95, 96n
Papin, Christine e Léa (ditas as irmãs Papin) 274
Pardailhé-Galabrun, Annick 24n
Parent-Duchatelet, Alexandre 155
Pastoureau, Michel 76n, 98n, 200n
Patlagean, Évelyne 62n

Paulhan, Jean 179, 183, 262, 270, 275, 277
Pavese, Cesar 181, 182n
Pelez, Fernand 27
Pellegrin, Nicole 138n, 139n, 140n, 190n
Pellico, Silvio 304, 305, 306, 309
Perdiguier, Agricol 203, 223, 224, 225
Perec, Georges 28, 64, 73, 74, 75, 194, 274, 293, 320
Perego, Louis 307, 308, 309n
Perez, Stanis 42, 43n
Perkins Gilman, Charlotte 133, 284, 285
Pernoud, Régine 138
Perrault, Charles 109, 118
Perreal, Lydia 229n
Perrinjaquet, Roger 114
Perrot, Michelle 25n, 60n, 63n, 79n, 110n, 151n, 220n, 296n, 299n
Peters, P.F. 27
Petit, Jacques-Guy 294n, 299n, 300n
Pétonnet, Colette 230
Pety, Dominique 319n
Pichois, Claude 142n
Piette, Christine 198n
Pingeot, Mazarine 268
Pinter, Harold 274
Pisan, Christine de 162
Pisier, Évelyne 55n
Pitágoras 132
Planté, Christine 162n
Platão 87
Plauchut, Edmond 237
Poe, Edgar Allan 327
Poisson, Georges 318n, 320
Polignac, Singer Winnaretta, princesa de 165
Pommier, Édouard 30n, 31n
Pontalis, Jean-Bertrand 130n

| 339

Portland, Guillaume Bentick, duque de 31, 32
Poublan, Danielle 156n
Pouchelle, Marie-Christine 248n
Pushkin, Alexander Sergeïevitch 165
Poulot, Denis 219n
Poussou, Jean-Pierre 125n
Praz, Mario 27, 99, 100n, 118n, 123, 124n
Priklopil, Wolfgang 283
Proudhon, Pierre Joseph 93
Proust, Marcel 9, 28, 62, 75, 78, 89, 91, 95, 96, 97, 102, 118, 127, 128n, 147, 156n, 158n, 165, 178, 184, 185, 250, 260, 265, 267, 271, 274, 277, 278, 280n, 281n, 293, 315, 320, 321

Q

Quilliet, Bernard 243

R

Rabier, Benjamin 119
Rachmaninov, Serguei Vassilievitch 181
Racine, Jean 35
Raimbaut, Ginette 269n
Rambouillet, Catherine de Vivonne, marquesa de 144
Rancière, Jacques 198n, 224n, 225n
Raspail, Jean 131, 187
Raynaud, Jean 271, 272
Reagan, Maureen 317
Reagan, Ronald 317
Réage, Pauline 80n, 275n, 277
Reboux, Paul 146
Rebreyend, Anne-Claire 55n, 68
Reclus, Élisée 48, 287
Redon, Odilon 98
Régnier-Bohler, Danièle 73n, 133n
Reid, Martine 13, 236n
Renard, Jules 48, 49n, 81, 244

Reneville, Rolland 29n
Rétif de La Bretonne (dito Nicolas Restif) 120, 135, 146
Reviers, Jacques de 219n
Reynaud, Françoise 224n
Reynes, Geneviève 140n
Reyniès, Nicole de 64n
Richelieu, Armand Emmanuel du Plessis, duque de 27, 250
Richepin, Jean 293
Rimini, Claire de 287
Ripa, Yannick 79n
Ritz, César 176, 177
Rivera, Diego 312
Rivière, Louis 202
Roche, Daniel 24n, 51, 63n, 74n, 101n, 102n, 108, 120n, 168
Rogers, Rebecca 120n
Rolland, Romain 319
Rollet, Catherine 125
Roosevelt, Eleanor 317
Roubaud 66
Roubin, Lucienne 22n, 206
Rouche, Michel 62n
Roudinesco, Elisabeth 13, 192
Rousseau, Jean-Jacques 85, 101, 108, 109, 113, 120n, 128n, 132, 243, 244, 251n, 286, 293
Roussel, Louis 66
Rozerot, Jeanne 67, 319
Ruchat, Martine 297
Ruskin, Georges 117

S

Sade, Donatien Alphonse François, conde de (dito o marquês de) 276, 282
Sagan, Françoise 165
Sainte-Beuve, Charles Augustin 83n, 93
Saint-Laurent, Yves 100
Saint-Simon, Louis de Rouvroy, duque de 30, 31n, 32n, 34, 35, 36,

37, 38n, 39n, 40, 41n, 44, 45, 46, 172, 241
Sallenave, Danièle 165
Sarrazin, Albertine 304
Sartre, Jean-Paul 9, 88, 92, 163, 164, 165, 185, 186, 187, 273
Saule, Beatrix 32n
Sauvageot, Aurélien 47n
Savary des Bruslons, Jacques 59
Savoye, Antoine 215n
Scarron, Paul 41, 250
Schmahl, Jeanne 149
Schmitt, Jean-Claude 288n
Schnapper, Bernard 295n
Schneider, família 203, 226
Segalen, Martine 54n
Segaud, Marion 58n, 321n
Ségur, Sophie Rostopchine, condessa de 115, 116, 129, 294
Serfaty-Garzon, Perla 161
Sèvegrand, Martine 66n, 116n
Sévigné, Marie de Rabutin-Chantal, marquesa de 85, 246
Sèze, Aurélien de 268
S'Gravesande, Willem, Jacob 293n
Shakespeare, William 161, 264
Simenon, Georges 22n, 193
Simon, Jules 109, 202
Simonnet, René 238
Smith, Adam 169
Sohier, Mona. Ver Mona Ozouf; Ver Mona Ozouf
Sohn, Anne-Marie 125n
Sommaize 145
Sontag, Susan 252
Sorel, Cécile 159
Soriano, Marc 109n
Souvestre, Émile 208
Soyer, padre 87
Starobinski, Jean 21n, 286n

Stendhal (dito Henry Beyle) 9, 170, 171, 172, 247
Strachey, Lytton 82
Strindberg, August 22n, 181
Strouse, Jean 252n, 263n, 285n
Suarès, Carlos 263
Suchon, Gabrielle 162
Sue, Eugène 73, 200, 225
Sully, Charlotte Séguier, duquesa de 36
Surin, Jean Joseph 290
Sussmann, Arthur 181
Swain, Gladys 299n

T

Tadié, Marie 180n
Tanguy, Yves 262
Taraud, Christelle 156
Tarnier, Stéphane 143
Tavernier, Jean-Baptiste 135
Tchekov, Anton 15, 315n
Teresa de Lisieux 116, 241
Thébaud, Françoise 143
Teresa d'Ávila 288n
Théry, Irène 70n
Thiercé, Agnès 120n, 121n
Thiesse, Anne-Marie 162n
Thuillier, Marguerite 235
Tillier, Annick 147n
Tocqueville, Alexis de 68, 296, 299
Tomasi di Lampedusa, Giuseppe 126
Torcy 40
Toulouse, conde de 38, 45
Trempé, Rolande 226n
Tristan, Flora 190
Troisfontaines, Roger 185
Trousseau, Armand 248
Truman, Harry 317
Truquin, Norbert 74
Turner, William 172

| 341

V

Vaché, Jacques 181
Vadkovskaia, Ekaterina 90
Vallès, Jules 71, 210, 211n, 213
Vallot, Antoine 43n
Valtesse de La Bigne 158n
Van Gogh, Vincent 26, 266
Varda, Agnès 69
Varikas, Eleni 55n
Varlin, Eugène 207
Vaughan, Christopher 78n
Vermeer, Johannes 250
Vernes, Michel 13, 60
Verret, Michel 224n, 227
Veyne, Paul 134
Vicq d'Azyr, Félix 241
Vierny, Dina 236
Villermé, Louis René 154, 199, 200, 205, 304
Villette, Charles de 96
Vilmorin, Louise de 240
Vimont, Jean-Claude 305n
Vinçard, Pierre 207
Vincent-Buffault, Anne 244n
Viollet-le-Duc, Eugène 57, 114
Viollet, padre 66, 116
Visconti, Luchino 99
Voisin, Joseph 209
Volland, Sophie 91
Voltaire (dito François Marie Arouet) 96, 135, 206, 250, 318
Vovelle, Michel 239, 242, 247
Vuyet, Alain 306n

W

Wagnière, Jean-Louis 96
Walch, Agnès 54n, 65n
Waldeck-Rousseau, Pierre 300
Walzer, Michael 195
Watts, Stephen 177

Webb, Sydney et Beatrice 161
Weidmann, Eugène 188
Weil, Simone 262
Weir Mitchell, Silas 285
Wharton, Edith 133, 162, 285
White, Edmund 188, 190
Wilberforce, Octavia 285
Wilde, Oscar 181
Winock, Michel 93
Woolf, Leonard 285
Woolf, Virginia 23n, 47, 82n, 130n, 131, 133, 161, 225, 316n
Wresinski, padre Joseph 324

Y

Young, Arthur 9, 169, 170, 171
Yvorel, Elise 295n
Yvorel, Jean-Jacques 261n

Z

Zola, Émile 25, 26, 67, 148, 157, 158n, 159, 174, 190, 191n, 200, 201, 203, 223n, 224n, 226, 230, 240n, 266n, 319
Zonabend, Françoise 50, 54n
Zylberman, Patrick 202n, 225n

COORDENAÇÃO EDITORIAL
Izabel Aleixo

PRODUÇÃO EDITORIAL
Mariana Elia

REVISÃO DE TRADUÇÃO
Natasha de Pina Grilo

REVISÃO
Eduardo Carneiro

INDEXAÇÃO
Marília Lamas

PROJETO GRÁFICO
Priscila Cardoso

DIAGRAMAÇÃO
Trio Studio

ESTE LIVRO FOI IMPRESSO EM AGOSTO DE 2011, PELA EGB, PARA A EDITORA PAZ E TERRA. A FONTE USADA NO MIOLO É DANTE 11,5/14. O PAPEL DO MIOLO É OFFSET 75G/M², E O DA CAPA É CARTÃO 250G/M².